中国古典名著译注丛书

新序詳註

〔汉〕刘向 编著 赵仲邑 注

中华书局

图书在版编目(CIP)数据

新序详注/(汉)刘向编著;赵仲邑注. —北京:中华书局,
2017.9(2023.4 重印)
(中国古典名著译注丛书)
ISBN 978-7-101-12737-9

Ⅰ.新… Ⅱ.①刘…②赵… Ⅲ.①笔记-中国-西汉时代②
《新序》-注释 Ⅳ.K234.106.6

中国版本图书馆 CIP 数据核字(2017)第 200011 号

书　名	新序详注
编著者	〔汉〕刘　向
注　者	赵仲邑
丛书名	中国古典名著译注丛书
责任印制	管　斌
出版发行	中华书局
	(北京市丰台区太平桥西里 38 号　100073)
	http://www.zhbc.com.cn
	E-mail:zhbc@zhbc.com.cn
印　刷	三河市鑫金马印装有限公司
版　次	2017 年 9 月第 1 版
	2023 年 4 月第 2 次印刷
规　格	开本/880×1230 毫米　1/32
	印张 13　插页 2　字数 231 千字
印　数	3001-4000 册
国际书号	ISBN 978-7-101-12737-9
定　价	48.00 元

前　言

谈到汉代的散文，《新序》是值得介绍的一本散文集。

《新序》为汉刘向编著，从汉代到现在，大家都无异议，只有唐司马贞《史记》《商君列传》《索隐》说"《新序》是刘歆所撰"。"歆"应是"向"字之误。虽则刘歆在成帝"河平中受诏与父向领校秘书"[1]，《新序》的编著，刘歆也可能参与其事，但《汉书》《艺文志》、《刘向传》，《隋书》《经籍志》，《旧唐书》《经籍志》，《新唐书》《艺文志》等都说《新序》是刘向"所序"，所著或所撰；同时在《新序》《杂事》第四中也有"臣向愚以《鸿范传》推之"的话：知为刘向所编著无疑。

据《汉书》《王子侯表》及《楚元王传》、《刘向传》，刘向是楚元王交的四世孙，字子政，原名更生，历事宣帝、元帝、成帝。至成帝时，才改名向。年七十二卒，卒后十三岁而王氏代汉。王先谦《汉书刘向传补注》引钱大昕曰："依此推检，向当卒于成帝绥和元年。"即公元前八年。据此则当生于昭帝元凤二年，即公元前七十九年。

刘向所处的时代是汉帝国由宣帝的中兴走向哀、平的衰亡的过渡时期。武帝时"外事四夷之功，内盛耳目之好，征发烦数，百姓贫耗"，宣帝在民间长大，即位以后，用吏多选贤良，但汉帝国的危机还是挽救不了。至于元、成两代，宦官外戚，交相用事，那就更不必说了。元帝宠任宦官弘恭、石显，以恭为中书令，显为太仆。"显为人巧慧习事，能探得人主微指。内深贼，持诡辩以中伤人。"[2]对于仇视他反对他的人则进行狠狠的打击和报复。为元帝所器重曾为元帝太傅的名儒萧望之和当时以研究《易经》著名的京房都死在他的手上。刘向是汉之宗室，忠于汉政权。元帝初元二年正月，刘向为散骑谏大夫，和前将军光禄勋萧望之、光禄大夫周堪，以恭、显弄权，商议请求元帝罢退恭、显，语泄，反为恭、显诬告而下狱，望之被赦，堪、向免为庶人。七月，元帝再度起用萧望之、周堪、刘向。堪、向用为中郎；元帝器重望之，想用望之为相；都为恭、显等所仇视。刘向便托他的亲戚替他上书，说当时的地震和恭、显在位有关，应予罢退。恭、显查出又是向之所为，向因此再度被捕下狱，免为庶人。这年弘恭病死了，石显为中书令。初元三年，元帝又用周堪为光禄勋，张猛为光禄大夫，和石显的矛盾当然要继续发展下去。到了永光元年九月，石显因忌惮堪、猛，屡次在元帝面前诋毁他们，刘向虽然被废，但这时还是支持堪、猛，上书希望元帝任贤退不肖，当然更引起石显对他的憎恨了。永光四年，猛为太中大夫，被显诬告，令自杀于公车门。向为此依托古事，作了《疾谗》、《摘要》、《救危》、《世颂》等八篇作品，以哀悼自己和他的同类。一直到成帝建始元年，石显罢免，刘向才再被任用，拜为中郎，领护三辅都水，不久迁为光禄大夫。但成帝又以帝舅王凤辅政，以凤为大司马大将军录尚书事，河平二年，封凤弟谭、商、立、根、逢时为侯，世谓之五侯。王氏代汉的局势，由此形成。河平三年，诏令刘向领校秘府内的经传诸子诗赋。向因王氏权位太盛，于是编著《洪范五行传论》，把上古以来下至秦、汉的符瑞灾异和政治得失联系起来，献给成帝，希望成帝感悟。成帝看了也明白刘向的用意，但始终不能剥夺王氏的大权。虽然离刘氏政权的崩溃还有一段时期，但已经是"山雨欲来风满楼"的时候了。正在这期间，刘向编著了他有名的《新序》、《说苑》和《列女传》。

《汉书》《艺文志》说"刘向所序六十七篇"，班固自注说"《新序》、《说苑》、《世说》、《列女传颂图》也"。但没有说成书于何年。《新序》成书的年代有三说：《资治通鉴》卷三十一以为在成帝永始元年（公元前十六年）六月，所根据的大概是《汉书》《成帝纪》和《刘向传》。因《成帝纪》说永始元年立赵氏即赵飞燕为皇后，而《刘向传》则说"向睹俗弥奢淫，而赵、卫之属起微贱，逾礼制。向以为王教由内及外，自近者始，故采取诗书所载贤妃贞妇，兴国显家可法则及孽嬖乱亡者，序次为《列女传》，凡八篇，以戒天子；及采传记行事，著《新序》、《说苑》凡五十篇奏之"。但在同一个时间编著完了三部书是不可能的。马总《意林》引《新序》说"《新序》三十卷，河平四年（即公元前二十五年）都水使者谏议大夫刘向上言"。但刘向编著《新序》时做光禄大夫，不是谏议大夫；可知《意林》所引的这句话也不是原书所有，因此说《新序》成书的年代在河平四年也未必可靠。铁华馆校宋本《新序》每卷的开头都有"阳朔元年（即公元前二十四年）二月癸卯护左都水使者光禄大夫臣刘向上"二十二字。虽然不能证明是否即刘向《新序》原书所有，但王应麟《玉海》卷五十五及《玉海》附刊《汉书艺文志考证》卷五也说《新序》"阳朔元年二月癸卯上，《说苑》鸿嘉四年三月己亥上"。《玉海》所引《中兴书目》《杂家》也说《新序》"汉阳朔元年刘向撰"，《说苑》"汉鸿嘉四年刘向撰"。晁公武《郡斋读书志》

卷十、马端临《文献通考》卷二百零九《经籍考》三十六也说《新序》
"阳朔元年上"，《说苑》"鸿嘉四年上"。则成书的先后，和《汉书》
《艺文志》所说"刘向所序六十七篇，《新序》、《说苑》、《世说》、
《列女传颂图》也"的次序相符，同时也没有《意林》所引《新序》
的矛盾，因而此说也最可靠。但三说都说《新序》成书的日期是在河
平三年刘向开始典校秘书以后，这点是相一致的。至于他开始编著
《新序》的年代，似乎也不能早在河平三年以前，因为编著《新序》
所根据的材料广博得很，他在典校秘书以前不可能全部搜集得到。

　　《晋书》《陆喜传》：陆喜说"刘向省《新语》而作《新序》"。
陆贾《新语》和刘向《新序》的政治思想是相一致的，都希望人君怀
仁仗义，崇俭爱民；举贤能，退谗佞，省刑罚，薄赋敛；正身以化民，
见妖而修德。陆喜所说的话是有道理的。但应该说《新序》是刘向
在河平三年开始典校秘书以后至阳朔元年，受了当时主要是他曾经
经历过的宣、元、成三代的社会现实的刺激，才对陆贾《新语》的政
治思想有所感悟而编著出来的。他和《新语》在政治思想上一脉相
承，但它的思想内容比《新语》丰富得多。

　　从《新序》中刘向所编选的故事中所体现出来的思想以及刘向
自己对故事的评论看来，可以体会到刘向非常关心刘氏政权。刘向
认为人君要对人民宽厚仁爱。《杂事》第四《梁尝有疑狱》章，说梁
国曾有疑难的讼案，不知怎样判决，找陶朱公来帮忙，"朱公曰：'臣
鄙民也，不知当狱。虽然，臣之家有二白璧：其色相如也，其径相如
也，其泽相如也；然其价一者千金，一者五百金。'王曰：'径与色泽
相如也，一者千金，一者五百金，何也？'朱公曰：'侧而视之，一者

厚倍，是以千金。'梁王曰：'善。'故狱疑则从去，赏疑则从与，梁
国大悦"。刘向接着这样评论："由此观之，墙薄则亟坏，缯薄则亟
裂，器薄则亟毁，酒薄则亟酸。夫薄而可以旷日持久者，殆未有也。
故有国畜民施政教者，宜厚之而可耳。"他认为人君只有爱民，反过
来才能得到人民的敬爱。《杂事》第一《卫国逐献公》章："良君将
赏善而除民患，爱民如子，盖之如天，容之若地。民奉其君，爱之如
父母，仰之如日月，敬之如神明，畏之如雷霆。"因此他在《杂事》第
五《汤见祝网者置四面》章和《周文王作灵台》章中歌颂了商汤和
周文王的仁厚。汤教张网捕鸟者"解其三面，置其一面"，"德及鸟
兽"。"周文王作灵台，及为池沼，掘地得死人之骨……令吏以衣棺
更葬之"，"泽及朽骨"。对人就更不必说了，因此天下归心。他也批
判了梁君的狠心。《杂事》第二《梁君出猎》章："梁君出猎，见白雁
群，梁君下车彀弓欲射之。道有行者，梁君谓行者止，行者不止，白
雁群骇。梁君怒，欲射行者。"他的御者说他"无异于虎狼"。他认
为在政治上很好的策划是需要的，但不能离开对人民宽厚仁爱这
一个基本原则。他在《善谋》第九《秦孝公欲用卫鞅之言》章中说：
"故仁恩，谋之本也。"

　　对人民宽厚仁爱的具体表现，也就是省刑罚，薄赋敛。在《节
士》第七《晋文公反国，李离为大理》章，李离认为刑罚的执行，
应该是"宁过于生，无失于杀"。这也是刘向对人君的希望。在《善
谋》第九《秦孝公欲用卫鞅之言》章，他认为秦孝公相信商鞅的话
"更为严刑峻法"，"其患流渐，至始皇赤衣塞路，群盗满山，卒以
乱亡"。在《杂事》第五《颜渊侍鲁定公于台》章，颜渊对鲁定公
说："舜工于使人，造父工于使马。舜不穷其民，造父不尽其马。是

以舜无失民，造父无失马。"相反的例子则是中行氏。《杂事》第一
《赵文子问于叔向曰》章："赵文子问于叔向曰：'晋六将军孰先亡
乎？'……对曰：'中行氏之为政也，以苛为察，以欺为明，以刻为忠，
以计多为善，以聚敛为良。譬之其犹鞹革者也，大则大矣，裂之道
也，当先亡。'"

要减轻人民对赋税徭役的负担，统治者也就必须降低自己的
生活享受。因此刘向在《刺奢》第六中，对穷奢极侈、荒淫无耻的生
活，给予了有力的批判或讽刺。《桀作瑶台》章："桀作瑶台，罢民
力，殚民财，为酒池糟隄，纵靡靡之乐，一鼓而牛饮者三千人。"《纣
为鹿台》章："纣为鹿台，七年而成，其大三里，高千尺，临望云雨。"
他们结果都弄到众叛亲离。《赵襄子饮酒》章说赵襄子喝酒喝了五
天五夜不停止，还自诩为"邦士"，优莫却拿他和纣相比，因为纣喝
酒能够连喝七天七夜。另一方面，刘向则热情地歌颂了能够崇俭爱
民的贤君：《邹穆公有令》章："邹穆公有令：食凫雁必以秕，无得
以粟。于是仓无秕而求易于民，二石粟而得一石秕。吏以为费，请以
粟食之。穆公曰：'去！非汝所知也。……夫君者，民之父母，取仓之
粟，移之于民，此非吾之粟乎？鸟苟食邹之秕，不害邹之粟也。粟之
在仓与在民，于我何择？'邹民闻之，皆知私积与公家为一体也。"

刘向对于战争一般说来是坚决反对的。在《杂事》第五《田赞
衣儒衣而见荆王》章，田赞讥刺楚王说："今大王万乘之主也，富
厚无敌，而好衣人以甲，臣窃为大王不取也。意者为其义耶？甲兵之
事，析人之首，刳人之腹，堕人城郭，系人子女，其名尤甚不荣。意者
为其实邪？苟虑害人，人亦必虑害之。苟虑危人，人亦必虑危之。其
实人甚不安。之二者，为大王无取焉。"刘向借此说明了战争从名、

实两方面来说都有害无益。战争的祸害，在《杂事》第五《魏文侯问李克曰》章中说得更加深刻："魏文侯问李克曰：'吴之所以亡者，何也？'李克对曰：'数战数胜。'文侯曰：'数战数胜，国之福也。其所以亡，何也？'李克曰：'数战则民疲，数胜则主骄。以骄主治疲民，此其所以亡也。'"刘向以为最好是防止战争的发生。如《杂事》第五《魏文侯过段干木之闾而轼》章写魏文侯因为礼贤敬段干木，使秦国"案兵而辍不攻魏"。刘向在故事后面加上了评语说："魏文侯可谓善用兵矣。夫君子之用兵也，不见其形而攻已成。其此之谓也。野人之用兵也，鼓声则似雷，号呼则动地。尘土充天，流矢如雨。扶伤举死，履肠涉血。无罪之民，其死者已量于泽矣。而国之存亡，主之死生，犹未可知也。其离仁义亦远矣。"如果战争已经发生了，他认为应该使战争赶快结束。《善谋》第十《郦食其号郦生》章：郦生说汉王曰："楚汉久相持不决，百姓骚动，海内摇荡，农夫释耒，工女下机，天下之心，未有所定也。愿陛下急复进兵，收取荥阳，据敖仓之粟，塞成皋之险，杜太行之路，距蜚狐之口，守白马之津，以示天下诸侯形制之势，则天下知所归矣。"刘向肯定郦生的善谋，和郦生这种计划能使汉王早日结束战争这点有关。当然刘向对于战争也不是无原则地一律反对的；像《善谋》第九《晋文公之时》章所说的晋文公率师勤王，平定了周室的内乱，由此以成霸业，《秦惠王时》章所说的秦惠王因蜀乱而起兵伐蜀，有禁暴正乱之名，有广国富民之实，像这样的战争刘向是予以肯定的；同时在《杂事》第三《孙卿与临武君议兵于赵孝成王前》章和《善谋》第十《孝武皇帝时，大行王恢数言击匈奴之便》章中通过孙卿和韩安国的话也谈到用兵之术。

缓和人民和统治阶级之间的矛盾，解决或缓和统治阶级内部的矛盾，刘向以为主要的责任要靠最高的统治者人君肩负。但他也认识到光靠人君一个人是无能为力的。《杂事》第五《君子曰》章：君子曰："天子居阖阙之中，帷帐之内，广厦之下，茵茵之上，不出檐幄而知天下者，以有贤左右也。故独视不如与众视之明也，独听不如与众听之聪也。"因此他要求人君进用贤能。在《杂事》第二《昔者唐、虞崇举九贤》章中，他认为尧、舜、商汤、周文王、武王、成王、齐桓公、秦穆公、吴王阖庐、燕昭王、汉高祖等圣君贤主，其功业的成就和用贤是分不开的，反过来虞公、吴王夫差、燕惠王、胡亥、项羽的失败也和不能用贤分不开。要怎样才能用贤呢？人君只要礼贤下士，贤士一般便会乐意跟他合作了。《杂事》第三《燕易王时国大乱》章：郭隗对燕昭王说："今王诚欲必致士，请从隗始！隗且见事，况贤于隗者乎？岂远千里哉？'"于是昭王为隗筑宫而师之，乐毅自魏往，邹衍自齐往，剧辛自赵往，士争走燕。"但用贤的问题也是很复杂的。因为贤能和谗佞彼此不能相容，人君要不相信谗佞而始终信任贤能也很困难。《杂事》第二《魏庞恭与太子质于邯郸》章："魏庞恭与太子质于邯郸，谓魏王曰：'今一人来言市中有虎，王信之乎？'王曰：'否。'曰：'二人言，王信之乎？'曰：'寡人疑矣。'曰：'三人言，王信之乎？'曰：'寡人信之矣。'"因此在《杂事》第二《甘茂，下蔡人也》章中，甘茂虽然尽忠竭智为秦拔取韩之宜阳，打通秦国向东发展的道路，但在伐宜阳五月而宜阳未拔时，秦武王还是听信了樗里子和公孙子的谗言，召回甘茂，想就此罢兵。宜阳攻下以后，秦武王死了，秦昭王终于听信樗里子、公孙子的坏话，害得甘茂待不下去。因此刘向接着感慨地说："故非至明，其孰能毋用

谀乎！"刘向希望人君能进贤能，退谗佞。像《杂事》第四《昔者齐
桓公出游于野》章所说，郭君就是因为"善善而不能行，恶恶而不
能去"而弄到亡国了。但所用的是否贤能，人君也不易辨别，所喜爱
的往往似贤而其实非贤。在《杂事》第五《子张见鲁哀公》章，子张
对鲁哀公的讽刺真是一针见血："君之好士也，有似叶公子高之好
龙也。叶公子高好龙，钩以写龙，凿以写龙，屋室雕文以写龙。于是
天龙闻而下之，窥头于牖，拖尾于堂。叶公见之，弃而还走，失其魂
魄，五色无主。是叶公非好龙也，好夫似龙而非龙者也。今臣闻君好
士，故不远千里之外以见君。七日不礼，君非好士也，好夫似士而非
士者也。"因此刘向在《杂事》第二《昔者唐、虞崇举九贤》章中说：
"人君莫不求贤以自辅；然而国以乱亡者，所谓贤者不贤也。或使贤
者为之，与不肖者议之；使智者图之，与愚者谋之。不肖嫉贤，愚者
嫉智，是贤者之所以隔蔽也……然其要在于己不明而听众口。"

　　既然是不是贤能不好辨别，那么提出什么样的人才是贤能就非
常必要了。因此刘向在《新序》中以大量的篇幅提出一系列的忠良
之臣和才智之士而加以歌颂。像孔子的以德化民，关龙逄、比干的直
言敢谏，孙叔敖的恕，石奢的直，邹忌的敏捷，屈原的忠贞，柳下惠
的诚信，公孙杵臼、程婴的侠义，申包胥的爱国精神，苏武的民族气
节，季札的仁德和信交，乐毅的明智和宽厚，赵文子的好学受谏、知
人善任、大公无私，晏子的习礼明诗、怀仁仗义、礼贤下士，子产对
舆论的听取，宋就对邦交的敦睦，孟献子的以养贤为富，子罕的以
不贪为宝，子渊栖、仇牧、田卑、易甲、屈庐、王子闾、庄善、陈不占、
长儿子鱼、弘演等的义勇，管仲、狐偃、烛之武、司马侯、伍子胥、司
马错、黄歇、虞卿、陈恢、韩信、赵斯养卒、郦食其、张良、娄敬、齐

内史、韩安国、主父偃等的智谋，刘向都予以热情的歌颂是很容易理解的，因为正是具有这种品质或才智的人才能成为人君可靠的有力的助手。但为什么像《节士》第七《原宪居鲁》章中"天子不得而臣，诸侯不得而友"的原宪这样的高士也予以歌颂呢？那是因为他希望人君尊敬这些高士，以便在政治上发生良好的影响。譬如《杂事》第五《齐桓公见小臣稷》章：齐桓公去拜访小臣稷，"五往然后得见。天下闻之，皆曰：'桓公犹下布衣之士，而况国君乎？'于是相率而朝，靡有不至"。

刘向继承了儒家的思想，在《新序》中对儒者也极力推崇，《杂事》第五《秦昭王问孙卿曰》章是最明显的例子。《汉书》《艺文志》也把《新序》列为儒家的著作。因此他品评人物的才德也主要以儒家的伦理观点为根据。他在《节士》第七《卫献公太子之至灵台》章中批评卫献公太子"为一愚御过言之故，至于身死，废子道，绝祭祀，不可谓孝"。在《申徒狄非其世》章中批评申徒狄因非其世，负石自沉于河说："廉矣乎！如仁与智，吾未见也。"在《鲍焦衣弊肤见》章中批评鲍焦因污其君而立槁死于洛水之上说："廉夫！刚哉！夫山锐则不高，水狭则不深，行特者其德不厚，志与天地疑（拟）者其为人不祥。鲍子可谓不祥矣。"在《善谋》第九《虞、虢皆小国也》章中批评向晋献公提出假途灭虢之计的荀息"非霸王之佐"，而是"战国兼并之臣"。但《新序》也掺杂有纵横家的思想。在《善谋》第九、《善谋》第十中，刘向也肯定了战国游说之士黄歇、虞卿等及汉代类似战国游说之士如郦食其、张良等的智谋，那也是时代使然。刘向在《战国策书录》中说："战国之时，君德浅薄，为之谋策者，不得不因势而为资。"他们"皆高才秀士，度时君之所能行，出奇策异智，转危为安，运亡为存，亦可喜，皆可观。"这也就是刘向辨别贤能的另一个根据。

人君应该任用的，按照刘向的意思，只须是根据儒家的观点和实际的作用所确定下来的贤能。其他的条件是不必计较的。行年七十的楚丘先生、年仅十八的闾丘卬，都是贤能。只要是贤能，夷狄甚至是仇人也都可以用。《杂事》第三《齐人邹阳客游于梁》章："秦用（戎人）由余而霸中国，齐用越人子臧而彊威、宣。""晋文公亲其雠而彊霸诸侯，齐桓公用其仇而一匡天下。"用贤也不要求全责备。《杂事》第五《甯戚欲干齐桓公》章：齐桓公知甯戚"非常人"，想任用甯戚，"群臣争之曰：'客卫人，去齐五百里，不远，不若使人问之，固贤人也，任之未晚也。'桓公曰：'不然，问之恐其有小恶，以其小恶，忘人之大美，此人主所以失天下之士也。且人固难全，权用其长者。'"

《新序》中的作品以历史故事为主，甚至说《新序》是一部历史故事集也未为不可。所编选的作品不是历史故事的很少，每个故事后面刘向所加的评语也很简单，有些甚至没有评语。刘向根据历史事实或故事传说所作的综合叙述则更少。绝大部分都是小型的故事，这些故事的作者不可考。譬如《杂事》第二《靖郭君欲城薛》章的故事，也见于《韩非子》《说林下》，但不能说故事的作者就是韩非。这些故事有很多如果联系其他载籍所记载的相类或相同的故事来比较观察，我们可以看到它的集体性、口头性和变动性。往往是同一个主题，同一个故事的类型，其人物和情节有所变动。至于语言，那就更不必说了。譬如《杂事》第一《晋大夫祁奚老》章：

晋大夫祁奚老，晋君问曰："孰可使嗣？"祁奚对曰："解狐可。"君曰："非子之雠耶？"对曰："君问可，非问雠也。"晋遂举解狐。后又问："孰可以为国尉？"祁奚对曰："午也可。"君曰："非子之子耶？"对曰："君问可，非问子也。"

《左传》襄公三年作：

祁奚请老，晋侯问嗣焉，称解狐，其雠也。将立之而卒。又问焉。对曰："午也可。"于是羊舌职死矣，晋侯曰："孰可以代之？"对曰："赤也可。"于是使祁午为中军尉，羊舌赤佐之。

《国语》《晋语》七作：

祁奚辞于军尉，公问焉，曰："孰可？"对曰："臣之子午可。人有言曰：'择臣莫若君，择子莫若父。'午之少也，婉以从令，游有乡，处有所，好学而不戏，其壮也，彊志而用命，守业而不淫。其冠也，和安而好敬，柔惠小物而镇定大事；有直质而无流心；非义不变，非上不举；若临大事，其可以贤于臣。臣请荐所能择而君比义焉。"公使祁午为军尉，殁平公，军无秕政。

《吕氏春秋》《去私》作：

晋平公问于祁黄羊曰："南阳无令，其谁可而为之？"祁黄羊对曰："解狐可。"平公："解狐非子之雠邪？"对曰："君问可，非问臣之雠也。"平公曰："善。"遂用之，国人称善焉。居有间，平公又问祁黄羊曰："国无尉，其谁可而为之？"对曰："午可。"平公曰："午非子之子邪？"对曰："君问可，非问臣之子也。"平公曰："善。"又遂用之，国人称善焉。

《史记》《晋世家》作：

悼公问群臣可用者，祁傒举解狐。解狐，傒之仇。复问，举其子祁午。

以上情节不完全相同，语言和表现方法更相差很远，但人物则除了《吕氏春秋》的晋平公和《史记》的晋悼公不同外，其余都没有变动。至《韩非子》《外储说左下》所载，则人物也几乎全变了：

> 中牟无令，晋平公问赵武曰："中牟，三国之股肱，邯郸之肩髀，寡人欲得其良令也，谁使而可？"武曰："邢伯子可。"公曰："非子之雠也？"曰："私雠不入公门。"公又问曰："中府之令，谁使而可？"曰："臣子可。"

根据故事中的人物、情节和语言的变动性，同时也就可以看出它的口头性和集体性了。同一个主题，同一个类型的故事，如果一开始就在书面上固定下来，那它是不会有那么大的差别的。分明它是在某些人的口头上流传。故事的讲述者对别人讲述这故事的时候，不能把故事的人物、情节和语言原封不动的保存在自己的记忆里，因而只能根据自己的才能无意地给予删改或补充；或者，虽然记住，但由于某一种企图或由于想把故事说得生动一些而有意地给予删改或补充；因而故事从内容以至于形式就有了很大的变动了。这故事被编选进《史记》里面，由于"世家"这种体裁的限制，当然曾被《史记》的作者加以压缩。所有被编选进《新序》里面的故事，也可能经过刘向加工。但即使是这样罢，由于故事是集体创作的，同一个主题、同一个类型的各个不同的故事，都凝结着故事讲述者的智慧。这些在《新序》里面被加工过的故事，那也还是集中了故事讲述者的智慧而改写出来的。

由于故事的口头性和变动性，其内容不一定符合于历史的事实。如昭奚恤是楚宣王时人，叶公子高、令尹子西是楚昭王、惠王时人，司马子反是楚共王时人，但在《杂事》第一《秦欲伐楚》章中，他们却在秦使者的面前同时出现。乐王鲋是晋大夫，楚康王时人，但在《杂事》第四《叶公诸梁问乐王鲋曰》章中却和叶公诸梁即叶公子高对话。这在故事、传说中是可以容许的。全祖望《经史问答》《答卢镐问》《大学楚书》条因此批评刘向大抵根据"道听涂说，移东就西，其于时代人地，俱所不考"。那是由于没有辨别故事、传说和史书性质不同，把对史书的要求硬加到故事、传说头上的缘故。

对于这些故事，既不能以对史书的要求来要求它，也不能以对小说、戏剧的要求来要求它。在艺术形式上它有着自己的特点。它虽然是故事，但一般说来没有或没有明确的故事发生的时间和地点，只有人物和对话，叙事的部分很少。人物也往往只有姓名，性格单纯。对话一般也很简短，但语言简练，富于理趣或情趣，从这里面表现了人物的品质和修养，展示了人物的内心世界，塑造了人物的形象，从而也形象地突出了故事的主题思想。譬如《杂事》第一《晋平公闲居》章：

晋平公闲居，师旷侍坐。平公曰："子生无目眹。甚矣子之墨墨也！"师旷对曰："天下有五墨墨，而臣不得与一焉。"平公曰："何谓也？"师旷曰："群臣行赂以采名誉，百姓侵冤无所告诉，而君不悟，此一墨墨也。忠臣不用，用臣不忠，下才处高，不肖临贤，而君不悟，此二墨墨也。奸臣欺诈，空虚府库，以其少才，覆塞其恶，贤人逐，奸邪贵，而君不悟，此三墨墨也。国贫民罢，上下不和，而好财用兵，嗜欲无厌，谄谀之人，容容在旁，而君不悟，此四墨墨也。至道不明，法令不行，吏民不正，百姓不安，而君不悟，此五墨墨也。国有五墨墨而不危者，未之有也。臣之嘿嘿，小嘿嘿耳，何害乎国家哉？"

师旷的对话，虽然比较长些，说的又是政治上的大问题，但我们读了一点也不觉得他在说教，我们只是感到他的机敏以及对于人民和国家的关怀。晋平公只想跟他开一个玩笑，结果反而给他回敬以对包括晋平公在内的统治者的一番无情的讽刺。又如《刺奢》第六《鲁孟献子聘于晋》章：

> 　　鲁孟献子聘于晋，韩宣子觞之，三徙，锺石之悬，不移而具。献子曰："富哉家！"宣子曰："子之家孰与我家富？"献子曰："吾家甚贫，惟有二士，曰颜回、兹无灵者，使吾邦家安平，百姓和协。惟此二者耳，吾尽于此矣。"客出，宣子曰："彼君子也，以养贤为富。我鄙人也，以锺石金玉为富。"

这些对话，互相烘托。在这里面孟献子和韩宣子的性格成了鲜明的对比。韩宣子最后的话说得已很清楚。这一方面讽刺了韩宣子奢豪的生活和庸俗的观点，另一方面又歌颂了孟献子高贵的感情和伟大的人格，从而体现了对统治者要求尊贤崇俭的思想。

　　为了突出人物的思想性格，这些故事，其中有一些有关人物思想性格的人物居处和服用的描写，写得也很精采。如上文《鲁孟献子聘于晋》章的"三徙，锺石之悬，不移而具"，便很有效地表现了韩宣子"以锺石金玉为富"的思想性格。又如《节士》第七《原宪居鲁》章：

> 　　原宪居鲁，环堵之室，茨以生蒿，蓬户瓮牖，揉桑以为枢，上漏下湿，匡坐而弦歌。子贡闻之，乘肥马，衣轻裘，中绀而表素，轩车不容巷，往见原宪。原宪冠桑叶冠，杖藜杖而应门。正冠则缨绝，衽襟则肘见，纳屦则踵决。

这些地方如果故事的作者不是深入生活，那是写不出来的。它生动地描写了原宪生活的贫寒，比起子贡的阔绰，更显出了原宪安贫乐道这种可贵的性格。

　　文学是语言的艺术，《新序》中的语言，正如其他优秀的文学作品中的语言一样，有着它的明了性、准确性和生动性。譬如《杂事》第四《楚庄王伐郑》章：

　　　　卒争舟，而以刃击引，舟中之指可掬也。

比起《左传》宣公十二年的：

　　　　中军下军争舟，舟中之指可掬也。

《公羊传》宣公十二年的：

　　　　晋众之走者，舟中之指可掬也。

《韩诗外传》卷六的：

　　　　士卒奔者争舟而指可掬也。

就明了得多了。又如《善谋》第十《赵地乱》章，写赵厮养卒为了要燕国释放赵王归赵，往见燕王：

　　　　燕王问之，对曰："贱人希见长者，愿请一卮酒！"已饮，又
　　　问之，复曰："贱人希见长者，愿复请一卮酒！"与之酒。

请求赐酒压惊这一段，《史记》《张耳陈余列传》和《汉书》《张耳陈余传》都没有，因而这人物便没有《新序》写得那么具体、生动。又《义勇》第八《佛肸以中牟叛》章，写佛肸置鼎于庭，强迫田卑附逆，田卑坚决不肯，褰衣即将就鼎，

　　　　佛肸脱屦而止之，

比《太平御览》卷六百三十三引《说苑》和《资治通鉴外纪》卷九作

　　　　佛肸止之，

也更加生动和富有形象性。

　　当然，由于《新序》是刘向编著（主要是编）的，被编选进《新序》里面的故事中哪些语言是经过刘向加工的，已不可考。但由于可能引用的材料不止一种，即使是引用某一种材料原有的句子，也可以看出编著者的选择之功。可以说《新序》是一部有着一定高度的思想性、艺术性和有着特殊风格的作品，在中国文学史中应占有一定的位置。

　　可惜的是原来是三十卷的《新序》，到了北宋，已经残缺不全了[3]。经过曾巩的整理和校订，只保存了十卷。这曾经经曾巩校订过的宋本《新序》十卷，以及后来翻刻的版本如铁华馆校宋本、程荣校本、湖北崇文书局刊本、《四部丛刊》本、陈用光校本等，纰漏还是很多。卢文弨《群书拾补》六《新序拾补》中所引用的何允中本，日本武井骥《刘向新序纂注》中所引用的嘉靖本、朝鲜本、吴本个人虽没有见过，但据他们所引，情形也相彷彿。版本如此，但从事于《新序》的校勘工作的人还是很少；至于注解，那就更不必说了。根据个人所知，比较认真地从事于《新序》的校勘或校注工作的，只有卢文弨的《新序拾补》、日本武井骥的《刘向新序纂注》、陈寿祺的《新序校记》、石光瑛的《新序校释》[4]和张国铨的《新序校注》[5]。《新序校记》蒐罗不到。《新序校释》则旁征博引，校勘注释，有精到之处；可惜原书十卷，只找到开头四卷。至其余三种，则比较简要。个人所找到的这五种，虽然详略不同，作者的着重点也不一样，但都有许多可取的地方，他们的劳动应该得到我们的尊重。拙著《新序详注》，其实也只是他们这种工作的继续。他们研究的成果，有许多都被保存或被吸收到拙著里面。

个人从事于这种工作从一九四三年开始。一九四九年解放以后，因为政治学习和教学工作的繁忙，这工作曾停止了几年；直至党提出了"向科学进军"以后，才又把这工作继续下去。现在，在王季思师和出版社的督促和帮助下，这工作总算大致结束了。

关于拙著的体例，在这里还得加以说明：

一、关于出处的标明，则书名、篇名一般用全称。书名、篇名以及必须注明的卷数和编著者、注家的姓名，都尽量标明。

二、注解如已见别章，也尽量予以省略。如认为有重复出现的必要，则往往注明见本书某篇某章某注。前后两条注解如果可以互相补充，也在其中一条内注明或在两条内分别注明。

三、注中有解诂，有集证，有考释，有考辨，有校勘，有考异，有音读，为方便计，统称为注。

四、注中的材料，有的是所根据的载籍的原文，有的是载籍原文的翻译或译述，有的是若干载籍原文综合的叙述或译述。

五、校勘有两种：一种是《新序》各章中的文字，某字应作何字，只根据铁华馆校宋本、明程荣校本、《四部丛刊》本和湖北崇文书局刊本文字的异同，择善而从，一般不在注内标明。另一种是在这范围以外的校勘；如下断语，也只在注内注明应作或应该增删某字某某字，对《新序》各章中根据第一种校勘所确定下来的文字则一律不加改动。希望通过这两种做法，一方面能帮助读者阅读，一方面又能尽量保存宋本《新序》十卷原书的面目。

六、校勘中所用的类书或古书中的注疏，其下只说"引"而没有说明引什么的，所引都指《新序》而言。

七、考异的目的，是为的帮助读者了解故事的变动性。其次是为的帮助读者更准确地更具体地了解本书语句的含义。如《杂事》第一《昔者周舍事赵简子》章"令我"，《太平御览》卷四百二十八引作"教寡人"，虽不必据以校改，但可作为"令"即"教"之佐证。又如《杂事》第二《庄辛谏楚襄王曰》章："先生老悖欤？妄为楚国妖欤？""妄"，《战国策》《楚策》四作"将"，更可以证明"妄"应作"抑"解，作选择连词用。

　　个人对于《新序》注解的目的和方法大致如此。由于水平的限制，本书注解从方法以至内容，一定有许多缺点和错误，恳切地希望读者予以批评指正！

　　　　　　　　　　一九五九年四月改写于广州中山大学

〔注〕

　　〔1〕《汉书》《刘歆传》。

　　〔2〕《汉书》《石显传》。

　　〔3〕据《太平御览》所引《新序》，知隋、唐三十卷的《新序》，在北宋初太平兴国的时候还没有散失。

　　〔4〕广州中兴印书馆印本。其中第一卷又见民国二十六年六月国立中山大学研究院文科研究所中国语言文学部编语言文学专刊第一卷第三、四期。

　　〔5〕民国三十三年五月，成都茹古书局刻本。

目　　录

杂 事 第 一

　　昔者舜自耕稼陶渔而躬孝友。父瞽瞍[1]顽，母嚚[2]，及弟象傲，皆下愚不移[3]，舜尽孝道以供养瞽瞍。瞽瞍与象为浚井塗廪之谋，欲以杀舜[4]，舜孝益笃，出田则号泣，年五十犹婴儿慕，可谓至孝矣。故耕于历山，历山之耕者让畔[5]。陶于河滨，河滨之陶者器不苦窳[6]。渔于雷泽，雷泽之渔者分均[7]。及立为天子，天下化之，蛮夷率服，北发渠搜[8]，南抚交阯[9]，莫不慕义；麟凤在郊[10]。故孔子曰："孝弟之至，通于神明，光于四海[11]。"舜之谓也。孔子在州里，笃行孝道。居于阙党[12]，阙党之子弟畋渔，分有亲者得多，孝[13]以化之也。是以七十二子自远方至，服从其德。鲁有沈犹氏者，且饮羊，饱之以欺市人。公慎氏有妻而淫。慎溃氏奢侈骄佚。鲁市之鬻牛马者善豫贾[14]。孔子将为鲁司寇[15]，沈犹氏不敢朝饮其羊，公慎氏出其妻，慎溃氏逾境而徙，鲁之鬻马牛[16]不豫贾，布正[17]以待之也。既为司寇，季、孟堕郈、费之城[18]，齐人归所侵鲁之地[19]，由积正之所致也。故曰："其身正，不令而行[20]。"

　　〔注〕

　　〔1〕　瞽瞍：舜的生父。或作"瞽叟"。《吕氏春秋》《古乐》说瞽叟为尧分

五弦之瑟，以为十五弦之瑟。知是尧时的乐师。古代以盲人为乐师，瞽叟即为一例。

〔2〕　母：舜的后母。《史记》《五帝本纪》："舜母死，瞽叟更娶妻而生象。"嚚：音银，凶恶。

〔3〕　下愚不移：《论语》《阳货》："唯上知与下愚不移。"上知指极善，下愚指极恶。极恶之人，虽圣贤教化也不能使之移易。

〔4〕　瞽瞍与象为浚井塗廪之谋，欲以杀舜：《孟子》《万章上》："父母使舜完廪，捐阶，瞽瞍焚廪。使浚井，出，从而揜之。"《史记》《五帝本纪》："瞽叟尚复欲杀之，使舜上塗廪，瞽叟从下纵火焚廪，舜乃以两笠自扞而下去，得不死。后瞽叟又使舜穿井。舜穿井，为匿空（匿空：地道。）旁出。舜既入深，瞽叟与象共下土实井，从匿空出去。"

〔5〕　历山：地点说法很多。《史记》《五帝本纪》《集解》："郑玄曰：在河东。"《正义》："《括地志》云：蒲州河东县雷首山一名中条山，亦名历山。"石光瑛《新序校释》："案诸说当以郑注'在河东'为长。《史记》上文云：'舜，冀州之人也。'蒲州河东县，本属冀州。"耕于历山，历山之耕者让畔：《淮南子》《原道》："昔舜耕于历山，期年而田者争处垗埆，以封壤肥饶相让。"

〔6〕　河滨：《史记》《五帝本纪》《正义》："《括地志》云：陶城在蒲州河东县北三十里，即舜所都也，南去历山不远。"陶于河滨，河滨之陶者器不苦窳：《韩非子》《难一》："东夷之陶者器苦窳，舜往陶焉，期年而器牢。"和这里的传说不同。

〔7〕　雷泽：在今山西省，有二说。《墨子》《尚贤中》"渔雷泽"，孙诒让《间诂》："案今山西永济县南四十里雷首山下有泽，亦云舜所渔也。"清永济县即上注〔5〕中蒲州的河东县。《元和郡县志》卷十五《河东道》五《泽州》、《太平寰宇记》卷四十四《河东道》五《泽州》、《太平御览》卷一百六十三、《路史》《后纪》十一注引《墨子》"雷泽"并作"濩泽"。《汉书》《地理志》河东郡有濩泽，县名，《元和郡县志》说濩泽在城阳县西北十二里。渔于雷泽，雷泽之渔者分均：《韩非子》《难一》："河滨之渔者争坻，舜往渔焉，期年而让长。"《淮南子》《原道》："钓于河滨，期年而渔者争处湍濑，以曲隈深潭相予。"《史记》《五帝本

纪》说舜"渔雷泽,雷泽上人皆让居"。

〔8〕 北发:北狄国名。见周寿昌《汉书注校补》卷三。渠搜:古书上或作
"渠廋"、"渠叟"、"巨叟"。《列子》《周穆王》张湛注:"西戎国名。"

〔9〕 南抚:石光瑛《新序校释》根据《大戴礼》《少间》、《五帝德》,认为国
名。交阯:《礼记》《王制》作"交趾",国名,在今五岭以南。

〔10〕 麟:通麐,古人以为是瑞兽。其形状据说是文采五色,麏身牛尾,狼
额马蹄,一角,腹下黄,高丈二。凤:古人以为是瑞鸟。其形状据说
是文采五色,鸿前麟后,蛇颈鱼尾,鹳颡鸳腮,龙文龟背,燕颌雞嘴,
一说高丈二,一说高八尺。

〔11〕 孝弟之至,……光于四海:见《孝经》《感应章》。光:充。

〔12〕 阙党:即阙里,在今山东曲阜县城中。《论语》《宪问》中有"阙党",
《汉书》《古今人表》作"厥党"。

〔13〕 孝:应作"孝弟"。卢文弨《群书拾补》:"后卷五'孝'下有'弟'字,
《荀子》《儒效篇》亦同。"

〔14〕 鬻:音育,卖。豫:欺诳。见王引之《经义述闻》卷八《诳豫》条。贾:
同价。豫贾:虚定高价以骗人。善豫贾:《孔子家语》《相鲁》作"饰
之以储价"。储是积累,储价即叠高价钱。

〔15〕 司寇:官名,主管刑狱。鲁定公九年,孔子为鲁大司寇。见《史记》《孔
子世家》。

〔16〕 鬻马牛:《荀子》《儒效》作"粥牛马者",《孔子家语》《相鲁》作"鬻牛
马者"。按有"者"字为是。本章上文亦作"鬻牛马者"。

〔17〕 布正:应作"恪正"。《荀子》《儒效》作"必蛮正"。王先谦《集解》引
俞樾曰:"'必'字衍文。'蛮'字无义,疑'恪'字之误。'恪'字阙坏,
止存右旁之'各',故误为'蛮'耳。……《新序》引此作'布正',隶书
或作'帀',亦与'恪'字右旁相似。"恪正:孔子自己习于正道,即下
文的"积正"。

〔18〕 季、孟:鲁大夫季孙氏和孟孙氏。堕:毁。郈:音后,春秋地名,叔孙
氏封邑,在今山东东平县东。费:音秘,春秋地名,季孙氏封邑,在
今山东费县西南。季、孟堕郈、费之城:《史记》《孔子世家》:"定公
十三年(堕三都,《左传》作定公十二年事。)夏,孔子言于定公曰:

'臣无藏甲,大夫毋百雉之城。'使仲由为季氏宰,将堕三都,于是叔孙氏先堕郈。季氏……遂堕费。”这样做是为的削弱私族,以巩固公室。

〔19〕 齐人归所侵鲁之地:鲁定公十年,定公和齐景公在夹谷相会,孔子摄行相事。齐景公无礼,被孔子严厉的指责了。齐景公回去,对他一班臣子说:“鲁以君子之道辅其君,而子独以夷狄之道教寡人,使得罪于鲁君,为之奈何?”因此他依照鲁国的要求,把原先所侵佔鲁国的郓、汶阳、龟阴之田归还给鲁国,表示向鲁国认错。见《史记》《齐世家》、《鲁世家》、《孔子世家》。

〔20〕 其身正,不令而行:孔子语,见《论语》《子路》。

　　孙叔敖[1]为婴儿之时,出游,见两头蛇,杀而埋之,归而泣。其母问其故,叔敖对曰:“闻见两头之蛇者死[2],嚮者吾见之,恐去母而死也。”其母曰:“蛇今安在?”曰:“恐他人又见,杀而埋之矣。”其母曰:“吾闻有阴德者天报以福,汝不死也。”及长,为楚令尹[3],未治而国人信其仁也。

〔注〕

〔1〕 孙叔敖:即芳敖,楚大夫芳贾之子。见《左传》宣公十二年及杜预注。

〔2〕 死:《类说》卷三十引作“必死”。

〔3〕 令尹:楚国的官名,等于别国的相。参阅本书《杂事》第一《秦欲伐楚》章注〔2〕。为楚令尹:孙叔敖楚庄王时为令尹。见《左传》宣公十一年、十二年及杜预注。

　　禹之兴也以塗山[1],桀之亡也以末喜[2];汤之兴也以有莘[3],纣之亡也以妲己[4];文、武之兴也以任、姒[5],幽王之亡也以褒姒[6];是以《诗》正《关雎》[7],而《春秋》褒伯姬也〔8〕。樊姬，楚国之夫人也〔9〕。楚庄王罢朝而晏，问其故。庄王曰："今旦与贤相语，不知日之晏也。"樊姬曰："贤相为谁?"王曰："为虞丘子〔10〕。"樊姬掩口而笑，王问其故。曰："妾幸得执巾栉以侍王，非不欲专贵擅爱也，以为伤王之义，故所进与妾同位者数人矣〔11〕。今虞丘子为相数十年〔12〕，未尝进一贤。知而不进，是不忠也。不知，是不智也。安〔13〕得为贤?"明日，朝，王以樊姬之言告虞丘子。虞丘子稽首曰："如樊姬之言。"于是辞位而进孙叔敖〔14〕。孙叔敖相楚〔15〕，庄王卒以霸，樊姬与有力焉。

〔注〕

〔1〕　禹:《史记》《外戚世家》作"夏"。塗山:指塗山氏之长女女娇，或作女侨、女趬。是禹的妃，启的母亲。禹到外面治水，她在家里教育儿子启。启后来能继禹为天子，能继承禹的事业，和她的教育是分不开的。见《列女传》卷一及梁玉绳《汉书》《人表考》卷二。

〔2〕　末喜:古书上或作妹喜，或作妹嬉，或作末嬉。有施氏之女，桀之妃。桀宠爱她，和她过着荒淫腐烂的生活，结果为汤所灭。见《列女传》卷七及《汉书人表考》卷八。亡:《史记》《外戚世家》作"放"。

〔3〕　有莘:或作有㜪，有莘氏之女，汤的妃。她对儿子仲壬、外丙教导有方，对后宫的宫嫔也管理得很有条理。汤能卒成王业，和这一位贤内助也是分不开的。见《列女传》卷一。汤之兴也以有莘:《史记》《外戚世家》作"殷之兴也以有娀"。有娀:指有娀氏之女简狄，契之母。

〔4〕　妲己:妲，字。己，姓。有苏氏之女，纣的妃。纣宠爱她，尽量讨好她;她所喜爱的人就用，她所讨厌的人就杀;和她尽情的享乐，荒淫腐烂的程度比之夏桀和末喜有过之无不及。结果为周武王所灭。见《列女传》卷七及《汉书人表考》卷九。纣之亡也以妲己:《史记》《外戚世家》作"纣之杀也嬖妲己"。

〔5〕　任:太任，挚任氏中女，王季妃，文王母。性端庄。有孕时能目不视

恶色,耳不听淫声,口不出傲言,能注意胎教。文王天生聪明,据说
和太任的胎教有关。姒:太姒,禹后有莘姒氏之女,文王妃,武王
母。仁厚,明白事理,对王季的母亲太姜和文王的母亲太任都很孝
顺,早晚勤劳侍奉。生了十个儿子,她都能教他们学好。武王、周
公事业的成就和她的家庭教育也是分不开的。见《列女传》卷一及
《汉书人表考》卷二。文、武之兴也以任、姒:《史记》《外戚世家》作
"周之兴也以姜原及大任"。姜原:后稷之母。

〔6〕　幽王:姬姓,名宫湦,宣王子,西周亡国之君。见《史记》《周本纪》。褒
姒,姒姓,童妾之女,周幽王之后。幽王本来已有王后申侯之女和
太子宜臼了,但因宠爱褒姒,便废了申侯之女和太子宜臼,而立褒
姒为后和她的儿子伯服为太子。幽王不时和他游猎或饮酒作乐,
不恤国事。为了逗褒姒笑,幽王还举烽火以开诸侯的玩笑。诸侯
因为来了没有寇警,以后申侯和西夷、犬戎联合向幽王进攻时,望
见了烽火也不来了。结果幽王也就因此而亡国亡身。见《列女传》
卷七及《汉书人表考》卷九。幽王之亡也以褒姒:《史记》《外戚世家》
作"而幽王之禽也淫于褒姒"。

〔7〕　《诗》正《关雎》:言《诗经》以《关雎》正风。刘向学《鲁诗》。《齐》、
《鲁》、《韩》皆以《关雎》为刺诗,所谓"康王晏起,《关雎》作刺"。则
"正"是纠正之意。《史记》作"《诗》始《关雎》"。

〔8〕　伯姬:鲁宣公之女,成公之妹。嫁给了宋共公十年后,宋共公卒,伯
姬一直守寡下去。到宋景公时,伯姬碰着了夜间失火,侍候在她左
右的人请她躲避。她说:"做妇人的规矩,是'保、傅不来,夜不下
堂。'等保、傅来了再走好了。"保母来了,但傅母还没有来,在她左
右的人又叫她躲避,她说:"做妇人的规矩,是'傅母不至,夜不可
下堂。'与其弃义求生,不如守义而死。"结果她被烧死了。见《列女
传》卷四。《春秋》襄公三十年有"葬宋共姬"的话,就是用宋共公的
谥号来称呼她来嘉奖她了。

〔9〕　《资治通鉴外纪》卷六认为这故事发生于周定王三年。樊姬,楚国
之夫人也:《列女传》卷二作"楚姬者,庄王之夫人也"。

〔10〕　虞丘子:虞丘氏。见《元和姓纂》卷二。《韩诗外传》卷二作"沈令

尹"。参阅本书《杂事》第五《吕子曰》注〔12〕。沈钦韩《汉书疏证》卷七:"考楚国之法:自司马为令尹,未有一朝由布衣而跻令尹者。庄王以前,皆公子及鬭族为之,无虞丘子其人也。"

〔11〕 非不欲专贵擅爱也,……故所进与姜同位者数人矣:樊姬专宠十年,还是没有小孩子,她因此希望庄王也和众姜亲近。庄王便叫六位姬妾侍寝,结果生了六个儿子。见《渚宫旧事》卷二。《韩诗外传》卷二和《列女传》卷二,都说樊姬侍奉庄王十一年,未尝不找美女献给庄王。结果和她同列的有七位,比她地位更高的有两位。

〔12〕 数十年:应从《韩诗外传》作"数年"。石光瑛《新序校释》:"《左传》:令尹子文卒,鬭般为令尹,为子越椒所谮杀。越椒为令尹,攻庄王,战于皋浒,兵败,族灭。在宣四年。逮宣十二年,则孙叔敖为令尹,中间不过数年。令尹屡易其人,无为十馀年之虞丘子也。"

〔13〕 "安"上应从《太平御览》卷六百三十二引补"不忠不智"四字。

〔14〕 辞位而进孙叔敖:《说苑》《至公》说令尹虞丘子向楚庄王辞政,说他做了十年的令尹,没有成绩,因推荐能干而没有私欲的孙叔敖代替自己。庄王认为虞丘子帮助了自己"令行于绝域,遂霸诸侯"。但挽留无效。和这里的传说稍有不同。

〔15〕 孙叔敖相楚:应从《文选》孙子荆《为石仲容与孙皓书》和潘安仁《杨荆州诔》李善注引,下加"国富兵强"四字。

卫灵公〔1〕之时,蘧伯玉〔2〕贤而不用,弥子瑕〔3〕不肖而任事,卫大夫史鰌患之,数以谏灵公而不听。史鰌病且死,谓其子曰:"我即死,治丧于北堂〔4〕。吾不能〔5〕进蘧伯玉而退弥子瑕,是不能正君也。生不能正君者,死不当成礼。置尸北堂,于我足矣。"史鰌死,灵公往吊,见丧在北堂,问其故。其子具以父言对灵公。灵公蹴然易容〔6〕,寤然〔7〕失位,曰:"夫子生则欲进贤而退不肖;死且不懈,又以尸谏,可谓忠而不衰矣。"于是乃召蘧伯玉而

进之以为卿，退弥子瑕；徙丧正堂，成礼而后返。卫国以
治。史䲡字子鱼，《论语》所谓"直哉史鱼"〔8〕者也。

〔注〕

〔1〕　卫灵公：名元，襄公子。见《史记》《卫世家》。

〔2〕　蘧伯玉：或作璩伯玉，名瑗，谥成子。见梁玉绳《汉书人表考》卷二。

〔3〕　弥子瑕：弥氏，亦称弥子，亦称彭封弥子。亦作迷子瑕。见《汉书人
表考》卷九。卫灵公的宠臣。

〔4〕　北堂：即东房的北半边，妇人所常住。治丧于北堂：《新书》《胎教》
及《大戴礼》《保傅》均作"置尸于北堂"，《韩诗外传》卷七作"殡我于
室"，《孔子家语》《困誓》作"置尸牖下"，都是偏不成礼的意思。

〔5〕　吾不能：《新书》、《大戴礼》、《艺文类聚》卷二十四引《逸礼》、《太平
御览》卷四百五十六引《补逸礼传》，作"吾生不能"。

〔6〕　蹴然易容：《新书》作"戚然易容"，《大戴礼》作"造然失容"。"戚然"
即"蹙然"，亦即"蹴然"。"蹴然""戚然""造然"都用来形容惊遽
之状。

〔7〕　寙：读作悟或忤，有错乱之意。寙然：用来形容惊惶失措之状。

〔8〕　直哉史鱼：《论语》《卫灵公》："子曰：'直哉，史鱼！邦有道如矢，邦
无道如矢。'"

　　晋大夫祁奚老〔1〕，晋君〔2〕问曰："孰可使嗣？"祁奚
对曰："解狐可。"君曰："非子之雠耶？"对曰："君问可，非
问雠也。"晋遂举解狐。后又问"孰可以为国尉〔3〕？"祁奚
对曰："午也可。"君曰："非子之子耶？"对曰："君问可，非
问子也。"君子谓〔4〕祁奚能举善矣。称其雠不为谄，立其
子不为比。《书》曰："不偏不党，王道荡荡〔5〕。"祁奚之
谓也。外举不避仇雠，内举不回亲戚〔6〕，可谓至公矣。
唯善故能举其类。《诗》曰："唯其有之，是以似之〔7〕。"

祁奚有焉。

〔注〕

〔1〕 祁奚:《吕氏春秋》《开春》、《风俗通义》《十反》均作"祈奚"。《吕氏春秋》《去私》作"祁黄羊",高诱注:"黄羊,晋大夫祁奚之字。"《史记》《晋世家》作"祁侯"。老:辞官。《左传》襄公三年作"请老",《国语》《晋语》七作"辞于军尉"。

〔2〕 晋君:《吕氏春秋》《去私》作"晋平公",误,应该是晋悼公。《左传》记载这故事是在鲁襄公三年,正好是在晋悼公四年。《史记》《晋世家》:"悼公问群臣可用者,祁侯举解狐。"悼公:襄公孙,平公父,名周,一作纠,或作雕。见梁玉绳《汉书人表考》卷四。

〔3〕 国尉:《国语》《晋语》作"军尉",《左传》襄公三年作"中军尉"。中军尉本祁奚自居之职,无事时主管其军士卒的训练,有战事时则兼为其统帅驾御兵车。见《左传》成公十八年及孔颖达疏。后又问"孰可以为国尉":祁奚原荐解狐自代,因解狐来不及做国尉便死了,所以晋君才又问他。见《左传》襄公三年。

〔4〕 君子谓:《吕氏春秋》《去私》作"孔子闻之曰"。

〔5〕 荡荡:宽广。

〔6〕 回:避。戚:亲。外举不避仇雠,内举不回亲戚:《韩非子》《外储说左》、《吕氏春秋》《去私》作"外举不避雠,内举不避子"。

〔7〕 唯其有之,是以似之:见《诗经》《小雅》《裳裳者华》。

楚共王〔1〕有疾,召令尹〔2〕曰:"常侍筦苏〔3〕与我处,常忠我以道,正我以义,吾与处不安也,不见不思也。虽然,吾有得也。其功不细,必厚爵之!申侯伯与处〔4〕,常纵恣吾。吾所乐者,劝吾为之;吾所好者,先吾服之〔5〕。吾与处欢乐之,不见戚戚也。虽然,吾终无得也。其过不细,必亟遣〔6〕之!"令尹曰:"诺。"明日王薨,令尹即拜筦苏为上卿,而逐申侯伯出之境〔7〕。曾子曰:"鸟之将死,

其鸣也哀。人之将死，其言也善〔8〕。"言反其本性，共
王之谓也。故孔子曰："朝闻道，夕死可矣〔9〕。"于以开
后嗣，觉来世，犹愈没身不寤者也。

〔注〕

〔1〕 楚共王：名审。一作箴，庄王子。见梁玉绳《汉书人表考》卷五。共
　　　通恭。《群书治要》卷四十二、《太平御览》卷四百五十九俱引作"楚
　　　恭王"。《吕氏春秋》《长见》作"荆文王"。《说苑》《君道》作"楚文
　　　王"。《渚宫旧事》卷一作"文王"。文王：名赀，武王子。见《史记》《楚
　　　世家》。赀：音将支切。《左传》僖公七年："初，申侯，申出也，有宠
　　　于楚文王。文王将死，与之璧，使行，曰：'唯我知女。女专利而不厌，
　　　予取予求，不女疵瑕也。后之人，将求多于女，女必不免。我死，女
　　　必速行，无适小国，将不女容焉。'既葬，出奔郑。"和《吕氏春秋》对
　　　照来看，申侯也就是申侯伯。因此作"文王"较近于史实。

〔2〕 令尹：如是恭王，则令尹为令尹子囊。《国语》《楚语上》子囊议谥，
　　　韦昭注："子囊，恭王弟，令尹公子贞也。"如是文王，则令尹疑是令
　　　尹子元。《楚语上》"昔令尹子元之难"，高诱注："子元，楚武王子、文
　　　王弟王子善也。"

〔3〕 常侍：《后汉书》《宦者列传》把管苏和勃貂即寺人披并列，知常侍为
　　　宦官。筦：通管。筦苏：《后汉书》《宦者列传》及李贤注、《文选》《宦
　　　者传论》及李善注都引作"管苏"。《吕氏春秋》《长见》作"苋譆"，音
　　　现僖。《说苑》《君道》作"筦饶"。《渚宫旧事》作"管饶"。

〔4〕 申侯伯与处：应从《群书治要》、《太平御览》引作"申侯伯与我处"。
　　　因上文"常侍筦苏与我处"，词例正同。

〔5〕 服：为。先吾服之：《吕氏春秋》《见长》作"先我为之"。《说苑》、《渚宫
　　　旧事》均作"先我行之"。

〔6〕 亟：《后汉书》《宦者列传》章怀太子注、《文选》《宦者传论》李善注均
　　　引作"速"。遣：驱逐。

〔7〕 出之境：《太平御览》卷四百五十九引作"出于国"。

〔8〕 鸟之将死，……其言也善：见《论语》《泰伯》。

〔9〕 朝闻道,夕死可矣:见《论语》《里仁》。

昔者魏武侯〔1〕谋事而当,群臣莫能逮,朝〔2〕而有喜色。吴起〔3〕进曰:"今者有以楚庄王之语闻者乎?"武侯曰:"未也。庄王之语奈何?"吴起曰:"楚庄王谋事而当,群臣莫能逮,朝〔4〕而有忧色。申公巫臣〔5〕进曰:'君朝〔6〕而有忧色,何也?'庄王曰:'吾闻之:诸侯自择师者王,自择友者霸,足己而群臣莫之若者亡〔7〕。今以不穀之不肖〔8〕,而议于朝,且群臣莫能逮,吾国其几于亡矣。吾是以有忧色也。'庄王之所以忧,而君独有喜色,何也?"武侯逡巡而谢曰:"天使夫子振寡人之过也! 天使夫子振寡人之过也!"

〔注〕

〔1〕 魏武侯:魏氏,名击,文侯子。见《史记》《魏世家》。《太平御览》卷三百八十八引《春秋后语》作"魏文侯"。

〔2〕 朝:应从《荀子》《尧问》作"退朝"。可能因"退"先误为"逮",后因重复而删,遂成今本之误。《吴子》《图国》作"罢朝"。

〔3〕 吴起:战国时名将,卫左氏中人,学于曾子。初为鲁将,攻齐有功。不久归附魏文侯。魏文侯用为将,也立了大功。武侯时为谗人离间,跑到楚国,楚悼王用他为相,变法图强。悼王死,为楚国贵戚大臣所杀。见《韩非子》《外储说右上》、《吕氏春秋》《当染》、《史记》《吴起列传》。《吕氏春秋》《骄恣》作"李悝"。

〔4〕 朝:应从《荀子》《尧问》、《吕氏春秋》《骄恣》作"退朝"。《韩诗外传》卷六作"居"。

〔5〕 申公巫臣:屈氏,字子灵,又叫屈巫,封申公。原为楚臣,后因罪逃到晋国。见《国语》《楚语上》及韦昭注。

〔6〕 朝:应从《吕氏春秋》《骄恣》作"退朝"。

〔7〕 诸侯自择师者王，……足己而群臣莫之若者亡：《尚书》《仲虺之
　　 诰》：“予闻曰：‘能自得师者王，谓人莫己若者亡。’”
〔8〕 谷：善。不谷：诸侯自己的谦称。肖：善。不肖：和贤或智相反。贤
　　 也是多才多智的意思。《庄子》《山木》“贤则谋，不肖则欺”，《吕氏
　　 春秋》《必己》作“多智则谋，不肖则欺”。这里的“不肖”指不才不智
　　 来说。

　　卫国逐献公〔1〕，晋悼公谓师旷〔2〕曰：“卫人出其君，
不亦甚乎？”对曰：“或者其君实甚也。夫天生民而 立 之
君〔3〕，使司牧之〔4〕，无使失性〔5〕。良君将赏善而除民
患，爱民如子，盖之如天，容之若地。民奉其君，爱之如父
母，仰之如日月，敬之如神明，畏之若〔6〕雷霆。夫君，神
之主〔7〕也，而民之望〔8〕也。天之爱民甚矣，岂使一人肆
于民上，以纵其淫，而弃天地之性乎？必不然矣。若困民
之性〔9〕，乏神之祀，百姓绝望，社稷无主，将焉用之？不去
何为？”公曰：“善。”

〔注〕

〔1〕 献公：名衎。定公子。见《史记》《卫世家》。衎，音侃。卫国逐献公：
　　 卫献公对其臣孙文子、宁惠子不守信约，没有礼貌。孙文子、宁惠
　　 子非常生气。孙文子跑到自己的封邑上去，献公又教乐人在孙文
　　 子的儿子面前唱歌，说文子要作乱谋反。文子知道了，真的反了，
　　 结果献公才逼得向齐国逃亡。事见《左传》襄公十四年。
〔2〕 师旷：春秋晋乐师，字子野，冀州南和人。见《左传》昭公八年杜预
　　 注、《庄子》《骈拇》《释文》引《史记》。
〔3〕 立之君：指天立其君。
〔4〕 司牧之：主管教养人民。
〔5〕 性：指下文所说人民对其君“爱”“仰”“敬”“畏”等品质。

〔6〕 若：应从《左传》襄公十四年作"如"，和上面三句整齐划一。
〔7〕 主：木制神主，为神所凭依。
〔8〕 民之望：人民之所瞻依的人。
〔9〕 困：乱。困民之性：使民性不正常。

赵简子上羊肠之坂〔1〕，群臣皆偏袒〔2〕推车，而虎会〔3〕独担戟行歌不推车。简子曰：寡人上坂，群臣皆推车，会独担戟行歌不推车，是会为人臣侮其主。为人臣侮其主〔4〕，其罪何若？"虎会对曰："为人臣而侮其主者，死而又死。"简子曰："何谓死而又死？"虎会曰："身死，妻子又死，若是谓死而又死。君既已闻为人臣而侮其主者之罪矣，君亦闻为人君而侮其臣者乎？"简子曰："为人君而侮其臣者何若？"虎会对曰："为人君而侮其臣者，智者不为谋，辩者不为使，勇者不为斗。智者不为谋则社稷危，辩者不为使则使不通，勇者不为斗则边境侵〔5〕。"简子曰："善。"乃罢群臣不推车〔6〕，为士大夫置酒，与群臣饮，以虎会为上客。

〔注〕
〔1〕 赵简子：名鞅，又名志父，亦称赵孟，亦称简主。春秋时晋卿。《说苑》《尊贤》作"晋文侯"。羊肠之坂：太行山坂道名，狭窄盘曲如羊肠，北起潞州即今山西省长治县，南至怀州即今河南省沁阳县。
〔2〕 偏袒：裸露一臂，以便推车。《艺文类聚》卷二十四引作"偏裼"。
〔3〕 虎会：《北堂书钞》卷一百二十四引、《艺文类聚》卷二十四引均作"唐会"，《太平御览》卷五十三引作"宗会"，卷三百五十三引作"席会"，卷四百五十七引作"虎哈"。《说苑》《尊贤》作"随会"。案唐、宗、席皆虎之形误。会、哈都音快。

〔4〕　侮其主：应从《群书治要》卷四十二引作"侮其主者"。

〔5〕　则边境侵：《艺文类聚》卷二十四、《太平御览》卷四百五十七引，"侵"
　　　　下都有"三者不使，则君难保"八字。

〔6〕　乃罢群臣不推车：《艺文类聚》卷二十四引作"乃罢推车"，《太平御
　　　　览》卷四百五十七引作"乃罢群臣推车"，都没有"不"字。卢文弨
　　　　《群书拾补》说"'不'字衍"。案有"不"字亦通，如本书《杂事》第二
　　　　《靖郭君欲城薛》章"罢民弗城薛也"，《杂事》第五《魏文侯过段干木
　　　　之闾而轼》章"乃案兵而辍不攻魏"，柳宗元《永某氏之鼠》"禁童仆
　　　　弗击鼠"，句例都与此相同，汉语语言习惯都容许这样说。

　　昔者周舍事赵简子，立赵简子之门，三日三夜。简子
使人出问之曰："夫子将何以令我〔1〕？"周舍曰："愿为 谔
谔〔2〕之臣，墨〔3〕笔操牍，随君之后，司〔4〕君之过而书
之；日有记也，月有效〔5〕也，岁有得也。"简子悦之，与
处〔6〕。居无几何而周舍死，简子厚葬之。三年之后，与
诸大夫饮，酒酣，简子泣。诸大夫起而出〔7〕，曰："臣有死
罪而不自知也。"简子曰："大夫反！无罪。昔者吾友周舍有
言曰：'百〔8〕羊之皮，不如一狐之腋；众人之唯唯〔9〕，不
如周舍之谔谔。'昔纣昏昏〔10〕而亡，武王谔谔而昌。自周
舍之死后，吾未尝闻吾过〔11〕也。故人君不闻其非，及闻
而不改者亡。吾国其几于亡矣！是以泣也。"

〔注〕

〔1〕　令我：《太平御览》卷四百二十八引作"教寡人"。

〔2〕　谔谔：直言争辩。《艺文类聚》卷三十五引作"愕愕"，义同。

〔3〕　墨：《太平御览》卷六百零三引《韩诗外传》作"秉"。

〔4〕　司：通伺。《太平御览》卷四百二十八引作"伺"。

〔5〕　效：成。《韩诗外传》卷七作"成"。

〔6〕　与处：《韩诗外传》卷七作"居则与之居，出则与之出"。

〔7〕　起：应作"趋"。

〔8〕　百：《韩诗外传》卷七、《史记》《赵世家》、《商君列传》作"千"。

〔9〕　唯唯：顺着别人的话回答，而没有不同的意见。《韩诗外传》卷七、《史记》《商君列传》均作"诺诺"，义同。

〔10〕　唔：同昏。昏昏：无人作声，指没有人直言敢谏。《韩诗外传》卷七作"默默"。

〔11〕　过：《艺文类聚》卷三十五引作"罪"，《太平御览》卷四百八十八引作"非"。

魏文侯〔1〕与士大夫坐，问曰："寡人何如君也？"群臣皆曰："君仁君也〔2〕。"次至翟黄〔3〕，曰："君非仁君也。"曰："子何以言之？"对曰："君伐中山〔4〕，不以封君之弟，而以封君之长子〔5〕，臣以此知君之非仁君〔6〕。"文侯大怒而逐翟黄，黄起〔7〕而出。次至任座〔8〕，文侯问："寡人何如君也？"任座对曰："君仁君也。"曰："子何以言之？"对曰："臣闻之：其君仁者其臣直〔9〕。向翟黄之言直，臣是以知君仁君也。"文侯曰："善。"复召翟黄入，拜为上卿。

〔注〕

〔1〕　魏文侯：魏氏，名都，一说名斯，亦叫孺子㜜。周威烈王时，和韩、赵并列为诸侯。见《史记》《魏世家》《集解》及《索隐》。

〔2〕　群臣皆曰："君仁君也"：《太平御览》卷六百二十二引《吕氏春秋》作"或言君仁，或言君义，或言君智。"

〔3〕　翟黄：名触，见《说苑》《臣术》。《白孔六帖》卷三十九及《类说》卷三十引作"翟璜"，下同。璜盖其字，黄是璜的省文。《太平御览》卷四百二十八引及《吕氏春秋》《自知》都作"任座"。下同。孔文举《荐祢衡表》："任座抗行。"可知孔融也认为是任座了。

〔4〕　中山：古国名，今河北省灵寿至唐县一带。

〔5〕 以封君之长子：《史记》《魏世家》：魏文侯“十七年,伐中山,使子击守之。”魏文侯封太子击于中山,实欲废击而立次子诉为嗣。见《韩诗外传》卷八。翟黄这话,实在有所为而发。

〔6〕 臣以此知君之非仁君：《群书治要》卷四十二、《太平御览》卷四百二十八、《类说》卷三十引,“仁君”下都有“也”字。按有“也”字语气较顺。

〔7〕 起：应从《艺文类聚》卷二十四、《太平御览》卷四百五十七引及《吕氏春秋》《自知》作“趋”。

〔8〕 任座：任氏。见《元和姓纂》卷五。《艺文类聚》卷二十四引作“任坐”,《太平御览》卷四百二十八引作“翟璜”,《吕氏春秋》《自知》作“翟黄”,《文选》孔文举《荐祢衡表》李善注引《吕氏春秋》作“翟璜”,下同。

〔9〕 其君仁者其臣直：《太平御览》卷四百二十八引作“其君贤者其臣言直”,《吕氏春秋》《自知》作“其主贤者其臣之言直”。

中行寅将亡〔1〕,乃召其太祝〔2〕而欲加罪焉,曰:“子为我祝〔3〕,牺牲不肥泽耶?且斋戒不敬耶〔4〕?使吾国亡,何也?”祝简对曰:“昔者吾先君中行穆子〔5〕,皮〔6〕车十乘,不忧其薄也,忧德义之不足也。今主君有革车〔7〕百乘,不忧德义之薄也,唯患车不足也〔8〕。夫舟车饰则赋敛厚〔9〕,赋敛厚则民怨谤诅矣〔10〕。且君苟以为祝有益于国乎?则诅亦将为损世亡矣〔11〕。一人祝之,一国诅之,一祝不胜万诅,国亡,不亦宜乎?祝其何罪?”中行子乃惭〔12〕。

〔注〕

〔1〕 《资治通鉴外纪》卷九认为这故事发生于周敬王三十年。行：音航。中行寅：即荀寅,荀吴子,又叫中行文子。见《左传》昭公二十九年、定公八年及杜预注。中行和韩、赵、魏、知、范同是晋之六卿。见《史记》《晋世家》及《索隐》。将亡：《史记》《晋世家》：晋定公“十

五年,赵鞅使邯郸大夫午,不信,欲杀午。午与中行寅、范吉射亲攻赵鞅,鞅走保晋阳。定公围晋阳。荀栎、韩不信、魏侈与范、中行为仇,乃移兵伐范、中行。范、中行反,晋君击之,败范、中行。范、中行走朝歌保之。韩、魏为赵鞅谢晋君,乃赦赵鞅,复位。二十二年,晋败范、中行氏,二子奔齐。"详情见《左传》定公十三年,哀公四年、五年。

〔2〕 太祝:官名,即《周礼》《春官》的大祝。祝是祭祀时主管念祝词的人。太祝是祝官之长。

〔3〕 子为我祝:《太平御览》卷七百三十六引,"祝"下多"辞令不精耶"五字。

〔4〕 斋戒:古人在祭祀之前,必先斋,使内心虔洁。斋,就必须改变日常的生活而有所禁戒。如防止接触邪物,压制嗜欲,耳不听音乐,心中不胡思乱想,手足不轻举妄动之类。见《礼记》《祭统》。所以称为斋戒。且斋戒不敬耶:《太平御览》卷七百三十六引作"威仪不谨敬耶?斋戒不清洁耶?"

〔5〕 中行穆子:荀吴,荀偃之子。亦称中行吴,亦称中行穆伯。晋平公、晋昭公时的卿。

〔6〕 皮:应从《论衡》《解除》作"有"。

〔7〕 革车:即战车。《周礼》《春官》《巾车》有"革路",郑玄注:"革路,鞔之以革而漆之。"鞔:蒙。

〔8〕 唯患车不足也:应从《群书治要》卷四十二、《太平御览》卷六百二十七及卷七百三十六引,及《论衡》《解除》作"唯患车之不足也"。因上文"忧德义之不足也",词例正同。

〔9〕 舟车饰则赋敛厚:《墨子》《辞过》:"当今之主,其为舟车,……必厚作敛于百姓,以饰舟车。饰车以文采,饰舟以刻镂。"

〔10〕 则民怨谤讪矣:《太平御览》卷七百三十六引作"则民怨而谤讪矣"。按有"而"字层次清楚。

〔11〕 亦将为损世亡矣:句意不明。应从《太平御览》卷六百二十七、卷七百三十六引,及《论衡》《解除》作"亦将为亡矣"。《资治通鉴外纪》卷九作"亦有损矣"。

〔12〕　中行子乃惭：《太平御览》卷七百三十六引作"中行子嘿然而惭。"

秦欲伐楚，使使者往观楚之宝器。楚王〔1〕闻之，召令尹子西〔2〕而问焉，曰："秦欲观楚之宝器，吾和氏之璧〔3〕、随侯之珠〔4〕，可以示诸？"令尹子西对曰："不知也〔5〕。"召昭奚恤〔6〕而问焉。昭奚恤对曰："此欲观吾国得失而图之。不在宝器在贤臣〔7〕。珠玉玩好之物，非宝重者〔8〕。"王遂使昭奚恤应之。昭奚恤发精兵三百人，陈于西门之内。为东面之坛〔9〕一，为南面之坛四，为西面之坛一。秦使者至，昭奚恤曰："君，客也，请就上位东面。"令尹子西南面，太宗子敖〔10〕次之，叶公子高〔11〕次之，司马子反〔12〕次之。昭奚恤自居西面之坛，称曰："客欲观楚国之宝器，楚国之所宝者贤臣也。理百姓，实仓廪，使民各得其所，令尹子西在此；奉珪璧〔13〕，使诸侯，解忿悁之难，交两国之欢，使无兵革之忧，太宗子敖在此；守封疆，谨境界，不侵邻国，邻国亦不见侵，叶公子高在此；理师旅，整兵戎，以当强敌，提枹鼓以动百万之众，所使皆趋汤火〔14〕，蹈白刃，出万死不顾一生之难，司马子反在此；怀霸王之馀议〔15〕，摄治乱之遗风〔16〕，昭奚恤在此：唯大国之所观！"秦使者懧然〔17〕无以对，昭奚恤遂揖而去。秦使者反，言于秦君〔18〕曰："楚多贤臣，未可谋也。"遂不伐楚。《诗》曰："济济多士，文王以宁〔19〕。"斯之谓也。

〔注〕

〔1〕　楚王：《渚宫旧事》卷三作"宣王"。宣王：名良夫，肃王弟。见《史

记》《楚世家》。

〔2〕 令尹：春秋战国时楚国的官名，相当于别国的相。根据下文所说的
　　　职务，"理百姓，实仓廪"，也相当于《周礼》《地官》的"大司徒"。子
　　　西：名申，平王子，昭王兄，一说昭王弟。昭王、惠王时为令尹。见《左
　　　传》哀公六年杜预注、《国语》《楚语下》韦昭注、《史记》《楚世家》。按
　　　子西死于惠王十年，下距宣王即位一百一十年。见《史记》《十二诸
　　　侯年表》及《六国表》。

〔3〕 和氏之璧：详见本书《杂事》第五《荆人卞和得玉璞而献之》章。

〔4〕 随：周代国名，在今湖北省随县南，春秋时为楚所灭。《资治通鉴》
　　　卷一百七十七胡三省注："杨忠从周太祖，以功封随国公。子坚袭
　　　爵，受周禅，遂以随为国号。又以周、齐不遑宁处，去'辶'作'隋'，以
　　　'辶'训走故也。"故古书或作"隋"。随侯之珠：《淮南子》《览冥》"隋
　　　侯之珠"高诱注："隋，汉东之国，姬姓诸侯也。隋侯见大蛇伤断，以
　　　药傅之。后蛇于江中衔大珠以报之，因曰隋侯之珠，盖明月珠也。"

〔5〕 不知也：卢文弨《群书拾补》据《太平御览》卷六百二十一引校作"臣
　　　不知也"。案《太平御览》卷三百零五引也有"臣"字。

〔6〕 昭奚恤：楚宣王十五年为相，并统率全国的军队。见《太平御览》卷
　　　九百零九引《春秋后语》、吕祖谦《大事记》卷一。《后汉书》《李固
　　　传》作"王孙圉"。王孙圉：楚昭王时人。见《左传》定公五年。和子
　　　西同时。

〔7〕 不在宝器在贤臣：应从《群书治要》卷四十二引、《礼记》《大学》孔颖
　　　达疏引作"宝器在贤臣"。《后汉书》《李膺传》李贤注引作《宝器在
　　　于贤臣"，《太平御览》卷六百二十一引作"国之宝器在于贤臣"，《事
　　　类赋》卷九《珠赋》注引作"国之宝器在贤臣"。《渚宫旧事》卷三作
　　　"宝在贤臣"，"宝器"上都没有"不在"二字。如作"不在宝器在贤
　　　臣"，就似乎承上而读，意思就是说秦使来的目的，不在观楚国的宝
　　　器，而在观楚国的贤臣了。

〔8〕 非宝重者：《群书治要》卷四十二引作"非宝之重者也"，《艺文类聚》
　　　卷六十四引作"非国之重宝也"，《太平御览》卷六百二十一引作"非
　　　国所宝重者"。

〔9〕 坛：土基三尺，土阶三等。见《公羊传》庄公十三年何休注。筑坛是用
来给诸侯相会的，如鲁定公和齐景公在夹谷相会，有坛。《左传》襄
公二十八年："外仆言曰：'昔先大夫相先君适四国，未尝不为坛。'"
但"子产相郑伯以如楚，舍不为坛。"这就对郑伯不客气了。现在昭
奚恤迎接的仅是秦使，还不是秦伯，就已经筑起了坛，像准备给诸
侯相会似的，对秦使的敬重也就可以想见。

〔10〕 太宗子敖：《后汉书》《李固传》注引作"子方"，《李膺传》注引作"太
宰子方"，《礼记》《大学》孔颖达疏引作"太宗子牧"，《太平御览》卷
三百零五引作"太宗子方"，卷六百二十一引作"大宗子敖"，《渚宫
旧事》卷三作"太宰子牧"，下同。大也念太。大宗：相当于《周礼》《春
官》的"大宗伯"，是主管礼乐的最高的官，当然"以宾礼亲邦国"也
就是像下文所说的那种外交的事情也是由他主管的了。因此作"太
宰"是不对的，因为太宰也就是《周礼》《天官》中的"冢宰"，是主管
百官的官。

〔11〕 叶：音摄，春秋时楚叶邑，即今河南省叶县地。叶公子高：沈氏，名
诸梁，字子高，为叶令。见《庄子》《人间世》《释文》。也是楚昭王、
惠王时人，和子西同时。王引之《经义述闻》卷十八《县公》条说："公
为县大夫之通称，非僭拟于公侯也。"顾炎武《菰中随笔》《历代相传
治县职官异同之图》条说："县邑之长，曰宰，曰尹，曰公，曰大夫，其
职一也。"

〔12〕 司马：官名，主管军事的最高的官，相当于《周礼》《夏官》的"大司
马"。子反：《礼记》《大学》孔颖达疏引及《渚宫旧事》卷三作"子
发"。下同。子反：名侧，楚庄王、共王时为司马。见《左传》宣公十
二年杜预注。和昭奚恤的年代离得很远。子发：即景舍，楚宣王、
威王时人。见《战国策》《楚策》四、《淮南子》《道应》、《修务》和高诱
注、《渚宫旧事》卷三。

〔13〕 珪：同圭，玉器名，长九寸、七寸、五寸不等，上圆下方或上锐下方。
璧：也是玉器名，圆形块玉，中有圆孔。周制标准式样：圆孔的直径
为全璧直径的三分之一。 珪璧：用来聘问诸侯时送给所聘问的诸
侯的礼物。奉珪璧：《后汉书》《李固传》、《李膺传》注、《太平御览》

卷六百二十一，"璧"都引作"璋"。璋是半珪，用途也是一样。
《礼记》《聘义》："以圭璋聘，重礼也。已聘而还圭璋，此轻财而重礼
之义也。"

〔14〕　所使皆趋汤火："所"，应从卢文弨《群书拾补》校删。《后汉书》《李膺
　　　　传》注，《文选》司马迁《报任少卿书》李善注，《太平御览》卷三百零
　　　　五、卷六百二十一引及《渚宫旧事》卷三都没有"所"字，"趋"均
　　　　作"赴"。

〔15〕　馀议：应从《后汉书》《李固传》、《李膺传》注引、《太平御览》卷三百
　　　　零五、卷六百二十一引作"馀义"。霸王之馀义：指五霸三王之遗法。

〔16〕　摄：综揽。遗风：遗教。

〔17〕　愯然：和《后汉书》《班固传》"矍然失容"的"矍然"义同，形容惊遽
　　　　之状。

〔18〕　秦君：秦孝公，献公子，名渠梁。见《史记》《秦本纪》及《索隐》。

〔19〕　见《诗经》《大雅》《文王》。

　　晋平公欲伐齐〔1〕，使范昭往观焉。景公赐之酒〔2〕，
酣，范昭曰："愿请君之樽酌〔3〕！"公曰："酌寡人之樽，进
之于客。"范昭已饮，晏子曰："彻樽更之。"樽觯〔4〕具矣，
范昭佯醉，不悦而起舞，谓太师〔5〕曰："能为我调《成周》
之乐〔6〕乎？吾为子舞之。"太师曰："冥〔7〕臣不习。"范昭
趋而出。景公谓晏子曰："晋，大国也，使人来，将观吾政
也。今子怒大国之使者，将奈何？"晏子曰："夫范昭之为
人，非陋而不识礼也。且欲试吾君臣，故绝之也。"景公谓
太师曰："子何以不为客调《成周》之乐乎？"太师对曰："夫
《成周》之乐，天子之乐也。若调之，必人主舞之。今范昭，
人臣也，而欲舞天子之乐，臣故不为也。"范昭归，以告平
公曰："齐未可伐也。臣欲试其君〔8〕，而晏子识之；臣欲犯

其礼〔9〕,而太师知之。"仲尼闻之,曰:"夫不出于樽俎之间,而知千里之外,其晏子之谓也,可谓折冲矣〔10〕,而太师其与焉!"

〔注〕

〔1〕 晋平公:名彪,晋悼公之子。见《史记》《晋世家》。根据《史记》记载,晋平公在齐灵公时伐齐一次,齐庄公时被齐攻伐一次,崔杼弑齐庄公时乘齐内乱又伐齐一次。根据《韩诗外传》卷八记载范昭出使齐国之后回报晋平公说"齐未可并也"。似乎晋平公现在趁齐国经过内乱力量已经削弱的时候,进一步想把齐国并吞。

〔2〕 景公:齐景公,名杵臼,齐庄公异母弟。见《史记》《齐太公世家》。赐:应从《晏子春秋》《内篇》《杂上》作"觞"。觞之:屡见《新序》《刺奢》,是进酒劝他饮之意。酒,应连下读。

〔3〕 愿请君之樽酌:根据《仪礼》《燕礼》郑玄注,诸侯和人臣饮酒所用的酒樽,公用"瓦大",卿、大夫、士用"方壶"。"瓦大"就是"大尊"。现在范昭是人臣,想用人君的酒樽饮酒,是一种越礼的行为。

〔4〕 觯:音置,字或作"觝",酒器,酒杯之类。可容三升。今人量酒以斤两计,古人则以升斗计。见赵翼《陔余丛考》卷三十。只是古代的升斗比现在的小得多罢了。

〔5〕 太师:乐官之长。

〔6〕 调:指弹奏。《韩诗外传》卷八、《文选》张景阳《杂诗》及陆士衡《演连珠》李善注引《晏子春秋》都作"奏"。《成周》之乐:周公经营成周(在今河南洛阳东北),周敬王从王城(即洛邑,在今洛阳)迁都于此,直至周赧王以前,都在这里定都。因此《成周》之乐也就是下文所谓天子之乐。石光瑛《新序校释》根据宣公十六年《公羊传》及何休注,认为《成周》之乐是周宣王所作,流传人间,各国乐官从而习之,故范昭以此为请。

〔7〕 冥:读作盲,因为古代的乐师是瞎眼睛的,所以说冥。《韩诗外传》卷八及《文选》张景阳《杂诗》、陆士衡《演连珠》李善注引《晏子春秋》都作"盲"。

〔8〕　臣欲试其君：《后汉书》《马融传》李贤注引《晏子春秋》作"吾欲惭其君"。

〔9〕　犯其礼：应作"犯其乐"。王念孙《读书杂志》九《晏子春秋》第二："臣欲犯其礼，而太师知之：念孙案'礼'本作'乐'。此涉上文'不知礼'而误。太师掌乐，故曰'臣欲犯其乐，而太师知之。'若礼则非太师所掌。且上文屡言'《成周》之乐'，则此不得言礼明矣。《新序》《杂事》一作'礼'，亦校书者依俗本《晏子》改之。《韩诗外传》八，及《文选》张协《杂诗》注、陆机《演连珠》注引《晏子》并作'犯其乐'。"王说可信。有人以为礼包括乐，不必改。但作"乐"在这里更加具体明确，正如"犯其君"也是犯其礼，但作"君"更加具体明确一样。

〔10〕　冲：冲车。夫不出樽俎之间，而知千里之外，其晏子之谓也，可谓折冲矣：文气不顺，"知"应作"折冲"，末句"可谓折冲矣"应删。《文选》张景阳《杂诗》、孙子荆《为石仲容与孙皓书》、陈孔璋《为袁绍檄豫州》、陆士衡《演连珠》、潘安仁《杨荆州诔》李善注引《晏子春秋》均作"不出樽俎之间，而折冲千里之外，晏子之谓也"。折冲千里之外：《吕氏春秋》《召类》高诱注："冲车所以冲突敌之军，能陷破之也。有道之国，不可攻伐，使欲攻己者，折还其冲车于千里之外，不敢来也。"

　　晋平公浮西河〔1〕，中流而叹曰："嗟乎！安得贤士与共此乐者？"船人固桑〔2〕进对曰："君言过矣。夫剑产于越〔3〕，珠产江、汉〔4〕，玉产昆山〔5〕，此三宝者，皆无足而至。今君苟好士，则贤士至矣。"平公曰："固桑来〔6〕！吾门下食客者三千余人，朝食不足，暮收市租；暮食不足，朝收市租；吾尚可谓不好士乎？"固桑对曰："今夫鸿鹄高飞冲天，然其所恃者六翮耳。夫腹下之毳，背上之毛，增去一把，飞不为高下。不知君之食客，六翮耶？将背腹之毳〔7〕也？"平公默然而不应焉。

〔注〕

〔1〕 《资治通鉴外纪》卷七认为这是周景王十三年发生的故事。晋平公：《说苑》《尊贤》作"赵简子"，下同。浮：游。《北堂书钞》卷三十三、《艺文类聚》卷二十八都引作"游"。西河：指龙门这一段的黄河，因在冀州西，所以叫做西河。见《汉书》《地理志上》颜师古注。浮西河：《韩诗外传》卷六作"游于河而乐"，《说苑》《尊贤》作"游于河而乐之"。河也就是黄河。

〔2〕 船人固桑：《北堂书钞》卷三十三引作"缸人周乘"，《韩诗外传》卷六作"船人盍胥"，《说苑》《尊贤》作"舟人古乘"，《后汉书》《班固传》李贤注引《说苑》作"舟人吉桑"，《孟尝传》注引《说苑》和本书作"舟人古桑"，《资治通鉴》卷七作"船人盖胥"。按"周"是"固"的形误，"固""古""吉""盖"一声之转，古同属见母。"盍"，匣母，古与见母相通。"桑""乘""胥"也是一声之转，古同属心母。《汉书》《古今人表》有"晋缸人固来"，颜师古注说就是"固乘"。按"来"是"乘"的形误。进而曰：《太平御览》卷八百零二引无"进"字。

〔3〕 于越：石光瑛《新序校释》说应作"干、越"。可信。王念孙《读书杂志》六《汉书》第十四说《汉书》《货殖传》中的"于越"本作"干、越"，引《墨子》《兼爱》、《庄子》《刻意》及《释文》、《荀子》《劝学》及杨倞注、《淮南子》《原道》及高诱注、《文选》《吴都赋》及李善注引《汉书》、《太平御览》《州郡部》十六引《汉书》为证。《荀子》《劝学》中有"干、越"，杨倞注："干、越犹言吴、越。《吕氏春秋》：'荆有次非，得宝剑于干、越。'"《庄子》《刻意》有"干、越之剑"，《释文》："司马云：'干，吴也。吴、越出善剑也。'李云：'干溪越山出名剑。'案吴有溪名干溪，越有山名若耶，并出善铁，铸为名剑也。"如干将、莫邪、湛卢、纯钧、胜邪、鱼肠、巨阙、龙渊、泰阿、工布，都是吴、越出产的名剑。见《吴越春秋》《阖闾内传》、《越绝书》《外传》《记宝剑》。

〔4〕 江、汉：江、汉一带，以产珠出名。《太平御览》卷八百零三引《梁四公记》载洞庭山洞穴深百余尺，旁行五十余里，至龙宫，有美珠无数。《文选》张平子《南都赋》李善注引《韩诗外传》说郑交甫在汉水边碰见两位女子，"佩两珠大如荆鸡之卵。"又随侯之珠也是产于江、汉

之间。《吕氏春秋》《重己》、《淮南子》《说山》也都说到"江、汉之珠"。
　　　《吕氏春秋》《重己》高诱注："江、汉有夜光之明珠,珠之美者也。"

〔5〕　昆山:即昆仑山。《尚书》《胤征》："火炎崐冈,玉石俱焚。"可知玉产
　　　昆山,很早就有这种说法了。《史记》《李斯列传》"今陛下致昆山之
　　　玉",《正义》:"昆冈在于阗国东北四百里,其冈出玉。"《尔雅》《释
　　　地》:"西北之美者,有昆仑虚之璆琳琅玕焉。"

〔6〕　来:语气词,等于现代汉语的"啊"。

〔7〕　将背腹之蟁也:应作"将背腹之毛蟁也?"《靖康缃素杂记》引有"毛"
　　　字。卢文弨《群书拾补》说"一本有'毛'字。"《韩诗外传》卷六作"将
　　　皆背上之毛,腹下之蟁耶?"《说苑》《尊贤》作"将尽毛蟁也?"

　　楚威王问于宋玉〔1〕曰:"先生其有遗行邪?何士民众
庶不誉之甚也〔2〕?"宋玉对曰:"唯!然!有之。愿大王宽
其罪,使得毕其辞! 客有歌于郢〔3〕中者,其始曰《下里》、
《巴人》〔4〕,国〔5〕中属而和者数千人。其为《阳陵》、《采
薇》〔6〕,国中属而和者数百人。其为《阳春》、《白雪》〔7〕,
国中属而和者数十人而已也。引商刻角,杂以流徵〔8〕,国
中属而和者不过数人。是其曲弥高者,其和弥寡。故鸟有
凤而鱼有鲲〔9〕。凤鸟上击于九千里〔10〕,绝浮云,负苍天,
翱翔乎窈冥〔11〕之上,夫粪田之鴳〔12〕,岂能与之断天地之
高哉?鲲鱼朝发昆仑之墟〔13〕,暴鬐于碣石〔14〕,暮宿于孟
诸〔15〕,夫尺泽之鲵〔16〕,岂能与之量江海之大哉?故非独
鸟有凤而鱼有鲲也,士亦有之。夫圣人瑰意奇行,超然独
处,世俗之民,又安知臣之所为哉?"

〔注〕

〔1〕　楚威王:宣王子,名商。见《史记》《楚世家》。《史记》《屈原列传》:

"屈原既死之后,楚有宋玉、唐勒、景差之徒者,皆好辞而以赋见称。"可知宋玉的年代稍后于屈原,不可能在屈原还是幼年的楚威王时代有"楚威王问于宋玉曰"的事。《文选》《宋玉对楚王问》作"楚襄王"。楚襄王:即楚顷襄王,又称顷王,名横,楚怀王子。见《史记》《鲁世家》、《楚世家》。宋玉:楚鄢人,为大夫。见王逸《楚辞章句》《九辩》序、《水经》《沔水》注。

〔2〕 先生其有遗行邪? 何士民众庶不誉之甚也:楚襄王这样问宋玉,和《襄阳耆旧传》的传说不同。《艺文类聚》卷四十三和《太平御览》卷五百七十二引《襄阳耆旧传》:"宋玉识音而善文,襄王好乐而爱赋,既美其才,而憎其似屈原也,乃谓之曰:'子盍从楚之俗,使楚人贵子之德乎?'"《襄阳耆旧记》卷一及《事类赋》卷十一引《襄阳耆旧传》略同。

〔3〕 郢:楚都,在湖北江陵县东北。

〔4〕 《下里》:因为是乡鄙歌谣,所以叫做《下里》。《巴人》:巴人所歌。都是俚俗的歌谣。

〔5〕 国:指郢都。

〔6〕 其:既而。对上"其始",有时间的先后和承接的关系。"其始曰……其为……其为……"《艺文类聚》卷四十三、《太平御览》卷五百七十二和《事类赋》卷十一注引《襄阳耆旧传》都作"始而曰……中而曰……既而曰……",层次显得更加清楚。《阳陵》、《采薇》:当作"《阳阿》、《采菱》"。《文选》《宋玉对楚王问》作"《阳阿》、《薤露》",《艺文类聚》卷四十三、《太平御览》卷五百七十二引《襄阳耆旧传》作"《阳阿》、《采菱》",《古文苑》宋玉《舞赋》有"《阳阿》",《楚辞》《招魂》有"《采菱》""《杨荷》",《淮南子》《人间》有"《阳阿》""《采菱》",都不作"《阳陵》""《采薇》"。《楚辞》《招魂》王逸注:"楚人歌曲也。"《太平御览》卷五百六十五引《淮南子》:"奏雅乐者,始于《阳阿》《采菱》。"又引许慎注曰:"楚乐之名也。"

〔7〕 《阳春》、《白雪》:也都是歌曲的名称,当然更加复杂难唱了。

〔8〕 徵:音止。宫商角徵羽五音,宫最低沉,商次之,角又次之,徵又次之,羽最高亢。如以黄钟为宫,则宫为C,商为D,角为E,徵为G,

羽为 A。引：长，有迟缓之意。刻：急。流：变。流徵：即变徵。如以黄钟为宫，则变徵为 F 的高半音，为 G 的低半音。引商刻角，杂以流徵：就是缓声急节，以吐商角之音，其中杂以变徵。调子当然更加复杂，歌唱要和这些全部协调当然就更难了。《文选》《宋玉对楚王问》"引商刻角"作"引商刻羽"。《艺文类聚》卷四十三、《太平御览》卷五百七十二引《襄阳耆旧传》作"含商吐角，绝节赴曲"。

〔9〕 故：夫。凤：即鹏，古字通。《庄子》《逍遥游》中所讲的"鹏"和"斥鷃"，和这里所讲的"凤鸟"和"粪田之鷃"的基本内容是相一致的。《庄子》《逍遥游》："有鸟焉，其名为鹏，背若泰山，翼若垂天之云，抟扶摇羊角而上者九万里，绝云气，负青天，然后图南，且适南冥也。斥鷃笑之曰：'彼且奚适也？我腾跃而上，不过数仞，而下，翱翔蓬蒿之间，此亦飞之至也，而彼且奚适也？'"鲸：《文选》《宋玉对楚王问》作"鲲"。鲲古属见母，鲸属群母，即见母之浊声。鲲也是鲸。《庄子》《逍遥游》以"鲲""鹏"并列，和这里以"凤""鲸"并列是一样的。

〔10〕 击：扑，指扑翼。凤鸟上击于九千里：《文选》《宋玉对楚王问》、《太平御览》卷九百三十八引《春秋后语》均作"凤皇上击九千里"，没有"于"字。

〔11〕 窈冥：有幽暗深远的意思，这里指极高极远的天空。

〔12〕 粪田：应作"卤田"。卤，音鲁，《释名》："地不生五谷曰卤。"即今所谓盐碱地。石光瑛《新序校释》："矢溺字古作蔍。此'粪田'是'卤田'之误……卤讹蔍，转讹为粪。粪，矢也。《说文》：'东方谓之斥，西方谓之卤。'斥卤，谓碱地可煮盐，不任耕种者。此言'卤田之鷃'，犹《庄子》言斥鷃耳。高诱注《淮南》《精神训》曰：'斥泽之鷃雀，飞不出顷畮。'斥泽，即卤田。"鷃：鷃雀，小鸟名。粪田之鷃：《文选》《宋玉对楚王问》作"蕃篱之鷃"，《太平御览》卷九百三十八引《春秋后语》作"藩篱之鷃"。"蕃""藩"通，都指篱笆。

〔13〕 鲸鱼：《文选》《宋玉对楚王问》作"鲲鱼"，《太平御览》卷九百三十引《楚国先贤传》作"神龙"。昆仑之墟：昆仑山下，是黄河发源的地方。

〔14〕 碣石：山名。《尚书》《禹贡》孔安国传："碣石，海畔山。"在今河北省

昌黎县北。

〔15〕 孟诸：泽名，在古书中的写法很多，如孟豬、望诸、明都、盟诸。故址在今河南商丘县东北。

〔16〕 尺泽：即斥泽。斥、尺古字通。《庄子》《逍遥游》"斥鴳"，《释文》引崔本作"尺鴳"。斥泽即卤田。鲵：小鱼。

晋平公闲居，师旷〔1〕侍坐。平公曰："子生无目联〔2〕，甚矣子之墨墨〔3〕也！"师旷对曰："天下有五墨墨，而臣不得与〔4〕一焉。"平公曰："何谓也？"师旷曰："群臣行赂以采名誉，百姓侵冤〔5〕无所告诉，而君不悟，此一墨墨也。忠臣不用，用臣不忠，下才处高，不肖临贤，而君不悟，此二墨墨也。奸臣欺诈，空虚府库〔6〕，以其少才，覆塞其恶，贤人逐，奸邪贵〔7〕，而君不悟，此三墨墨也。国贫民罢〔8〕，上下不和，而好财用兵，嗜欲无厌，谄谀之人，容容〔9〕在旁，而君不悟，此四墨墨也。至道不明，法令不行，吏民不正，百姓不安，而君不悟，此五墨墨也。国有五墨墨而不危者，未之有也。臣之墨墨，小墨墨耳，何害乎国家哉？"

〔注〕

〔1〕 师旷：见上《卫国逐献公》章注〔2〕。

〔2〕 联：瞳孔。无目联：《周礼》《春官宗伯》郑玄注引郑司农云："无目联谓之瞽。"监本《周礼》"联"作"朕"。石光瑛《新序校释》说应作"朕"，据段玉裁注《说文》以缝为朕，说"无目朕谓目全盲"。按以作"联"义为长。

〔3〕 墨墨：暗昧，不明。《太平御览》卷四百二十八引作"默默"，义同。

〔4〕 与：读作预，《太平御览》卷四百二十八引作"预"。

〔5〕 侵：同浸，深沈。侵冤：就是沈冤。

〔6〕 空虚府库：使府库空虚。《类说》卷三十引作"府库空虚"。

〔7〕 奸邪贵：应从《太平御览》卷四百二十八引作"邪臣贵"。因"邪臣贵"与"贤人逐"对句。

〔8〕 罢：同疲。《类说》卷三十引作"怨"。

〔9〕 容容：无主见貌。

　　赵文子问于叔向〔1〕曰："晋六将军〔2〕孰先亡乎？"对曰："其中行氏〔3〕乎！"文子曰："何故先亡？"对曰："中行氏之为政也，以苛为察，以欺为明〔4〕，以刻〔5〕为忠，以计〔6〕多为善，以聚敛为良。譬之其犹鞟〔7〕革者也，大则大矣〔8〕，裂之道也，当先亡。"

〔注〕

〔1〕 《资治通鉴外纪》卷七认为这故事发生于周景王四年。赵文子：名武，谥文子，又称献文子。又称赵孟，赵朔之子。晋平公时为正卿，帮晋平公主持晋国的政事，知人善任。叔向：晋大夫羊舌肸的字。肸，叔向的名，羊舌是氏。叔向又叫叔肸，又叫叔誉，又叫杨肸。羊舌职之子。是晋悼公、平公、昭公时代的人，学识广博，常为晋国聘问诸侯或接待诸侯使者的聘问。

〔2〕 晋六将军：即韩氏、赵氏、魏氏、知氏、范氏、中行氏，世为晋卿，又称六卿。《周礼·夏官司马》："军将皆命卿。"

〔3〕 中行氏：晋文公时设置三军，不久又置三行，由荀林父统率中行的军队，其后便以中行为氏。石光瑛《新序校释》："文子当国时，中行氏执政者为荀吴，即上文所称中行穆子是也。其人甚贤，不至如下文所云，岂其指荀偃邪？"

〔4〕 欺：应从《淮南子》《道应》作"切"，因为"切"和上下文"苛""刻"意义相近。切是急迫，指对人民逼得很紧。明：《类说》卷三十引作"诚"。

〔5〕 刻：《淮南》《道应》作"刻下"。刻：刻薄。下：下民。

〔6〕 计：出入之数。这里指收入之数。

〔7〕 其犹：为一合成词。《淮南子》《道应》作"犹"。鞟：同鄲，音郭，《淮

南子》《道应》作"廓"，鞟、廓、扩、搄都是张之使大的意思，不过鞟是
对革来说的。

〔8〕　大则大矣：《淮南子》《道应》作"廓之，大则大矣"。

楚庄王既讨陈灵公之贼，杀夏徵舒〔1〕，得夏姬〔2〕而
悦之。将近之〔3〕，申公巫臣谏曰："此女乱陈国，败其群
臣，嬖女不可近也〔4〕。"庄王从之。令尹又欲取〔5〕，申公
巫臣谏〔6〕，令尹从之。后襄尹取之。至恭王与晋战于鄢
陵，楚兵败，襄尹死，其尸不反〔7〕；数求晋，不与。夏姬请
如晋求尸〔8〕，楚方遣之，申公巫臣将使齐〔9〕，私说夏姬
与谋。及夏姬行，而申公巫臣废使命道亡，随夏姬之
晋〔10〕。令尹将徙其族〔11〕，言之于王曰："申公巫臣谏先
王〔12〕以无近夏姬，今身废使命，与夏姬逃之晋，是欺先王
也。请徙其族！"王曰："申公巫臣为先王谋则忠，自为谋
则不忠，是厚于先王而自薄也，何罪于先王？"遂不徙〔13〕。

〔注〕

〔1〕　陈灵公：名平国，共公子。见《史记》《陈杞世家》。陈灵公之贼：指
　　　夏徵舒。徵舒字子南，夏姬的儿子。楚庄王既讨陈灵公之贼，杀夏
　　　徵舒：陈灵公十四年，陈灵公和他的大夫孔宁、仪行父和夏姬私通。
　　　十五年，灵公和孔宁、仪行父在夏家吃酒，灵公跟仪行父开玩笑，
　　　说："徵舒像你。"仪行父说："也像您。"当然夏姬的儿子夏徵舒听见
　　　了非常生气了，因此当他们席散以后，夏徵舒在马棚里面埋伏了弓
　　　弩，把灵公射死了。孔宁、仪行父逃到楚国，灵公太子午逃到晋国。
　　　第二年楚庄王率诸侯伐陈，把夏徵舒杀了。

〔2〕　夏姬：陈宣公的儿子公子夏，是御叔的父亲。他为御叔娶郑穆公少
　　　妃姚氏的女儿为妻，这女人也就叫做夏姬。见《楚语上》韦昭注。

〔3〕　将：欲。近：宠幸。将近之：《左传》成公二年作"欲纳夏姬"，《列女

传》卷七作"将纳之"。

〔4〕 嬖：卑贱。申公巫臣谏曰："……嬖女不可近也"：申公巫臣这几句
话，《列女传》作"不可"。王讨罪也，而纳夏姬，是贪色也。贪色为淫，
淫为大罚，愿王图之！"《左传》成公二年这一段话讲得还详细些，
《列女传》是摘录《左传》写成的。但《左传》和《列女传》中，类似本书
所载申公巫臣这几句话的话还是有的，不过是申公巫臣谏阻子反
的话罢了。

〔5〕 令尹又欲取：这时孙叔敖为令尹，子重为左尹。见《左传》宣公十一
年及杜预注。但史书上并不见有孙叔敖或子重欲娶夏姬的记载，应
是子反之事的误传。《左传》成公二年及《列女传》卷七都作"子反"。

〔6〕 申公巫臣谏：巫臣认为夏姬使其兄子蛮短命，使其夫御叔早死，使
陈灵公被弑，使夏徵舒受戮，使孔、仪出走，使陈国灭亡。他以此劝
子反不要娶她。见《左传》成公二年及杜预注。

〔7〕 鄢陵：今河南鄢陵县。至恭王与晋战于鄢陵，……其尸不反：楚
恭王十六年，因救郑和晋战于鄢陵，楚军因司马子反喝酒喝醉了而
被打败了。见《左传》成公十六年、《史记》《楚世家》。但根据《左
传》宣公十二年，即楚庄王十七年，连尹襄老是在这一年的邲之战
内被晋人射死，同时连尸也被晋人抢夺过去的。虽然这是《左传》
成公二年的前八年的事，但《左传》成公二年记述楚庄王和子反欲
娶夏姬，申公巫臣谏，和楚庄王将夏姬送给连尹襄老，只是追述鲁
宣公十一年也就是楚庄王十六年之事，这正好在邲之战前一年。因
此《左传》成公二年和《列女传》卷七都说"襄老死于邲"是对的。
邲：春秋郑地，在今河南郑州市东。

〔8〕 夏姬请如晋求尸：《左传》成公二年说是巫臣怂恿夏姬的结果。巫臣
叫人替他对夏姬说，叫夏姬回去，巫臣要和她订婚。又叫人从郑国
召她去，说襄老的尸首可以得到，请她务来迎接。这样夏姬才向庄
王请求。

〔9〕 申公巫臣将使齐：鲁成公二年，晋联合鲁、卫伐齐。楚共王即位，将
在这年冬天伐鲁以救齐，叫巫臣去聘问齐国，并把楚国出兵的日子
告诉齐国。

〔10〕 申公巫臣废使命道亡,随夏姬之晋:巫臣往齐国聘问, 将全家都带走了。到了郑国,叫人将送往齐国的聘币送回楚国,和夏姬一块跑到晋国去了。见《左传》成公二年。

〔11〕 将徙其族:巫臣虽将全家带走,但巫臣之族子阎、子荡等还是留在楚国。

〔12〕 先王:指已故的楚庄王。

〔13〕 遂不徙:虽然说没有流放巫臣的同族,但《左传》成公七年有"及共王即位,子重、子反杀巫臣之族……而分其室"的话,这应该是楚共王没有答应给晋国以重币叫晋国拘留巫臣不久之后所发生的事。

杂 事 第 二

　　昔者唐、虞崇举九贤〔1〕,布之于位,而海内大康,要荒来宾〔2〕,麟凤在郊;商汤用伊尹〔3〕,而文、武用太公、闳夭〔4〕,成王任周、召〔5〕而海内大治,越裳重译〔6〕,祥瑞并降〔7〕,遂安千载〔8〕;皆由任贤之功也。无贤臣,虽五帝三王〔9〕,不能以兴。齐桓公得管仲有霸诸侯之荣〔10〕,失管仲而有危乱之辱〔11〕。虞不用百里奚而亡〔12〕,秦缪公用之而霸〔13〕。楚不用伍子胥而破〔14〕,吴阖庐用之而霸〔15〕;夫差非徒不用子胥也,又杀之,而国卒以亡〔16〕。燕昭王用乐毅,推弱燕之兵,破彊齐之雠,屠七十城〔17〕;而惠王废乐毅,更代以骑劫,兵立破,亡七十城〔18〕。此父用之,子不用,其事可见也。故阖庐用子胥以兴,夫差杀之而以亡。昭王用乐毅以胜,惠王逐之而〔19〕败。此的的然若白黑。秦不用叔孙通〔20〕,项王不用陈平、韩信〔21〕而皆灭,汉用之而大兴〔22〕。此未远也。夫失贤者其祸如彼,用贤者其福如此。人君莫不求贤以自辅;然而国以乱亡者,所谓贤者不贤也。或使贤者为之,与不肖者议之;使智者图之,与愚者谋之。不肖嫉贤,愚者嫉智,是贤者之所以隔蔽也,所以千载不合者也。或不肖用贤而不能久也,或久而不能终也,或不肖子废贤父之忠臣,其祸败难一二录也。然其要在于己不明而听众口。谮愬不行，斯为明也。

〔注〕

〔1〕 九：数目的尽头，表示多的意思。唐、虞崇举九贤：尧叫羲、和主管星历，叫羲仲、羲叔、和仲、和叔分别负担领导春、夏、秋、冬不同的生产任务，叫舜来帮他做教育臣民的工作。尧老了又叫舜代理他的职务。尧死了以后，诸侯拥护舜为天子。舜用禹为司空治水，用后稷为农官，用契为司徒主管教育，用皋陶为狱官主管刑罚，用垂为共工主管百工之事，用益主管山泽，用伯夷主管郊庙，用夔主管音乐，用龙为言官。见《尚书》《尧典》、《舜典》。

〔2〕 要、荒：都是远方之国。宾、服：按时进贡。

〔3〕 伊尹：陈留人，名挚，亦叫阿衡，汤之贤相。汤有天下，伊尹的功劳居多。

〔4〕 太公：东海上人，本姓姜，其先封于吕，以吕为氏，名尚，又名望，字子牙，号太公。年老隐居。文王出猎，碰见他在渭水的一条支流磻溪水上垂钓，和他交谈之后非常高兴，和他同车回来，立他为师。武王尊他为师尚父。武王有天下，吕尚的谋略居多。闳夭：猎户出身，文王用了他，西土臣服了。见《墨子》《尚贤上》。

〔5〕 成王：周成王，武王子，名诵。周：周公旦，武王之弟，成王之叔。召：音邵，《群书治要》卷四十二引作"邵"。召公奭，文王庶子。成王年幼，周公摄政，定官制，制礼法，经营洛邑为东都，和召公分陕而治。陕以西由召公主管，也有德政。周政权的巩固，和周公、召公尤其是周公是分不开的。见《史记》《周本纪》、《燕世家》。

〔6〕 越裳：古国名，在今越南南部。越裳重译：指周公摄政三年，越裳氏远道来朝，因言语不通，经过了翻译，才能将来意对周公说明。见《韩诗外传》卷五。

〔7〕 祥瑞并降：如《竹书纪年》《殷商成汤》条："汤乃东至于洛，观帝尧之坛，沈璧退立，黄鱼双踊，黑鸟随之，止于坛，化为黑玉；又有墨龟，并赤文成言：夏桀无道，汤当代之。"《周武王》条："季秋之甲子，

赤雀衔书及丰，置于昌户。昌拜稽首受之。其文要曰：'姬昌苍帝子，亡殷者纣。'"又说武王伐纣，"度孟津，中流，白鱼跃入王舟，王俯取鱼，长三尺，目下有赤文成字，言纣可伐。"《韩诗外传》卷五："成王之时，有三苗贯桑而生，同为一秀，大几满车，长几充箱。成王问周公曰：'此何物也？'周公曰：'三苗同一秀，意者天下殆同一也。'"当然这些都是谣言，都是新兴的统治者为了自己要取得胜利，或为了要巩固自己已经取得的胜利，要向群众宣传而制造出来的。

〔8〕 遂：安。遂安：合成词。遂安千载：指泽及后世。

〔9〕 五帝：见本书《杂事》第五《鲁哀公问子夏曰》章注〔2〕。三王：夏、商、周三代开国之君。有二说：一说是夏禹、商汤、周文王。一说是夏禹、商汤、周武王。《风俗通义》《皇霸》主后说。《白虎通义》《号》陈立《疏证》据诸经书、纬书，说"文王在时，固已称王"，因主前说。按以后说为长。《庄子》《秋水》："五帝之所连，三王之所争"，成玄英疏："五帝连接而揖让，三王兴师而争夺。"都指帝位王位的禅让或争夺而言。文王既然是"三分天下有其二，以服事殷"（《论语》《泰伯》），并没有争夺殷纣之位，则周代开国之君，按《庄子》之意，应指伐纣之武王而言。

〔10〕 齐桓公得管仲有霸诸侯之荣：见本书《杂事》第五《管仲傅齐公子纠》章。

〔11〕 失管仲而有危乱之辱：管仲死后，齐桓公不听管仲临死前的劝告，还是亲近和任用易牙、开方、竖刁等小人。桓公临死时，五公子各人培植自己的党羽，争立为君。桓公死后，五公子互相攻杀，易牙、竖刁拥护公子无诡，当然也忙着廝杀了。结果桓公死了六七十天，尸虫已爬到了门外，还是没有人收殓。见《史记》《齐太公世家》。

〔12〕 虞：国名，在今山西省平陆县东北，周武王胜殷之后封虞仲于此。百里奚：古书上或作百里傒，楚宛人，一说虞人；事虞公为大夫，后入秦，号五羖大夫。见《孟子》《万章上》、《史记》《秦本纪》。虞不用百里奚而亡：晋荀息为晋献公定下了假虞灭虢之计，用卑词厚币向虞借路，史书只说虞公不听宫之奇的进谏，以致晋灭虢之后，回来又灭了虞，没有说不听百里奚进谏的话。《孟子》《万章上》说："百里

奚不谏,知虞公之不可谏。"根据《史记》《秦本纪》,百里奚自己对秦缪公也是这样说:"臣知虞君不用臣。"秦缪公也对百里奚说:"虞君不用子,故亡,非子罪也。"

〔13〕　秦缪公用之而霸:百里奚知虞将亡,去虞入秦,秦缪公用他为相。他又向秦缪公推荐蹇叔。秦缪公就是因为任用了百里奚、蹇叔、由余、丕豹、公孙支等贤人修明政治,加惠百姓,才能称霸西戎。见《孟子》《万章上》及《史记》《秦本纪》。

〔14〕　楚不用伍子胥而破:伍子胥又作五子胥,又叫申胥,春秋楚监利人,名员。父奢,为太子建的太傅。费无忌为少傅,太子建不喜欢他。他就在楚平王面前说太子建的坏话。伍奢为太子建辩解,希望他们父子和好。楚平王非常生气,将伍奢和子胥的哥哥伍尚都杀了,子胥逃到了吴国,帮助吴王阖庐伐楚,把郢都攻陷了。见《史记》《伍子胥列传》、《太平寰宇记》卷一百四十六《山南东道》《荆州》注、梁玉绳《汉书人表考》卷四。

〔15〕　吴阖庐用之而霸:吴,《群书治要》卷四十二引作"吴王"。阖庐,或作"阖闾",春秋吴王,名光。任用伍子胥,将楚国打败,东征至于庳、庐,西伐至于巴、蜀,北迫齐、晋,号令行于中国。见《吕氏春秋》《简选》、《史记》《吴世家》。《荀子》《王霸》以齐桓公、晋文公、楚庄王、吴王阖闾、越王句践为五霸。《战国策》《秦策》三也说"阖庐为霸"。

〔16〕　夫差非徒不用子胥也,又杀之,而国卒以亡:夫差,春秋吴王,父阖庐为越王句践所败,受伤而死。夫差立,败因句践于会稽,以报父仇。句践贿赂吴太宰嚭,用美女宝器向夫差求和,夫差不听伍子胥的忠谏,而听从太宰嚭的话,答应了他。后夫差北伐齐,子胥进谏,由于也仍旧不听,反而不久之后听信了太宰嚭的谗言,赐子胥死。由于夫差不听子胥的话,对越王句践毫不在意,把他所有的精兵调至北方,争霸诸侯,国力空虚,因此子胥死后仅十二年,吴便为越所灭,夫差也自杀了。见《史记》《吴世家》、《伍子胥列传》。

〔17〕　燕昭王:名平。见《战国策》《燕策》一。一说名职。燕昭王用乐毅……屠七十城:燕哙听信了齐使苏代的话,让位于燕相子之。三年,国大乱,为齐所破。燕昭王立,厚礼招贤,乐毅、邹衍、剧辛等

都归附他。他用乐毅为上将军,率领燕、赵、韩、魏、秦五国的军队伐齐,大破齐军。诸侯罢兵回去,乐毅率领燕国的军队继续进攻,五年之内,攻下了齐国七十几座城池。昭王因此封乐毅为昌国君。参阅本书《杂事》第三《燕易王时国大乱》章及《乐毅为燕昭王谋》章。

〔18〕 惠王:昭王子。见《史记》《燕世家》。惠王废乐毅……亡七十城:乐毅带领燕军攻下了齐国七十多座城池以后,对莒和即墨还没有攻下,燕昭王便死了,子惠王继位。坚守即墨的田单知道惠王和乐毅有怨,便设法离间他们。惠王果然相信了田单所散佈的谣言,派骑劫代替了乐毅。骑劫相信了田单的诈降,为田单所破。燕军原先所占领的七十多座城池,至此全部为齐国收复了。参阅本书《杂事》第三《乐毅为燕昭王谋》章。

〔19〕 而:应从《群书治要》卷四十二引作"而以",因"惠王逐之而以败"和上面"夫差杀之而以亡"对句。

〔20〕 秦不用叔孙通:叔孙通,汉薛人。初时在秦以文词经学被召为待诏博士。陈胜在山东领导农民起义,秦二世问博士诸儒生这是怎么回事。有人说这是造反,二世大怒。叔孙通说是群盗,自有地方官吏捕捉,不必担心。二世才转怒为喜。由此可知秦实际上不能用他,所以他才说这些话跟秦二世敷衍,藉此脱身。见《史记》《叔孙通列传》。叔孙通离秦后两年多,秦帝国便被接二连三的农民武装起义所推翻了。当然秦灭亡主要的原因,是由于秦对老百姓所施行的暴政。但不用叔孙通这样的贤人也应该是其中的原因之一。

〔21〕 项王不用陈平、韩信:陈平,字孺子,汉阳武人。曾归附项羽,为羽带兵击降殷王而还。不久汉王刘邦打垮了殷王,羽怒,要杀陈平,陈平才弃楚降汉。见《史记》《陈丞相世家》。韩信,汉淮阴人,开始时投靠项羽的叔父项梁。项梁死后,归附项羽,羽用他为郎中。他曾几次向羽献策,羽都不用。他于是弃楚归汉,汉王拜他为大将。他为汉率领军队平定了魏、赵、齐诸地,立为齐王;又歼灭了项羽,立为楚王。见《史记》《淮阴侯列传》、《黥布列传》。

〔22〕 汉用之而大兴:韩信、陈平是将相之才,叔孙通明礼博学。由于刘邦善于用人,所以他们在汉都有机会发挥他们的才智。韩信、陈平帮

助刘邦争天下,将楚项羽打垮,韩信多战功,陈平也多奇谋。天下既定,陈平和叔孙通对于汉室政权的巩固也起了很大的作用。陈平和周勃平定了吕氏之乱。叔孙通为汉高祖定朝仪,使得做人君的更加尊严,做人臣的更加温顺。

魏庞恭与太子质于邯郸[1],谓魏王[2]曰:"今一人来言市中有虎,王信之乎?"王曰:"否。"曰:"二人言,王信之乎?"曰:"寡人疑矣。"曰:"三人言,王信之乎?"曰:"寡人信之矣。"庞恭曰:"夫市之无虎明矣,三人言而成虎[3]。今邯郸去魏[4]远于市,议臣者过三人,愿王察之也!"魏王曰:"寡人知之矣。"及庞恭自邯郸反,谗口果至,遂不得见[5]。

〔注〕

〔1〕 庞恭:魏太子之傅。《群书治要》卷四十二引作"庞共",《战国策》《魏策》二作"庞葱",下同。太子:魏惠王太子。邯郸:战国赵都,在今河北省邯郸县西南二十里。

〔2〕 魏王:魏惠王,即梁惠王。梁惠王见本书《杂事》第三《梁惠王谓孟子曰》章注〔1〕。

〔3〕 成虎:《群书治要》卷四十二引作"成有虎"。

〔4〕 魏:指魏都大梁,今河南省开封市。《战国策》《魏策》二作"大梁"。

〔5〕 及庞恭自邯郸反,谗口果至,遂不得见:文意不顺。因为并不是庞恭从邯郸回来以后,才"谗口果至";而是一离开了大梁到邯郸去以后便"谗口果至"了。根据《战国策》《魏策》二"于是辞行,而谗言先至。后太子罢质,果不得见"这几句,应校为"于是辞行,而谗口果至。及庞恭自邯郸反,遂不得见。"

甘茂,下蔡人也。西入秦[1],数有功,至武王[2]以为左丞相,樗子里[3]为右丞相。樗里子及公孙子[4],皆秦诸公子也〔5〕,其外家韩也〔6〕,数攻韩〔7〕。秦武王谓甘茂曰:"寡人欲容车至周室者〔8〕,其道乎韩之宜阳〔9〕。"欲使甘茂伐韩取宜阳,以通道至周室。甘茂曰:"请约魏与伐韩。"令向寿辅行〔10〕。甘茂既约魏,魏许甘茂,还至息壤〔11〕,谓向寿曰:"子归言之王:魏听臣矣,然愿王勿伐也!"向寿归以告王。王迎甘茂于息壤,问其故。对曰:"宜阳,大县也。名为县,其实郡也〔12〕。今王倍数险〔13〕,行千里,攻之,难。昔者曾参之处郑〔14〕,人有与曾参同名姓者杀人。人告其母曰:'曾参杀人。'其母织自若也。顷然,一人又来告之。其母曰:'吾子不杀人。'有顷,一人又来告。其母投杼下机〔15〕,踰墙而走。夫以曾参之贤与其母信之也〔16〕,然三人疑之,其母惧焉。今臣之贤也,不若曾参;王之信臣也,又不如曾参之母之信曾参也。疑臣者非特三人也,臣恐大王〔17〕投杼也。魏文侯令乐羊将而攻中山〔18〕,三年而拔之,乐羊反而语功,文侯示之谤书一箧〔19〕。乐羊再拜稽首曰:'此非臣之功也,主君之力也。'今臣羁旅〔20〕也,樗里子、公孙子二人,挟韩而议,王必信之,是王欺魏而臣受韩〔21〕之怨也。"王曰:"寡人不听也〔22〕。"使伐宜阳。五月而宜阳未拔,樗里子、公孙子果争之。武王召甘茂欲罢兵。甘茂曰:"息壤在〔23〕彼!"王曰:"有之。"因悉起兵,使甘茂将击之,遂拔宜阳〔24〕。及武王薨〔25〕,昭王〔26〕立,樗里子、公孙子谗之,甘茂遇罪,卒奔齐〔27〕。故非至明,其孰能毋用谗乎!

〔注〕

〔1〕 甘茂:《说苑》《杂言》作"甘戊"。戊、茂,古音同,相通。下蔡人也。蔡昭侯害怕楚国,按照吴国的意思从新蔡迁至吴国的州来,是为下蔡;至蔡侯齐四年为楚所灭。见《史记》《管蔡世家》。至甘茂的时候,下蔡已是楚国的属地了。下蔡故地在今安徽寿县北。西入秦:甘茂事下蔡史举先生,学百家之说,因张仪、樗里子而求见秦王。见《史记》《甘茂列传》。

〔2〕 武王:名荡,秦惠王子。至武王:指至秦武王二年。这是秦国开始设置左右丞相的一年。见《史记》《秦本纪》。

〔3〕 樗:音褚。樗里子:《战国策》《秦策》二作"樗里疾"。疾是樗里子的名。因住在渭南阴乡的樗里,所以号称樗里子。又称褚里疾。又作楮里疾。见《史记》《秦本纪》、《樗里子列传》及《索隐》。

〔4〕 公孙子:《战国策》《秦策》二作"公孙衍",《史记》《甘茂列传》作"公孙奭"。公孙衍和公孙奭不是同一个人。衍和奭无论声母韵母都不相同。公孙衍就是犀首,在《史记》里面和公孙奭分别得很清楚,正如驷衍和驷奭分别得很清楚一样。这里的公孙子应该是公孙奭。因为下文说樗里子、公孙子"皆秦诸公子也",而公孙衍则是魏阴晋人,和这点不相符合。《秦策》二作"公孙衍"是不对的。公孙奭即《战国策》《韩策》之公孙郝。郝亦音释。

〔5〕 皆秦诸公子也:樗里疾是秦孝公之子、秦惠王之弟。见《史记》《樗里子列传》。根据《战国策》《韩策》一、三和《史记》《甘茂列传》,看不出公孙奭有什么才干,但他在秦国的地位很高,秦王特别和他亲近。疑和他是秦国的公子有关。

〔6〕 其外家韩也:樗里疾之母为韩女。樗里疾是秦惠王的异母弟。见《史记》《樗里子列传》。《战国策》《韩策》一和《史记》《甘茂列传》都说公孙奭"党于韩",这应该和他的外家是韩国这一点有关。

〔7〕 数攻韩:应作"数相韩"。因为《战国策》《秦策》、《韩策》,《史记》《秦本纪》、《六国表》、《韩世家》、《樗里子甘茂列传》都没有说樗里疾、公孙奭曾经率兵进攻过韩国。这里他们"数攻韩"也和上文"其外家韩也"和下文武王使甘茂伐韩之宜阳,"五月而宜阳未拔,樗里子、

公孙子果争之"相矛盾。《史记》《秦本纪》说秦武王三年，"樗里疾
相韩"，是相韩之证。

〔8〕　周室：王城、洛邑。欲容车至周室者：《战国策》《秦策》二作"欲车通
三川，以窥周室"。《史记》《秦本纪》作"欲容车通三川，窥周室"。

〔9〕　宜阳：在今河南省宜阳县西。《史记》《秦本纪》《正义》："此韩之大郡，
伐取之，三川路乃通也。"吕祖谦《大事记解题》卷四说宜阳"东南北
三面，峭绝天险，黾池二殽，皆在境内，盖控扼之地也。"

〔10〕　向寿：秦昭王母宣太后的同族，原是楚人，但在秦和昭王从小一起
长大。仕秦，后相秦昭王。见《史记》《甘茂列传》。令向寿辅行：叫
向寿为副使随行。

〔11〕　息壤：秦邑。应在咸阳东郊。由于地下水位的增高和地下水流的
增大，土壤会自己高胀起来，所以秦人称它为"息壤"。参阅山东大
学《文史哲》一九五七年第十期顾颉刚《息壤考》。

〔12〕　名为县，其实郡也：《战国策》《秦策》二、《史记》《甘茂列传》、吕祖谦
《大事记解题》卷四"名"上均有"上党、南阳，积之久矣"八字。二县
之积，聚于宜阳，和县之隶属于郡无异。

〔13〕　倍数险：秦伐宜阳，要从函谷关出去，东经崤山，共数十里，险绝的
地方很多。《史记》《甘茂列传》《正义》："数险谓函谷及三殽五谷。"

〔14〕　郑：为"鄑"之形误，鄑即费，音袐，鲁邑，在今山东省费县西南。《战
国策》《秦策》二、《史记》《甘茂列传》都作"费"。《西京杂记》卷下：
"昔鲁有两曾参，赵有两毛遂，南曾参杀人见捕，人以告北曾参母。"
也以曾参这时住在鲁国。

〔15〕　其母投杼下机：《战国策》《秦策》二"母"下有"惧"字。

〔16〕　夫以曾参之贤与其母信之也：应作"夫以曾参之贤与其母之信之
也"。下文"又不如曾参之母之信曾参也"可证。"曾参之贤"和"其
母之信之"是两个并列的词组，如果"信"上没有"之"字，则组织便
有点混乱了。

〔17〕　大王：根据上文的文势，"王"下应从《战国策》《秦策》二、《史记》《甘
茂列传》、《资治通鉴》卷三补一"之"字。

〔18〕　魏文侯：见本书《杂事》第一《魏文侯与士大夫坐》章注〔1〕。乐羊：

《汉书》《古今人表》作"乐阳"。中山：国名，今河北中部偏西地。攻中山：在周威烈王十八年、魏文侯十七年。见《史记》《六国表》。

〔19〕 一箧：《吕氏春秋》《乐成》、《说苑》《复恩》均作"两箧"。

〔20〕 羁旅：甘茂不是秦国人，所以他这样说。《战国策》《秦策》二、《史记》《甘茂列传》、《资治通鉴》卷三、吕祖谦《大事记解题》卷四均作"羁旅之臣"。

〔21〕 韩：应作"韩朋"。《战国策》《秦策》二、《史记》《甘茂列传》均作"公仲侈。"王念孙《读书杂志》一《战国策》第一："鲍改侈为朋，云'朋、侈字近，故误。'吴师道曰：'《史》《田齐世家》"韩冯"，徐广云："即公仲侈"。又有韩明、韩侈，冯、朋音混，而侈、明，朋字讹故也。且当各存旧文。'引之曰：'《史记》作冯，冯与朋声相近，则作朋者是也。《艺文类聚》《宝部》下引《六韬》曰："九江得大贝百冯"，《鸿烈》《道应篇》作"大贝百朋"。是朋、冯古字通也。其作侈者，乃倗字之讹。倗、朋古字亦通。《韩子》《十过》及《汉书》《古今人表》并作公仲朋。'"

〔22〕 寡人不听也：应从《秦策》二及《史记》《甘茂列传》作"寡人不听也，请与子盟！"否则下文甘茂说"息壤在彼"便有点突如其来了。

〔23〕 息壤在彼：甘茂说这句话，意在让秦武王记起五月前在息壤的盟誓。

〔24〕 拔宜阳：在秦武王四年。见《史记》《秦本纪》、《六国表》。

〔25〕 薨：音轰。秦武王四年八月，因举鼎受伤而死。见《史记》《秦本纪》。

〔26〕 昭王：又叫昭襄王，秦武王的异母弟，名稷、又作侧，则。见《史记》《秦本纪》、《甘茂列传》及《索隐》。

〔27〕 甘茂遇罪，卒奔齐：甘茂劝秦昭王按照韩国的要求，将武遂归还给韩国。向寿和公孙奭力争不得。秦昭王元年终于将武遂归还给韩国。因此他们在昭王面前进谗，甘茂被迫逃到齐国去了。见《史记》《甘茂列传》。

　　楚王〔1〕问群臣曰："吾闻北方畏昭奚恤〔2〕，亦诚何如？"江乙〔3〕答曰："虎求百兽食之，得一狐。狐曰：'子毋敢食〔4〕我也。天帝令我长百兽，今子食我，是逆帝〔5〕命也。以我为不信，吾为子先行，子随我后，观百兽见我无不走。'虎以为然，随而行，兽见之皆走。虎不知兽畏己而走也，以为畏狐也。今王地方五千里，带甲百万，而专任之于昭奚恤也，北方非畏昭奚恤也，其实畏王之甲兵也，犹百兽之畏虎。故人臣而见畏者，是见君之威也〔6〕；君不用，则威亡矣〔7〕。"

〔注〕

〔1〕 楚王：《战国策》《楚策》一作"荆宣王"，即楚宣王，名良夫，肃王弟。见《史记》《楚世家》。

〔2〕 北方：指北方的诸侯。《太平御览》卷九百零九引《春秋后语》："楚宣王以昭奚恤为相，诸侯畏之。"

〔3〕 江乙：《战国策》《楚策》一作"江一"。"一"、"乙"二字通用。又叫江尹，仕于魏。《韩非子》《内储说上》有"江乙为魏王使荆"的话。

〔4〕 毋敢食：《太平御览》卷四百九十四引《尹文子》作"无食"，卷九百零九引《春秋后语》作"无噉"。石光瑛《新序校释》："敢当读如噉。……《后汉书》《安帝纪》曰，'更相噉食'，与此用字同。"

〔5〕 帝：《楚策》一、《太平御览》卷四百九十四引《尹文子》、卷九百零九引《春秋后语》都作"天帝"。

〔6〕 是见君之威也：是因为显示了人君的威风的缘故。《战国策》《楚策》一、吴师道《补正》引《春秋后语》作"君威也"。

〔7〕 石光瑛《新序校释》："乙之言，盖短奚恤之无威，借以诔楚王耳。"

鲁君使宓子贱为单父宰〔1〕。子贱辞去，因请借善书者二人，使书宪书教品〔2〕；鲁君予之。至单父使书，子贱从旁引其肘〔3〕。书丑，则怒之；欲好书，则又引之。书者患之，请辞而去，归以告鲁君。鲁君曰："子贱苦吾扰之，使不得施其善政也。"乃命有司，无得擅征发单父〔4〕。单父之化大治。故孔子曰："君子哉，子贱！鲁无君子者，斯安取斯〔5〕？"美其德也。

〔注〕

〔1〕 宓子贱：孔子弟子宓不齐，字子贱，鲁人。见《史记》《仲尼弟子列传》及《集解》。单父：春秋鲁邑，《吕氏春秋》《具备》作"亶父"，在今山东省单县南。鲁君：《史记》《仲尼弟子列传》说宓子贱少孔子四十九岁。鲁定公只有十五年。鲁定公十五年，孔子五十七岁。如果说宓子贱为单父宰是在鲁定公的时候，则宓子贱顶多才十八岁，还没有成人，这样的年纪鲁君便叫他做地方长官是不可能的。因此只能是在鲁哀公的时候。但也不能迟至鲁哀公十六年孔子死了以后，因为根据下文及《史记》和《孔子家语》《屈节解》，则宓子贱为单父宰时孔子还活着。因此这里的鲁君应该就是鲁哀公。

〔2〕 宪书：法律条文。教品：教令例规。

〔3〕 引其肘：《吕氏春秋》《具备》作："时掣摇其肘。"

〔4〕 无得擅征发单父：《吕氏春秋》《具备》作"遂发所爱而令之亶父，告宓子曰：'自今以来，亶父非寡人之有也，子之有也。有便于亶父者，子决为之矣；五岁而言其要！'"

〔5〕 斯安取斯：《太平御览》卷二百六十八引和《论语》《公冶长》"安"均作"焉"，二字通。

楚人有献鱼楚王者〔1〕，曰："今日渔获〔2〕，食之不尽，卖之不售，弃之又惜，故来献也。"左右曰："鄙哉，辞也！"楚王曰："子不知渔者，仁人也。盖闻困仓粟有馀者，国有饿民〔3〕；后宫多幽女者，下民多旷夫；馀衍之蓄聚于府库者，境内多贫困之民。皆失君人之道。故庖有肥肉〔4〕，廄有肥马，民有饿色〔5〕。是以亡国之君，藏于府库。寡人闻之久矣，未能行也。渔者知之，其以此谕寡人也。且今行之。"于是乃遣使恤鳏寡而存孤独,出仓粟、发币帛而振〔6〕不足,罢去后宫不御者,出以妻鳏夫;楚民欣欣大悦,邻国归之。故渔者壹献馀鱼而楚国赖之,可谓仁智矣。

〔注〕

〔1〕 楚人有献鱼楚王者:应从《艺文类聚》卷九十六引,《太平御览》卷四百五十七引、卷九百三十五引作"楚人有献鱼于楚王者"。《太平御览》卷八百三十三引作"楚人有献馀鱼于王者",本书《节士》第七《昔者有馈鱼于郑相者》章,也都有"于"字。

〔2〕 渔获:《北堂书钞》卷三十七引,《艺文类聚》卷九十六引,《太平御览》卷四百五十七引、卷八百三十三引、卷九百三十五引均作"获鱼"。

〔3〕 国有饿民:湖北崇文书局刊本作"国有饥民",误。《艺文类聚》卷九十六、《事类赋》卷二十九《鱼赋》注都引作"国有饿民",《太平御览》卷四百五十七引作"国有饿死民"。本书《铁华馆》校宋本这句下有注云:"今本作'下民多饥'"。饥、饿这两个同义词的用法是有分别的。饥较轻,饿较重,可以说"饿莩",不能说"饥莩"。《淮南子》《说山》:"宁一月饥,无一旬饿。"也是很好的说明。

〔4〕 肉:铁华馆校宋本、《四部丛刊》本、明程荣校本作"鱼"。

〔5〕 民有饿色:应从《事类赋》卷二十九《鱼赋》引作"民有饥色"。《太平御览》卷九百三十五引作"民有饥色"。饥通饥。《孟子》《梁惠王上》和《滕文公下》都有"庖有肥肉,厩有肥马,民有饥色,野有饿莩"的话,可知这已经成为成语了。

〔6〕 振:《北堂书钞》卷三十七引作"赈",二字通。《太平御览》卷四百五十七引作"赒赈"。

昔者邹忌以鼓琴见齐宣王〔1〕,宣王善之。邹忌曰:"夫琴所以象政也。"遂为王言琴之象政状〔2〕及霸王之事。宣王大悦,与语三日,遂拜以为相〔3〕。齐有稷下先生〔4〕,喜议政事。邹忌既为齐相,稷下先生淳于髡〔5〕之属七十二人,皆轻忌[6],以谓设以辞[7],邹忌不能及[8]。乃相与俱往见邹忌。淳于髡之徒礼倨,邹忌之礼卑。淳于髡等曰[9]:"狐白之裘,补之以弊羊皮[10],何如?"邹忌曰:"敬诺[11],请不敢杂贤以不肖[12]。"淳于髡曰:"方内而员钠[13],何如?"邹忌曰:"敬诺,请谨门内[14],不敢留宾客[15]。"淳于髡等曰:"三人共牧一羊,羊不得食,人亦不得息[16],何如?"邹忌曰:"敬诺,减吏省员[17],使无扰民也。"淳于髡等三称,邹忌三知之,如应响。淳于髡等辞屈而去,邹忌之礼倨,淳于髡等之礼卑。故所以尚干将莫邪[18]者,贵其立断也。所以贵骐骥者,为其立至也。必且历日旷久乎?丝氂犹能挈石,驽马亦能致远[19]。是以聪明捷敏,人之美材也。子贡曰:"回也闻一以知十[20]。"美敏捷也。

〔注〕

〔1〕 邹忌:《史记》《田敬仲完世家》《集解》引作"驺忌"。亦称驺忌子。封下邳,号成侯。齐宣王:田氏,名辟疆,威王子。俱见《史记》《六国表》、《田敬仲完世家》。根据《战国策》《齐策》一和《史记》《田敬仲完世家》,邹忌仕于齐威王、宣王两代,说他"以鼓琴见齐宣王"以求仕进是不合理的。宣王,《史记》《六国表》、《田敬仲完世家》《孟子荀卿列传》、《淮南子》《主术》都作"威王"。威王:桓公午之子,名因齐,又作婴齐,又名因,又名牟。见《战国策》《赵策》三、《史记》《田敬仲完世家》、梁玉绳《汉书人表考》卷五。周广业《孟子四考》四以为威、宣实一人而两谥。鼓琴见齐威王:在齐威王二十一年。见《史记》《六国表》。

〔2〕 为王言琴之象政状:《史记》《田敬仲完世家》写邹忌大致是这对齐威王谈琴之象政:大弦象君,小弦象相,操音的重轻象政令,音调高

低的配合和变化象四时，音调回环往复而不乱象国家所由太平昌
盛的道理，音节的缓急象国家所由存亡的道理。

〔3〕 与语三日，遂拜以为相：这也在齐威王二十一年。见吕祖谦《大事
记》卷三。《史记》《田敬仲完世家》作"驺忌子见三月而受相印"。

〔4〕 稷下：齐临淄稷门之下的学宫。一说是稷山之下。见《史记》《田敬仲
完世家》《索隐》引虞喜曰。《太平寰宇记》卷十八《河南道》十八《青
州》《益都县》引刘向《别录》："齐有稷门，齐临淄之城西门也。外有
学堂，即齐宣王立学所也，故称为稷下之学。"但根据徐干《中论》
《亡国》，则田午已立稷下之宫。当然到齐威王时也有稷下之学，不
过至宣王而大盛罢了。稷下先生：就是这学宫里面的学者们。

〔5〕 淳于：以国为氏。淳于髡：战国齐人，博闻强记，滑稽多辩。见《史
记》《滑稽列传》。是稷下先生的代表人物。

〔6〕 忌：应作"邹忌"，因上下文都作"邹忌"，没有单称"忌"的。《史记》
《田敬仲完世家》《集解》引作"驺忌"。《太平御览》卷四百三十二引
《说苑》亦作"邹忌"

〔7〕 设以辞：应作"设以微辞"。以谓设以辞：《史记》《田敬仲完世家》
《集解》引作"以为设以微辞"。

〔8〕 不能及：应从《史记》《田敬仲完世家》《集解》引作"必不能及"。

〔9〕 淳于髡等曰：《慎子》《内篇》作"接予曰"，《史记》《田敬仲完世家》作
"淳于髡曰"。

〔10〕 狐白之裘，补之以弊羊皮：《慎子》《内篇》作"狐裘虽弊，不可补以
犬羊之皮"《史记》《田敬仲完世家》作"狐裘虽弊，不可补以黄狗
之皮"。

〔11〕 敬诺：《慎子》《内篇》、《史记》《田敬仲完世家》都作"谨受令"，《太平
御览》卷六百九十四引《春秋后语》作"诺，谨受教"。

〔12〕 请不敢杂贤以不肖：《慎子》《内篇》、《史记》《田敬仲完世家》作"请
谨择君子，毋杂小人其间"。

〔13〕 内：同枘，音汝卫切，刻削木头的一端，用来纳入一个孔里面，这一
端叫做枘，也就是榫。釭：音古双切，车毂中的孔，以铁为里，引申为
用以受枘的孔。方内而员釭：方的木榫，圆的孔。

〔14〕 门内:《群书治要》卷四十二引作"门户"。

〔15〕 不敢留宾客:《慎子》《内篇》、《史记》《田敬仲完世家》均作"谨事左右"。指尊事竖等,不纳杂宾;因门有杂宾,忠信之言便进不来了。

〔16〕 三人共牧一羊,……人亦不得息:对责任则互相推诿,所以羊不得食;有利益则互相争夺,所以人也不能休息了。

〔17〕 减吏省员:应从《群书治要》卷四十二引作"请减吏省员",因为上文"请不敢杂贤以不肖","请谨门内",与此并列,都有"请"字。

〔18〕 干将、莫邪:宝剑名。春秋吴人干将和他的妻子莫邪所铸,因以雄剑名干将、雌剑名莫邪。见《吴越春秋》《阖闾内传》。

〔19〕 氂:音毛,长毛。必且历日旷久乎?丝氂犹能掣石,驽马亦能致远:如果一定要经历长久的日子吗?那么,丝毛也能把一堆小石子弔起搬运,劣等的马也能到达远方。意思就是说要很长的时间才能弔完才到达,因此"丝氂"和"驽马"是没有什么可贵的地方的。

〔20〕 回也闻一以知十:《论语》《公冶长》:"子谓子贡曰:'女与回也孰愈?'对曰:'赐也何敢望回?回也闻一以知十,赐也闻一以知二。'"

　　昔者燕相得罪于君〔1〕,将出亡,召门下诸大夫〔2〕曰:"有能从我出〔3〕者乎?"三问,诸大夫莫对。燕相曰:"嘻!亦〔4〕有士之不足养也!"大夫有进者〔5〕曰:"亦有君〔6〕之不能养士,安有士之不足养者?凶年饥岁,士糟粕不厌〔7〕,而君之犬马有馀谷粟〔8〕。隆冬烈寒,士短褐〔9〕不完,四体不蔽,而君之台观帷幙,锦绣随风,飘飘而弊。财者君之所轻,死者士之所重也。君不能施君之所轻,而求得士之所重,不亦难乎?"燕相遂惭,遁逃不复敢见。

〔注〕

〔1〕 燕相:应作"管燕相齐"。《战国策》《齐策》四作"管燕",《韩诗外传》卷七作"宋燕相齐",《说苑》《尊贤》作"筦卫相齐"。按"管"或作"筦",缺损为"宂",因形误为"宋"或"宗"。"卫"也是"燕"之形误,

小篆二字字形相近。下文"燕相"也应作"管燕"。得罪于君:《战国策》《齐策》四作"得罪齐王"。鲍彪本把这故事安排在齐宣王时,则齐王也就是齐宣王了。

〔2〕 召门下诸大夫:《战国策》《齐策》四作"谓其左右",下文"诸大夫"作"左右"。《韩诗外传》卷七作"召门尉陈饶等二十六人",下文"诸大夫"作"陈饶等"。《说苑》《尊贤》作"召门尉田饶等二十有七人而问焉",下文"诸大夫"作"田饶等"。案古无舌上音,读陈如田,二字通用。

〔3〕 出:《战国策》《齐策》四、《韩诗外传》卷七、《说苑》《尊贤》都作"赴诸侯"。

〔4〕 亦:衹。见吴昌莹《经词衍释》。

〔5〕 大夫有进者:这出来说话的人,《战国策》《齐策》四作"田需",《韩诗外传》卷七作"陈饶",《说苑》《尊贤》作"田饶"。按陈饶、田饶应为一人。根据《韩诗外传》卷二和本书《杂事》第五《田饶事鲁哀公而不见察》章,则田饶是鲁哀公时人,和齐宣王的年代相去很远。

〔6〕 君:指管燕,和注〔1〕的"君"指齐王不同。

〔7〕 士糟粕不厌:《太平御览》卷四百七十五引作"糟糠不足"。

〔8〕 而君之犬马有馀谷粟:《齐策》四作"而君鹅鹜有馀食",《韩诗外传》卷七、《说苑》《尊贤》都作"而君雁鹜有馀粟"。

〔9〕 短:通裋,音树。褐:音曷。短褐:即裋褐,又作"竖褐",短衣。见王念孙《广雅疏证》卷七下。

　　晋文公出猎,前驱曰〔1〕:"前有大蛇,高如隄〔2〕,阻道竟之〔3〕。"文公曰:"寡人闻之:诸侯梦恶则修德,大夫梦恶则修官,士梦恶则修身〔4〕。如是而祸不至矣。今寡人有过,天以戒寡人。"还车而反。前驱曰:"臣闻之:喜者无赏,怒者无刑〔5〕。今祸福已在前矣,不可变,何不遂驱之?"文公曰:"不然。夫神不胜道,而妖亦不胜德。祸福未发,犹可化也。"还车反，宿斋[6]三日，请于庙曰："孤少，牺不肥，而不厚[7]，罪一也。孤好弋猎无度数，罪二也。孤多赋敛，重刑罚，罪三也。请自今以来者，关市无征，泽梁[8]无赋敛，赦罪人，旧田半税，新田不税。"行此令未半旬，守蛇吏梦天帝杀蛇，曰："何故当圣君道为？而罪当死。"发梦，视蛇臭腐矣。谒之，文公曰："然。夫神果不胜道，而妖亦不胜德，奈何其无究理而任天也[9]？应之以德而已。"

〔注〕

〔1〕 曰：贾谊《新书》《春秋》作"还白"。

〔2〕 如隄：张华《博物志》《异闻》作"如拱"。拱是两手合抱。"如隄""如拱"，都用来形容蛇身之粗。

〔3〕 阻道竟之：大蛇盘状，横阻着大路，把大路塞满了。贾谊《新书》《春秋》作"横道而处"。《风俗通义》《怪神》作"其长竟路"，不妥。因为蛇不可能像大路那么长，同时它既然"高如隄"，也不可能只像路面的宽度那么长。同时蛇在阻塞的路上不走的时候也不可能直伸着它的身体，而只能将身体蜷缩在一起。因此"竟之"或"竟路"只能就蛇身盘结蜷缩时所占的面积来说。

〔4〕 诸侯梦恶则修德，大夫梦恶则修官，士梦恶则修身：贾谊《新书》《春秋》作"天子梦恶则修道，诸侯梦恶则修政，大夫梦恶则修官，庶人梦恶则修身"。《风俗通义》《怪神》作"天子见妖则修德，诸侯修政，大夫修宫，士修身。""宫"应为"官"之误。《群书治要》卷四十四引桓谭《新论》作"《周书》曰：'天子见怪则修德，诸侯见怪则修政，大夫见怪则修职，士庶见怪则修身。'"

〔5〕 喜者无赏，怒者无刑：高兴的人不要对别人进行奖赏，生气的人不要对别人进行刑罚；因为怕赏罚不当。意思是说老天爷恐以喜怒而滥用其刑赏，他是否赏罚得当还不能证明。

〔6〕 宿斋：贾谊《新书》《春秋》作"斋宿"。"宿斋"或"斋宿"即斋戒。斋：见本书《杂事》第一《中行寅将亡》章注〔4〕。

〔7〕 少:晋文公返国,年已不小。而且向宗庙告罪,严厉的谴责自己,如果说自己年纪小,那就是自己原谅自己,削弱了他谴责自己这一段说话的力量了。应从贾谊《新书》《春秋》和《风俗通义》《怪神》将"少"字删去,"孤"连下读。孤少,牺不肥,而不厚:《风俗通义》《怪神》作"孤牲牲瘼蠡,而帛不厚。"瘼蠡:六畜生皮肤病。

〔8〕 梁:鱼梁,捕鱼的所在。用石叠堤将流水堵住,但中留空孔,用筍堵住,让鱼儿能入而不能出。即《诗经》《邶风》《谷风》"毋逝我梁,毋发我筍",《齐风》《敝筍》"敝筍在梁"的"梁"。

〔9〕 奈何其无究理而任天也:为什么不推寻祸福之理和顺从天意呢?

梁君〔1〕出猎,见白雁群〔2〕,梁君下车彀弓欲射之。道有行者,梁君谓行者止,行者不止,白雁群骇。梁君怒,欲射行者。其御公孙袭〔3〕下车抚矢曰:"君止!"梁君忿然作色而怒曰:"袭不与其君而顾与他人,何也?"公孙袭对曰:"昔齐景公〔4〕之时,天大旱三年,卜之,曰:'必以人祠乃雨。'景公下堂顿首曰:'凡吾所以求雨者,为吾民也。今必使吾以人祠乃且雨,寡人将自当之。'言未卒而天大雨方千里者,何也?为有德于天而惠于民也。今主君以白雁之故而欲射人,袭谓主君言无异于虎狼。"梁君援其手与上车归,入庙〔5〕门,呼万岁〔6〕,曰:"幸哉,今日也!他人猎皆得禽兽,吾猎得〔7〕善言而归。"

〔注〕

〔1〕 梁君:《金楼子》《杂记下》作"周君"。

〔2〕 群:《艺文类聚》卷六十六引《庄子》"群"下有"下"字,《太平御览》卷四百五十七引《庄子》、《困学纪闻》卷十引《庄子》"群"下有"集"字。

〔3〕 袭:应从《群书治要》卷四十二引、《金楼子》《杂记下》,《艺文类聚》卷六十六、卷一百,《太平御览》卷四百五十七、卷八百三十二,《困

学纪闻》卷十等引《庄子》，《事类赋》卷十九《雁赋》注引《新语》，《太平御览》卷九百一十七引《新语》俱作"龙"。下同。

〔4〕 齐景公：见本书《杂事》第一《晋平公欲伐齐》章注〔2〕。《艺文类聚》卷二、卷六十六引《庄子》都作"宋景公"，《困学纪闻》原注也说："齐一作宋。"卷一百引《庄子》作"先公"，《事类赋》注引《新语》、《太平御览》卷九百一十七引《新语》都作"卫文公"。

〔5〕 庙：廓之形误，廓即郭，外城。应从《群书治要》卷四十二引本书，《太平御览》卷三百九十引《说苑》、卷四百五十七引《庄子》、卷九百一十七引《新语》，《困学纪闻》卷十引《庄子》，《事类赋》注引《新语》作"郭"。

〔6〕 万岁：梁君自己为自己庆祝，因此高呼万岁。

〔7〕 得：《太平御览》卷四百五十七引《庄子》、困学纪闻》卷十引《庄子》皆作"独得"。

武王胜殷〔1〕，得二虏而问焉〔2〕，曰："而国有妖乎〔3〕？"一虏答曰："吾国有妖。昼见星而雨血〔4〕，此吾国之妖也。"一虏答曰："此则妖也。虽然，非其大者也。吾国之妖，其大者，子不听父，弟不听兄，君令不行，此妖之大者也。"

〔注〕

〔1〕 武王胜殷：见本书《善谋》第十《汉三年》章注〔16〕。

〔2〕 得二虏而问焉：《群书治要》卷三十一引《六韬》，《太平御览》卷八十三、卷八百七十一引《六韬》作"得二大夫而问之。"

〔3〕 而国有妖乎：《群书治要》卷三十一引《六韬》作"殷之将亡，亦有妖乎？"《太平御览》卷八十三、卷八百七十一引《六韬》作"殷国将亡，亦有妖乎？"

〔4〕 雨：去声。昼见星而雨血：应从卢文弨《群书拾补》据《吕氏春秋》《慎大》校作"昼见星而天雨血"。因"天雨血"和"昼见星"对偶。《金楼子》《箴戒》也说"帝纣时，天雨丹血。"按"昼见星"是由于日全蚀

的关系。"天雨血"是由于红土被龙卷风卷了上去，又夹在雨滴中降落下来而给予人的错觉。古人迷信，看见了这些现象，都认为不祥之兆。

　　晋文公出田逐兽[1]，砀[2]入大泽，迷不知所出。其中有渔者，文公谓曰："我，若君也。道安从出？我[3]且厚赐若。"渔者曰："臣愿有献。"公[4]曰："出泽而受之。"于是遂出泽[5]。公令[6]曰："子之所欲以教寡人者，何等[7]也？愿受之。"渔者曰："鸿鹄保河海之中，厌而欲移徙之小泽，则必有九缯[8]之忧。鼋鼍[9]保深渊，厌而出之浅渚，则必有罗网钓射之忧。今君逐兽砀入至此，何行之太远也？"文公曰："善哉！"谓从者记渔者名。渔者曰："君何以名为？君其尊天事地，敬社稷，固四国[10]，慈爱万民，薄赋敛，轻租税者，臣亦与焉。君[11]不敬社稷，不固四国，外失礼于诸侯，内逆民心，一国流亡，渔者虽得厚赐，不能保也。"遂辞不受，曰："君亟归国[12]，臣亦反吾渔所。"

〔注〕

〔1〕《资治通鉴外纪》卷五认为这故事发生于周襄王二十三年。

〔2〕砀："荡"之俗字。见本书《杂事》第二《靖郭君欲城薛》章注〔7〕。

〔3〕我：应从《太平御览》卷四百九十引作"出我"，不连下读，否则和上文在文义上不衔接。

〔4〕公：应从《群书治要》卷四十二引及《贞观政要》卷一作"文公"，因为上下文都作"文公"，这里的词例应该相同。

〔5〕于是遂出泽：《群书治要》卷四十二引及《贞观政要》卷一均作"于是送出泽"，《太平御览》卷八百三十二引作"渔者送文公出泽"。

〔6〕 公：也应作"文公"。公令曰：《太平御览》卷四百九十引及《贞观政要》卷一均作"文公曰"。

〔7〕 所欲以：铁华馆校宋本《四部丛刊》本无"欲"字。明程荣校本、湖北崇文书局刊本、《太平御览》卷四百九十引均有"欲"字。按有"欲"字意思比较完整。何等：《贞观政要》卷一作"何"。

〔8〕 九：应作"丸"，弹丸。缯：通矰，用生丝绳系着的箭。九缯，《太平御览》卷四百九十正引作"丸缯"。《群书治要》卷四十二、《太平御览》卷八百三十二都引作"丸矰"，《太平御览》卷六百三十三引作"矰缴"。《贞观政要》卷一作"矰丸"。

〔9〕 鼋鼍：《太平御览》卷四百九十引作"龟鱼"。

〔10〕 固：《贞观政要》卷一作"保"。四国：四方之境。

〔11〕 《贞观政要》卷一"君"下有"不尊天不事地"六字。

〔12〕 国：国都，即绛，在今山西翼城县东南。

晋文公逐麋〔1〕而失之，问农夫老古〔2〕曰："吾麋何在？"老古以足指〔3〕曰："如是往。"公〔4〕曰："寡人问子，以足指〔5〕，何也？"老古振衣而起曰："一不意人君〔6〕如此也！虎豹之居也，厌闲而近人，故得。鱼鳖之居也，厌深而之浅，故得。诸侯厌众而亡其国〔7〕。《诗》云：'维鹊有巢，维鸠居之〔8〕。'君放不归〔9〕，人将君〔10〕之。"于是文公恐。归遇栾武子〔11〕，栾武子曰："猎得兽乎，而有悦色？"文公曰："寡人逐麋而失之，得善言，故有悦色。"栾武子曰："其人安在乎？"曰："吾未与来也。"栾武子曰："居上位而不恤其下，骄也。缓令急诛，暴也〔12〕。取人之言而弃其身，盗也。"文公曰："善。"还载老古与俱归。

〔注〕

〔1〕 麋：《太平御览》卷八百三十二引作"鹿"，下同。

〔2〕　老古：《太平御览》卷八百三十二引作"老者"，下同。卷九百零六引
　　　作"古老"，下同。下文"老古振衣而起"，《文选》陆士衡《招隐诗》、谢
　　　玄晖《观朝雨诗》李善注引，"老古"也都作"古老"。

〔3〕　以足指：表示着对晋文公不恭敬的态度。

〔4〕　公：应从《群书治要》卷四十二引作"文公"，因为上下文都作"文
　　　公"，这里不应单独作"公"。

〔5〕　以足指：应从《群书治要》卷四十二引，《太平御览》卷三百九十引、
　　　卷八百三十二引作"子以足指"。有"子"字意义比较明确。

〔6〕　人君：《群书治要》卷四十二引作"人君之"。

〔7〕　诸侯厌众而亡其国：意义有所欠缺，应从《太平御览》卷三百九十
　　　引、卷八百三十二引作"诸侯之居也，厌众而远游，故亡其国。"这样
　　　从句子的结构来说，也跟和它并列的"虎豹之居也……""鱼鳖之居
　　　也……"相一致。

〔8〕　维鹊有巢，维鸠居之：见《诗经》《召南》《鹊巢》。鸠，就是鳲鸠。鳲
　　　鸠就是布谷鸟。鳲鸠自己不筑巢，占据喜鹊筑好的巢。

〔9〕　君放不归：《太平御览》卷八百三十二引作"今君不归"。

〔10〕　君：应从《群书治要》卷四十二引、《太平御览》卷八百三十二引作
　　　"居"，因为"人将居之"是承上"维鸠居之"而来的。"维鸠居之"的
　　　"居之"是占据鹊巢，"人将居之"的"居之"是占据晋文公的君位，在
　　　意义上也比较好讲。

〔11〕　栾武子：晋大夫，名书。见《左传》宣公十二年杜预注。和晋文公不
　　　同时。《太平御览》卷九百零六引作"栾贞子"，下同。栾贞子：晋大
　　　夫，名枝。见《左传》僖公二十七年杜预注。

〔12〕　缓令急诛，暴也：慢于教令而急于责求。譬如不急于叫老百姓从事
　　　农业生产，却急于责限老百姓缴纳赋税，这就是暴虐了。

　　扁鹊见齐桓侯〔1〕，立有间，扁鹊曰："君有疾在腠
理〔2〕，不治将恐深。"桓侯曰："寡人无疾。"扁鹊出，桓侯
曰："医之好利也，欲治不疾以为功。"居十日〔3〕，扁鹊复
见，曰："君之疾在肌肤〔4〕，不治将深。"桓侯不应。扁鹊

出，桓侯不悦。居十日，扁鹊复见，曰："君之疾在肠胃，不治将深。"桓侯不应，扁鹊出，桓侯又不悦。居十日，扁鹊复见，望桓侯而还走。桓侯使人问之，扁鹊曰："疾在膝理，汤熨[5]之所及也；在肌肤，鍼石[6]之所及也；在肠胃，大齐[7]之所及也；在骨髓，司命之所无奈何也[8]。今在骨髓，臣是以无请也。"居五日，桓侯体痛，使人索扁鹊，扁鹊已逃之秦矣。桓侯遂死。故良医之治疾也，攻之于膝理，此事皆治之于小者也[9]。夫事之祸福，亦有膝理之地，故圣人蚤从事矣。

〔注〕

〔1〕 扁鹊：勃海郑人，秦氏，名越人，字少齐。从长桑君学医，据说能洞见人的五脏症结。家居于齐国的卢邑，世称卢医。又因为和黄帝时的扁鹊相类似，所以又号为扁鹊。曾替赵简子、虢太子、齐桓侯等看过病，诊断都很准确。见《史记》《扁鹊列传》及《正义》、《周礼》《天官》《疾医》《释文》。沈钦韩《汉书疏证》卷九："《鹖冠子》《世贤篇》：'庞煖对悼襄王曰："王独不闻魏文王之问扁鹊耶。……"'按此扁鹊后于赵简子近百年矣。《秦策》二：'医扁鹊见秦武王，武王示之病，扁鹊请除。'此又后于魏文侯百年矣；必非一人，皆袭扁鹊之号耳。"按扁鹊的传说，正如巧匠鲁班的传说一样，不必都是实事。齐桓侯：《韩非子》《喻老》作"蔡桓侯"。《文选》嵇叔夜《养生论》李善注引臣瓒曰作"魏桓侯"，引本书作"晋桓侯"。《太平御览》卷七百三十八引《春秋后语》作"齐桓公"。《史记》《扁鹊列传》《索隐》引裴骃曰以为桓公田午。按桓公名午，卒于周安王二十三年。见《史记》《六国表》。

〔2〕 膝：皮肤的文理。膝理：合成词，义同。《后汉书》《郭玉传》李贤注："膝理，皮肤之间也。"

〔3〕 居十日：《史记》《扁鹊列传》、《太平御览》卷七百三十八引《春秋后

语》均作"后五日"，下同。

〔4〕 肌肤：《史记》《扁鹊列传》、《太平御览》卷七百三十八引《春秋后语》
都作"血脉"，下同。

〔5〕 汤：指用药洗涤皮肤。熨：指用药贴在皮肤上面。

〔6〕 鍼：同针，古时用砭石做的，用来刺进皮肉里面治病。石也是砭石
针。鍼石，合成词，也是石针。

〔7〕 大齐：应从《韩非子》作"火齐"。火齐：就是火齐汤，屡见于《史记》
《仓公列传》，是用来治肠胃病的内服药。《史记》《扁鹊列传》作
"酒醪"。

〔8〕 司命：是主管人们寿夭的神。司命之所无奈何也：《韩非子》《喻老》
作"司命之所属，无奈何也。""属"字疑衍。《史记》《扁鹊列传》作
"虽司命无奈之何"。

〔9〕 事：应从《韩非子》《喻老》删。有"事"字文义不通，也和下句意思重
复。此事皆治之于小者也：这样治病，都是趁它还是小病的时候来
把它医治的。

　　庄辛谏楚襄王〔1〕曰："君王左州侯，右夏侯〔2〕，从新
安君与寿陵君，同轩〔3〕，淫衍侈靡，而忘国政，郢其危
矣〔4〕！"王曰："先生老悖欤？妄〔5〕为楚国妖欤？"庄辛对
曰："臣非敢为楚妖，诚见之也。君王卒近〔6〕此四子者，则
楚必亡矣！辛请留于赵以观之〔7〕。"于是不出十月〔8〕，王
果亡巫山、江、汉、鄢、郢之地〔9〕。于是王乃使召庄辛
至〔10〕于赵。辛至，王曰："嘻！先生来耶？寡人以不用先生
言至于此，为之奈何？"庄辛曰："君王用辛言则可；不用辛
言，又将甚乎此。庶人有称〔11〕曰：'亡羊而固牢，未为迟。
见兔而呼狗，未为晚〔12〕。'汤武以百里王，桀纣以天下
亡〔13〕。今楚虽小，绝长继短，以千里数〔14〕，岂特百里哉？

且君王独不见夫青蛉[15]乎? 六足四翼,蜚翔乎天地之间,求蚊虻而食之,待[16]甘露而饮之,自以为无患,与民[17]无争也。不知五尺之童子,膠丝竿,加之乎四仞[18]之上,而下为虫蛾食已[19]。青蛉犹其小者也。夫爵[20]俛啄白粒,仰栖茂树,鼓其翼,奋其身,自以为无患,与民无争也。不知公子王孙,左把弹,右摄丸,定操持[21],审参连[22]。故昼游乎茂树,夕和乎酸咸。爵犹其小者也。鸿鹄嬉游乎江、汉,息留乎大沼,俛啄鳝鲤[23],仰奋陵衡[24],修其六翮而陵清风,廱摇[25]高翔,一举千里,自以为无患,与民无争也。不知弋者选[26]其弓弩,修其防翳[27],加缯缴其颈[28],投乎百仞之上,引纤缴,扬微波[29],折[30]清风而殒。故朝游乎江、河,而暮调乎鼎俎。鸿鹄犹其小者也,蔡侯之事故是也[31]。蔡侯南游乎高陵[32],北径乎巫山[33],逐麋麕麇鹿,彄溪子[34],随时鸟[35],嬉游乎高蔡[36]之囿,溢满无涯,不以国家为事。不知子发受令宣王[37],厄以淮水[38],填以巫山,庚子之朝,缦以朱丝[39],臣而奏之乎宣王也[40]。蔡侯之事犹其小者也,今君王之事遂以[41]。左州侯,右夏侯,从新安君与寿陵君,淫衍侈靡,康乐游娱,驰骋乎云梦[42]之中,不以天下与国家为事。不知穰侯[43]方与秦王[44]谋寘之以黾厄[45],而投之乎黾塞之外[46]。”襄王大惧,形体悼栗[47],曰:“谨受令[48]。”乃封庄辛为成陵君[49]而用计焉,与举淮北之地十二诸侯[50]。

〔注〕

〔1〕　庄辛：楚庄王之后，以谥为氏。见《元和姓纂》卷五《二十八严》。《汉书》《古今人表》作严辛，因避汉明帝讳改。楚襄王：见本书《杂事》第一《楚威王问于宋玉曰》章注〔1〕。

〔2〕　州：楚地名，在今湖北省监利县东南，州侯封于此。夏：楚地名，在今湖北省汉口市北，夏侯封于此。

〔3〕　新安君：《战国策》《楚策》四作"鄢陵君"，一本作"安陵君"。下同。鄢、安古通。安陵在今河南省郾城县东南七十里。参阅张琦《战国策释地》卷下。安陵君疑封于此。寿陵君：《太平御览》卷四百三十一引作"受陵君"。轩：有遮蔽的车子。从新安君与寿陵君，同轩：《战国策》《楚策》四作"辇从鄢陵君与寿陵君"。下同。

〔4〕　郢：见本书《杂事》第一《楚威王问于宋玉曰》章注〔3〕。其：必。郢其危矣：《战国策》《楚策》四作"郢都必危矣"。

〔5〕　妄：抑。《战国策》《楚策》四作"将"，将也是抑之意。

〔6〕　近：宠幸。《楚策》四作"幸"。

〔7〕　辛请留于赵以观之：因为看出楚国危险的前途，而楚襄王又不用他，为了避免战乱的影响，所以他要跑到赵国去，逗留在赵国，来看看楚国局势的发展。《楚策》四作"臣请辟于赵，淹留以观之。"

〔8〕　不出十月：《战国策》《楚策》四作"留五月"，皆误。"十月"和"五月"都应作"五年"，因为下文说"王果亡巫山、江、汉、鄢、郢之地"，根据《史记》《六国表》和《楚世家》是楚顷襄王十九年至二十二年而不是十个月或五个月内所发生的事。庄辛当然是在事前跑到赵国，所以说他在赵国居留五年而看见这四年间所发生的事件是合理的。当然说"不出五年"更没有问题了。

〔9〕　巫山：楚巫郡，今四川省巫山县一带。鄢：楚之别都，在今湖北省宜城县，楚昭王曾自郢迁都于此。参阅江永《春秋地理考实》《王朝列国兴废说》。王果亡巫山、江、汉、鄢、郢之地：《史记》《楚世家》说楚襄王"十九年，秦伐楚，楚军败，割上庸汉北地予秦。二十年，秦将白起拔我西陵。二十一年，秦将白起遂拔我郢，烧先王墓夷陵。楚襄王兵散，遂不复战，东北保于陈城。二十二年，秦复拔我巫、黔中

　　　　郡。"参阅本书《善谋》第九《楚使黄歇于秦》章注〔3〕。《战国策》
　　　　《楚策》四作"秦果举鄢、郢、巫、上蔡、陈之地，襄王流揜于城阳。"

〔10〕　至：应从《战国策》《楚策》四删。

〔11〕　庶人有称：《战国策》《楚策》四作"鄙语"。

〔12〕　固：《太平御览》卷四百三十一引作"补"。亡羊而固牢，……未为
　　　　晚：《战国策》《楚策》四作"见菟而顾犬，未为晚也；亡羊而补牢，未
　　　　为迟也。"

〔13〕　以：有。王：去声，《战国策》《楚策》四作"昌"。汤、武以百梁王，桀、
　　　　纣以天下亡：案《孟子》《公孙丑上》、《韩诗外传》卷四、《淮南子》
　　　　《泰族》、《史记》《平原君列传》都说汤以七十里，文王以百里而王天
　　　　下。《管子》《地数》也说"汤有七十里之薄"，《轻重甲》也说"汤以
　　　　七十里之薄兼桀之天下"。薄即亳。陆贾《新语》《明诚》也说"汤以七
　　　　十里之封而升帝王之位"。但除了《战国策》和本书以外，也有说汤
　　　　以百里王的。如《墨子》《非命上》说："古者汤封于亳，绝长继短，方
　　　　地百里。《荀子》《正论》也说："汤居亳，武王居鄗，皆百里之地也，
　　　　天下为一，诸侯为臣。"七十里而说百里，盖举其大数而言。

〔14〕　以千里数：和上句"绝长继短"衔接得不紧。应作"以数千里"。《战
　　　　国策》《楚策》四作"犹以数千里"，可证。"以数千里"的"以"和上面
　　　　"以百里""以天下"的"以"一样作"有"字解。

〔15〕　青蛉：蜻蜓。

〔16〕　待：铁华馆校宋本、明程荣校本、《四部丛刊》本作"时"。时：伺，
　　　　也是待之意。今从湖北崇文书局刊本及《太平御览》卷四百五十
　　　　七引作"待"。

〔17〕　民：人。《战国策》《楚策》四作"人"，下同。

〔18〕　膠丝竿：张国铨《新序校注》："今小儿持竿膠蛛丝以黏取青蛉，是
　　　　其事矣。"加之：《战国策》《楚策》四作"加己"。仞：周尺八尺或汉
　　　　尺七尺。见石光瑛《新序校释》引陶方琦《汉孳宝文钞》。

〔19〕　蛾：通蚁。《太平御览》卷四百五十七引及《战国策》《楚策》四都作
　　　　"蚁"。已：通矣。

〔20〕　爵：通雀。应作"黄爵"。《太平御览》卷四百五十七引及《战国策》

《楚策》四均作"黄雀",下同。

〔21〕　定操持:弓和弹子都拿得很正,对得很准。

〔22〕　审:正。参连:古时一种射法,一箭先射,后三箭连续射出。参连在这里当然是指弹子的射法。审参连:很准确地参连而射。

〔23〕　鳁鲤:音偃,即鲇鱼。鲇:音黏。鳁鲤:《战国策》《楚策》四作"鲢鲤"。鲢,通鳝。

〔24〕　仰奋陵衡:不好讲,"奋"应作"啣"。《战国策》《楚策》四作"仰啣蔆衡"。陵:通蔆,即菱,它的叶子长在水面上。衡:通蘅,生长水滨。《文选》曹子建《洛神赋》有"蘅皋"的话,皋,是湖泽或水边的意思,可知蘅也是水中的植物。《战国策》吴师道《补注》说即荇。荇,水草名。天鹅"俛啄鳁鲤,仰啣陵衡",是很自然的。"啣"错成"奋"大概是因为整理、抄写的人以为"陵"就是上升的意思才改"啣"为"奋",认为是奋翼高飞,横渡天空。但这样则与下文"修其六翮而陵清风,……一举千里"相重复,而且在"修其六翮"之前已奋翼"陵衡",次序也颠倒了。

〔25〕　麃摇:即飘摇,《战国策》《楚策》四作"飘摇"。

〔26〕　选:通撰,修造。《楚策》四作"修"。

〔27〕　翳:射者用来隐蔽自己之物。见《礼记》《月令》郑玄注。防翳:合成词,即翳。防、翳都有隐蔽之义。

〔28〕　加缯缴其颈:这里举"缯缴"以兼下文的"微波"。

〔29〕　波:通磻、砠。见孙诒让《札迻》卷八。磻:用来射猎的系着小绳子的石头。

〔30〕　折:指折翼。

〔31〕　蔡侯:《战国策》《楚策》四作"蔡圣侯"。下同。故:如、似。《太平御览》卷四百五十七引作"又"。又:通有。有,也有如、似之意。故是也:《战国策》《楚策》四作"因是以"即"犹此也"。"因"是如、似之意。蔡侯之事故是也:蔡侯的事情有似于此。

〔32〕　高陵:《战国策》《楚策》四作高陂。高陂在今湖南省湘阴县南。见饶宗颐《楚辞地理考》《湘水巫山辨》。

〔33〕　径:行。《战国策》《楚策》四作"陵"。陵:上。巫山:古书所记载的

有好几处。这里的巫山应在今湖南省澧县。

〔34〕 彏：同彏，音郭，张弩。溪子：弩名。《战国策》《韩策》一、《史记》《苏
秦列传》说是韩国所出。《淮南子》《俶真》高诱注说：“溪子为弩所
出国名也。或曰：溪，蛮夷也，以柘桑为弩，因曰溪子之弩也。一曰
溪子阳，郑国善为弩匠，因以名也。”

〔35〕 时鸟：亦弓弩名。《战国策》《韩策》一：“天下之强弓劲弩，皆自韩出：
溪子、少府、时力、距来，皆射六百步之外。”鲍彪注：“皆弩名。”武井
骥《刘向新序纂注》：“平辅之云《韩策》‘时力’，疑亦‘时刁’误。刁，
丁聊切，音貂。鸟，丁了切，貂上声。鸟刁同音，平上异耳，古通用。”

〔36〕 高蔡：在武陵。见《楚辞地理考》。即在今湖南常德。

〔37〕 子发：见本书《杂事》第一《秦欲伐楚》章注〔12〕。不知子发受令宣
王：《战国策》《楚策》四作“不知夫子发方命乎宣王”。

〔38〕 淮水：即《湘水》。见《楚辞地理考》。

〔39〕 缨：《太平御览》卷四百五十七引作“绁”。绁：音薛，义同。缨以朱
丝：《战国策》《楚策》四作“系己以朱丝”。

〔40〕 臣而奏之乎宣王也：把他当作囚徒来献给宣王。

〔41〕 遂以：应从《太平御览》卷四百五十七引作“又是以”，《战国策》《楚
策》四也作“因是以”。都是“犹此也”之意。

〔42〕 云梦：古时候云梦是很大的湖泽，分跨今湖北省长江南北，面积广
九百里。

〔43〕 穰：《水经》《淯水》注说穰是楚邑，秦攻下了鄢、郢之后改为县，是秦
昭王封其相魏冉为侯的地方。据《汉书》《地理志》，穰属南阳郡，颜
师古说就是邓州的穰县。穰侯：魏氏，名冉，秦昭王亲舅，为秦将兵
进击诸侯，扩充国土，有大功。见《史记》《穰侯列传》。

〔44〕 秦王：秦昭王。秦昭王：见本书《杂事》第二《甘茂下蔡人也》
章注〔26〕。

〔45〕 寘：应作“寊”，寘是寊的形误。《战国策》《楚策》四作“填”。黾厄即
黾塞，古书中的写法很多，如渑阨、冥阨、黾阨、郇阨，古九塞之
一，即今河南信阳西南之平靖关，是楚国的要塞。

〔46〕 而投之乎黾塞之外：指把楚襄王赶到陈城去。陈城即今河南的淮

阳,当然是在甩塞之外了。

〔47〕　形体悼栗：《战国策》《楚策》四作"身体战慄"。

〔48〕　谨受令：谨接受你的指教。

〔49〕　成陵：《战国策》《楚策》四作"阳陵"。为成陵君：吕祖谦《大事记》卷
　　　　五说周赧王三十七年（即楚顷襄王二十一年），"楚封庄辛为阳
　　　　陵君。"

〔50〕　与举淮北之地十二诸侯：跟襄王攻取了淮北之地十二诸侯之国。
　　　　《战国策》《楚策》四吴师道《补正》引《春秋后语》云："而与谋秦，复
　　　　取淮北之地。"案《战国策》《楚策》四说"秦果举鄢、郢、巫、上蔡、陈
　　　　之地"，上蔡、陈都在淮北，至此又为楚国收复。《战国策》《秦策》四、
　　　　《史记》《楚世家》说楚顷襄王"东北保于陈城"，《史记》《白起列传》
　　　　说"楚王亡去郢，东走徙陈"，应紧接在这事之后。十二诸侯：指淮
　　　　北原属十二诸侯如上蔡、陈等国土,全部国名已不可考。

　　魏文侯出游〔1〕，见路人反裘〔2〕而负刍，文侯曰："胡
为反裘而负刍？"对曰："臣爱其毛。"文侯曰："若不知其里
尽而毛无所恃〔3〕邪？"明年，东阳上计〔4〕，钱布十倍〔5〕，
大夫毕贺。文侯曰："此非所以贺我也，譬无异夫路人反
裘而负刍也，将爱其毛，不知其里尽毛无所恃也。今吾田
地不加广，士民不加众，而钱十倍，必取之士大夫也。吾闻
之：下不安者，上不可居也〔6〕。此非所以贺我也。"

〔注〕

〔1〕　《资治通鉴外纪》卷十认为这是周威烈王十八年发生的故事。魏文
　　　　侯：见本书《杂事》第一《魏文侯与士大夫坐》章注〔1〕。

〔2〕　反裘：古人穿皮裘毛向内毛向外。反裘就是反穿着皮裘变成毛向
　　　　内皮向外了。《淮南子》《说山》作"反被裘"。

〔3〕　恃：《太平御览》卷六百九十四引作"附"。

〔4〕　东阳：魏邑，在太行山之东，在今河北省广平县北。参阅江永《春秋

地理考实》襄公二十三年、昭公二十二年。计：户口、田亩和赋税收入的簿记。这种簿记，汉代郡国每年上呈京师一次。见《汉书》《武帝纪》颜师古注。战国时地方对各该国的中央也应该是这样。

〔5〕　布：钱币。钱布：合成词。《太平御览》卷六百二十七引作"布"，卷六百九十四引作"其布"。钱布十倍：就是东阳的赋税收入等于前一年的十倍。

〔6〕　上不可居也：《群书治要》卷四十二引、《太平御览》卷六百二十七引，"上"上有"其"字。

楚庄王问于孙叔敖〔1〕曰："寡人未得所以为国是〔2〕也。"孙叔敖曰："国之有是，众非〔3〕之所恶也，臣恐王之不能定也。"王曰："不定，独在君乎？亦在臣乎？"孙叔敖曰："国君骄士〔4〕曰：'士非我无遒〔5〕贵富。'士骄君曰：'国非士无遒安强〔6〕。'人君或至失国而不悟，士或至饥寒而不进，君臣不合，国是无遒定矣。夏桀、殷纣不定国是，而以合其取舍〔7〕者为是，以不合其取舍者为非，故致亡而不知。"庄王曰："善哉！愿相国与诸侯士大夫〔8〕共定国是！寡人岂敢以褊国骄士民〔9〕哉？"

〔注〕

〔1〕　《资治通鉴外纪》卷六认为这故事发生于周定王三年。孙叔敖：见本书《杂事》第一《孙叔敖为婴儿之时》章注〔1〕。

〔2〕　是：正道。所以为国是：用来治国的正道。

〔3〕　非：指奸邪。

〔4〕　国君：《后汉书》《桓谭传》引没有"国"字。

〔5〕　遒：古"由"字。《后汉书》《桓谭传》引作"从"，下同。

〔6〕　国非士无遒安强：《后汉书》《桓谭传》引作"君非士无从安存"。

〔7〕　合其取舍：《渚宫旧事》卷一作"合己"。下同。

〔8〕　诸侯士大夫：当时楚国僭号称王，对其附庸国君亦称诸侯。《后汉

书》《桓谭传》引没有"侯士"二字。

〔9〕 褊国：小国。以褊国骄士民：《渚宫旧事》卷一作"以褊国而骄士"。

楚庄王莅政〔1〕，三年不治〔2〕，而好隐〔3〕戏；社稷危，国将亡。士庆〔4〕问左右群臣曰："王莅政，三年不治，而好隐戏，社稷危，国将亡，胡不入谏？"左右曰："子其入矣！"士庆入，再拜而进曰："隐有大鸟，来止南山之阳〔5〕，三年不蜚不鸣，不审其故何也？"王曰："子其去矣！寡人知之矣。"士庆曰："臣言亦死，不言亦死〔6〕，愿闻其说。"王曰："此鸟不蜚以长羽翼，不鸣以观群臣之慝〔7〕。是鸟虽不蜚，蜚必冲天。虽不鸣，鸣必惊人。"士庆稽首曰："所愿闻已〔8〕。"王大悦士庆之问，而拜之以为令尹，授之相印。士庆喜，出门顾左右笑曰："吾王成王也〔9〕。"中庶子〔10〕闻之，跪而泣曰："臣尚衣冠御郎〔11〕十三年矣，前为豪矢，而后为藩蔽〔12〕；王赐士庆相印而不赐臣，臣死将有日矣〔13〕。"王曰："寡人居泥涂中〔14〕，子所与寡人言者，内不及国家，外不及诸侯，如子者可富而不可贵也。"于是乃出其国宝璧玉以赐之，曰："忠信者，士之行也。言语者，士之道路也〔15〕。道路不修治，士无所行矣。"

〔注〕

〔1〕 《资治通鉴外纪》卷六认为这故事发生于周匡王二年。莅政：《史记》《楚世家》、《金楼子》《说蕃》都作"即位"，《说苑》《正谏》作"立为君"。

〔2〕 不治：指不理政事。《韩非子》《喻老》作"无令发，无政为"。《史记》《楚世家》、《金楼子》《说蕃》作"不出号令"。《说苑》《正谏》作"不听朝"。《吴越春秋》《王僚使公子光传》作"不听国政"。

〔3〕　隐：见本书《杂事》第二《齐有妇人》章注〔18〕。

〔4〕　士庆：《吕氏春秋》《重言》、《渚宫旧事》卷一作"成公贾"，《韩非子》《喻老》作"右司马御座"，《吴越春秋》《王僚使公子光传》、《文心雕龙》《谐隐》均作"伍举"；《史记》《楚世家》进隐语的人作"伍举"，后来又由苏从入朝直谏。

〔5〕　来止南山之阳：《吕氏春秋》《重言》、《渚宫旧事》卷一作"止于南方之阜"。《韩非子》《喻老》略同。《吴越春秋》《王僚使公子光传》作"集楚国之庭"。

〔6〕　臣言亦死，不言亦死：石光瑛《新序校释》："言则触讳被诛，不言国危亡，身难独免，是进退俱死也。"

〔7〕　慝：邪恶。以观群臣之慝：《吕氏春秋》《重言》、《渚宫旧事》卷一作"将以览民则"。《韩非子》《喻老》作"将以观民则"。则：读作恻。民恻：人民的痛苦。

〔8〕　已：也。已、也一声之转。

〔9〕　成王：成此王道。见《诗经》《大雅》《下武》郑玄笺。

〔10〕　中庶子：武官，为左右近侍之臣。《战国策》《韩策》二吴师道《补正》说中庶子是"侍御左右之臣，而当时家臣亦有此"。《魏策》一又说公叔痤"有御庶子公孙鞅"。吴师道《补正》说："'痤有御庶子'，知为痤之家臣，如甘罗为文信侯少庶子之比。案御庶子《史记》《商君列传》作"中庶子"。《索隐》"《周礼》《夏官》谓之诸子，《礼记》《文王世子》谓之庶子"。诸子在《周礼》中属司马，知为武官。《周礼》《夏官》《诸子》孙诒让《正义》引惠士奇云："内宰掌北宫，宫正掌西宫，诸子掌东宫，皆典禁兵，豫机密，亲近之臣也。"根据《后汉书》《百官志》，中庶子位在庶子上，先秦的中庶子未必像《史记》《索隐》所说就是庶子，但根据下文所说"尚衣冠御郎"，及"前为豪矢而后为藩蔽"，则也是左右近侍的武官是可以确定的。

〔11〕　衣冠御郎：孙诒让《札迻》卷八："案中庶子御郎者，即《韩非子》《说疑篇》所谓郎中，在郎门之外也。"郎中，负责更值宿卫。

〔12〕　豪矢：孙诒让《札迻》卷八说"即嚆矢"。嚆矢即响箭。射者必先以嚆矢定远近，这里的嚆矢比喻为王前驱。藩蔽：比喻后卫。前为豪

矢，而后为藩蔽：指伴王出入时，在前则为王前驱，在后则作王后卫。《渚宫旧事》卷一两"为"字前均有"则"字。

〔13〕　将有日：《渚宫旧事》卷一作"无日"。臣死将有日矣：指欲以死雪恥。

〔14〕　居泥涂中：比喻政治污浊，生活糜烂。《史记》《楚世家》、《说苑》《正谏》、《吴越春秋》《王僚使公子光传》都说楚庄王沈迷声色。

〔15〕　忠信者……士之道路也：这几句是说忠信可以从日常的说话中表现出来。

　　靖郭君欲城薛〔1〕，而客多以谏。君告谒者〔2〕："无为客通事〔3〕。"于是有一齐人曰："臣愿一言；过一言〔4〕，臣请烹。"谒者赞客，客曰："海大鱼。"因反走。靖郭君曰："请少进!"客曰："否，臣不敢以死戏。"靖郭君曰："嘻!寡人毋得已〔5〕，试復道之!"客曰："君独不闻海大鱼乎？网弗能止，缴〔6〕弗能牵；荡〔7〕而失水陆居，则蝼蚁〔8〕得意焉。且夫齐亦君之水也。君已有齐，奚以薛为？君若无齐，城薛〔9〕犹且无益也。"靖郭君大悦，罢民弗城薛也。

〔注〕

〔1〕　靖郭君：田婴，齐威王少子，宣王庶弟，孟尝君田文的父亲，封于薛，号曰靖郭君。见《史记》《孟尝君列传》及《索隐》。《吕氏春秋》《知士》作"静郭君"。薛：在今山东省滕县东南。靖郭君欲城薛：在周显王四十八年。见《资治通鉴》卷二。

〔2〕　谒者：替客人的请谒做传达工作的人。

〔3〕　通事：传达请谒之事。《淮南子》《人间》作"通言"。

〔4〕　一言：是一字。下文"海大鱼"实在是三个字，因而"臣愿一言；过一言"的"一言"都应从《太平御览》卷四百五十六引、《韩非子》《说林下》及《淮南子》《人间》作"三言"。上句"一言"《战国策》《齐策》一也作"三言"，只有下句作"益一言"罢了。古人有以一言为一字的。如《论语》《卫灵公》："子贡曰：'有一言而可以终身行之者乎？'子曰：

'其恕乎!'"《汉书》《东方朔传》说诵读诗书多少万言,上面所引《战国策》、《韩非子》、《淮南子》的"三言"以及诗体的四言、五言、七言等也都是以一言为一字。也有以一言为一句的。如《论语》《为政》:"《诗》三百,一言以蔽之,曰:'思无邪。'"《子路》:"一言而可以兴邦,有诸?""一言而丧邦,有诸?"但"海大鱼"仍不成为一句,而且本书所根据的,无非是《战国策》、《韩非子》、《淮南子》等,诸书都不以一言为一句,本书也不应该单独以一言为一句。

〔5〕 毋得已:不能止,意思是说不能听了半句话就算了。

〔6〕 缴:钓丝,《淮南子》《人间》作"钓"。

〔7〕 砀:通荡。《韩非子》《说林下》、《战国策》《齐策》一、《淮南子》《人间》都作"荡"。

〔8〕 蝼蚁:蝼蛄蚂蚁。在这里应为偏义复词,指蚁。

〔9〕 城薛:应从《太平御览》卷四百五十六引作"虽隆薛之城到天"。《韩非子》《说林下》作"虽隆薛城至于天",《战国策》《齐策》一、《资治通鉴》卷二作"虽隆薛城到于天"。

　　齐有妇人,极丑无双,号曰无盐女〔1〕。其为人也,白头〔2〕深目,长肚大节〔3〕,昂鼻结喉〔4〕,肥项少发,折腰出胸〔5〕,皮肤若漆。行年三十〔6〕,无所容入〔7〕,衒嫁不售,流弃莫执。于是乃拂拭短褐,自诣宣王〔8〕,愿一见。谓谒者曰:"妾,齐之不售女也,闻君王之圣德,愿备后宫之扫除,顿首司马门〔9〕外,唯王幸许之!"谒者以闻。宣王方置酒于渐台〔10〕,左右闻之,莫不掩口而大笑曰:"此天下强颜女子也。"于是宣王乃召而见之,谓曰:"昔先王为寡人取妃匹,皆已备有列位矣。寡人今日听郑、卫之声〔11〕,呕吟感伤,扬《激楚》之遗风〔12〕。今夫人不容乡里布衣,而欲干万乘之主〔13〕,亦有奇能乎?"无盐女对曰:

"无有。直〔14〕窃慕大王之美义耳。"王曰:"虽然,何喜?"良久曰:"窃尝喜隐〔15〕。"王曰:"隐固寡人之所愿也,试一行之!"言未卒,忽然不见矣。宣王大惊,立发隐书而读之;退而惟之,又不能得。明日,复更召而问之,又不以隐对,但扬目衔齿,举手拊肘〔16〕,曰:"殆哉!殆哉!"如此者四。宣王曰:"愿遂闻命〔17〕。"无盐女对曰:"今大王之君国〔18〕也,西有衡秦〔19〕之患,南有强楚之雠;外有三国〔20〕之难,内聚奸臣,众人不附;春秋四十,壮男不立〔21〕;不务众子而务众妇,尊所好而忽所恃〔22〕;一旦山陵崩弛〔23〕,社稷不定〔24〕:此一殆也。渐台五重,黄金白玉,琅玕龙疏〔25〕,翡翠珠玑,莫落连饰〔26〕,万民罢极:此二殆也。贤者伏匿于山林〔27〕,谄谀彊〔28〕于左右,邪伪立于本朝,谏者不得通入:此三殆也。酒浆流湎〔29〕,以夜续朝;女乐俳优,从横大笑;外不修诸侯之礼,内不秉国家之治:此四殆也。故曰:殆哉!殆哉!"于是宣王掩然〔30〕无声,意入黄泉〔31〕,忽然而昂,喟然而叹,曰:"痛乎,无盐君之言!吾今乃一闻寡人之殆,寡人之殆几不全!"于是立停渐台,罢女乐,退谄谀,去彫琢,选兵马,实府库,四辟公门〔32〕,招进直言,延及侧陋〔33〕,择吉日,立太子〔34〕,进慈母〔35〕,显隐女〔36〕,拜无盐君为王后,而国大安者,丑女之力也。

〔注〕

〔1〕 无盐女:《列女传》卷六:"钟离春者,齐无盐邑之女,宣王之正后也。"无盐故城,在今山东省东平县东。

〔2〕 白头:头中央窪下,像臼一样。《初学记》卷十九引《列女传》作

"凹头"。

〔3〕 肚：铁华馆校宋本、《四部丛刊》本、明程荣校本作"壮"，《列女传》卷六作"指"。石光瑛《新序校释》："此字当作'肘'。'长肘''大节'对文，与前后句法一律。'肘'字形与'肚''壮'均似，若作'壮'，则句法棼缲，古书无此例也。《珮玉集》引本书正作'肘'，今据改正。（《古逸丛书》本）"节：四肢的骨节。

〔4〕 昂鼻：鼻孔向上。《列女传》卷六作"卬"，"昂"字的古体。结喉：喉头如结，像男子喉头隆起。

〔5〕 折腰：驼背。出《后汉书》《杨赐传》李贤注引《列女传》作"凸"。石光瑛《新序校释》说应从"《珮玉集》作'亚'"。《说文》："亚，丑也，象人局背之形。"亚胸：当然也是指凸胸了。

〔6〕 行年三十：《太平御览》卷六百九十三引作"行年四十"，《列女传》卷六作"年四十"。《周礼》《地官》《媒氏》："令男三十而娶，女二十而嫁。"无盐女无论行年三十或四十，都超过当时规定的结婚年龄很多了。

〔7〕 容入：《周礼》《地官》《媒氏》有"入子"，郑玄注："玄谓言'入子'者，容媵姪娣之不聘之者。"孙诒让《正义》："《左》成十一年传云：'声伯之母不聘。'杜注云：'不聘无媒礼。'后郑意姪娣从嫡而来，不具六礼，故经不云娶而云入也。"是"容入"指女子不具六礼而被男子容纳为媵妾之意。

〔8〕 宣王：见本书《杂事》第二《昔者邹忌以鼓琴见齐宣王》章注〔1〕。

〔9〕 司马门：皇宫的外门。汉代的司马门每门都有司马一人守卫。见《周礼》《天官》《宫正》贾公彦疏。战国时齐国的司马门也可能是这样。

〔10〕 渐：音尖，浸。渐台：四周环水，是宣王建来享乐用的。

〔11〕 郑、卫之声：郑国和卫国的音乐。我国古时有些人认为都是淫荡的音乐。

〔12〕 《激楚》：歌舞曲名，其曲迅速哀切。风：乐曲。

〔13〕 万乘之主：这里指一国之王。据说周制本规定天子才拥有兵车万乘，每乘士卒七十五人。见《孟子》《梁惠王上》赵岐注、《穀梁传》文

公十四年范甯《集解》。战国时齐国称王,地位等同天子,故齐宣王
也自称"万乘之主"。其实这只是指拥有强大兵力的大国之君,因
为战国时打仗已不用兵车了。

〔14〕 直:只是。《列女传》卷六作"特"。

〔15〕 隐:同"讔",谜。谜面一般是用语言构成的,故又称隐语、谜语。但
也有通过表演动作来表达的。

〔16〕 衔齿:切齿。肘:《列女传》卷六作"膝"。扬目衔齿,举手拊肘:表示
惊惧的神情动作。

〔17〕 遂:完全。愿遂闻命:愿意完全听你的指教。

〔18〕 君国:为君于国中。

〔19〕 衡:通横。衡秦:因秦讲连横,所以叫衡秦。

〔20〕 三国:应从《初学记》卷十九、《后汉书》注、《太平御览》卷三百八十
二等引《列女传》作"二国",指秦楚。

〔21〕 壮男不立:长男不立为太子。

〔22〕 所好:所喜爱,指众妇。所恃:指众子。

〔23〕 弛:应作"阤",大崩曰崩,小崩曰阤。山陵崩阤:指天子驾崩。《战
国策》《秦策》五鲍彪注:"山陵喻高且固,崩喻死。"

〔24〕 定:《后汉书》注引《列女传》作"安"。

〔25〕 琅玕:音郎干,玉名,似珠。琅玕龙疏:即《荀子》《正论》的"琅玕龙
兹"。《荀子》的"龙兹"和本书的"龙疏",王先谦《荀子集解》引郭庆
藩说:"当为珠玉名。犹《左》昭二十九年传所称龙辅为玉石也。"

〔26〕 莫落:通"幕络",《列女传》卷六作"幕络"。莫落连饰:覆盖着缠绕
着连缀着装饰着。

〔27〕 贤者伏匿于山林:和下面两句"谄谀彊于左右,邪伪立于本朝"并
列,"伏匿"应从《列女传》卷六作"匿"。

〔28〕 彊:多。进用得很多之意。《群书治要》卷四十二引作"强进"。

〔29〕 流湎:沈溺于酒。《群书治要》卷四十二引及《列女传》卷六均作
"沈湎"。

〔30〕 掩然:暗然。《太平御览》卷三百八十二引《列女传》作"暗然"。

〔31〕 黄泉:地下。意入黄泉:颓丧、警惧、忧伤之时默然深思的精神

状态。

〔32〕 公门：朝之外门。四辟公门：打开四面的朝门。

〔33〕 侧陋：亦即仄陋。《尚书》《尧典》"明明扬侧陋"，《文选》张平子《思玄赋》李善注引作"明明扬仄陋"，《史记》《五帝本纪》作"悉举贵戚及疏远隐匿者"，知"侧陋"即疏远隐匿的人。

〔34〕 太子：名地，一说名遂，后为闵王。闵王见本书《杂事》第三《燕易王时国大乱》章注〔2〕。

〔35〕 慈母：这里指宣王自己的养母。她是宣王父妾，奉宣王父命，养育宣王为儿子。进慈母：承认这位养母等于自己的母亲，使进于上位。

〔36〕 显隐女：指尊显贤而不显的女子。武井骥《刘向新序纂注》："一本作'举贤女'。"

杂 事 第 三

梁惠王谓孟子曰〔1〕:"寡人有疾,寡人好色。"孟子曰:"王诚好色,于王何有?"王曰:"若之何好色可以王〔2〕?"孟子曰:"太王〔3〕好色。《诗》〔4〕曰:'古公亶父,来朝走马〔5〕。率西水浒〔6〕,至于岐〔7〕下。爰及姜女〔8〕,聿来相宇〔9〕。'太王爱厥妃,出入必与之偕。当是时,内无怨女,外无旷夫。王若好色,与百姓同之,民惟恐王之不好色也。"王曰:"寡人有疾,寡人好勇。"孟子曰:"王若好勇,于王何有?"王曰:"若之何好勇可以王?"孟子曰:"《诗》〔10〕云:'王赫斯怒〔11〕,爰整其旅,以按徂旅〔12〕,以笃〔13〕周祜,以对于天下〔14〕。'此文王之勇也。文王一怒而安天下之民,今王亦一怒而安天下之民,民惟恐王之不好勇也。"

〔注〕

〔1〕 梁惠王:战国魏武侯子,魏氏,名莹,又作𦋐,又作婴,从安邑迁都大梁,称梁王,亦称惠成王。见《孟子》《梁惠王上》赵岐注、焦循《正义》,梁玉绳《汉书》《人表考》卷六。梁惠王谓孟子曰:根据《孟子》《梁惠王下》,这是齐宣王和孟子问答的话,不是梁惠王。齐宣王见本书《杂事》第二《昔者邹忌以鼓琴见齐宣王》章注〔1〕。

〔2〕 王:读去声,意思是:行仁义之政,以德服人,使天下自然归向,而为天下王。这是孟子力劝当时有志统一中国的诸侯实行的,他认为

是唯一正当的统一中国的道路，与他所反对的单恃武力求统一的
所谓"霸"的道路相对立。于王何有：对于为天下王这种事业又有
什么妨碍呢？

〔3〕　太王：周文王的祖父，即古公亶父。父，或作甫。武王即位，追尊为
太王。见《诗经》《大雅》《緜》及孔颖达疏、《史记》《周本纪》及
《正义》。

〔4〕　《诗》：《诗经》《大雅》《緜》。

〔5〕　来朝走马：郑玄笺："言其辟恶早且疾也。"《孟子》《梁惠王下》焦循
《正义》："早解来朝，疾解走马，辟恶解其早且疾之故。"按"来"义犹
"至"。"来朝"犹言"及早"。

〔6〕　率西水浒：《史记》《周本纪》说古公受了狄人的侵扰，离开了豳地。
渡过了漆水、沮水，爬过了梁山，居留于岐山之下。王引之《经义述
闻》卷六《率西水浒》条引王念孙曰："率西水浒，正承上章之漆水而
言。《尔雅》曰：'率，自也。'西，邠之西也。大王自邠西漆水之厓，南
行踰梁山，又西行至于岐山之下。约而言之，则自邠西漆水之厓至
于岐山之下，故曰率西水浒，至于岐下也。"

〔7〕　岐：山名，在陕西省岐山县东北。

〔8〕　爰：于是。姜女：太王之妃太姜，有台氏之女，王季之母。见《列女
传》卷一。

〔9〕　聿：人。相：看。宇：居。指可居住的地方。

〔10〕　《诗》：《诗经》《大雅》《皇矣》。

〔11〕　王：指周文王。赫斯，赫然，盛怒的样子。

〔12〕　按：遏止。徂：音丛吾切，国名。见《诗经》《大雅》《皇矣》郑玄笺。旅：
即莒，国名。见《孟子》《梁惠王下》赵岐注。以按徂旅：《孟子》《梁
惠王下》作"以遏徂莒"。《皇矣》有"侵阮、徂、共"的话。洪亮吉据《韩
非子》《难二》"文王侵孟，克莒，举酆"，以于和阮，徂和莒，酆和共，
都声音相近，因而说徂即莒。见石光瑛《新序校释》引可信。按徂可
称莒或旅，可称徂莒或徂旅，正如邾又可称为邾娄。

〔13〕　笃：《诗经》《大雅》《皇矣》"笃"下有"于"字。

〔14〕　以对于天下：张国铨《新序校注》："毛传：'对，遂也。'陈奂曰：'《雨

无正〉传："遂，安也。"'对为遂，遂又为安。孟子云'文王一怒而安天下之民'，即其义也。"

孙卿与临武君议兵于赵孝成王前[1]。王曰："请问兵要。"临武君对曰："上得天时[2]，下得地利，后之发，先之至[3]，此用兵之要术也。"孙卿曰："不然。臣之所闻，古之道：凡战用兵之术[4]，在于一民[5]。弓矢不调，羿不能以中[6]。六马[7]不和，造父不能以御远[8]。士民不亲附，汤、武不能以胜[9]。故善用兵者，务在于善附民[10]而已。"临武君曰："不然。夫兵之所贵者，势利也。所上者，变诈攻夺也。善用之者，奄忽焉莫知所从出。孙吴[11]用之，无敌于天下。由此观之，岂必待附民哉？"孙卿曰："不然。臣之所言者，王者之兵，君人之事也[12]。君之所言者，势利也。所上者，变诈攻夺也。仁人之兵，不可诈也。彼可诈者，怠慢者也，落单[13]者也，君臣上下之间，涣然有离德者也。若以桀诈桀，犹有幸焉。若以桀诈尧，譬之若以卵投石，若以指绕沸[14]，若羽蹈烈火[15]，入则焦没耳，夫又何可诈也？故仁人之兵，铤则若莫邪之利刃[16]，婴之者断；锐则若莫邪之利锋[17]，当之者溃。圆居而方止[18]，若盘石然，触之者陇种[19]而退耳，夫又何可诈也？"故仁人之兵或将，三军同力，上下一心。臣之于君也，下之于上也，若子之事父也，若弟之事兄也，若手足[20]之扞头目而覆胸腹也。诈而袭之，与先惊而后击之，一也。夫又何可诈也？且夫暴乱之君，将谁与至[21]哉？彼其所与至者，必其民也。民之亲我[22]，欢然如父母；好我，芳如椒兰[23]。反顾其上，如灼鲸，如仇雠[24]。人之情虽桀、跖[25]，岂有肯为其所恶而贼其所好者哉？是犹使人之孙子[26]自贼其父母也。《诗》[27]曰：'武王载旆[28]，有虔秉钺[29]，如火烈烈，则莫我敢曷[30]。'此之谓也。"孝成王、临武君曰："善。请问王者之兵[31]。"孙卿曰："将率者，末事也。臣请列王者之事，君人之法[32]。"

〔注〕

〔1〕 孙卿：即荀况，战国时赵人，时人尊称为荀卿。汉时避宣帝名（询）改称孙卿。著《荀子》三十三篇，以阐明儒家的学说。见《史记》《荀卿列传》及《索隐》和《汉书》《艺文志》。临武君：秦人，疑为楚将。《战国策》《楚策》四："天下合从，赵使魏加见楚春申君曰：'君有将乎？'曰：'有矣，仆欲将临武君。'魏加曰：'……今临武君尝为秦孽，不可为拒秦之将也。'"赵孝成王：名丹，赵惠文王的儿子。见《史记》《赵世家》。

〔2〕 天时：《周礼》《春官》《大史》贾公彦疏："天时谓天文见时候者。"周时兵家占验天文，以定军事行动的吉凶。

〔3〕 后之发，先之至：《孙子》《军事》："故迂其途而诱之以利，后人发，先人至，此知迂直之计者也。"

〔4〕 凡战用兵之术：应作"凡攻战用兵之术"。《荀子》《议兵》作"凡用兵攻战之本"。

〔5〕 一民：使人民和自己同心协力。在于一民 《韩诗外传》卷三作"在附亲民而已"。

〔6〕 羿：夏时有穷氏的国君，善射。羿不能以中：应从《荀子》《议兵》、《韩诗外传》卷三作"羿不能以中微。"和下句"造父不能以御远"对句。中微：射中很小的目标。

〔7〕 六马：古制，天子用六马驾车。

〔8〕 造父：见本书《杂事》第五《颜渊侍鲁定公于台》章注〔10〕。御远：
《荀子》《议兵》、《韩诗外传》卷二均作"致远"。

〔9〕 以胜：应从《荀子》《议兵》、《资治通鉴》卷六作"以必胜"。《韩诗外
传》卷三作"以战胜"。

〔10〕 善附民："善"字应删。王念孙《读书杂志》十一《荀子》第五："元刻
无'善'字。案无'善'字者是也。下文临武君曰'岂必待附民哉',
正对此句而言,则无'善'字明矣。宋本有'善'字者,涉上文'善附
民者'而衍。《群书治要》亦无'善'字。"

〔11〕 孙：孙武,春秋齐人,军事家。著有《孙子》十三篇。见《史记》《孙武
列传》。吴：吴起,战国卫左氏中人,军事家。见《韩非子》《外储说右
上》、《史记》《吴起列传》。著有《吴子》六篇。

〔12〕 君人：即君。或称"君人者",见《国语》《鲁语上》、《荀子》《天论》、《春
秋繁露》《立元神》。或称"人君",见《孔子家语》《执辔》。"君人"和
"人君"通用。如《战国策》《燕策》一："臣闻古之君人",本书《杂事》
第三《燕易王时国大乱》章作"臣闻古之人君"。本章下文有"暴乱
之君",可知这里所指的是仁义之君。王者之兵,君人之事也：《荀
子》《议兵》作"仁人之兵,王者之志也。"《韩诗外传》卷三作"仁人之
兵,圣王之事也。"

〔13〕 落单：《荀子》《议兵》作"路亶"。王念孙《读书杂志》："路单,犹羸惫
也。"《资治通鉴》卷六作"露袒"。

〔14〕 绕：通"挠"。以指绕沸：《荀子》《议兵》、《韩诗外传》卷三作"以指挠
沸"。即用手指搅动沸汤,以扬汤止沸。

〔15〕 羽蹈烈火：《韩诗外传》卷三作"抱羽毛而赴烈火"。

〔16〕 铤：应从《荀子》《议兵》及《韩诗外传》卷三作"延",读作延袤之延。
纵长叫袤,横长叫延,这里指横扫。莫邪：见本书《杂事》第二《昔者
邹忌以鼓琴见齐宣王》章注〔18〕。利刃：《荀子》《议兵》及《韩诗外
传》卷三作"长刃"。

〔17〕 锐：进,指直捣。利锋,指剑尖端的利锋。

〔18〕 居、止：同义。圆、方：石光瑛《新序校释》："案延、锐、圆、方,皆阵形
也。"案延、锐应为进攻时的阵形,圆、方应为防守时的阵形。

〔19〕　陇种：即龙钟、踉跄。形容败退逃跑的狼狈。

〔20〕　足：《荀子》《议兵》作"臂"。

〔21〕　至：《诗经》《小雅》《节南山》郑玄笺："至犹善也。"这里作相善解。

〔22〕　我：指我们仁义之兵。民之亲我：应从《荀子》《议兵》作"而其民之亲我"。

〔23〕　芳如椒兰：《易经》《系辞》："同心之言，其臭如兰。"

〔24〕　灼：以火烧肉。鲸：应从《荀子》《议兵》作"黥"。反顾其上，如灼黥，如仇雠：回顾其君，如畏灼黥，如对仇敌。这是写人民对其暴君的畏惧和憎恨。

〔25〕　跖：盗跖，黄帝时的大盗。春秋时鲁柳下惠的弟弟也是天下大盗，当时的人也做古之号称他为盗跖。或写作盗蹠。又一说跖是秦国的大盗。见《庄子》《盗跖》、《史记》《伯夷列传》《正义》。

〔26〕　孙子：应从《荀子》《议兵》及《韩诗外传》卷三作"子孙"。

〔27〕　《诗》：《诗经》《商颂》《长发》。

〔28〕　武王：成汤。斾：旆的俗字，大旗。载斾：《汉书》《刑法志》："《诗》曰：武王载斾"，颜师古注作"汤建号兴师"解。《荀子》《议兵》引《诗》作"武王载发"，杨倞注作"汤建斾兴师"解，读"发"为"斾"。建号、建斾，即建立旗号。《资治通鉴》卷六胡三省注："古者军将，战则建斾。"

〔29〕　虔：牢固。有虔秉钺：又紧紧的舒着大斧。

〔30〕　我：指成汤。曷：即遏止。《荀子》《议兵》作"遏"。

〔31〕　请问王者之兵：或称"仁人之兵"，或称"王者之兵"，意思一样。这里"请问王者之兵"是问"王者之兵"的战术问题。《荀子》《议兵》作"请问王者之兵，设何道何行而可？"行，犹道，也指战术。

〔32〕　君人之法：石光瑛《新序校释》："大氐此下必有挩文，不可考矣。"

　　昔者秦魏为与国，齐楚约而欲攻魏〔1〕。魏使人求救于秦。冠盖相望，秦救不出。魏人有唐且〔2〕者，年九十余，谓魏王〔3〕曰："老臣请西说秦，令兵先臣出，可乎？"魏王

曰:"敬诺。"遂约车而遣之。且见秦王〔4〕。秦王曰:"丈人
罔然〔5〕乃远至此,甚苦矣!魏来求救数矣,寡人知魏之急
矣。"唐且答曰:"大王已知魏之急而救不至,是大王筹
筴〔6〕之臣失之也。且夫魏一万乘之国〔7〕也,称东藩〔8〕,
受冠带〔9〕,祠春秋〔10〕者,为秦之强足以为与也。今齐、楚
之兵已在魏郊矣,大王之救不至,魏急则且割地而约齐、
楚〔11〕,王虽欲救之,岂有及哉?是亡一万乘之魏而强二敌
之齐、楚也。窃以为大王筹筴之臣失之矣。"秦王瞿然〔12〕
而悟,遽发兵救之,驰骛而往。齐、楚闻之,引兵而去,魏氏
复故〔13〕。唐且一说,定强秦之筴,解魏国之患,散齐、楚之
兵,一举而折冲〔14〕消难,辞之功也。孔子曰:"言语,宰我、
子贡〔15〕。"故《诗》〔16〕曰:"辞之集矣,民之洽矣〔17〕。辞之
怿矣,民之莫矣〔18〕。"唐且有辞,魏国赖之,故不可
以已〔19〕。

〔注〕

〔1〕 **齐楚约而欲攻魏**:根据《史记》《魏世家》,这事发生在魏安釐王十
　　　一年。

〔2〕 唐且:《史记》《魏世家》作"唐雎"。

〔3〕 魏王:魏安釐王,魏氏,名圉,昭王子。见《史记》《魏世家》。

〔4〕 秦王:秦昭王。秦昭王:见本书《杂事》第二《甘茂下蔡人也》章
　　　注(26)。

〔5〕 罔:通"芒"。芒然:疲倦的样子。见《孟子》《公孙丑上》赵岐注。

〔6〕 筴:通"策"。筹、筴都是用来计数的东西,在这里作动词用,即筹谋
　　　策划。

〔7〕 万乘之国:参阅本书《杂事》第二《齐有妇人》章注〔16〕。

〔8〕 藩：古时候封建诸侯用来屏藩王室，因称诸侯之国为藩国。称东藩：自称为秦国东面的藩国，和"受冠带"，"祠春秋"都表示臣服于秦。

〔9〕 冠带：指冕服。周制：诸侯朝贡天子，天子赐以车子和冕服。见《仪礼》《觐礼》及贾公彦疏。受冠带：表示遵守秦国的法制。

〔10〕 祠春秋：指陪同天子四时祭祀。周制：天子到时如不巡狩，则诸侯除了不顺从的以外都入朝。诸侯先在国都内朝见天子，然后天子又筑坛于国都外，使诸侯更行朝礼，并陪同天子祭祀。见《仪礼》及疏。

〔11〕 约齐、楚：和齐、楚定盟约。

〔12〕 瞿：通"惧"，铁华馆校宋本、明程荣校本、《四部丛刊》本作"惧"。瞿然：惊骇地。

〔13〕 复故：《战国策》《魏策》四作"复全"，《史记》《魏世家》作"复定"。

〔14〕 折冲：见本书《杂事》第一《晋平公欲伐齐》章注〔12〕。

〔15〕 见《论语》《先进》。

〔16〕 《诗》：《诗经》《大雅》《板》。

〔17〕 集：和顺，《诗经》《大雅》《板》作"辑"。辞之集矣，民之洽矣：是说王者辞气和顺，则民情融洽。

〔18〕 莫：安定。辞之怿矣，民之莫矣：是说王者辞气怡悦，则民心安定。

〔19〕 已：齐。

　　燕易王时国大乱〔1〕，齐闵王兴师伐燕〔2〕，屠燕国〔3〕，载其宝器〔4〕而归。易王死，及燕国复，太子〔5〕立为燕王，是为燕昭王。昭王贤，即位，卑身厚币，以招贤者；谓郭隗曰："齐因孤国之乱而袭破燕。孤极知燕小力少，不足以报。然得贤士与共国，以雪先王之丑〔6〕，孤之愿也。先生视可者，得〔7〕身事之。"隗曰："臣闻古之人君，有以千金求〔8〕千里马者，三年不能得。涓人〔9〕言于君曰：'请求之。'君遣之。三月得千里马，马已死，买其骨五百金,反以报君。君大怒曰:'所求者生马,安用死马? 捐五百金!'涓人对曰:'死马且市之五百金,况生马乎? 天下必以王为能市马,马今至矣。'于是不朞年,千里马至者二〔10〕,今王诚欲必致士,请从隗始! 隗且见事,况贤于隗者乎? 岂远千里哉?"于是昭王为隗筑宫而师之〔11〕,乐毅自魏往,邹衍〔12〕自齐往,剧辛〔13〕自赵往,士争走〔14〕燕。燕王吊死问孤,与百姓同甘苦。二十八年,燕国殷富,士卒乐轶轻战〔15〕。于是遂以乐毅为上将军,与秦、楚、三晋合谋以伐齐〔16〕。乐毅之筴,得贤之功也。

〔注〕

〔1〕 燕易王:文公子,秦惠王婿,燕王哙的父亲。见《史记》《燕世家》。燕易王时国大乱:根据《战国策》《燕策》一、《史记》《燕世家》和吕祖谦《大事记》卷四,是燕王哙五年,燕王哙听信了苏代的话,让位于燕相子之,才引起燕国的大乱的。这里说"燕易王时国大乱"是故事传说之误。燕王哙:亦称子哙。见《孟子》《公孙丑下》。

〔2〕 齐闵王:闵王或作湣王,或作愍王,宣王子,名地,一说名遂。见《史记》《田敬仲完世家》及《索隐》引《系本》。案"遂"是"墬"之形误。墬,古"地"字。《战国策》《燕策》一说起兵伐燕的是齐宣王。《资治通鉴》卷三赧王元年记载这事和《燕策》一相同。

〔3〕 屠燕国:即《孟子》《梁惠王上》所说的"杀其父兄,系累其子弟"。

〔4〕 宝器:钟鼎之类。

〔5〕 太子:名平。见《战国策》《燕策》一。

〔6〕 丑:《战国策》《燕策》一及《史记》《燕世家》作"耻"。

〔7〕 得:石光瑛《新序校释》:"齐人呼得曰登。登,即也。"

〔8〕 千金:《史记》《平准书》《索隐》:"秦以一镒为一金。"《孟子》《公孙丑下》赵岐注:"古者以一镒为一金",一镒是二十两。这里的"千金"应是"黄金千镒"的意思。因为《战国策》《燕策》二记苏代谈骏马有

"臣请献白璧一双,黄金千镒,以为马食"的话。以一镒为二十两,也应该。求:《文选》任彦昇《天监三年策秀才文》李善注引作"市"。

〔9〕 涓人:侍从之臣,主管清洁洒扫的事,汉代叫做中涓。见《国语》《吴语》及韦昭注、《墨子》《号令》及孙诒让《间诂》。

〔10〕 二:《战国策》《燕策》一作"三"。

〔11〕 筑宫:《事类赋》卷九注引本书:"燕昭王置千金于台上,以延天下之士,谓之黄金台,先礼郭隗。"梁任昉《述异记》卷下:"燕昭王为郭隗筑台,今在幽州燕王故城中。筑宫应指筑台而言。师之:吕祖谦《大事记》卷四以为在周赧王四年即燕昭王元年。

〔12〕 邹衍:邹氏名衍,齐人,又号谈天衍。见《汉书》《艺文志》。

〔13〕 剧辛:剧氏,赵人。见《史记》《李牧列传》《索隐》。

〔14〕 走:《后汉书》《隗嚣传》李贤注引作"赴",《战国策》《燕策》一作"凑",《史记》《燕世家》作"趋"。

〔15〕 轶:原义是后面的车子赶过了前面的车子,这里作追逐驰突解。乐轶轻战:对战斗驰突感到轻松愉快而不感到是一种负担。

〔16〕 与秦、楚、三晋合谋以伐齐:在燕昭王二十八年,周赧王三十一年。按《资治通鉴》卷四:"乐毅并将秦、魏、韩、赵之兵以伐齐。"则楚国只是和燕国同谋罢了,它的军队并没有交给燕国率领。

乐毅为昭王谋,必待诸侯兵,齐乃可伐也。于是乃使乐毅使诸侯,遂合连四国〔1〕之兵以伐齐,大破之。闵王〔2〕亡逃,仅以身脱匿莒〔3〕。乐毅追之,遂屠七十余城〔4〕。临淄〔5〕尽降,唯莒、即墨未下〔6〕。尽復收燕宝器而归,復易王之辱〔7〕。乐毅谢罢诸侯之兵〔8〕,而独围莒、即墨。时田单为即墨令〔9〕,患乐毅善用兵,田单不能诈也;欲去之,昭王又贤,不肯听谗。会昭王死,惠王立〔10〕。田单使人谗之惠王〔11〕;惠王使骑劫代乐毅;乐毅去之赵,不归燕。骑劫既为将军,田单大喜,设诈大破燕军〔12〕,杀骑劫,尽复收七十余城。是时齐闵王已死〔13〕,田单得太子于莒,立为齐襄王〔14〕。而燕惠王大惭,自悔易乐毅,以致此祸。惠王乃使人遗乐毅书〔15〕曰:"寡人不佞,不能奉顺君志,故君捐国而去,寡人不肖明矣;敢谒其愿,而君弗肯听也。故使使者陈愚志,君诚谕之〔16〕。语曰:'仁不轻绝,智不轻怨。'君于先王,世之所明知也。寡人望有非则君覆盖之,不虞君明弃〔17〕之也。望有过则君教诲之,不虞君明罪之也。寡人之罪,百姓弗闻。君微出明怨以弃寡人,寡人必有罪矣,然恐君之未尽厚也。谚曰:'厚者不捐人以自益,仁者不危躯以要名〔18〕。'故覆人之邪者,厚之行也。救人之过者,仁之道也。世有覆寡人之邪,救寡人之过,非君恶所望之?今君厚受德于先王之〔19〕成尊,轻弃寡人以快心,则覆邪救过,难得于君矣。且世有厚薄,故施异;行有得失,故患同〔20〕。今寡人任不肖之罪,而君有失厚之累,于为君择无所取。国有封疆,犹家之有垣墙,所以合好覆恶也。室不能相和,出讼邻家,未为通计〔21〕也。怨恶未见,而明弃之,未为尽厚也。寡人虽不肖,未如殷纣之乱也。君虽未得志,未如商容、箕子〔22〕之累也。然不内尽〔23〕寡人,明怨于外,恐其适足以伤高义而薄于行也。非然,苟可以成君之高,明君之义,寡人虽恶名不难受也。本以为明寡人之薄,而君不得厚;扬寡人之毁〔24〕,而君不得荣:是一举而两失也。义者不毁人以自益,况伤人以自损乎?愿君无以寡人之不肖,累往事之美。昔者柳下季为理〔25〕于鲁，三绌〔26〕而不去。或曰：'可以去矣。'柳下季曰：'苟与人异，恶往而不绌乎？犹且绌也，宁故国耳。'柳下季不以绌自累，故自前业不忘〔27〕；不以去为心，故远近无议。寡人之罪，国人不知，而议寡人者天下〔28〕。谚曰：'仁不轻绝，知不简功〔29〕。'简功弃大〔30〕者，仇也。轻绝厚利者，怨也。仇而弃之，怨而累之，宜在远者，不望之乎君。今寡人无罪，君岂怨之乎？愿君捐忿和怨，追顺先王，以復教寡人。寡人意君之日〔31〕：'余将快心以成而过，不顾先王以明而恶。'使寡人进不得循初〔32〕，退不得变过，此君所制，唯君图之。此寡人之愚志，敬以书谒之。"

〔注〕

〔1〕　四国：见上《燕易王时国大乱》章注〔16〕。《史记》《六国表》说燕昭王二十八年，"秦与三晋击齐"，也指此。

〔2〕　闵王：见上《燕易王时国大乱》章注〔2〕。

〔3〕　莒：今山东省莒县。

〔4〕　屠七十余城：是乐毅留齐五年内作战的结果。见《史记》《乐毅列传》。

〔5〕　临淄：齐国的国都，在今山东省临淄县。

〔6〕　即墨：根据《史记》《孟尝君列传》冯驩对秦昭王之语："……则临淄、即墨危矣。"把即墨与临淄并称，用来代表齐国，知即墨为齐国的大县。故城在今山东省平度县东南。唯莒、即墨未下：《战国策》《燕策》二作"三城未下"。高诱注："聊、即墨、莒。"

〔7〕　复易王之辱：根据《战国策》《燕策》一和《史记》《燕世家》，应该是报复燕王哙所受的耻辱。

〔8〕　乐毅谢罢诸侯之兵：据《史记》《乐毅列传》，事在"攻入临淄"之前，

与本书异。《资治通鉴》赧王三十一年依从《史记》。

〔9〕 田单：又作陈单，号安平君。见《战国策》《齐策》六、《史记》《田单列传》、贾谊《新书》《胎教》。田单为即墨令：按《史记》《田单列传》，只说即墨人因田单熟悉军事，推他为将，来抗拒燕军，没有说他为即墨令。

〔10〕 昭王死，惠王立：在乐毅伐齐之第六年。惠王：昭王子。见《史记》《燕世家》。

〔11〕 谗之惠王：即谗之于惠王。惠王做太子时，曾对乐毅不满。田单现在打听到了，因此派人到燕国散布谣言，说：乐毅名为伐齐，实际上是想做齐王，所以故意缓攻即墨，以等待齐人归附；因此齐人不怕乐毅，只怕燕国派别的将军到齐国来。见《史记》《乐毅列传》和《田单列传》。

〔12〕 设诈大破燕军：田单设法让燕军激怒齐卒，知士卒可用时再向燕军诈降，然后以火牛阵大破燕军。见《史记》《田单列传》。

〔13〕 齐闵王已死：周赧王三十一年，齐闵王逃匿于莒，为楚将淖齿所杀。见《史记》《田敬仲完世家》。

〔14〕 田单得太子于莒，立为齐襄王：太子，名法章。因闵王被杀太子变易姓名，做莒太史家的用人。周赧王三十一年，淖齿为莒人所杀，齐亡臣把法章立为齐王。见《史记》《田敬仲完世家》、吕祖谦《大事记》卷五。

〔15〕 惠王乃使人遗乐毅书：根据《战国策》《燕策》三，这一封信是燕王喜写给乐毅的儿子昌国君乐间的。乐间因为谏阻伐赵，和燕王喜意见不合，在燕将栗腹伐赵失败以后，而跑到赵国去的。因此燕王喜写这封信来责备他。《史记》《乐毅列传》载燕王喜与乐间书，内容简略，意思也和这封信相同。《战国策》《燕策》三吴师道《补正》、马骕《绎史》卷一百三十五、梁玉绳《史记志疑》卷三十均以本书为正。马骕以为这和乐毅报燕惠王书，是两封互相酬答的信。梁玉绳以为这里面所说，只和燕惠王、乐毅的事实相合，而和燕王喜、乐间的事实则不相符。

〔16〕 君诚谕之：应从《战国策》《燕策》三作"君试论之"。

〔17〕 弃:和下文"明罪"的"罪",应从鲍本《战国策》互倒。

〔18〕 仁者不危躯以要名:"躯",应从《战国策》《燕策》三作"人";因下文
"救人之过者,仁之道也",即承本句来说的,和危害自己无关。

〔19〕 之:以。《战国策》《燕策》三作"以"。"之成尊"的"之"和下句"以快
心"的"以"互文。

〔20〕 且世有厚薄,故施异;行有得失,故患同:义不明,应从《战国策》《燕
策》三作"且世有薄而故厚施,行有失而故惠用"。指世人有薄待于
我而我反而厚待于他;他的行为有错而我反而惠用他。《后汉书》
《朱穆传》说朱穆作了一篇《崇厚论》,其中也有"夫时有薄而厚施,
行有失而惠用"的话,可证。故:通顾,反。

〔21〕 通:《庄子》《齐物论》:"通也者,得也。"通计:得计。

〔22〕 商容:殷纣时大夫,因直谏为纣所贬。箕子:纣无道,谏纣不听,装
疯弃官为奴。见《史记》《殷本纪》。

〔23〕 尽:应从《战国策》《燕策》三作"盖"。

〔24〕 毁:缺点。《战国策》《燕策》三作"辱"。

〔25〕 柳下季:春秋鲁大夫,展氏,名获,字禽,又字季,居柳下,谥曰惠,因
又叫柳下惠。见《文选》颜延年《陶征士诔》李善注《左传》僖公二十
六年孔颖达疏。《燕策》作"柳下惠",下同。理:治狱官。《论语》《微
子》说"柳下惠为士师","士师"也就是"理"。士师的职务,见《周礼》
《秋官》《士师》。

〔26〕 绌:通黜。《论语》《微子》、《战国策》《燕策》三都作"黜"。三绌:几
次受贬斥;但并不是贬官。见刘宝楠《论语正义》

〔27〕 故自前业不忘:"自",承上句"自累"的"自"而衍,应从《战国策》《燕
策》三作"故前业不忘",因为和下文"故远近无议"是对句。

〔28〕 不:《战国策》《燕策》三作"未"。而议寡人者天下,应从《燕策》三作
"而议寡人者遍天下"。意谓:我的罪过,燕国人还没有知道,但议
论我的人已满天下。意思是说因为你"明怨于外"的缘故。

〔29〕 仁不轻绝:涉上文"仁不轻绝"而误"绝"应作"利"。"仁不轻利",和
"知不简功"对句。简:怠慢。知不简功:有智慧的人珍重而不废弃
自己的前功。

〔30〕 简功弃大：和"轻绝厚利"对句，应从《战国策》《燕策》三作"简弃大功"。

〔31〕 寡人意君之曰：应从卢文弨《群书拾补》据《战国策》《燕策》三校作"意君曰"。意：抑。

〔32〕 循初：是"脩功"之形误。应从《战国策》《燕策》三作"脩功"。因"循初"无所谓"进"。

乐毅使人献书燕王〔1〕曰："臣不肖，不能奉承王命〔2〕，以顺左右之心，恐抵斧钺之罪，以伤先王之明，有害足下〔3〕之义，故遁逃〔4〕自负以肖之罪，而不敢有辞说。今王数〔5〕之以罪，恐侍御者不察先王之所以畜〔6〕臣之理，不白乎臣之所以事先王之心，故不敢不以书对。臣闻贤圣之君，不以禄私亲，功多者授之；不以官随爱，能当者处之。故曰：察能而授官者，成功之君也；论行而结交者，立名之士也。臣以所学观先王举措，有高世主之心。故假节于魏〔7〕，以身得察于燕。先王过举，擢之宾客之中，立〔8〕之群臣之上；不谋父兄〔9〕，以为亚卿〔10〕。臣自以为奉令承教，可幸无罪，故受命而不辞。先王命臣曰：'我有积怨深怒于齐，不量轻弱，欲以齐为事〔11〕。'臣对曰：'夫齐者，霸王之余业〔12〕，战〔13〕胜之遗事，闲于兵革，习于战攻。王若欲攻之，必与天下图之。图之〔14〕，莫若径结赵。且淮北宋地，楚、魏之愿也〔15〕。赵若许约，楚、魏尽力，四国攻之〔16〕，齐可大破也。'王〔17〕曰：'善。'臣乃受命，具符节，南使赵。顾反〔18〕，起兵攻齐。以天之道，先王之灵，河北之地，随先王而举〔19〕之；济上之兵，受命而胜之〔20〕。轻卒锐兵,长驱至齐〔21〕。齐王〔22〕遁逃走莒,仅以身免。珠玉货宝,车甲珍器,皆收入燕。大吕陈于元英,故鼎反于历室,齐器设于宁台〔23〕。蓟丘〔24〕之植,植于汶〔25〕篁。五伯〔26〕以来,功业之盛,未有及先王者也。先王以为快其志,以臣不损令,故裂地而封臣〔27〕,使比小国诸侯〔28〕。臣闻贤圣之君,功立不废〔29〕,故著于春秋〔30〕;蚤知之士,名成而不毁,故称于后世。若先王之报怨雪丑,夷万乘〔31〕之齐,收八百年之积〔32〕。及其弃群臣之日,馀令诏后嗣之义法〔33〕,执政任事〔34〕,循法令,顺庶孽〔35〕,施及萌隶〔36〕,皆可以教后世。臣闻善作者不必善成,善始者不必善终。昔伍子胥说听于阖闾,吴为远迹至郢〔37〕。夫差不是也,赐之鸱夷沈之江〔38〕。故夫差不计先论〔39〕之可以立功也,沈子胥而不悔。子胥不蚤见王之不同量〔40〕也,故入江而不化〔41〕。夫免身而全功,以明先王之跡,臣之上计也。离亏〔42〕辱之诽,堕〔43〕先王之明,臣之大恐也。临不测之罪,以幸为利〔44〕,义之所不敢出也。臣闻君子绝交无恶言,去臣无恶声〔45〕。臣虽不肖,数奉教于君子〔46〕。臣恐侍御者亲左右之说〔47〕,不察疏远之行〔48〕,故敢以书谢〔49〕。"

〔注〕

〔1〕　燕王:燕惠王。铁华馆校宋本"王"下原校:"一有报字。"《四部丛刊》本"王"下也有"报"字。《战国策》《燕策》二作"报燕王"。

〔2〕　王命:指先王,即燕昭王的教命,《战国策》《燕策》二作"先王之教"。

〔3〕　足下:刘敬叔《异苑》卷十说:"介子推逃禄隐迹,抱树烧死,文公拊

木哀嗟,伐而制屐,每怀割股之功,俯视其屐,曰:'悲乎足下:''足下'之称,将起于此。"非。《三辅黄图》《杂录》:"陛下:臣下与天子言,不敢指斥天子,故呼在殿陛下以告之。故称"陛下",因卑达尊之意也。上书亦如之,如群臣士庶相与语曰'阁下''足下'之属。"据此则"足下"指其足下的人,用法和上文的"左右"一样,都是因卑达尊的称对方的敬词。

〔4〕 遁逃:《燕策》作"遁逃奔赵",《史记》《乐毅列传》作"遁逃走赵"。

〔5〕 数:《燕策》作"使使者数",《史记》《乐毅列传》作"使人数"。

〔6〕 侍御者:奉侍您的人,其实也是指惠王。用法和"左右"相同。畜:《战国策》《燕策》二、《史记》《乐毅列传》作"畜幸"。

〔7〕 假节:借用符节出使。古时诸侯派使臣来往,使臣要拿着人君给他的符节以为凭证。假节于魏:指从魏国借事拿着魏昭王给他的符节出使于燕。

〔8〕 立:读作"位"。

〔9〕 父兄:指同姓群臣。

〔10〕 亚卿:位次于正卿。

〔11〕 事:古时以祭祀和战争为国家大事。见《左传》成公十三年。这里的"事"指讨伐。

〔12〕 霸王:偏义复词,用"霸"而不用"王"。《战国策》《燕策》二及《史记》《乐毅列传》都作"霸国"。霸王之余业:因齐桓公曾霸诸侯,所以说霸王之余业。

〔13〕 战:和下文"习于战攻"的"战"字面重复,应从《燕策》二作"骤"。

〔14〕 图之:应从《史记》《乐毅列传》作"与天下图之"。

〔15〕 且淮北宋地,楚、魏之愿也:齐闵王三十八年曾和楚、魏灭宋,三分其地。又南略楚国的淮北,西侵三晋。见《史记》《宋世家》、《田敬仲完世家》。楚国当然是想夺回淮北,魏国当然是想夺取宋地了。

〔16〕 赵若许约……四国攻之:石光瑛《新序校释》:"金氏正炜《战国策补释》云:'此文当以"赵若许约"为句,旧凑盖误。'不知约是与楚、魏订分淮北宋地,非与赵约也。《史记》作'赵若许而约四国攻之',无'楚、魏尽力'句,则当从'许'字,明矣。"按约赵攻齐,也可称约。而

且"约楚、魏尽力"语欠通顺,不能和《史记》原文相比。

〔17〕　王:应从卢文弨《群书拾补》据《战国策》《燕策》二校作"先王"。因上文屡称"先王",这里不应单独作"王"。

〔18〕　顾反:应从《战国策》《燕策》二、《史记》《乐毅列传》作"顾反命",意即回来报告执行使命的情况。"反命"和上文"受命"相照应。

〔19〕　随先王而举之:随着昭王的愿望而攻下了齐国黄河以北的地方。

〔20〕　济上之兵,受命而胜之:《战国策》《燕策》二作"济上之军,奉令击齐,大胜之。"《史记》《乐毅列传》和《燕策》二略同。可知"济上之兵"是燕国结集在济水上的军队了。受命:接受燕昭王攻齐的命令。

〔21〕　齐:齐都临淄。《战国策》《燕策》二及《史记》《乐毅列传》都作"国",国,就是国都,亦即临淄。

〔22〕　齐王:齐闵王。

〔23〕　大吕:齐钟名。故鼎:燕国原先被齐国掠去的鼎。元英、历室:燕宫殿名。《史记》《乐毅列传》作磨室。历,通磨,《史记》误为"磨"。宁台:燕台名。《史记》《乐毅列传》《正义》:"《括地志》云:按元英、磨室二宫,皆燕宫,在幽州蓟县西宁台之下。"

〔24〕　蓟丘:燕都。幽州蓟地西北隅有蓟丘。

〔25〕　于:以。汶:齐国水名。

〔26〕　五伯:五霸。有三代之五霸。《白虎通义》《号》、《风俗通义》《皇霸》以夏之昆吾氏,商之大彭氏、豕韦氏,周之齐桓公、晋文公为五霸。有春秋之五霸。《孟子》《告子下》赵岐注以齐桓公、晋文公、秦穆公、宋襄公、楚庄王为五霸。《荀子》《王霸》以齐桓公、晋文公、楚庄王、吴王阖闾、越王句践为五霸。《荀子》以五伯"乡方略,审劳佚,谨畜积,修战备,所以才能"威动天下,彊殆中国"。代表了战国时对五伯的认识。乐毅把五伯和燕昭王相比,对五伯的认识应和《荀子》相同。

〔27〕　裂地而封臣:燕昭王在乐毅攻入临淄以后,亲至济上劳军,封乐毅于昌国,号为昌国君。见《史记》《乐毅列传》。

〔28〕　使比小国诸侯:这句下《战国策》《燕策》二有"臣不佞,自以为奉令承教,可以幸无罪矣,故受命而弗辞"二十二字。《史记》《乐毅列传》

有"臣窃不自知,自以为奉命承教,为幸无罪,是以受命不辞"二十二字。

〔29〕 功立不废:应从《燕策》二、《史记》《乐毅列传》作"功立而不废",因为和下文"名成而不毁"对句。

〔30〕 春秋:史书。《墨子》《明鬼》有"周之春秋"、"燕之春秋"、"宋之春秋"、"齐之春秋"。

〔31〕 万乘:见本书《杂事》第二《齐有妇人》章注〔16〕。

〔32〕 八百年:齐自吕尚封于齐,到这时已有八百三十多年,称八百年举其整数而言。积:指上文所说的"珠玉货宝,车甲珍器"。

〔33〕 义:通仪,也是法的意思。义法:合成词,法令。馀令诏后嗣之义法:留下命令诏告后嗣的法令。

〔34〕 执政任事:《燕策》二、《史记》《乐毅列传》都作"执政任事之臣"。

〔35〕 庶孽:庶子。顺庶孽:使庶子和顺。因为国君死了之后,庶子往往争位作乱,现在执政任事之臣,依照昭王遗下的法令处理,使庶子贴贴服服。

〔36〕 施及萌隶:惠及百姓。

〔37〕 伍子胥、阖闾:见本书《杂事》第二《昔者唐虞崇举九贤》章注〔14〕〔15〕。为:去声。郢:见本书《杂事》第一《楚威王问于宋玉曰》章注〔3〕。昔伍子胥说听于阖闾,吴为远迹至郢:吴王阖闾用伍子胥为行人,子胥计议国事。吴王阖闾九年,伐楚,入郢。见《史记》《吴世家》。

〔38〕 夫差不是也,赐之鸱夷沈之江:参阅本书《杂事》第二《昔者唐虞崇举九贤》章注〔16〕。夫差不以子胥谏阻容许句践求和及谏阻伐齐的话为然,反而赐子胥自杀。子胥死了,又用革囊盛着子胥的尸体,投到江里。见《史记》《伍子胥列传》。

〔39〕 故:应移至下句"沈"字上。先论:原先伍子胥关于政治的议论。

〔40〕 王:应从《战国策》《燕策》二、《史记》《乐毅列传》、《资治通鉴》卷四作"主"。不同量:指夫差和前王阖闾器量不同。

〔41〕 化:《战国策》《燕策》二作"改"。入江而不化:指子胥至死而不改其志。

〔42〕 离:遭受。亏:毁。

〔43〕 堕:通毁。

〔44〕 以幸为利:以希望赵国伐燕为自己的利益。

〔45〕 去臣:被遗弃的人臣。应从《史记》《乐毅列传》、《资治通鉴》卷四作"忠臣去国"。"忠臣去国"和"君子绝交"对句。臣闻君子绝交无恶言,去臣无恶声:《战国策》《燕策》二作"臣闻古之君子,交绝不出恶声;忠臣之去也,不洁其名。"《史记》略同。

〔46〕 数奉教于君子:应从《战国策》《燕策》二、《史记》《乐毅列传》《资治通鉴》卷四作"数奉教于君子矣"。

〔47〕 亲:爱。左右:用法和上注〔3〕不同,这里是指燕惠王左右的人。臣恐侍御者亲左右之说:我恐怕您爱听您左右的人说的话。

〔48〕 不察疏远之行:不审察我这和您相去很远的人的行为。

〔49〕 谢:《战国策》《燕策》二作"报"。

齐人邹阳客游于梁〔1〕,人或谗之于孝王,孝王怒,系而将欲杀之〔2〕。邹阳客游,见谗自冤,乃从狱中上书。其辞曰:"臣闻忠无不报〔3〕,信不见疑,臣常以为然,徒虚语尔。昔者荆轲慕燕丹之义,白虹贯日,太子畏之〔4〕。卫先生为秦画长平之计,太白蚀昴,昭王疑之〔5〕。夫精变天地,而信不谕两主〔6〕,岂不哀哉? 今臣尽忠竭诚,毕义愿知〔7〕,左右不明,卒从吏讯〔8〕,为世所疑,是使荆轲、卫先生复起,而燕、秦不悟也。愿大王熟察之! 昔者玉人献宝,楚王诛之〔9〕。李斯竭忠,胡亥极刑〔10〕。是以箕子佯狂〔11〕,接舆避世〔12〕,恐遭此变也。愿大王熟察玉人、李斯之意,而后楚王、胡亥之听〔13〕,无使臣为箕子、接舆所叹。臣闻比干剖心〔14〕,子胥鸱夷,臣始不信,乃今知之。愿大王熟察之,少加怜焉! 谚曰:'有白头而新,倾盖而

故〔15〕。'何则？知与不知也。昔者樊於期逃秦之燕，藉荆
轲首，以奉丹之事〔16〕。王奢去齐之魏，临城自刭，以卻齐
而存魏〔17〕。王奢、樊於期，非新于齐、秦而故于燕、魏也。
所以去二国死两君者，行合于志，而慕义无穷也。是以苏
秦不信于天下，为燕尾生〔18〕。白圭战亡六城，为魏取中
山〔19〕。何则？诚有以相知也。苏秦相燕，燕人恶之于燕
王，燕王按剑而怒，食之以駃騠〔20〕。白圭显于中山，中山
人恶之于魏文侯，投以夜光之璧〔21〕。何则？两主二臣，
剖心析肝相信，岂移于浮辞哉？故女无美恶，居宫见妒。
士无贤不肖，入朝见嫉。昔司马喜膑于宋，卒相中山〔22〕。
范雎拉胁折齿于魏，卒为应侯〔23〕。此二人者，皆信必然
之画〔24〕，捐朋党之私，挟孤独之交〔25〕，故不能自免于嫉
妒之人也。是以申徒狄蹈流之河〔26〕，徐衍负石入海〔27〕，
不容于世，义不苟取，比周于朝〔28〕，以移主上之心。故百
里奚乞食于道路，缪公委之以政〔29〕。甯戚饭牛车下〔30〕，
而桓公任之以国。此二人者，岂藉宦于朝，假誉于左右，
然后二主用之哉？感于心，合于行，坚于膠漆，昆弟不能
离，岂惑于众口哉？故〔31〕偏听生奸，独任成乱。昔鲁听
季孙之说逐孔子〔32〕，宋信子冉之计逐墨翟〔33〕。夫以孔
墨之辩而不能自免，何则？众口铄金，积毁销骨〔34〕。是以
秦用由余而霸中国〔35〕，齐用越人子臧而彊威、宣〔36〕。此
二国岂拘于俗，牵于世，系奇偏之辞哉？公听共观，垂名当
世。故意合则胡、越为兄弟，由余、子臧是也。不合则骨肉

为仇雠，朱、象、管、蔡[37]是也。今人主如能用齐、秦之明，后宋、鲁之听，则五伯不足侔，三王[38]易为比也。是以圣王觉悟，捐子之[39]之心，能不说于田常[40]之贤，封比干之后，修孕妇之墓[41]，故功业覆于天下。何则？欲善无厌也。夫晋文公亲其雠而彊霸诸侯[42]，齐桓公用其仇而一匡天下[43]。何则？慈仁殷勤，诚加于心，不可以虚辞借也。至夫秦用商鞅之法，东弱韩、魏，立彊天下，而卒车裂商君[44]。越用大夫种之谋，擒劲吴，霸中国，卒诛其身[45]。是以孙叔敖三去相而不悔[46]，於陵仲子辞三公为人灌园[47]。今世主诚能去骄傲之心，怀可报之意，披心腹，见情素，墮肝胆[48]，施德厚[49]，终与之穷通，无变于士[50]，则桀之狗可使吠尧，跖之客可使刺由[51]；况因万乘之权[52]，假圣王之资乎？然则荆轲之沈七族[53]，要离燔妻子[54]，岂足为大王道哉？明月之珠[55]，夜光之璧，以暗投人于道路，众无不按剑相眄[56]者，何则？无因至前也。蟠木根抵，轮囷离奇，而为万乘器者，以左右先为之容[57]也。故无因而至前，虽出随侯之珠[58]，夜光之璧，只足以结怨而不见德。故有人先游[59]，则以枯木朽株，树功而不忘。今夫天下布衣穷居之士，虽蒙尧、舜之术，挟伊、管[60]之辩，素无根抵之容，而欲竭精神，开忠信，辅人主之治，则人主必袭按剑相眄之迹矣。是使布衣不得当枯木朽株之资也。是以圣王制世御俗，独化于陶钧之上[61]，能不牵乎卑乱之言，不惑乎众多之口。故秦皇帝任中庶子蒙嘉之言，以信荆轲之说，故匕首窃发〔62〕。周文王校猎涇渭，载吕尚而归〔63〕，以王天下。秦信左右而弒〔64〕，周用乌集〔65〕而王。何则？以其能越挛拘之语，驰域外之议，独观于昭旷之道也。今人主沈于谄谀之辞，牵于帷墙之制〔66〕，使不羁之士与牛骥同皁〔67〕；此鲍焦之所以忿于世，而不留于富贵之乐〔68〕也。臣闻盛饰入朝者，不以私汙义；砥砺名号者，不以利伤行。故里名胜母，而曾子不〔69〕入；邑号朝歌，墨子回车〔70〕。今欲使天下寥廓之士〔71〕笼〔72〕于威重之权，胁于势位之贵，回面〔73〕汙行，以事谄谀之人，求亲近于左右，则士有伏死堀穴岩薮之中耳，安有尽精神而趋阙下者哉？"书奏孝王，孝王立出之，卒为上客。

〔注〕

〔1〕　齐人邹阳客游于梁：《资治通鉴》卷十六汉景帝二年："梁孝王以窦太后少子，故有宠。……招延四方豪俊之士，如吴人枚乘、严忌，齐人羊胜、公孙诡、邹阳，蜀人司马相如之属，皆从之游。"

〔2〕　孝王：名武，汉文帝子，景帝少弟。见《史记》《梁孝王世家》。人或谮之于孝王，……系而将欲杀之：景帝六年，羊胜、公孙诡等妒忌邹阳，在梁孝王面前说邹阳的坏话，梁孝王才把邹阳关起来，想把他杀掉。见《史记》《邹阳列传》及荀悦《前汉纪》卷九。

〔3〕　报：表白。忠无不报：忠诚没有不能表白的。指忠诚一定可以被人了解。

〔4〕　荆轲：战国齐人，迁居于卫，字公叔，卫人叫他做庆卿；后来到燕国，燕人叫他做荆卿。燕丹：战国燕王喜太子，名丹。质于秦，秦王政待他不好。他逃回来后，又患秦国强大，便请荆轲为他行刺秦王。见《史记》《刺客列传》。白虹贯日，太子畏之：《史记》《邹阳列传》

《集解》引如淳曰："白虹，兵象；日为君。"荆轲慕太子丹的义气，肯
为太子丹而牺牲自己，精神感动天地，白虹为之贯日。

〔5〕　长平：战国赵邑，在今山西省高平县西北的王报村。秦昭襄王四十
七年，白起大破赵军于长平，活埋了赵国的降卒四十万人。见《史
记》《白起列传》。太白：星名。《史记》《邹阳列传》《集解》引如淳曰：
"太白乃天之将军也。"昴：二十八宿之一。昴所在的上空，古人认为
是赵国的分野。昭王：见本书《杂事》第二《甘茂下蔡人也》章注二十
九。《史记》《邹阳列传》《集解》引苏林的话说：白起为秦伐赵，打垮
了赵国在长平的军队，想乘机把赵国灭掉，派卫先生去劝说秦昭
王，请求增加军队和粮草。卫先生被范雎害了，事情因此没有成功。
但卫先生的精诚上达于天，因此太白为之蚀昴。从苏林的话可以看
出秦昭王宠任范雎，不信任卫先生，所以范雎才能把卫先生陷害。

〔6〕　两主：太子丹和秦昭王。

〔7〕　义：通议。《史记》《邹阳列传》、《汉书》《邹阳传》、《文选》邹阳《狱中
上书自明》均作"议"。毕义愿知：尽量献出我的建议，望王知道。

〔8〕　讯：言。卒从吏讯：即《汉书》《司马迁传》、《陈汤传》的"卒从吏议"，
指结果顺从了朝廷官吏的意见而加罪。

〔9〕　玉人献宝，楚王诛之：参阅本书《杂事》第五《荆人卞和得玉璞而献
之》章。

〔10〕　李斯竭忠，胡亥极刑：李斯，楚上蔡人。始皇既定天下，李斯为丞相，
定郡县之制，下禁书令，改籀文为小篆。胡亥：秦二世皇帝，始皇少
子，即位后，信任赵高。赵高和李斯互相猜忌，诬捏李斯和儿子李
由谋反。结果李斯受尽了各种刑罚，才被腰斩于咸阳市，并诛灭三
族。见《史记》《始皇本纪》、《李斯列传》。

〔11〕　箕子佯狂：箕子，殷纣的同姓大臣。纣无道，谏纣不听，装疯，因没入
为奴。见《史记》《殷本纪》、《宋世家》、《论语》《微子》刘宝楠《正义》。

〔12〕　接舆避世：接舆，楚人，躬耕自食，看见楚国的政治混乱，佯狂不仕，
因此当时的人叫他做楚狂。楚昭王听说接舆有贤德，派使臣拿了
一百镒金子去请他出仕，他笑而不应。使臣走后，他和妻子变易姓
名，不知跑到什么地方去了。见《韩诗外传》卷二及皇甫谧《高士

传〉卷上。

〔13〕 后楚王、胡亥之听：勿忙于学楚王和胡亥的听信谗言。

〔14〕 比干：纣的叔父。见〈庄子〉〈人间世〉〈释文〉。比干剖心：纣淫乱不止，比干谏纣，三日不去。纣很生气，说："我听说圣人的心有七个窟窿。"便把比干的心脏剖开了。见〈史记〉〈殷本纪〉。

〔15〕 而：通如。〈史记〉〈邹阳列传〉、〈汉书〉〈邹阳传〉、〈文选〉邹阳〈狱中上书自明〉两"而"字都作"如"。倾盖而故：如孔子至郯，和程子在路上碰着，车盖相交，停车而语终日，并赠以束帛，便是一例。见〈说苑〉〈尊贤〉。

〔16〕 樊於期逃秦之燕，……以奉丹之事：樊於期，秦将。樊於期得罪了秦王政，逃亡到燕国，燕太子丹收容他。秦王杀戮了樊於期的父母、宗族，并以金千斤，邑万户，来购买樊於期的脑袋。太子丹叫荆轲行刺秦王，樊於期听从荆轲的话，拔剑自刎，把自己的脑袋借给荆轲，用来带进秦国，骗取秦王的信任，使荆轲便于行事。见〈史记〉〈刺客列传〉。

〔17〕 王奢去齐之魏，……以却齐以存魏：王奢，齐臣，从齐国逃亡到魏国。其后齐伐魏，王奢登城对齐将说："现在您来不过是为了我的缘故。为了正义，我不苟且偷生来连累魏国。于是拔剑自刎。见〈史记〉〈邹阳列传〉〈集解〉引〈汉书音义〉。

〔18〕 苏秦：东周洛阳人，游说燕、赵、韩、魏、齐、楚，使合从抗秦，为从约长、六国相，封武安君。见〈史记〉〈苏秦列传〉。尾生：古时候一个守信的人，和一个女子约好在一座木桥下相会。女子不来。水涨了，他抱着木桥下的柱子不走。结果淹死了。见〈庄子〉〈盗跖〉。苏秦不信于天下，为燕尾生：苏秦劝齐宣王把从燕国夺来的十座城池归还燕国，又叫齐闵王厚葬宣王以使齐国凋弊。这些行为都使苏秦在天下人的面前信誉败坏。但这些都是为的燕国；他对燕国是诚信的，是燕国的尾生；他为了燕国，在齐国被人刺杀了。参阅〈史记〉〈苏秦列传〉。

〔19〕 白圭战亡六城，为魏取中山：白圭是中山将，失落了六座城池。中山的国君想把他杀掉，他跑到魏国。魏文侯待他很好，他反过来替

　　魏国攻下了中山。见《史记》《邹阳列传》《集解》引张晏曰。《韩非子》《内储说》下有"白圭相魏"的话。

〔20〕恶：义通谗。《汉书》《邹阳传》"恶之孝王"，本文作"谗之于孝王"。燕王：指燕易王。驲骎：音决隗，骏马。苏秦相燕，……食之以驲骎：苏秦为燕国相，燕国有人对燕王说苏秦的坏话，燕王不但按着剑对说坏话的人发怒，而且还把骏马的肉送给苏秦吃，表示他更加相信苏秦。

〔21〕投：应从《史记》《邹阳列传》、《汉书》《邹阳传》、《文选》作"文侯投"。夜光之璧：指和氏之璧。下文"虽出随侯之珠，夜光之璧"，《汉书》《邹阳传》作"虽出随珠和璧"。和氏之璧，《淮南子》《览冥》高诱注也说它"纯白夜光"。

〔22〕《战国策》《中山策》："司马憙三相中山。"

〔23〕范雎拉胁折齿于魏，卒为应侯：范雎，或作"范且"，战国魏人，字叔，跟魏国中大夫须贾出使齐国，齐襄王听说范雎有辩才，使人把牛肉和酒以及十斤金子赐赠范雎。须贾以为范雎把魏国的祕密告诉了齐国，回来告诉魏相魏齐，魏齐叫人把范雎打得肋骨断了，牙齿掉了。后来范雎偷偷地逃到秦国，以远交近攻之策说秦昭王，昭王用他为相，封为应侯。见《韩非子》《外储说左上》、《史记》《范雎列传》。

〔24〕信必然之画：相信自己一定能成功的政治策划。

〔25〕孤独之交：不是广泛的交游，不是随便和别人交往。

〔26〕申徒狄：《淮南子》《说山》高诱注、《庄子》《大宗师》《释文》、《史记》《邹阳列传》《集解》引《汉书音义》、《汉书》《邹阳传》颜师古注引服虔曰、《文选》邹阳《狱中上书自明》李善注引服虔曰，都说是殷末人。《通志》《氏族略》三引《风俗通》说是夏人。《元和姓纂》卷三："《风俗通》云：本申屠氏，随音改为申徒。《尸子》云：狄，夏贤也。汤以天下让，狄以不义，闻已，自投于河。"但根据《韩诗外传》卷一及本书《节士》第七《申徒狄非其世》章，则应为战国时人。流：黄河的支流。《汉书》《邹阳传》、荀悦《前汉纪》卷九及《文选》邹阳《狱中上书自明》都作"雍"，雍也是黄河的支流。蹈流之河：跳到雍水里面而流到黄河中。《史记》《邹阳列传》作"自沈于河"，《索隐》："《新序》作

'抱瓮自沈于河'。"王念孙《读书杂志》五《汉书》第九说："今《新序》
作'蹈流之河'，后人改之也。"申徒狄是因为谏君不听而跳河自杀
的。见《庄子》《盗跖》。

〔27〕徐衍：《史记》《邹阳列传》《集解》引《列士传》说是"周之末世人"。
负：抱。入海：投海。《吕氏春秋》《必己》高诱注："入犹投也。"

〔28〕义不苟取，比周于朝：按道义不苟取富贵荣禄，不和奸人相勾结。

〔29〕百里奚乞食于道路，穆公委之以政：百里奚，虞人，听说秦穆公有贤
德，想去求见秦穆公。但没有旅费，只得一路乞食。到了秦国秦穆
公用他为相。见《汉书》《邹阳传》。

〔30〕饣：同饭，喂。

〔31〕故：荀悦《前汉纪》卷九作"夫"。

〔32〕季孙：鲁大夫季桓子，名斯，季平子之子。见《国语》《鲁语下》韦昭
注。鲁国三卿，季孙氏为上卿，从季友以下，历代都掌握鲁国的大
政，直到季孙斯，权势才开始衰落。鲁听季孙之说逐孔子：根据《史
记》《孔子世家》，鲁定公十四年，孔子由大司寇代理相事，鲁国大
治。齐国害怕了，便送了八十位漂亮的歌妓舞女给鲁国。季桓子
受了，不顾国政，孔子便离开了鲁国。但根据邹阳这话，似乎季桓
子实有对鲁定公说孔子坏话的事。

〔33〕子冉：《汉书》《邹阳传》颜师古注引文颖曰："子冉，子罕也。"《史记》
《邹阳列传》作"子罕"。子罕：和本书《刺奢》《士尹池为荆使于宋》章
的子罕应为两人。《史记》《李斯列传》，《韩非子》《二柄》、《外储说
右下》、《说疑》，《韩诗外传》卷七，《淮南子》《道应》，《说宛》《君道》，
都说子罕劫君或弑君、逐君或擅政。梁玉绳说："劫君之子罕，并墨
翟世，乃乐喜之后为司城者。"又引《左通》曰："《韩子》《内储说下》
言皇喜杀宋君而夺其政，盖皇喜亦字子罕。"见《史记志疑》卷三十。
逐：《史记》《邹阳列传》、《汉书》、《邹阳传》、荀悦《前汉纪》卷九、《文
选》邹阳《狱中上书自明》均作"囚"。墨翟：墨氏，名翟，鲁人，宋大
夫。见《史记》《荀卿列传》，《吕氏春秋》《当染》、《慎大》高诱注。
其学说提倡兼爱，非攻、节用。公输般曾为楚国造云梯来进攻宋
国，墨翟步行了十天十夜赶到郢都，劝止了公输般和楚王，保存了

宋国。见《墨子》《公输》。

〔34〕 众口铄金,积毁销骨:众多的谗口会把金子熔掉,积聚起来的毁谤会把骨头化掉。

〔35〕 秦用由余而霸中国:由余,应从《史记》《邹阳列传》、《汉书》《邹阳传》、《文选》邹阳《狱中上书自明》作"戎人由余",与下句"越人子臧"对句。《汉书》《古今人表》作"繇余"。其祖先原是晋人。戎王派由余出使秦国,秦穆公和他谈论治国的大道理。听了由余的话,秦穆公大为佩服。便送了十六个舞女歌妓给戎王,使戎王天天只顾享乐,不顾国政。由余回来后屡谏不听,便跑到秦国。穆公拜他为上卿,采纳了由余的意见,兼并了西戎十二个国家,扩张了千里的国土,称霸西戎。见《史记》《秦本纪》。其实秦穆公并没有称霸中国。

〔36〕 子臧:《史记》《邹阳列传》作"蒙"。《索隐》引张晏云:"子臧或是越人蒙字也。"沈钦韩《汉书疏证》卷二十八:"《盐铁论》《相刺篇》:'越人夷吾、戎人由余,待译而后通,并显齐、秦。'则子臧又名夷吾。"彊威宣:使齐在齐威王、齐宣王的时候强盛。齐威王、齐宣王:见本书《杂事》第二《昔者邹忌以鼓琴见齐宣王》章注〔1〕。

〔37〕 朱:尧子丹朱,不肖,所以尧让帝位于舜而不传位于他。见《史记》《五帝本纪》。《竹书纪年》又说尧"使后稷放帝子朱于丹水"。象:舜异母弟,一次再次地想把舜杀害。参阅本书《杂事》第一《昔者舜自耕稼陶渔而躬孝友》章。管、蔡:周武王即位后,封弟叔鲜于管,叔度于蔡。成王立,年纪小,周公代理政务。管叔、蔡叔怀疑周公有野心,便联结殷的后代武庚起兵作乱,结果被周公平定;管叔被杀,蔡叔被流放。见《史记》《周本纪》。

〔38〕 三王:见本书《杂事》第二《昔者唐虞崇举九贤》章注〔9〕。

〔39〕 子之:燕王哙相,"欲得燕权",和苏代互相勾结。苏代为齐出使于燕,对燕王哙说齐宣王不能称霸,因为不信任他的臣子。于是燕王深信子之,子之便送给苏代黄金百镒,由苏代使用。接着便有人劝燕王哙效法帝尧让天下于许由,让位于子之。结果子之的阴谋完全实现了。见《战国策》《燕策》一。《韩非子》《说疑》也说子之"援外以挠内,亲下以谋上"。

〔40〕 能：通而。《汉书》《邹阳传》《文选》邹阳《狱中上书自明》均作"而"。
田常：即陈恒,避汉文帝讳,因称为常。田、陈古音相通。又称陈常。
谥成子,因又称陈成子、田成子。田乞之子。见梁玉绳《汉书人表
考》卷八。田常和监止做齐简公的左右相,田常想把监止除掉,借
粮食故意以大斗借出,以小斗收回,使齐国的老百姓歌颂他的"德
政"。齐大夫朝御鞅劝告简公：田、监要选择其一,不能由两人并秉
国政。简公不听。结果田常不只把监止除掉,而且也把简公杀了。
见《史记》《田敬仲完世家》。

〔41〕 封比干之后,修孕妇之墓：《尚书》《泰誓上》说纣"刳剔孕妇"。《吕
氏春秋》《过理》说纣"剖孕妇而观其化,杀比干而视其心。"《尚书》
《武成》,《尚书大传》卷三,《逸周书》《克殷》,《吕氏春秋》《慎大》,
《韩诗外传》卷三,《淮南子》《主术》、《道应》、《泰族》,《史记》《殷本
纪》、《周本纪》、《留侯世家》,《汉书》《张良传》,《孔子家语》《辩乐
解》,荀悦《前汉纪》卷二,《艺文类聚》卷十二引《帝王世纪》,《太平
御览》卷八十四引《帝王世纪》等,都只说周武王胜殷之后,封比干
之墓,即在比干的墓上加土,并没有说他封比干的后嗣,也没有说
他修孕妇之墓。周寿昌《汉书注校补》卷三十七说："疑此是邹阳设
言,不必有此事。孕妇何人？死葬何所？尚有墓可脩乎？"比干：纣
的叔父。见《庄子》《人间世》《释文》。

〔42〕 晋文公亲其雠而彊霸诸侯：晋文公返国,晋怀公大臣吕省、郤芮等
想把晋文公烧死。宦者履鞮求见文公。文公不愿见他,因为他从
前接二连三地为晋献公、晋惠公来杀害文公。文公叫人拿他以前
这种行为来责备他。宦者说,替人君做事不敢有二心,那时只知文
公是蒲人、狄人。他又举出了一些过去的人不念旧恶而成名的例
子。文公这才接见他,从而能够平息吕省等的叛乱。见《史记》《晋
世家》。

〔43〕 齐桓公用其仇：参阅本书《杂事》第五《管仲傅齐公子纠》章。一匡
天下：《论语》《宪问》何晏《集解》引马融曰："匡,正也。天子微弱,
桓公率诸侯以尊周室,一正天下也。"

〔44〕 车裂·又称辕。见《左传》襄公二十二年。残酷的极刑。把绳子的

　　一端绑着受刑者的脖子,另一端绑在车子的后面,用四匹马儿拉车
　　疾驰,把受刑者的身体拖到骨肉糜烂。参阅《周礼》《秋官》《条狼氏》
　　孙诒让《正义》。有人解为五马分尸,误。因和车子无关。秦用商
　　鞅之法,……而卒车裂商君:商鞅,战国卫人,公孙氏,名鞅,封于
　　商,号商君。秦孝公用他为相,实行政治改革,国强民富。孝公四
　　年,败韩于西山。孝公二十二年,他带领秦国的军队往东进攻魏
　　国,逼得魏国割让河西之地,由安邑迁都大梁。由于政治改革的结
　　果损害了秦国贵族的利益,贵族恨透了他,所以秦孝公死了以后,
　　他被人诬告谋反,被秦惠王施以车裂之刑。参阅《史记》《秦本纪》、
　　《商君列传》。

〔45〕　越用大夫种之谋,……卒诛其身:大夫种,文氏,名种,字禽,一说字
　　子禽,楚南郢人,为越大夫。吴王夫差围困越王句践于会稽,句践
　　用了大夫种的计策,贿赂吴太宰嚭,夫差才答应讲和。向吴国请求
　　贷粟,以了解吴国君臣之间的矛盾,也是大夫种的计策。句践由于
　　任用了范蠡和大夫种,灭了吴国,称霸诸侯。但由于大夫种不能功
　　成身退,结果就在吴王夫差二十三年,吴国灭亡这一年,有人在句
　　践前说他要作乱,句践便赐给大夫种一把剑,说:"你教我七种伐吴
　　的方法,我用了三种便把吴国打败了,其余四种还在你那里,你替
　　我跟先王试用去吧!"大夫种便自杀了。见《吕氏春秋》《当染》高诱
　　注、《史记》《越王勾践世家》及《正义》、《太平寰宇记》卷一百四十六
　　《山南东道》五《荆州》注。

〔46〕　孙叔敖:见本书《杂事》第一《孙叔敖为婴儿之时》章注〔1〕。孙叔
　　敖三去相而不悔:《荀子》《尧问》也说过孙叔敖三次"相楚"。《庄子》
　　《田子方》和《吕氏春秋》《知分》也有孙叔敖"三为令尹","三去令
　　尹"的话。《淮南子》《氾论》:"孙叔敖三去令尹而无忧色。"

〔47〕　於陵仲子辞三公为人灌园:於陵仲子,《史记》《邹阳列传》、《汉书》
　　《邹阳传》、《文选》邹阳《狱中上书自明》都作"於陵子仲"。《汉书》
　　《古今人表》作"於陵中子"。即陈仲子。亦称陈仲、田仲。齐人,其
　　兄戴为齐卿,食禄万锺,仲子以为不义。齐王想请他为大夫,他带
　　领妻子隐居楚之於陵,自称於陵仲子。楚王派使者带了一百镒的

金子请他为相。他辞谢了使者,和妻子逃去,为人灌园。见《於陵子》《辞禄》、《未信》、《灌园》,《汉书人表考》卷六。三公:周时以太师、太傅、太保为三公,在这里只作高官解。

〔48〕 矄:倾出。矄肝胆:《汉书》《蒯通传》也有"堕肝胆"的话。堕:通矄。《史记》《淮阴侯列传》作"输肝胆"。参阅王念孙《读书杂志》卷五《汉书》第九。

〔49〕 德厚:仁厚。见王引之《经义述闻》卷九《以绳德厚》条。

〔50〕 终与之穷通,无变于士:始终和士人共患难,共安乐,对于士人,坦白的心终不改变。

〔51〕 跖:音只,盗跖。见本书《杂事》第三《孙卿与临武君议兵于赵孝成王前》章注〔25〕。由:许由,《汉书》《古今人表》作"许繇"。尧时的高士。见皇甫谧《高士传》卷上。桀之狗可使吠尧,跖之客可使刺由:这是因为受了主人的恩惠,所以可以被主人随意使用。

〔52〕 万乘:参阅本书《杂事》第二《齐有妇人》章注〔16〕。万乘之权:万乘之主的权势。

〔53〕 沈:没,指被诛灭。《史记》《邹阳列传》、《汉书》《邹阳传》、《文选》均作"湛",音义同。七族:父之姓,姑之子,姊妹之子,女之子,母之姓,从子,妻父母。见《史记》《邹阳列传》《索隐》。《论衡》《语增》作"九族"。荆轲之沈七族:荆轲是燕太子丹刺秦王,自己身死,自己七族的人也连带被诛灭。这悲壮的结局荆轲原先是会考虑到的;但为了报答燕太子的厚遇,虽然是这样惨重的牺牲他也在所不惜了。《汉书注校补》:"寿昌案:古无族诛。汉设三族刑止矣,亦承秦酷法也。颜注:'考史荆轲并无湛族之事。'张晏乃云"七族,上至曾祖,下至曾孙。'此说迂凿。邹阳不过甚其辞以明秦酷,何关事实也? 王充《论衡》《语增篇》云:'秦王诛轲九族,复灭其一里。'充在后汉,亦是因阳此言造之,未足为据。"

〔54〕 要离燔妻子:与上句对偶,应作"要离之燔妻子"。《史记》《邹阳列传》作"要离之烧妻子"。吴王阖闾用专诸刺杀了吴王僚,又用要离刺杀吴王川僚的儿子公子庆忌。要离为了要骗取公子庆忌的信任以接近庆忌从而便于行事,请吴王阖闾焚杀自己的妻子,见《吕氏

春秋》《忠廉》、《吴越春秋》卷二《阖闾内传》。石光瑛《新序校释》：
"疑要离事出于战国游侠之徒所傅会，左氏所裁，为得其实。邹阳好
奇，遂引用之耳。《汉表》无要离名，疑孟坚亦不信此事也。"

〔55〕明月之珠：珍贵的大珠。即下文"随侯之珠"，《淮南子》《冥览》高诱
注也说随侯之珠是"明月之珠"。《文选》《西都赋》李善注引许慎
《淮南子》注曰："夜光之珠，有似明月，故曰明月也。"《西京赋》李善
注："明月之珠，夜则有光如烛也。"

〔56〕盻：音系，恨视。荀悦《前汉纪》卷九作"怒"，义近。本书《四部丛刊》
本、铁华馆校宋本，《史记》《邹阳列传》《汉书》《邹阳传》，《文选》邹
阳《狱中上书自明》均作"眄"，音缅，斜视之意，意义和本文不合，今
从湖北崇文书局刊本作"盻"。下同。

〔57〕容：容导。见周寿昌《汉书注校补》卷三十七。意即介绍它的优点，
来劝服人主，也就是下文"先游"的"游"的意思。

〔58〕随侯之珠：见本书《杂事》第一《秦欲伐楚》章注〔4〕。

〔59〕先游：先为之游说。《史记》《邹阳列传》、《文选》邹阳《狱中上书自
明》作"先谈"。

〔60〕伊：伊尹。见本书《杂事》第二《昔者唐虞崇举九贤》章注〔3〕。管：
管仲。

〔61〕陶钧：陶工制造陶器所用的转轮。陶工用钧，可以制造出变化多样
的陶器。

〔62〕秦皇帝：秦始皇。中庶子：官名，见本书《杂事》第二《楚庄王莅政》章
注〔10〕。蒙嘉：明程荣校本、《四部丛刊》本、铁华馆校宋本作"蒙
恬"，今从湖北崇文书局刊本及《战国策》《燕策》三、《史记》《邹阳列
传》和《文选》邹阳《狱中上书自明》作"蒙嘉"。下"故"：应从《史记》
《邹阳列传》、《汉书》《邹阳传》、《文选》邹阳《狱中上书自明》作
"而"，以避免和上"故"重复。秦皇帝任中庶子蒙嘉之言，以信荆
轲之说，而匕首窃发。荆轲为燕太子丹行刺秦王。到了秦国，厚赠
秦王宠臣中庶子蒙嘉。蒙嘉先为荆轲对秦王说，燕国愿意臣服，特
斩了樊於期的头和燕国的督亢地图一起奉献。秦王大喜，以隆重
的仪式接见荆轲。轲取地图献给秦王。秦王打开了地图的卷轴，

到末了匕首便被发现了。见《战国策》《燕策》三。

〔63〕 校猎：围猎。泾渭：水名，在陕西，偏义复词。因吕尚只垂钓渭水，
　　　 泾是连带说到的。《史记》《齐世家》说文王遇吕尚"于渭之阳"，即
　　　 渭水之北。《尚书大传》《殷传》《西伯戡耆》说吕尚钓于磻溪。《水
　　　 经》《渭水注》说吕尚垂钓于磻溪水的兹泉。磻溪水北注于渭水。
　　　 周文王校猎泾渭，载吕尚而归：见本书《杂事》第二《昔者唐虞崇举
　　　 九贤》章注〔4〕。

〔64〕 弑：这里指被荆轲刺杀，不一定要被弑死了才能叫弑。《史记》《邹阳
　　　 列传》作"杀"，义同。

〔65〕 乌集：比喻不期而会的人，指吕尚。见《史记》《邹阳列传》《集解》引
　　　《汉书音义》、《索隐》引韦昭云。王先谦《汉书补注》卷五十一说：
　　　"秦任蒙嘉，未为荆轲所杀，亦未以此亡国，是'信左右'不得指蒙
　　　 嘉，则'用乌集'亦不指太公也。秦二世信赵高杀身亡国，是信左右
　　　 而杀亡也。……周武王伐纣至孟津，八百诸侯不期而会，若乌鸟之
　　　 集然，是用乌集而王也。文意承上文推究言之。"独这样解和上文
　　　 的意思衔接得不紧，而且"用乌集"指用不期而会的八百诸侯，和两
　　　 句任贤能，退谗佞的意思也距离得远些，八百诸侯不期而会只是用
　　　 贤的结果。

〔66〕 墙：通裳，《史记》《邹阳列传》作"裳"。《礼记》《杂记上》郑玄注：
　　　"墙，裳帷也。"牵于帷墙之制：被在宫禁帷裳之内侍奉的臣妾的制
　　　 约所牵累。

〔67〕 与：如。见周寿昌《汉书注校补》卷三十七。与牛骥同皁：指把庸人
　　　 和"不羁之士"同样看待，像让牛和千里马同槽一样。

〔68〕 此鲍焦之所以忿于世，而不留于富贵之乐也：参阅本书《节士》第七
　　　《鲍焦衣弊肤见》章。

〔69〕 里名胜母，而曾子不入：曾子至孝，憎恶里名不顺，所以不入。《淮
　　　 南子》《说山》："曾子立孝，不过胜母之闾。"里：《论衡》《问孔》、《盐
　　　 铁论》《晁错》也作"闾"。《史记》《邹阳列传》作"县"，误。《说苑》《说
　　　 丛》作"邑"。《史记》《邹阳列传》《索隐》引《尸子》、《文选》陆士衡《乐
　　　 府》《猛虎行》李善注引《尸子》都说不入胜母是孔子的事。

〔70〕　朝歌：殷自帝乙到纣，在这里定都，世以为殷墟，故城在今河南省淇
　　　　县北。邑号朝歌，墨子回车：因为和上句对句，应从《史记》《邹阳列
　　　　传》作"邑号朝歌，而墨子回车。"因为墨翟反对音乐，所以他也憎恶
　　　　这个地名，而不把车子开进这个地方。《淮南子》："墨子非乐，不入
　　　　朝歌之邑。"刘勰《新论》《鄙名》、《颜氏家训》《文章》、《水经》《淇水
　　　　注》引《论语》《比考谶》都说是颜渊的事。

〔71〕　寥廓：《文选》邹阳《狱中上书自明》作"恢廓"。寥廓之士：志向远大
　　　　之士。

〔72〕　笼：石光瑛《新序校释》："案'笼'乃'眘'假之借字。"眘，音摺，惧。
　　　　《史记》《邹阳列传》作"摄"，也是"慑"的假借字。荀悦《前汉纪》卷
　　　　九《文选》邹阳《狱中上书自明》均作"诱"。

〔73〕　回：邪。回面：面貌奸邪。

杂　事　第　四

管仲言齐桓公曰〔1〕：“夫垦田刱邑，辟土殖穀，尽地之利，则臣不若甯戚〔2〕，请置以为田官〔3〕。登降揖让，进退闲习，臣不如隰朋〔4〕，请置以为大行〔5〕。蚤入晏出，犯君颜色，进谏必忠，不重富贵，不避死亡，则臣不若东郭牙〔6〕，请置以为谏臣〔7〕。决狱折中〔8〕，不诬无罪，不杀无辜，则臣不若弦宁〔9〕，请置以为大理〔10〕。平原广囿，车不结轨，士不旋踵〔11〕，鼓之而三军之士视死若归，则臣不若王子成甫〔12〕，请置以为大司马〔13〕。君如欲治国彊兵，则此五子者足矣。如欲霸王，则夷吾在此。”夫管仲能知人，桓公能任贤，所以九合诸侯〔14〕，一匡天下，不用兵车，管仲之功也。《诗》〔15〕曰：“济济多士，文王以宁。”桓公其似之矣。

〔注〕

〔1〕　管仲言齐桓公曰：应作“管仲言于齐桓公曰”。《吕氏春秋》《勿躬》作“管子复于桓公曰”。《资治通鉴外纪》卷四认为这故事发生于周庄王十二年。

〔2〕　甯戚：见本书《杂事》卷五《甯戚欲干齐桓公》章。

〔3〕　田官：《管子》《小匡》作“大司田”，《韩非子》《外储说左》、《吕氏春秋》《勿躬》都作“大田”。大司田、大田：田官之长。

〔4〕　隰朋：隰氏。见《通志》《氏族略》三。又叫成子。见《国语》《齐语》韦昭注。

〔5〕　大行：即《周礼》《秋官》的大行人。是最高的主管外交的官。

〔6〕　东郭：氏。见《元和姓纂》卷一。东郭牙：《管子》《小匡》先作"鲍叔
牙"误。见王念孙《读书杂志》七《管子》第四。后作"东郭牙"。东郭
牙即《管子》《小问》的"东郭邮"，亦即《说苑》《权谋》的"东郭垂"。石
光瑛《新序校释》："盖牙当作乎，形近而误。乎，古垂字。

〔7〕　谏臣：《管子》《小匡》先作"大谏"，后作"大谏之官"；《吕氏春秋》《勿
躬》作"大谏臣"。相当于后来的谏议大夫。

〔8〕　折中：判断公平合理。

〔9〕　弦宁：《管子》先作"弦子旗"，后作"宾胥无"；作"宾胥无"，误。见
《读书杂志》七《管子》第五。《韩非子》《外储说左》作"弦商"。《吕
氏春秋》《勿躬》作"弦章"。毕沅引梁仲子云："子旗盖弦章之字。"宾
胥无：《左传》昭公十三年作"宾须无"。

〔10〕　大理：《管子》《小匡》作"大司理"，相当于《周礼》《秋官》的大司寇。

〔11〕　囷：域。《吕氏春秋》《勿躬》作"城"，毕沅曰："城，疑域。"旋踵：转过
脚后跟，向后退却。平原广囷，车不结轨，士不旋踵：在平原广域之
上，行军之时，车子不会轨迹相交，士卒不会向后退缩。

〔12〕　王子成甫：《管子》《小匡》，《吕氏春秋》《勿躬》都作"王子城父"，《韩
非子》《外储说左》作"公子成父"。

〔13〕　大司马：《白虎通义》《封公侯》："司马主兵。"司马古又称司武。见
《左传》襄公六年杜预注。马、武古同音。

〔14〕　九合诸侯：《穀梁传》庄公二十七年说齐桓公"衣裳之会十有一"，范
宁《集解》说是鲁庄公"十三年会北杏，十四年会鄄，十五年又会鄄，
十六年会幽，二十七年又会幽，僖元年会柽，二年会贯，三年会阳
谷，五年会首戴，七年会宁母，九年会葵丘。"此外尚有僖公八年的
洮之会，十二年的咸之会，十五年的牡丘之会，十六年的淮之会。到
底"九合"是指哪九次，各家的说法不一。见《论语》《宪问》刘宝楠
《正义》。但各家都不能自圆其说。潘维城《论语古注集笺》引宋翔凤
《论语发微》和刘师培的《古书疑义举例补》第七条都以"九合诸侯"
的"九"是虚数，是很多次之意。应为确解。

〔15〕　《诗》：《诗经》《大雅》《文王》。

有司请吏于齐桓公[1]，桓公曰："以告仲父。"有司又请，桓公曰："以告仲父。"若是者三。在侧者曰："一则告仲父，二则告仲父，易哉为君！"桓公曰："吾未得仲父则难，已得仲父，曷为其不易也！"故王者劳于求人，佚于得贤[2]。舜举众贤在位[3]，垂衣裳，恭己无为而天下治[4]。汤、文用伊、吕，成王用周、邵，而刑措不用，兵偃而不动，用众贤也。桓公用管仲则小也，故至于霸而不能以王。故孔子曰："小哉，管仲之器[5]！"盖善其遇桓公，惜其不能以王也。至明主则不然，所用大矣。《诗》[6]曰："济济多士，文王以宁。"此之谓也。

〔注〕

〔1〕 吏：古事字。见石光瑛《新序校释》。《群书治要》卷四十二引，及《吕氏春秋》《任数》均作"事"。《韩非子》《难二》说这是接待晋客的事。请事：请示事情。

〔2〕 王者劳于求人，佚于得贤：《群书治要》卷四十二引"人""贤"互倒。《韩非子》《难二》作"君人者，劳于索人，佚于使人。"《盐铁论》《刺复》作"君子劳于求贤，逸于用之"。

〔3〕 舜举众贤在位：见本书《杂事》第二《昔者唐虞崇举九贤》章注〔1〕。

〔4〕 垂衣裳，恭己无为而天下治：《论语》《卫灵公》："无为而治者，其舜也与！夫何为哉？恭己正南面而已矣。"

〔5〕 小哉，管仲之器：《论语》《八佾》："子曰：管仲之器，小哉！"是说管仲的抱负小。

〔6〕 《诗》：《诗经》《大雅》《文王》。

公季成谓魏文侯[1]曰："田子方[2]虽贤人，然而非有土之君也，君常与之齐礼。假有贤于子方者，君又何以

加之?"文侯曰:"如子方者,非成所得议也。子方,仁人
也。仁人也者,国之宝也。智士也者,国之器也。博通
士〔3〕也者,国之尊也。故国有仁人,则群臣不争。国有
智士,则无四邻诸侯之患,国有博通之士,则人主尊。固
非成之所议也。"公季成自退于郊,三日请罪〔4〕。

〔注〕

〔1〕 公季成:魏文侯的同母弟,也叫魏成子、季成子、公孙季成、魏季成、
楼季。见梁玉绳《汉书人表考》卷五。魏文侯,名都,一说名斯。见
《史记》《魏世家》及《集解》。

〔2〕 田子方:田氏,名无择,字子方,学于子贡。见《汉书》《人表考》卷三。

〔3〕 博通士:应从《群书治要》卷四十二引作"博通之士",因为下文也作
"博通之士"。

〔4〕 自退于郊,三日请罪:石光瑛《新序校释》:"古者请罪,必待命于
郊,示将退位也。《左传》曰:'请待于郊,以听国人。'"

魏文侯弟曰季成〔1〕,友曰翟黄〔2〕,文侯欲相之而未
能决,以问李克〔3〕,克对曰:"君若置相,则问乐商〔4〕与
王孙苟端孰贤。"文侯曰:"善。"以王孙苟端为不肖,翟黄
进之。乐商为贤,季成进之。故相季成。故知人则哲〔5〕,
进贤受上赏。季成以知贤,故文侯以为相〔6〕。季成、翟
黄,皆近臣亲属也。以所进者贤别之,故李克之言是也。

〔注〕

〔1〕 魏文侯弟曰季成:见上《公季成谓魏文侯曰》章注〔1〕。

〔2〕 翟:音狄。翟黄:名触。见《说苑》《臣术》。《吕氏春秋》《举难》和《史
记》《魏世家》作"翟璜"。

〔3〕 李克:子夏弟子,又作"里克",为魏文侯、武侯相。见《韩诗外传》卷
十、《汉书》《艺文志》、《淮南子》《道应》高诱注。

〔4〕 乐商：《吕氏春秋》《举难》作"乐腾"。下同。

〔5〕 知人则哲：见《尚书》《皋陶谟》。

〔6〕 文侯以为相：在周威烈王二十一年，魏文侯二十年。见吕祖谦《大事记》卷一。

　　孟尝君问于白圭〔1〕曰："魏文侯名过于桓公，而功不及五伯〔2〕，何也？"白圭对曰："魏文侯师子夏〔3〕，友田子方〔4〕，敬段干木〔5〕，此名之所以过于桓公也。卜相则曰：'成与黄〔6〕孰可？'此功之所以不及五伯也。以私爱妨公举〔7〕，在职者不堪其事，故功废。然而名号显荣者，三士翊〔8〕之也。如相三士，则王功成，岂特霸哉？"

〔注〕

〔1〕 白圭：周人，名丹，字圭，和邹阳上梁王书中的白圭时代不同。见《孟子》《告子下》焦循《正义》。

〔2〕 五伯：见本书《杂事》第三《乐毅使人献书燕王曰》章注〔26〕。

〔3〕 子夏：卜商，字子夏，卫人，孔子弟子。孔子死后，子夏在西河教学。魏文侯以之为师。见《史记》《仲尼弟子列传》。

〔4〕 友田子方：《史记》《魏世家》说田子方是"文侯之师"，和这里的传说不同。

〔5〕 段干木：陕州人，以子夏为师。见《吕氏春秋》《尊师》、《当染》。

〔6〕 成与黄：公季成和翟黄。

〔7〕 以私爱妨公举：如本书《杂事》第一《魏文侯与士大夫坐》章注〔5〕所说，即为一例。

〔8〕 翊：音翼，辅助。

　　晋平公问于叔向〔1〕曰："昔者齐桓公九合诸侯，一匡天下，不识其君之力乎？其臣之力乎？"叔向对曰："管仲善制割〔2〕，隰朋善削缝〔3〕，宾胥无善纯缘〔4〕，桓公知衣而已,亦其臣之力也。"师旷侍,曰:"臣请譬之以五味。管仲善断割之,隰朋善煎熬之,宾胥无善齐和〔5〕之,羹以〔6〕熟矣,奉而进之,而君不食,谁能彊之,亦君之力也。"

〔注〕

〔1〕 晋平公:见本书《杂事》第一《晋平公欲伐齐》章注〔1〕。叔向:见本书《杂事》第一《赵文子问于叔向曰》章注〔1〕。

〔2〕 制割:比喻制定治国的计划方案。

〔3〕 削缝:比喻在实行计划方案中对计划方案的补充修正。隰朋善削缝:《韩非子》《难二》作"宾胥无善削缝"。

〔4〕 纯:镶边。纯缘:沿着衣服的边缘而作修饰。比喻在实行计划方案中最后的加工。宾胥无善纯缘:《韩非子》《难二》作"隰朋善纯缘"。

〔5〕 齐和:调和。

〔6〕 以:通已。《群书治要》卷四十二引、《太平御览》卷八百六十一引均作"已"。

　　昔者齐桓公与鲁庄公为柯之盟〔1〕,鲁大夫曹刿〔2〕谓庄公曰:"齐之侵鲁,至于城下,城坏压境〔3〕,君不图与?"庄公曰:"嘻,寡人之生不若死!"曹刿曰:"然则君请当其君,臣请当其臣。"及会,两君就坛,两相相揖。曹刿手剑拔刃而进,迫桓公于坛上,曰:"城坏压境,君不图与?"管仲曰:"然则君何求?"曹刿曰:"愿请汶阳田〔4〕。"管仲谓桓公曰:"君其许之。"桓公许之。曹刿请盟,桓公遂与之盟〔5〕。已盟,摽剑〔6〕而去。左右曰:"要盟可倍,曹刿可雠,请倍盟而讨曹刿。"管仲曰:"要盟可负而君不负,曹刿可雠而君不雠,信著天下矣。"遂不倍,天下诸侯翕然而归之。为鄄之会〔7〕,幽之盟〔8〕,诸侯莫不至焉。为阳榖之会〔9〕,贯泽之盟〔10〕,远国〔11〕皆来。南伐彊楚,以致菁茅之贡〔12〕;北伐山戎,为燕开〔13〕路;三存亡国〔14〕,一继绝世〔15〕,尊事周室,九合诸侯,一匡天下,功次三王,为五伯长〔16〕,本信起乎柯之盟也。

〔注〕

〔1〕 鲁庄公:名同,鲁桓公之子。见《史记》《鲁世家》。柯:《春秋经》庄公十三年杜预注:"此柯,今济北东阿,齐之柯邑。"故城即今山东省阳毂县之阿城镇。盟:做法是:杀牲,以器皿盛血;参加誓约的人,以血涂嘴,朗读盟书,向神发誓。见《周礼》《秋官》《序官》及《司盟》孙诒让《正义》。柯之盟:在鲁庄公十三年冬。

〔2〕 刿:音姑卫切。曹刿:古书上或作曹翙,或作曹沫。或作曹昧。鲁人,为鲁将。在柯地会盟以前,和齐国打仗,三战三败,失地很多。见《史记》《曹沫列传》及索隐。

〔3〕 城坏压境:《公羊传》庄公十三年何休注:"齐数侵鲁取邑,以喻侵深也。"徐彦疏:"谓齐比来攻鲁城,令至坏败,抑压鲁竟,以为己物也。"

〔4〕 汶阳田:顾栋高《春秋大事表》七之一说:"定十年,齐人归郓、讙、龟阴田,三邑皆汶阳也。"

〔5〕 桓公遂与之盟:《公羊传》庄公十三年作"桓公下,与之盟。"孔广森《公羊通义》说:"坛上本两君会盟之所,故桓公更下坛,与曹子盟。"

〔6〕 摽剑:《史记》《曹沫列传》作"投其匕首"。

〔7〕 鄄:音绢,春秋卫地,在今山东省濮县境。鄄之会:鲁庄公十四年齐桓公联合陈人、曹人,平了宋乱,宋人服了。这年冬天,便令宋公、卫侯、郑伯于鄄。见《春秋经》庄公十四年及杜预注。鲁庄公十五年春,齐桓公又会宋公、陈侯、卫侯、郑伯于鄄,因为这年齐桓公开始称霸了。见庄公十五年《春秋经》和《左传》。

〔8〕 幽:春秋宋地,在今河南省民权县东北。幽之盟:鲁庄公十五年郑国侵略宋国,因此在庄公十六年夏天,齐桓公联合宋人、卫人伐郑。这年冬天,因为郑人服了,齐桓公便和鲁、宋、陈、卫、郑、许、滑、滕会

盟于幽。见鲁庄公十五年、十六年《春秋经》、《左传》和杜预注。

〔9〕　阳穀：春秋齐邑，即今山东省阳穀县。阳穀之会：鲁僖公二年冬，楚
　　　　伐郑。三年秋，齐桓公和宋、江、黄会于阳穀，商讨伐楚。见鲁僖公二
　　　　年、三年《春秋经》、《左传》和杜预注。

〔10〕　贯泽：春秋宋地，故地在今山东省曹县南。贯泽之盟：鲁僖公二年，
　　　　江、黄服齐，齐桓公和宋、江、黄会盟于贯。见鲁僖公二年《春秋经》、
　　　　《左传》和杜预注。

〔11〕　远国：指江、黄。

〔12〕　菁茅：香草名，周天子在祭祀时用来滤酒。南伐彊楚，以致菁茅之
　　　　贡：鲁僖公三年冬，楚伐郑。为了救郑，齐桓公在僖公四年春联合
　　　　宋、陈、卫、郑、许、曹伐楚，责备楚国要向周室进贡菁茅，以给周天
　　　　子敬神之用。楚人答应了。见鲁僖公三年、四年《春秋经》《左传》及
　　　　杜预注、孔颖达疏。

〔13〕　山戎：北狄。《国语》《齐语》韦昭注："山戎，今之鲜卑。"北伐山戎，
　　　　为燕开路：鲁庄公三十年，山戎伐燕。燕向齐告急，齐桓公便北伐
　　　　山戎，到了孤竹。回来时燕庄公送齐桓公进了齐国的国界，齐桓公
　　　　说："除了送天子以外，诸侯相送是不能出国境的。我不能无礼于
　　　　燕。"便把燕君所走过的齐国的国土割让给燕国了。见鲁庄公三十
　　　　年《春秋经》《左传》及杜预注、《史记》《齐太公世家》。

〔14〕　三存亡国：《左传》僖公十九年："齐桓公存三亡国。"杜预注："三亡
　　　　国，鲁、卫、邢。"但鲁虽有庆父之乱，实未曾亡。见下注。武井骥《刘
　　　　向新序纂注》引傅逊曰："盖谓杞与邢、卫。应为确解。鲁庄公三
　　　　十二年冬，狄伐邢。鲁闵公元年春，齐桓公出兵救邢。"鲁闵公元
　　　　年，齐桓公迁邢于夷仪。存邢指此。鲁闵公二年冬，狄人灭卫。鲁僖
　　　　公二年，齐桓公迁卫于楚丘。存卫指此。见鲁闵公元年、二年、鲁
　　　　僖公元年、二年《春秋经》，《左传》和杜预注。《公羊传》僖公十四
　　　　年："春，诸侯城缘陵，……城杞也。曷为城杞？灭也。孰灭之？盖
　　　　徐、莒胁之。……然则孰城之？桓公城之。"存杞指此。《管子》《大
　　　　匡》也说桓公存三亡国杞、邢、卫。只是年代混乱，而且说是"宋伐
　　　　杞"，和《公羊传》的说法不同罢了。

〔15〕　一继绝世：元许谦《四书丛说》《读论语丛说下》《尧曰》："继绝世，谓
　　　国存而君亡，为之立君。"鲁庄公弟庆父和鲁庄公的夫人哀姜私
　　　通，哀姜想立庆父为君。庄公死后，庆父杀了太子般，又杀了鲁闵
　　　公，国绝无嗣。齐桓公听见了，便叫高奚到鲁国存立僖公。见《国
　　　语》《齐语》及韦昭注。
〔16〕　为五伯长：为春秋五霸之首。春秋五霸，见本书《杂事》第三《乐毅
　　　使人献书燕王曰》章注〔26〕。

　　晋文公伐原〔1〕，与大夫期五日〔2〕，五日而原不降，
文公令去之，吏曰："原不过三日〔3〕将降矣，君不如待
之。"君曰："得原失信，吾不为也。"原人闻之，曰："有君义
若此，不可不降也。"遂降。温〔4〕人闻之，亦请降。故曰：
"伐原而温降。"此之谓也。于是诸侯归之，遂侵曹伐
卫〔5〕，为践土之会〔6〕，温之盟〔7〕。后南破彊楚〔8〕，尊事
周室〔9〕，遂成霸功，上次齐桓，本信由伐原也。

〔注〕

〔1〕　原：在今河南省济源县西北。晋文公伐原：晋文公因帮助周室平定
　　　王子带之乱，周襄王把温、原等地赐给他，温、原不服，所以文公出
　　　兵讨伐。参阅本书《善谋》第九《晋文公之时》章及《左传》僖公二十
　　　五年。
〔2〕　五日：《左传》僖公二十五年、《国语》《晋语》四、《淮南子》《道应》都
　　　作"三日"，《韩非子》《外储说左上》作"十日"，《吕氏春秋》《为欲》作
　　　"七日"。下同。
〔3〕　三日：《国语》《晋语》四、《淮南子》《道应》都作"一二日"。
〔4〕　温：古国名，故城在今河南省温县西南。
〔5〕　侵曹伐卫：曹、卫服楚。鲁僖公二十七年冬，楚围宋，宋向晋告急。
　　　二十八年春，晋文公侵曹伐卫，以解宋国之围。见鲁僖公二十七
　　　年、二十八年《春秋经》及《左传》。

〔6〕　践土：春秋郑地，当在今河南省荥泽故县西北。践土之会：鲁僖公
　　　二十八年四月，晋文公联合齐、宋、秦的军队，在城濮把楚国的军队
　　　打败。五月，和鲁、齐、宋、蔡、郑、卫、莒会盟于践土。见鲁僖公二
　　　十八年《春秋经》及《左传》。

〔7〕　温之盟：鲁僖公二十八年冬，因卫、许不服，晋文公和鲁、齐、宋、蔡、
　　　郑、陈、莒、邾、秦会盟于温，准备讨伐卫、许。见鲁僖公二十八年
　　　《春秋经》、《左传》及杜预注。

〔8〕　后南破疆楚：“后”字应删，因破楚在践土之会前。

〔9〕　尊事周室：鲁僖公二十四年，周襄王因王子带之乱出奔郑国。二十
　　　五年，晋文公杀王子带，迎接襄王回王城，朝见襄王。二十八年城
　　　濮之战后，把楚国的俘虏献给襄王。又在这年冬天，大会诸侯，朝
　　　见襄王于温。见《左传》鲁僖公二十四年、二十五年、二十八年。

　　昔者赵之中牟叛〔1〕，赵襄子率师伐之〔2〕。围未合而城自坏者十堵〔3〕，襄子击金而退士〔4〕。军吏〔5〕曰："君诛中牟之罪而城自坏，是天助也。君曷为去之？"襄子曰："吾闻之于叔向曰：'君子不乘人于利，不迫人于险。'使之城而后攻。中牟闻其义，乃请降。《诗》〔6〕曰："王犹允塞〔7〕，徐方既来〔8〕。"此之谓也。襄子遂灭智氏〔9〕，并代〔10〕，为天下疆，本由伐中牟也。

〔注〕

〔1〕　中牟：《论衡》《变动》作"顿牟"。在河南省黄河以北汤阴县西五十
　　　里。参阅程恩泽《国策地名考》卷九。不是现在河南省的中牟。赵之
　　　中牟叛：赵简子死了之后，还没有埋葬，中牟便臣服于齐了。见《淮
　　　南子》《道应》。《资治通鉴外纪》卷十认为是周元王二年的事。

〔2〕　率师伐之：是在赵简子葬后的第五天。见《韩诗外传》卷六。

〔3〕　堵：墙一段叫一堵。关于堵的面积，说法很多，一说是丁方一丈。十
　　　堵：《韩诗外传》卷六、《淮南子》《道应》均作"十丈"，《论衡》《变动》

作"十余丈"。

〔4〕　金：指钲。钲，似铃，没有舌，柄半在上半在下，穿柄的孔比柄稍宽。敲钲是用来指挥军队退却的。士：疑是"之"的形误，因《韩诗外传》卷六《淮南子》《道应》、《论衡》《变动》都作"之"。

〔5〕　军吏：见本书《善谋》第十《汉六年正月封功臣》章注〔8〕。

〔6〕　《诗》：《诗经》《大雅》《常武》。

〔7〕　王：周宣王。犹：道。允：信。塞：实。王犹允塞：王的行径信实。

〔8〕　徐方：徐国，故地在今安徽省泗县北。既：尽。来：归顺。

〔9〕　灭智氏：智伯向赵襄子要土地，赵襄子不给。智伯联合韩、魏围攻赵襄子于晋阳，三个月攻不下来，决晋水灌晋阳，三年仍攻不下。赵襄子叫张孟谈去疏通韩、魏。结果反而是赵襄子联合韩、魏把智氏灭掉，三分其地。见《战国策》《赵策》一。

〔10〕　代：国名，有今山西省东北部及河北省蔚县附近地。并代：《史记》《赵世家》："于是赵北有代，南并知氏。"《论衡》《纪妖》："襄子既立，诱杀代王而并其地，又并知氏之地。"

　　楚庄王伐郑〔1〕，克之。郑伯肉袒〔2〕，左执旄旌，右执鸾刀〔3〕，以迎庄王，曰："寡人无良边陲之臣〔4〕以干〔5〕天之祸，是以使君王昧焉辱到弊邑〔6〕。君如怜此丧人〔7〕，锡之不毛之地，唯君王之命。"庄王曰："君之不令臣交易为言〔8〕，是以使寡人得见君之玉面也，而微至乎此〔9〕！"庄王亲自手旌，左右麾军，还舍七里〔10〕。将军子重〔11〕进谏曰："夫南郢之与郑，相去数千里〔12〕。诸大夫死者数人，斯役〔13〕死者数百人。今尅而不有〔14〕，无乃失民力乎〔15〕？"庄王曰："吾闻之：古者盂不穿，皮不蠹，不出四方〔16〕。以是见君子重礼而贱利也。要其人，不要其土。人告从而不赦，不祥也。吾以不祥立乎天下，菑之及吾身，何日之有矣！"既而晋人之救郑者至〔17〕，请战，庄王许之。将军子重进谏曰："晋，彊国也，道近力新。楚师疲劳。君请勿许！"庄王曰："不可。强者我避之，弱者我威之，是寡人无以立乎天下也。"遂还师以逆晋寇。庄王援枹而鼓之。晋师大败。晋人来，渡河而南，及败犇走，欲渡而北。卒争舟，而以刃击引〔18〕，舟中之指可掬〔19〕也。庄王曰："嘻！吾两君之不相能〔20〕也，百姓何罪！"乃退师以轶〔21〕晋寇。《诗》〔22〕曰："柔亦不茹〔23〕，刚亦不吐〔24〕。不侮鳏寡，不畏彊御〔25〕。"庄王之谓也。

〔注〕

〔1〕 楚庄王伐郑：鲁宣公十一年夏，楚和陈、郑会盟于辰陵，其后郑人又投靠晋国，因此在鲁宣公十二年春，楚庄王伐郑。见鲁宣公十一年、十二年《春秋经》、《左传》及杜预注。

〔2〕 郑伯：郑襄公，名坚。伯是郑国国君的爵位名。见《史记》《郑世家》及《春秋经》隐公元年孔颖达疏。肉袒：表示臣服。

〔3〕 旄：茅之借字。旄旌：《公羊传》宣公十二年、《韩诗外传》卷六、《渚宫旧事》卷一均作"茅旌"。旌：旗子的一种，旗竿的顶上垂以旄牛尾鸟羽之类。茅旌：旗竿的顶上垂以茅草的旗子。是祭祀宗庙时用来迎神给神带路和指挥祭者覆护祭者的东西。鸾刀：在宗庙里面用来割切的，刀环刀锋有铃的刀子。见《公羊传》宣公十二年何休注。左执茅旌，右执鸾刀：把宗庙之器交给楚国，也就表示郑国从此以后不祭祀自己的宗庙，让楚国把郑国灭亡之意。

〔4〕 无良边陲之臣：意思是把责任推到自己的边陲之臣，说是他们引起了两国的冲突。

〔5〕 干：得。见《小尔雅》《广言》。

〔6〕 昧焉：《公羊传》宣公十二年、《韩诗外传》卷六作"沛焉"。沛焉：匆促地。昧，通沛，二字同属泰部，发音同属唇音，"昧焉"和"沛焉"意

同。弊邑：即敝邑。

〔7〕 丧人：亡国之人。

〔8〕 君之不令臣交易为言：《公羊传》宣公十二年何休注："是亦庄王谦不斥郑伯之辞。令，善也。交易，犹往来也。言君之不善臣数往来为恶言。"

〔9〕 而微至乎此：但您却谦卑到这个地步。

〔10〕 还：退。《公羊传》宣公十二年作"退"。舍：去声，立营舍。还舍七里：《左传》宣公十二年作"退三十里"，《史记》《楚世家》作"引兵去三十里而舍"，《郑世家》作"却三十里而后舍"。

〔11〕 子重：公子婴齐，楚庄王弟，楚庄王时为左尹。见《左传》宣公十一年及杜预注。因为率领军队，所以又称他为将军。

〔12〕 南郢：即郢都。见本书《杂事》第一《楚威王问于宋玉曰》章注〔3〕、《善谋》第九《楚平王杀伍子胥之父》章注〔9〕。相去数千里：是夸大的话，郢都和郑国实际相距不到二千里。见《公羊传》宣公十二年何休注。

〔13〕 厮：即廝。劈柴养马的人。《公羊传》宣公十二年《渚宫旧事》卷一均作"廝"。厮役：做劈柴养马之类的劳役的人。

〔14〕 剋：通克。《韩诗外传》卷六作"克"，《渚宫旧事》卷一作"胜"。有：取。

〔15〕 无乃失民力乎：《公羊传》宣公十二年、《韩诗外传》卷六都作"无乃失民臣之力乎？"《渚宫旧事》卷一作"无乃失人臣之力乎？"

〔16〕 盂：饭器。皮：皮裘。盂不穿，皮不蠹，不出四方：古代天子给诸侯封地，诸侯有责任向天子献纳贡物。但明王尚德不尚利，即使诸侯不进贡，明王也非至盂穿裘敝，衣食不足，不肯调兵遣将，出征四方。见石光瑛《新序校释》。

〔17〕 既而晋人之救郑者至：《左传》宣公十二年："夏六月，晋师救郑；荀林父将中军，先縠佐之。"

〔18〕 刃：指刀剑。引：指在水中的士卒攀着船舷的手。

〔19〕 舟中之指可掬：形容被斩断的掉在船里面的手指之多。《水经》《河水注》："河水又东径卷县北。晋楚之战，晋军争济，舟中之指可掬，楚庄祀河告成而还，即是处也。"

〔20〕　能：善。相能：相好。《公羊传》宣公十二年、《韩诗外传》卷六都作
　　　"相好"。

〔21〕　轶：读作佚，《公羊传》宣公十二年、《韩诗外传》卷六都作"佚"，即
　　　逸，放掉之意。

〔22〕　《诗》：《诗经》《大雅》《烝民》。

〔23〕　柔亦不茹：软的也不吃。比喻对软弱者也不欺负。

〔24〕　刚亦不吐：硬的也不吐出，还是吞掉。比喻对强者也不害怕。

〔25〕　御：强。见王引之《经义述闻》卷七"曾是彊御"条引王念孙曰。彊
　　　御：合成词。《史记》《周本纪》《集解》引郑玄曰："彊御，谓彊暴也。"

晋人伐楚[1]，三舍[2]不止，大夫曰[3]："请击之。"
庄王曰："先君之时，晋不伐楚，及孤之身而晋伐楚，是寡
人[4]之过也；如何其辱诸大夫也?"大夫曰："先君[5]之
时，晋不伐楚，及臣之身，而晋伐楚，是臣之罪也；请击
之。"庄王俛泣而起，拜诸大夫。晋人闻之曰："君臣争以
过为在己，且君下其臣犹如此；所谓上下一心，三军同力，
未可攻也。"乃夜还师。孔子闻之曰："楚庄王霸，其有方
矣。下士[6]以一言而敌还，以安社稷，其霸不亦宜乎?"
《诗》[7]曰："柔远能迩[8]，以定我王。"此之谓也。

〔注〕

〔1〕　晋人伐楚：在周定王三年，即鲁宣公五年。见《资治通鉴外纪》
　　　卷六。

〔2〕　舍：去声。三十里为一舍。

〔3〕　曰：《太平御览》卷四百二十三引、《淮南子》《道应》都没有"曰"字。

〔4〕　寡人：《太平御览》卷四百二十三引、《淮南子》《道应》都作"孤"。

〔5〕　先君：春秋时多世卿，应从《淮南子》《道应》作"先臣"。

〔6〕　下士：礼下其臣。

〔7〕　《诗》：《诗经》《大雅》《民劳》。

〔8〕　柔：和顺。能：安。迩：近。柔远能迩：要想怀柔远国，首先要安抚近旁的人。

晋文公将伐邺〔1〕，赵衰言所以胜邺〔2〕，文公用之而胜邺，将赏赵衰，赵衰曰："君将赏其末乎？赏其本乎？赏其末则骑乘者〔3〕存，赏其本则臣闻之郄虎〔4〕。"公召郄虎曰："衰言所以胜邺，遂胜，将赏之，曰：盖闻之子。子当赏。"郄虎对曰："言之易，行之难，臣言之者也。"公曰："子无辞。"郄虎不敢固辞，乃受赏。

〔注〕

〔1〕　邺：故城在今河北省临漳县西。伐邺：晋文公伐邺，在周襄王二十三年。（鲁僖公三十一年。）见《资治通鉴外纪》卷五。

〔2〕　赵衰：字子馀，谥成子。见梁玉绳《汉书人表考》卷三。所以胜邺：《吕氏春秋》《不苟论》作"所以胜邺之术"。

〔3〕　骑乘者：指骑马乘车的战士。但春秋时是没有骑兵的。吴曾《能改斋漫录》卷一说："予按古者服牛乘马，马以驾车，不单骑也。至六国之时，始有单骑，苏秦所谓'车千乘，骑万匹'是也。《曲礼》云'前有车骑'者，《礼记》乃汉世书耳，经典并无'骑'字。"

〔4〕　郄：同郤，音乞逆切。郄虎：《吕氏春秋》《不苟论》作"郤子虎"，即《国语》《晋语》一的"郤叔虎"。韦昭注："郤叔虎，晋大夫郤芮之父郤豹也。"

梁〔1〕大夫有宋就者，尝为边县令，与楚邻界。梁之边亭〔2〕，与楚之边亭，皆种瓜，各有数。梁之边亭人劬力，数灌其瓜，瓜美。楚人窃〔3〕而稀灌其瓜，瓜恶。楚令因以〔4〕梁瓜之美，怒其亭瓜之恶也。楚亭人心恶梁亭之贤己，因往夜〔5〕窃搔梁亭之瓜，皆有死焦者矣。梁亭觉之，因请其尉[6]，亦欲窃往报搔楚亭之瓜。尉以请宋就，就曰："恶！是何可？构怨祸[7]之道也。人恶亦恶，何褊之甚也！若我教子：必每暮令人往，窃为楚亭夜善灌其瓜，勿令知也。"于是梁亭乃每暮夜窃灌楚亭之瓜。楚亭旦而行[8]瓜，则又皆以[9]灌矣。瓜日以美，楚亭怪而察之，则乃梁亭也[10]。楚令闻之大悦，因具以闻楚王。楚王闻之，怒[11]然愧，以意自闵[12]也。告吏曰："征搔瓜者得无有他罪乎！此梁之阴让也。"乃谢以重币，而请交于梁王。楚王时，称则祝梁王以为信[13]。故梁楚之欢，由宋就始。语曰："转败而为功，因祸而为福。"老子曰："报怨以德[14]。"此之谓也。夫人既不善，胡足效哉？

〔注〕

〔1〕 梁：自从魏惠王自安邑迁都大梁以后，魏又称梁。

〔2〕 亭：古时候县以下一种很小的行政区域单位的名称。见《史记》《高祖本纪》《正义》。边亭当然还负有守望边境的责任。

〔3〕 窳：懒惰。

〔4〕 楚令：楚国边县的县长。因以：合成词，因为。贾谊《新书》《退让》只作"以"。

〔5〕 往夜：应从《事类赋》卷二十七注引作"夜往"。

〔6〕 尉：管理治安的官。这里指亭尉。

〔7〕 构怨祸：《新书》《退让》作"构怨召祸"。

〔8〕 行：巡视。

〔9〕 以：通已。《新书》《退让》作"已"。

〔10〕 则乃梁亭也："亭"下《新书》《退让》有"之为"二字。《事类赋》注引本书"亭"下也有"为"字。

〔11〕 怒：音溺。本义为饥饿，食不足为怒，在这里引申为心有所歉。

〔12〕　闵：病。以意自闵：指从内心上自责。

〔13〕　称则祝：应从卢文弨《群书拾补》据贾谊《新书》《退让》校作"则称说"。则：辄，每每。信：验，例证。则称说梁王以为信：每每称述梁王以为例证。

〔14〕　报怨以德：见《老子》第六十三章。

　　梁尝有疑狱，群臣半以为当罪，半以为无罪；虽梁王亦疑。梁王曰："陶之朱公〔1〕，以布衣富侔国〔2〕，是必有奇智。"乃召朱公而问曰："梁有疑狱，狱吏〔3〕半以为当罪，半以为不当罪；虽寡人亦疑。吾子决是，奈何？"朱公曰："臣鄙民也，不知当狱。虽然，臣之家有二白璧〔4〕，其色相如也，其径相如也，其泽相如也，然其价一者千金〔5〕，一者五百金。"王曰："径与色泽相如也〔6〕，一者千金，一者五百金，何也？"朱公曰："侧而视之，一者厚倍，是以千金。"梁王曰："善。"故狱疑则从去，赏疑则从与〔7〕，梁国大悦。由此观之，墙薄则亟坏，缯薄则亟裂，器薄则亟毁，酒薄则亟酸。夫薄而可以旷日持久者，殆未有也。故有国畜民施政教者，宜厚之而可耳。

〔注〕

〔1〕　陶：在今山东省肥城县西北。陶之朱公：相传范蠡帮助越王勾践灭吴争霸，功成身退，乘扁舟浮于江湖，变易姓名。至陶为朱公，经商致富。见《史记》《货殖列传》。但勾践灭吴在周敬王四十三年。魏迁都大梁，魏王开始称为梁王在周显王二十九年。二者相距一百三十九年。范蠡就算四十多岁功成身退，至此已一百八十多岁了。这是不可能的。假如这梁王是梁惠王以后的王，那就更不必说了。贾谊《新书》《连语》作"陶之朱叟"。

〔2〕　国：诸侯。以布衣侔国：以平民的身分而富有等同于诸侯。

〔3〕　狱吏："狱"因上文"疑狱"的"狱"而衍，应从《新书》《连语》删，因"吏"即上文的"群臣"，不应作"狱吏"。

〔4〕　璧：玉器名，是一片圆形的玉，中间有一个圆孔。周制标准式样：圆孔的直径等于全璧的直径的三分之一。

〔5〕　千金：千镒黄金。镒：二十两。见本书《杂事》第三《燕易王时国大乱》章注〔8〕。

〔6〕　径与色泽相如也：《新书》《连语》作"径与色泽，皆相如也"。

〔7〕　从去：依照免罪的做法。从与：依照给奖的做法。狱疑则从去，赏疑则从与：《汉书》《冯野王传》："传曰：赏疑从予，所以广恩劝功也；罚疑从去，所以慎刑阙难知也。"

　　楚惠王食寒菹而得蛭〔1〕，因遂吞之，腹有疾而不能食。令尹入问曰："王安得此疾也？"王曰："我食寒菹而得蛭，念谴之而不行其罪乎，是法废而威不立也，非所以使国闻也〔2〕。谴而行其诛乎，则庖宰食监〔3〕，法皆当死，心又不忍也。故吾恐蛭之见也，因遂吞之。"令尹避席〔4〕再拜而贺曰："臣闻天道无亲，惟德是辅〔5〕。君有仁德，天之所奉〔6〕也，病不为伤。"是夕也，惠王之后蛭出，故其久病心腹之疾〔7〕皆愈。天之视听，不可不察也〔8〕。

〔注〕

〔1〕　楚惠王：又叫献惠王，楚昭王庶子，名章。见《墨子》《贵义》、《史记》《楚世家》和《集解》。菹：音侧鱼切。即虀，音阻立切。王念孙《广雅疏证》卷十上："唐《本草》注云：'虀菜叶似荞麦，肥地亦能蔓生，茎紫赤色，多生湿地山谷阴处，山南、江左好生食之，关中谓之菹菜。'菹、蒩、葅、葅字并通。蛭：水蛭，一名马蟥，蟥：能吸血。

〔2〕　非所以使国闻也：《论衡》《福虚》作"非所以使国人闻之也"。

〔3〕 食监：监督膳食的人。贾谊《新书》《春秋》、《论衡》《福虚》都作"监食者"。

〔4〕 避席：古人席地而坐，有所敬则离座而起，叫做避席。

〔5〕 天道无亲，惟德是辅：《尚书》《蔡仲之命》、《左传》僖公五年均作"皇天无亲，惟德是辅"。

〔6〕 奉：助。

〔7〕 疾：《新书》《春秋》、《论衡》《福虚》均作"积"。指积血。

〔8〕 不可不察也：和上文意义不相连属，应作"不可谓不察也"。《新书》《春秋》作"不可谓不察"，《论衡》《福虚》作"可谓不察乎？"

　　郑人游于乡校〔1〕，以议执政之善否。然明谓子产〔2〕曰："何不毁乡校？"子产曰："胡为？夫人朝夕游焉，以议执政之善否。其所善者，吾将〔3〕行之；其所恶者，吾将改之。是吾师也。如之何毁之？吾闻为国忠信以损怨〔4〕，不闻作威以防怨。譬之若防川也，大决所犯，伤人必多，吾不能救也。不如小决之使导，吾闻而药之也〔5〕。"然明曰："蔑也，乃今知吾子之信可事〔6〕也。小人实不材〔7〕，若果行此，其郑国实赖之。岂惟二三臣〔8〕？"仲尼闻是语也，曰："以是观之，人谓子产不仁，吾不信也〔9〕。"

〔注〕

〔1〕 乡：周制：一万二千五百户为一乡。乡校：即乡学，对国学而言。郑人游于乡校：吕思勉《燕石札记》三《乡校》："惟仅冬日教学，余时皆如议会公所，亦如俱乐部，故人得朝夕游其间也。"

〔2〕 然明：即鬷蔑，鬷氏。见《左传》襄公二十四年杜预注、《元和姓纂》卷一。《孔子家语》《正论解》作"鬷明"。子产：郑大夫公孙侨，字子产，又叫子美，谥成子，亦称公孙成子，郑成公少子，一说公子发之子。为郑相。见《论语》《公冶长》何晏《集解》引孔安国曰、梁玉绳

《汉书人表考》卷二。

〔3〕　将:则。《左传》襄公三十一年、《孔子家语》《正论解》均作"则"。

〔4〕　为国:治国。忠信以损怨:《左传》襄公三十一年作"忠善以损怨"。

〔5〕　不如小决之使导,吾闻而药之也:语欠通顺,"吾"上应从《左传》襄公三十一年及《孔子家语》《正论解》补"不如"二字。

〔6〕　乃:然后。乃今:用法同"今乃"。《左传》襄公三十一年作"今而后"。事:行。

〔7〕　材:《左传》襄公三十一年作"才"。

〔8〕　二三臣:应指为子产所任用的裨諶、游吉、公孙挥等几位重臣。见《论语》《宪问》及何晏《集解》。

〔9〕　仲尼闻是语也,……吾不信也:孔子这时才十岁,这是孔子以后年长了听见了这事而说的话。见《左传》襄公三十一年杜预注。子产铸刑书,以严刑治国,即晋国的叔向也写信叫子产不要这样做。见《左传》昭公六年及《汉书》《刑法志》。据此,当时一定有人说子产不仁,所以孔子才这样说。

桓公与管仲、鲍叔、甯戚〔1〕饮酒,桓公谓鲍叔〔2〕"姑为寡人祝乎!"鲍叔奉酒而起曰〔3〕:"祝吾君无忘其出而在莒〔4〕也!使管仲无忘其束缚而从鲁也〔5〕!使甯子无忘其饭牛于车下也〔6〕!"桓公避席再拜曰:"寡人与二大夫,皆无忘夫子之言,齐之社稷,必不废矣。"此言常思困隘〔7〕之时,必不骄矣。

〔注〕

〔1〕　鲍叔:《管子》《小称》、《贞观政要》卷三均作"鲍叔牙"。

〔2〕　桓公谓鲍叔:《管子》《小称》作"饮醋,桓公谓鲍叔牙曰",《吕氏春秋》《直谏》作"酣,桓公谓鲍叔曰"。

〔3〕　鲍叔奉酒而起曰:应从《后汉书》《隗嚣传》李贤注引作"鲍叔奉酒而起,祝曰"。《冯异传》李贤注引作"管仲上寿曰"。

〔4〕　祝：应从《管子》《小称》及《吕氏春秋》《直谏》作"使"，因为这句的语法结构和下面两句应该一致。莒：古国名，故地在今山东省莒县。出而在莒：见本书《杂事》卷五《管仲傅齐公子纠》章。祝吾君无忘其出而在莒也：《后汉书》《冯异传》注引作"愿君无忘出奔于莒也！"《尸子》卷下、《贞观政要》卷三"莒"下和下文的"鲁"下"车下"下都有"时"字。

〔5〕　从：在。《管子》《小称》作"在"，《吕氏春秋》《直谏》作"在于"。束缚而从鲁：齐大夫公孙无知把齐襄公杀了以后，管仲、召忽奉公子纠出奔鲁国。齐人把无知杀掉以后，被鲍叔牙辅着出奔于莒的公子小白先入为君。小白听信鲍叔牙的话，想用管仲为相，又怕鲁国不肯放手，因此表面仇恨管仲，对鲁国说要把管仲囚禁，交给齐国的使者。结果鲁国照样做了。见《左传》庄公八年、九年、《国语》《齐语》。使管仲无忘其束缚而从鲁也：《后汉书》《冯异传》注引作"臣亦无忘束缚于鲁也！"

〔6〕　使甯子无忘其饭牛于车下也：见本书《杂事》第五《甯戚欲干齐桓公》章。

〔7〕　隘：通厄。

　　桓公田至于麦丘〔1〕，见麦丘邑人〔2〕，问之："子何为者也？"对曰："麦丘邑人也。"公曰："年几何？"对曰："八十有三矣。"公曰："美哉！寿乎！子其以子寿祝寡人！"麦丘邑人曰："祝主君：使主君甚寿，金玉是贱，人为宝〔3〕。"桓公曰："善哉！至德不孤，善言必再；吾子其复之！"麦丘邑人曰："祝主君：使主君无羞学，无恶下问；贤者在傍，谏者得人〔4〕。"桓公曰："善哉！至德不孤，善言必三；吾子其复之！"麦丘邑人曰："祝主君：使主君无得罪于群臣百姓。"桓公怫然〔5〕作色曰："吾闻之：子得罪于父，臣得罪于君。

未尝闻君得罪于臣者也。此一言者,非夫二言者之匹也;子更之!"麦丘邑人坐拜〔6〕而起,曰:"此一言者, 夫二言之长〔7〕也。子得罪于父,可以因姑姊叔父而解之,父能赦之。臣得罪于君,可以因便辟〔8〕左右而谢之,君能赦之。昔桀得罪于汤〔9〕,纣得罪于武王〔10〕,此则君之得罪于其臣者也,莫为谢,至今不赦。"公曰:"善。赖国家之福, 社稷之灵,使寡人得吾子于此。"扶而载之,自御以归,礼之于朝,封之以麦丘而断政焉。

〔注〕

〔1〕麦丘:在山东省莱芜县。见《水经》《汶水注》。桓公田,至麦丘;《晏子春秋》《内篇》《谏上》作"景公游于麦邱",《韩诗外传》卷十作"齐桓公逐白鹿至麦丘之邦"。《资治通鉴外纪》卷四认为这故事发生于周惠王十年。

〔2〕麦丘邑人:《元和姓篆》卷十引《英贤传》作"麦丘老人"。《晏子春秋》《内篇》《谏上》、《太平御览》卷七百三十六引《韩诗外传》作"封人"。《初学记》卷八和《太平寰宇记》卷十二引桓谭《新论》作"麦丘人",《汉书》《古今人表》亦作"麦丘人"。据此,知"封人"即"邦人",亦即"邑人"。封、邦二字形近并通。下文"麦丘邑人"《韩诗外传》卷十均作"麦丘之邦人"或"邦人"可证。

〔3〕是:《韩诗外传》卷十作"之"。人:应从《韩诗外传》卷十作"人民",和"金玉"对文。之、是、为:都是用来把宾语倒装于动词前的语助词。金玉是贱,人民为宝:轻视金玉,重视人民。《初学记》和《太平寰宇记》引桓谭《新论》作"金玉是贱,以人为宝"。

〔4〕贤者在傍,谏者得人:《韩诗外传》卷十作"贤者在侧,谏者得入"。

〔5〕怫然:怫,音佛,但上古无轻唇音,怫然即勃然。

〔6〕坐拜:膝跪地下拜。坐,读作《左传》昭公二十七年"坐行而入"之"坐"。

〔7〕 长：上声，上。《韩诗外传》卷十作"上"。

〔8〕 便：很熟。辟：通嬖，音臂，宠幸。便辟：和人君很熟很接近，被人君所宠幸的人。

〔9〕 桀得罪于汤：夏桀无道，把商汤囚禁于夏台，后来释放了。结果由于商汤修德，诸侯归附，商汤率兵伐夏，把桀驱逐了。见《史记》《夏本纪》。

〔10〕 纣得罪于武王：殷纣囚禁周武王的父亲文王于羑里，后来周武王率领诸侯伐纣，纣兵败自焚。见《史记》《殷本纪》。

哀公〔1〕问孔子曰："寡人生乎深宫之中，长于妇人之手，寡人未尝知哀也，未尝知忧也，未尝知劳也，未尝知惧也，未尝知危也。"孔子辟席曰："吾君之问，乃圣君之问也。丘小人〔2〕也，何足以言〔3〕之？"哀公曰："否。吾子就席。微〔4〕吾子，无所闻之矣。"孔子就席曰："然。君入庙门，升自阼阶〔5〕，仰见榱栋，俯见几筵；其器存，其人亡。君以此思哀，则哀将安不至矣？君昧爽〔6〕而栉冠，平旦而听朝〔7〕，一物不应〔8〕，乱之端也〔9〕。君以此思忧，则忧将安不至矣？君平旦而听朝，日昃〔10〕而退，诸侯之子孙，必有在君之门庭者〔11〕。君以此思劳，则劳将安不至矣。君出鲁之四门，以望鲁之四郊，亡国之墟列〔12〕，必有数矣。君以此思惧，则惧将安不至矣。丘闻之：君者，舟也；庶人者，水也。水则载舟，水则覆舟〔13〕。君以此思危，则危将安不至矣。夫执国之柄，履民之上，凛乎如以腐索御奔马。《易》曰：'履虎尾〔14〕。'《诗》曰：'如履薄冰〔15〕。'不亦危乎？"哀公再拜曰："寡人虽不敏，请事斯语矣！"

〔注〕

〔1〕　哀公：鲁定公子，名将，一作蒋。见《史记》《鲁世家》及《索隐》。

〔2〕　小人：小民。

〔3〕　言：《荀子》《哀公》作"知"。

〔4〕　微：《荀子》《哀公》、《孔子家语》《五仪解》均作"非"。

〔5〕　然：应从卢文弨《群书拾补》校删。因上文哀公说："微吾子，无所闻之矣。"如有"然"字，孔子就是居之不疑了。《荀子》、《孔子家语》都没有"然"字。君入庙门：《荀子》《哀公》作"君入庙门而右。"《孔子家语》《五仪解》同《荀子》，但"而"作"如"，二字通。阼阶：东阶，主人所登降之阶。君入庙门，升自阼阶：宗庙有东西堂，有东西阶，人君进宗庙祭祀，由东阶上。见《尔雅》《释宫》、《礼记》《曲礼下》。

〔6〕　昧爽：天快亮的时候。

〔7〕　平旦：天刚亮的时候。《荀子》《哀公》作"平明"，下同。听朝：《孔子家语》《五仪解》作"视朝"。义同。

〔8〕　一物不应：一件事情搞得不适当。《孔子家语》《五仪解》作"一物失理"。

〔9〕　乱之端也：《孔子家语》《五仪解》作"乱亡之端"。

〔10〕昃：音仄，日过午。

〔11〕诸侯之子孙，必有在君之门庭者：诸侯的子孙，为了诸侯之间的交往，一定有远道而来，在您的门庭里面修人臣之礼的。《孔子家语》《五仪解》作"诸侯子孙，往来为宾，行礼揖让，慎其威仪"。

〔12〕列：陇，丘陇，坟墓。

〔13〕则：能。水则载舟，水则覆舟：《贞观政要》卷四作"水能载舟，亦能覆舟"。《意林》卷三引作"水所以载舟，亦能以覆舟"。《孔子家语》《五仪解》、《贞观政要》卷十均作"水所以载舟，亦所以覆舟"。

〔14〕履虎尾：见《易经》《履卦》。

〔15〕如履薄冰：见《诗经》《小雅》、《小旻》、《小宛》。

　　昔者齐桓公出游于野，见亡国故城郭氏之墟〔1〕，问于野人曰："是为何墟？"野人曰："是为郭氏之墟。"桓公曰:"郭氏者曷为墟?"野人曰:"郭氏者善善而恶恶。"桓公曰:"善善而恶恶,人之善行也。其所以为墟者何也?"野人曰:"善善而不能行〔2〕,恶恶而不能去,是以为墟也。"桓公归,以语管仲。曰〔3〕:"其人为谁?"桓公曰:不知也。"管仲曰:"君亦一郭氏也〔4〕。"于是桓公招野人而赏焉〔5〕。

〔注〕

〔1〕 《资治通鉴外纪》卷四认为这故事发生于周惠王十年。郭氏之墟:郭氏的先祖为夏后的御者,封国在博之聊城。见《路史》《国名纪》己卷二。聊城即今山东省的聊城县。

〔2〕 行:用。《群书治要》卷四十四引桓谭《新论》、《贞观政要》卷二均作"用"。不能行:指不能任用好人。

〔3〕 曰:应从卢文弨《群书拾补》校作"管仲曰"意义比较明确。

〔4〕 君亦一郭氏也:指桓公抛弃好人,也像郭氏的善善而不能用。

〔5〕 焉:之。《类说》卷三十引作"之"。

晋文公田于虢〔1〕,遇一老夫而问曰:"虢之为虢久矣,子处此故〔2〕矣,虢亡,其有说乎!"对曰:"虢君断则不能,谏则无与〔3〕也。不能断又不能用人,此虢之所以亡〔4〕。"文公以辍田而归,遇赵衰而告之。赵衰曰:"今其人安在?"君曰:"吾不与之来也。"赵衰曰:"古之君子,听其言而用其人。今之君子,听其言而弃其身。哀哉,晋国之忧也!"文公乃召赏之。于是晋国乐纳善言,文公卒以霸。

〔注〕

〔1〕 《资治通鉴外纪》卷五认为这故事发生于周襄王二十三年。田:《太平御览》卷八百三十二引作"败"。虢:古国名,故城在今山西省平

陆县境。为晋献公所灭。见本书《善谋》第九《虞虢皆小国也》章。

〔2〕　故：和上"久"互文。

〔3〕　则：亦。谏：应作"谋"。与：用。谏则无与：《群书治要》卷四十二引
　　　　作"谋则不与"。断则不能，谋则无与：自己决断也不能够，别人跟
　　　　他谋划也不采用。

〔4〕　此虢之所以亡：应从《群书治要》卷四十二引作"此虢之所以亡也"。

晋平公过九原〔1〕而叹曰："嗟乎，此地之蕴吾良臣多
矣！若使死者起〔2〕也，吾将谁与归乎？"叔向对曰："其赵
武〔3〕乎！"平公曰："子党于子之师〔4〕也。"对曰："臣敢言
赵武之为人也，立若不胜衣，言若不出于口〔5〕，然其身举
士于白屋〔6〕下者四十六人，皆得其意〔7〕，而公家甚赖
之。及文子之死也，四十六人皆就宾位〔8〕，是其无私
德〔9〕也，臣故以为贤也。"平公曰："善。"夫赵武贤臣
也，相晋，天下无兵革者九年〔10〕。《春秋》曰："晋赵武之
力〔11〕。"尽〔12〕得人也。

〔注〕

〔1〕　九原：春秋晋国卿大夫的坟场。见《礼记》《檀弓下》郑玄注。在今
　　　　山西省绛县北境。

〔2〕　起：应从《群书治要》卷四十二引作"可起"。指能够复活。《国语》
　　　　《晋语》八、《礼记》《檀弓下》均作"可作"。作也是起来。

〔3〕　赵武：见本书《杂事》第一《赵文子问于叔向曰》章注〔1〕。

〔4〕　师：首长。子党于子之师也：《韩非子》《外储说左下》作"子党于师
　　　　人。"注："向，武之属大夫。"

〔5〕　言若不出于口：形容其说话吃力。应作"言若不出口"，与上句对句。
　　　　《群书治要》卷四十二引、《韩非子》《外储说左下》、《子华子》《虎会
　　　　问》均无"于"字。《礼记》《檀弓下》作"其言呐呐然如不出其口"。呐

呐：说话迟钝的样子。

〔6〕 举：应从《群书治要》卷四十二引、《礼记》《檀弓下》、《韩非子》《外储
说左下》作"所举"。白屋：《礼记》《檀弓下》作"管库"即营库,茅舍。

〔7〕 皆得其意：《子华子》《虎会问》作"皆能获其赤心"。

〔8〕 皆就宾位：都退就宾位,不继续做官。表明赵武为晋国相,举用这
四十六人做自己的助手,并不是为培植私人在晋国的势力。

〔9〕 其：各本作"以",误,今从铁华馆校宋本作"其"。私德：私心。

〔10〕 相晋,天下无兵革者九年：武井骥《刘向新序篡注》："骥按：此九年
似当云八年。赵武以鲁襄二十五年始为政,以昭元年卒,其间凡八
年矣。"

〔11〕 春秋曰："晋赵武之力"：《榖梁传》襄公三十年："澶渊之会,中国不
侵伐夷狄,夷狄不入中国,无侵伐八年,善之也,晋赵武、楚屈建之
力也。"

〔12〕 尽：应从石光瑛《新序校释》、张国铨《新序校注》校作"盖"。

　　叶公诸梁问乐王鲋〔1〕曰："晋大夫赵文子为人何
若?"对曰："好学而受规谏。"叶公曰："疑未尽之矣。"对
曰："好学,智也。受规谏,仁也。江出汶山,其源若瓮
口〔2〕,至楚国,其广十里。无他故,其下流多也。人而好
学受规谏,宜哉其立也。"《诗》〔3〕曰："其惟哲人,告之话
言〔4〕,顺德之行〔5〕。"此之谓也

〔注〕

〔1〕　叶公诸梁：应从卢文弨《群书拾补》据《北堂书钞》卷九十七引校
作"叶公沈诸梁"。沈诸梁：见本书《杂事》第一《秦欲伐楚》章
注〔11〕。乐王鲋：晋大夫乐桓子。见《左传》襄公二十一年杜预注。案
叶公诸梁见《左传》定公五年,哀公四年、十六年、十七年、十九年。
和乐王鲋不同时。

〔2〕　汶山即岷山,在今四川省。江出汶山,其源若瓮口：《子华子》《虎会

问》作"江之源出于汶山,其大如瓮口,其流可以滥觞"。

〔3〕　《诗》:《诗经》《大雅》《抑》。

〔4〕　话言:善言。

〔5〕　之:而。顺德之行:依善而行。

　　钟子期夜闻击磬声者〔1〕而悲,且召问之曰:"何哉?子之击磬若此之悲也!"对曰:"臣之父杀人而不得〔2〕,臣之母得而为公家隶,臣得而为公家击磬。臣不睹臣之母,三年于此矣。昨日为舍〔3〕市而睹之,意欲赎之,无财,身又公家之有也。是以悲也。"钟子期曰:"悲在心也,非在手也,非木非石也〔4〕。悲于心而木石应之,以至诚故也。"人君苟能至诚动于内,万民必应而感移。尧、舜之诚,感于万国,动于天地。故荒外从风〔5〕,凤麟翔舞〔6〕,下及微物〔7〕,咸得其所。《易》〔8〕曰:"中孚豚鱼吉〔9〕。"此之谓也。

〔注〕

〔1〕　钟子期:古之音乐鉴赏家。钟,氏。子,通称。期,名。楚人钟仪之族。见《吕氏春秋》《精通》、《本味》高诱注。击磬声者:应从《吕氏春秋》《精通》作"击磬者。"

〔2〕　得:这"得"和下两句的"得"都应从《吕氏春秋》《精通》作"得生"。

〔3〕　舍:主人家。

〔4〕　非木非石也:不是在敲磬的木锤,也不是在磬。

〔5〕　荒外:八荒之外,指极远的国家。从风:比喻很快的归附。荒外从风:帝尧的时候,渠搜氏、僬侥氏都远来朝贡。见《竹书纪年》。帝舜的时候,交趾、析枝、渠廋、氐、羌、山戎、发、息慎、长鸟夷都受到舜的德化。见《史记》《五帝本纪》。有苗氏不服,舜修德三年,有苗氏便自动归服了。见《韩非子》《五蠹》。

〔6〕 凤麟翔舞:《诗经》《周南》《麟之趾》疏引《孔丛》云:"唐虞之世,麟凤游于田。"

〔7〕 下及微物:尧时在山上伐树,禁止砍伐树苗;打猎,禁止打鸟兽的幼儿和有孕的兽。因而鸟兽草木都受到他的德泽。见《路史》《后记》十。

〔8〕 《易》:《易经》《中孚卦》。

〔9〕 中孚:诚信从中心发出,叫做中孚。中孚豚鱼吉:人有诚信,则豬、鱼这样卑贱的东西也会受到他的德泽,得到吉利。

勇士一呼,三军皆辟〔1〕,士之诚也〔2〕。昔者楚熊渠子〔3〕夜行,见寝石〔4〕,以为伏虎,关〔5〕弓射之,灭矢饮羽〔6〕。下视,知石也,却复射之,矢摧无迹。熊渠子见其诚心而金石为之开,况人心乎〔7〕?唱而不和,动而不随〔8〕,中必有不全者矣〔9〕。夫不降席而匡天下〔10〕者,求之己也。孔子曰:"其身正,不令而行。其身不正,虽令不从〔11〕。"先王之所以拱揖指挥而四海宾〔12〕者,诚德之至,已形于外。故《诗》曰:"王犹允塞,徐方既来。"此之谓也。

〔注〕

〔1〕 辟:《太平御览》卷四百三十七引作"辟易",惊退之意。

〔2〕 士:应作"出"。出之诚也:《文子》《精诚》作"其出之诚也",《淮南子》《缪称》作"其出之也诚"。

〔3〕 熊渠子:《史记》《龟策列传》称为"雄渠",《集解》引作"雄渠子"。即楚君熊渠。见《资治通鉴外纪》卷三下。

〔4〕 见寝石:《史记》《龟策列传》《集解》引作"见伏石当道"。

〔5〕 关:通弯。《艺文类聚》卷六十引、《韩诗外传》卷六、《搜神记》卷十一均作"弯"。

〔6〕　饮：没。灭矢饮羽：《韩诗外传》作"没金饮羽"，《搜神记》作"没金
　　　铩羽。"

〔7〕　况人心乎：《韩诗外传》卷六作"而况人乎？"

〔8〕　动：读作恸，过度的悲哀。动而不随：哀恸而别人不跟着他哀恸。《文
　　　子》《精诚》作"意而不载"，《淮南子》《缪称》作"意而不戴"。意：通
　　　噫，伤痛之声。《淮南子》《缪称》高诱注："戴，嗟也。"载：通戴。

〔9〕　中：指唱者恸者的内心。中必有不全者矣：其内心必然是有欠缺
　　　之处了。

〔10〕　不降席而匡天下：也就是垂拱而天下治之意。《淮南子》《缪称》作
　　　"舜不降席而王天下"。

〔11〕　见《论语》《子路》。

〔12〕　宾：服。

　　齐有彗星〔1〕，齐侯使祝〔2〕禳之，晏子曰："无益也，
祇取诬焉。天道不谄〔3〕，不贰其命〔4〕，若之何禳之也？
且天之有彗，以除秽也。君无秽德，又何禳焉？若德之
秽，禳之何益？《诗》〔5〕云：'惟此文王〔6〕，小心翼翼。昭
事〔7〕上帝，聿怀〔8〕多福。厥德不回〔9〕，以受方国〔10〕。'
君无违德，方国将至〔11〕，何患于彗？《诗》〔12〕曰'我无所
监，夏后及商〔13〕。用乱之故，民卒流亡。'若德之回乱，民
将流亡，祝史〔14〕之为，无能补也。"公说，乃止。

〔注〕

〔1〕　这故事又见《左传》昭公二十六年。彗：古人以为是妖星，见则有战
　　　事丧乱等灾祸。见《史记》《天官书》《正义》。

〔2〕　齐侯：齐景公。《晏子春秋》《外篇》第七作"景公"。祝：祭祀时管念
　　　祝词的官。这里指太祝。参阅本书《杂事》第一《中行寅将亡》章。
　　　太祝是祝官之长。

〔3〕　谄：音土刀切，隐而不显。《论衡》《变虚》作"暗"。天道不谄：即天

道昭彰之意。

〔4〕贰:应作"贰",即忒,差错。不贰其命:他对我们的告命没有差错。

〔5〕《诗》:《诗经》《大雅》《大明》。

〔6〕惟:《诗经》作"维",发语词,无义。文王:周文王。

〔7〕昭:明,指虔洁。事:祭祀。

〔8〕聿:乃。怀:藏,即受。《周礼》《春官》《司干》"受""藏"义通,这里的"怀",词义为藏,和下文的"受",也应该义通。

〔9〕厥:其。回:邪失。

〔10〕以:乃。受:得。方国:指四方诸侯。以受方国:才得到四方诸侯的归附。

〔11〕至:指来归附。

〔12〕《诗》:佚诗。

〔13〕无:何。见裴学海《古书虚字集释》。监:视。我无所监?夏后及商:我所借鉴的是什么?只是夏代及商代的亡国之君。

〔14〕祝史:即祝官。古代凡掌管文辞的官都称为史。祝官掌管祝辞,所以称为祝史。《左传》多称祝官为祝史。见桓公六年,昭公十七年、十八年、二十年,哀公二十五年等。

宋景公时〔1〕,荧惑在心〔2〕,惧,召子韦〔3〕而问曰:"荧惑在心,何也?"子韦曰:"荧惑,天罚也。心,宋分野也。祸当君身。虽然,可移于宰相。"公曰:"宰相,所使治国也;而移死焉,不祥。寡人请自当也。"子韦曰:"可移于民。"公曰:"民死,将谁君〔4〕乎?宁独死耳。"子韦曰:"可移于岁。"公曰:"岁饥民饿必死。为人君欲杀其民以自活,其谁以我为君乎?是寡人之命固尽矣。子无复言矣。"子韦还走,北面再拜曰:"臣敢贺君。天之处高而听卑,君有仁人之言三,天必三赏君。今夕星必徙舍〔5〕,君延寿二十一岁。"公曰："子何以知之？"对曰："君有三善，故三赏，星必三舍〔6〕，舍行七星，星当一年，三七二十一，故曰延寿二十一年。臣请伏于陛下以司〔7〕之，星不徙，臣请死之。"公曰："可。"是夕也，星三徙舍，如子韦言。老子曰："能受国之不祥，是谓天下之王也。"

〔注〕

〔1〕 宋景公：元公子，名头曼，又名兜栾，又叫栾。见梁玉绳《汉书人表考》卷七。宋景公时：宋景公三十七年。见《史记》《宋世家》。

〔2〕 荧惑：火星之别名。古人以为荧惑是执法之星。它的出现，便表示天要对人执行刑罚，使残杀、疾病、死丧、饥馑、战争等灾祸发生。见《史记》《天官书》及《索隐》《正义》。心：星名，其在上空的区域为宋之分野。荧惑在心：《史记》《宋世家》、《论衡》《变虚》、《群书治要》卷四十四引桓谭《新论》均作"荧惑守心"。

〔3〕 子韦：宋之太史，能占星宿。见《吕氏春秋》《制乐》高诱注。《史记》《宋世家》称为"司星子韦"。

〔4〕 君：作动词用，即以为君之意。将谁君乎：即下文"其谁以我为君乎"之意。《吕氏春秋》《制乐》作"寡人将谁为君乎？"即将谁以寡人为君呢？《淮南子》《道应》作"寡人谁为君乎？"《史记》《宋世家》作"吾谁为君？"为君：即以为君之意。

〔5〕 徙舍：应从《吕氏春秋》《制乐》、《淮南子》《道应》、《论衡》《变虚》作"徙三舍"。

〔6〕 三舍：应从《吕氏春秋》《制乐》、《淮南子》《道应》作"三徙舍"，下文也有"星三徙舍"的话。

〔7〕 司：古伺字，侦候。《吕氏春秋》《制乐》作"伺候"。《淮南子》《道应》作"伺"。张国铨《新序校注》："铨按……《史记》曰'司星子韦'，《汉志》曰'宋司星子韦三篇'。'伏于陛下以司之'，即司星之职也。"

宋康王时〔1〕，有爵生鹯于城之陬〔2〕，使史〔3〕占之，

曰：“小而生巨，必霸天下。”康王大喜。于是灭滕伐薛，取
淮北之地〔4〕。乃愈自信，欲霸之亟成，故射天笞地，斩社
稷而焚之〔5〕，曰威严伏〔6〕天地鬼神。骂国老〔7〕之谏者，
为无头之棺〔8〕，以示有勇。剖伛者之背，锲朝涉之胫〔9〕，
而国人大骇。齐闻而伐之〔10〕，民散，城不守。王乃逃儿
侯之馆〔11〕，遂得病而死〔12〕。故见祥而为不可，祥反为
祸。臣向愚以《鸿范传》〔13〕推之，宋史之占非也，此黑
祥〔14〕，传所谓黑眚〔15〕者也，犹鲁之有鹳鹆为黑祥也〔16〕。
属于不谋，其咎急也〔17〕。鹯者黑色，食爵，大于爵，害爵
也。攫击之物，贪叨之类。爵而生鹯者，是宋君且行急暴
击伐贪叨之行，距谏以生大祸，以自害也。故爵生鹯于城
陬者，以亡国也，明祸且害国也。康王不悟，遂以灭亡，此
其效也。

〔注〕

〔1〕　宋康王：名偃，辟公子。十一年，自立为王。或称宋献。当时又被称
　　　为桀宋。见《荀子》《王霸》及杨倞注、《史记》《宋世家》。宋康王时：
　　　周赧王二十九年。见《资治通鉴》卷四。

〔2〕　爵：《战国策》《宋策》作“雀”。鹯：大鸟，隼之类，像鹞。陬：角落。

〔3〕　史：太史。见《战国策》《宋策》高诱注。

〔4〕　滕：国名，在今山东省滕县西南。薛：国名，今山东滕县西南的薛城，
　　　是其故地。淮北之地：属楚。灭滕：在宋王偃四十二年，周赧王二
　　　十九年。见吕祖谦《大事记》卷五。取淮北之地：《史记》《宋世家》：
　　　宋王偃“东败齐取五城，南败楚取地三百里”。

〔5〕　射天：用皮口袋装血，高悬以象天，从下面仰射，射中了血流堕地，
　　　说是天神被射中了。见《吕氏春秋》《过理》及高诱注。笞地：打击
　　　土地之神。斩社稷而焚之：也就是砍掉社稷上的树而焚之，这也就

是笞地了。

〔6〕严：应从卢文弨《群书拾补》据《战国策》、贾谊《新书》校删。伏：服。《战国策》《宋策》、贾谊《新书》《春秋》均作"服"。服、伏同义通用。

〔7〕国老：卿大夫之已经辞官的。

〔8〕棺：应从《战国策》《宋策》、《太平御览》卷六百八十四和《事类赋》卷十二《冠赋》注引桓谭《新论》作"冠"。无头之冠：石光瑛《新序校释》："谓冠去其顶，示不畏死之意。"

〔9〕锲朝涉之胫：因为寒天早上涉水的人的小腿不怕冷，所以把它砍断来看看他的骨髓是否和常人有异。见《吕氏春秋》《过理》和高诱注。

〔10〕齐闻而伐之：是因为诸侯来告，齐闵王才来伐宋。齐闵王伐宋灭宋，在周赧王二十九年。见《史记》《六国表》《宋世家》。

〔11〕儿：音霓，即郳。《战国策》《宋策》作"倪"，贾谊《新书》《春秋》作"郳"。国名，即小邾，故地在今山东滕县东郳城。儿侯：小邾的国君。王乃逃儿侯之馆：《战国策》《宋策》鲍彪注："侯，其臣也。"《资治通鉴》卷四作"宋王奔魏"。

〔12〕遂得病而死：《战国策》《宋策》作"遂得而死"。指为齐所俘获而被杀。《史记》《宋世家》："王偃立四十七年，齐湣王与魏、楚伐宋，杀王偃。"《史记》《秦本纪》、《六国表》、《魏世家》都说宋亡后，宋王在魏，死于温。都和本书的传说不同。《说宛》《立节》也有宋康公病死的话，疑即宋康王。

〔13〕《鸿范》：《尚书》篇名，作"《洪范》"，《史记》作"《鸿范》"，是周武王胜殷以后箕子为了回答武王所提出的关于天道的问题而作的。见《尚书》《洪范》序和传。《鸿范传》：这里指伏生《尚书大传》中的《洪范五行传》。

〔14〕祥：指妖异的征兆，和上面的"祥"字意义不同。黑祥：《尚书大传》《洪范五行传》和《汉书》《五行志》引《传》都说有"青祥"、"白祥"、"赤祥""黑祥"、"黄祥"。"听之不聪，是谓不谋，厥咎急，……时则有黑眚、黑祥。"眚：见下注〔15〕。

〔15〕眚：也是妖异的征兆，原与"祥"意义有别。《易经》《复卦》《释文》引

郑玄注："异自内生曰眚,自外曰祥。"但在这里则二字通用。

〔16〕 鹳鹆:羽毛黑色,通常叫"八哥儿"。《春秋经》昭公二十五年:"有鹳
鹆来巢。"《公羊传》何休注："非中国之禽而来居此国,国将危亡之
象。"《汉书》《五行志》中之下:"昭公二十五年夏,有鹳鹆来巢。刘歆
以为羽虫之孽,其色黑,又黑祥也;视不明、听不聪之罚也。"

〔17〕 其咎急也:其过错是偏狭。属于不谋,其咎急也:《汉书》《五行志》
中之下:"听之不聪,是谓不谋:言上偏听不聪,下情隔塞,贼不能谋
虑利害,失在严急,故其咎急也。"

杂 事 第 五

鲁哀公问子夏〔1〕曰："必学而后可以安国保民乎？"子夏曰："不学而能安国保民者，未尝闻也。"哀公曰："然则五帝〔2〕有师乎？"子夏曰："有。臣闻黄帝学乎大真〔3〕，颛顼学乎绿图〔4〕，帝喾学乎赤松子〔5〕，尧学乎尹寿，舜学乎务成跗〔6〕，禹学乎西王国〔7〕，汤学乎威子伯〔8〕，文王学乎铰时子斯〔9〕，武王学乎郭叔，周公学乎太公〔10〕，仲尼学乎老聃〔11〕。此十一圣人未遭此师，则功业不著乎天下，名号不传乎千世。《诗》〔12〕曰：'不愆不忘〔13〕，率由旧章。'此之谓也。夫不学不明古道，而能安国家者，未之有也。"

〔注〕

〔1〕 鲁哀公：见本书《杂事》第四《哀公问孔子曰》章注〔1〕。子夏：见本书《杂事》第四《孟尝君问于白圭曰》章〔3〕。

〔2〕 五帝：《礼记》《月令》以太暤（伏牺）、炎帝（神农）、黄帝、少暤、颛顼为五帝。《世本》、《大戴礼》《五帝德》、《史记》《五帝本纪》以黄帝、颛顼、帝喾、唐尧、虞舜为五帝。孔安国《尚书序》、皇甫谧《帝王世纪》以少昊（少暤）、颛顼、高辛（帝喾）、唐尧、虞舜为五帝。本书本章所采取的是《世本》这一说，是今文家的说法。

〔3〕 大真：《类说》卷三十引作"太真"，《吕氏春秋》《尊师》作"大挠"，《韩诗外传》卷五作"大坟"。按"坟"当为"填"之形误。《汉书》《古今人表》、《路史》《后纪》五均作"大填"，《荀子》《大略》杨倞注作"太填"。

《贞观政要》卷四作"大颠"。《白虎通》《辟雍》："黄帝师力牧。"《潜夫论》《赞学》："黄帝师风后。"力牧、风后、大填在《汉书》《古今人表》中是三个人。

〔4〕 颛顼：昌意之子，黄帝之孙，名颛顼，有天下之号叫高阳，五帝之一。见《史记》《五帝本纪》及《索隐》。绿图：《韩诗外传》卷五作"禄图"，《荀子》《大略》杨倞注、《贞观政要》卷四均作"录图"，《路史》《后纪》八作"渌图"。《潜夫论》《赞学》："颛顼师老彭。"老彭、绿图在《汉书》《古今人表》中是两个人。

〔5〕 帝喾：玄嚣之孙，黄帝的曾孙，名喾，一说名夋，有天下之号叫高辛。五帝之一。见《史记》《五帝本纪》及《集解》、《索隐》。赤松子：《路史》《后纪》九上作"赤松"。《潜夫论》《赞学》："帝喾师祝融。"祝融、赤松子在《汉书》《古今人表》中是两个人。

〔6〕 尹寿：《类说》卷三十引、《荀子》《大略》均作"君畴"，《路史》《后纪》十作"尹中"。务成跗：《元和姓纂》卷八引作"务成附"。《荀子》《大略》、《贞观政要》卷四均作"务成昭"，《白虎通》《辟雍》作"务成子"。《潜夫论》《赞学》作"务成"，《韩诗外传》卷五、《路史》《后纪》十均作"务成子附"。尧学乎尹寿，舜学乎务成跗：《韩诗外传》、《白虎通》的记载都和本书相反。《潜夫论》《赞学》则说"尧师务成，舜师纪后"，也和本书不同。《路史》《后纪》十说尧"学于务成子附"，十一说舜"学于务成蹻"。

〔7〕 西王国：《路史》《后纪》十二作"西王悝"。《荀子》《大略》杨倞注引或曰："大禹生于西羌。西王国，西羌之贤人也。"

〔8〕 威子伯：《韩诗外传》卷五作"贷子相"，《荀子》《大略》杨倞注作"成子伯"。

〔9〕 铰时子斯：《韩诗外传》卷五作"锡畴子斯"，《荀子》《大略》杨倞注作"时子斯"。

〔10〕 武王学乎郭叔，周公学乎太公：《韩诗外传》卷五作"武王学乎太公，周公学乎虢叔"，《白虎通》《辟雍》作"武王师尚父，周公师虢叔"。《贞观政要》卷四，"郭叔"也作"虢叔"。虢、郭通。

〔11〕 老聃：老子，李氏，名耳，字伯阳，谥曰聃。孔子曾经问礼于他。见

《史记》《老庄申韩列传》。

〔12〕　《诗》：《诗经》《大雅》《假乐》。

〔13〕　愆、忘：互文。不愆不忘：不犯错误。

　　吕子〔1〕曰："神农学悉老〔2〕，黄帝学大真〔3〕，颛顼学伯夷父〔4〕，帝喾学伯招〔5〕，帝尧学州支父〔6〕，帝舜学许由〔7〕，禹学大成执〔8〕，汤学小臣〔9〕，文王、武王学太公望、周公旦，齐桓公学管夷吾、隰朋，晋文公学咎犯、随会〔10〕，秦穆公学百里奚、公孙支〔11〕，楚庄王学孙叔敖、沈尹竺〔12〕，吴王阖闾学伍子胥、文之仪〔13〕，越王勾践学范蠡、大夫种〔14〕：此皆圣王之所学也。且夫天生人而使其耳可以闻；不学，其闻则不若聋。使其目可以见；不学，其见则不若盲。使其口可以言；不学，其言则不若喑〔15〕。使其心可以智；不学，其智则不若狂。故凡学，非能益之也，达天性〔16〕也。能全天之所生而勿败之，可谓善学者矣。

〔注〕

〔1〕　吕子：吕不韦，战国时阳翟的大商人，用千金往秦国活动，使秦庶子子楚（原名异人）立为适嗣。及子楚即位，是为庄襄王。庄襄王元年，用吕不韦为丞相，封为文信侯。食客三千人。吕不韦叫他的客人著书二十余万言，号曰《吕氏春秋》。见《史记》《吕不韦列传》。本章所说的也就是《吕氏春秋》《尊师》中的话，当然词句也有一小点更动。

〔2〕　悉老：《吕氏春秋》《尊师》作"悉诸"，高诱注："悉，姓；诸，名也。"《汉书》《古今人表》亦作"悉诸"。

〔3〕　黄帝学大真：见上章注。

〔4〕　伯夷父：《路史》《后纪》八作"柏夷父"。和绿图都是颛顼之师。《元和姓纂》卷十和《路史》《后纪》八中又有"柏亮父"，说也是颛顼之

师。《汉书》《古今人表》作"柏夷亮父",王先谦《补注》引王引之曰：
"'亮'即'夷'字之误。隶书'夷'字或作'夷'，形与'亮'相似。今作
'伯夷亮父'者，一本作'夷'，一本作'亮'，而后人误合之耳。《路史》
分伯夷父、伯亮父为二人，非也。"

〔5〕 伯招：《汉书》《古今人表》作"柏招"，《路史》《后纪》九上作"柏昭"。
和赤松子都是帝喾之师。

〔6〕 州支父：《庄子》《让王》、《汉书》《古今人表》、皇甫谧《高士传》卷上
均作"子州支父"。和尹寿都是帝尧之师。姓子名州，字支父，亦即子
州支伯。见《庄子》《让王》疏及《释文》。《吕氏春秋》《贵生》、《太平
御览》卷五百零九引嵇康《高士传》均作"子州友父"，"友"当为"支"
之形误。

〔7〕 许由：《汉书》《古今人表》作"许繇"。和务成跗都是帝舜之师。阳
城人。见《吕氏春秋》《当染》高诱注。皇甫谧《高士传》卷上《被衣》、
《路史》《后纪》十都以为许由是尧之师。

〔8〕 大成执：《吕氏春秋》《尊师》、《路史》《后纪》十二都作"大成贽"，和
西王国都是大禹之师。

〔9〕 小臣：即伊尹。见《吕氏春秋》《尊师》高诱注。

〔10〕 谷犯：《墨子》《所染》作"舅犯"。即狐偃，字子犯，晋大夫狐突之子，
晋文公舅，因又称舅犯。聪明，有谋略，文公像对自己的父亲一样
待他。见《国语》《晋语》四及韦昭注、《史记》《晋世家》。随会：范氏，
名会，又叫士会，字季，谥武子，食邑于随，故又叫随会、随武子。见
《礼记》《檀弓下》郑玄注及梁玉绳《汉书人表考》卷三。案随会生于
晋襄公、成公、景公之世，在晋文公之后，晋文公不可能以他为师。

〔11〕 百里奚：见本书《杂事》第二《昔者唐虞崇举九贤》章注〔12〕〔13〕。公
孙支：《吕氏春秋》《尊师》、《汉书》《古今人表》作"公孙枝"，即秦大
夫公孙子桑，岐州人。见《史记》《秦本纪》《集解》引服虔曰、《李斯
列传》《正义》引《括地志》。曾向秦穆公推荐孟明，使秦穆公能称霸
西戎。见《左传》文公三年及杜预注。

〔12〕 孙叔敖：见本书《杂事》第一《孙叔敖为婴儿之时》章注〔1〕。沈尹
竺：《墨子》《所染》作"沈尹"。《吕氏春秋》《当染》作"沈尹蒸"，《尊

师》作"沈尹巫"，《察传》作"沈尹筮"，《赞能》作"沈尹茎"。《尊师》高诱注说是"沈县大夫"。孙诒让《墨子间诂》《所染》引李悼云"即虞丘子"。虞丘子为楚庄王相，孙叔敖是他推荐的。见本书《杂事》第一《禹之兴也以涂山》章。

〔13〕 文之仪：《吕氏春秋》《尊师》高诱注："文，氏；之仪，名。"《墨子》《所染》作"文义"。

〔14〕 范蠡：字少伯，越之上将军，本是楚宛三户人。见《史记》《越王勾践世家》《正义》引《会稽典录》。大夫种：见本书《杂事》第三《齐人邹阳客游于梁》章注〔45〕。

〔15〕 喑：音音，哑。

〔16〕 达天性：使天生的耳目口心等明通而不闭塞。

　　汤见祝网者置四面，其祝曰："从天坠者，从地出者，从四方来者，皆离〔1〕吾网。"汤曰："嘻！尽之矣！非桀其孰为此〔2〕？"汤乃解其三面，置其一面。更教之祝曰："昔蛛蝥〔3〕作网，今之人循序〔4〕。欲左者左，欲右者右，欲高者高，欲下者下；吾取其犯命〔5〕者。"汉南之国闻之，曰："汤之德及禽兽矣。"四十国〔6〕归之。人置四面，未必得鸟。汤去三面，置其一面，以网四十国，非徒网鸟也。

〔注〕

〔1〕 离：碰上。湖北崇文书局刊本作"罹"，二字古通用。《史记》《殷本纪》、《金楼子》《兴王》、《艺文类聚》卷十二引《帝王世纪》均作"入"。

〔2〕 非桀其孰为此：贾谊《新书》《谕诚》、《艺文类聚》卷十二引《帝王世纪》"孰"下均有"能"字。

〔3〕 蛛蝥：蜘蛛的异名。

〔4〕 循：通修。序：通绪，业。循序：《新书》《礼》作"循绪"，《谕诚》作"修绪"，《吕氏春秋》《异用》作"学纾"。纾：音蜀语切，和"绪"同属鱼部。循序：指学习它所做的。

〔5〕 犯命：触犯天命。《史记》《殷本纪》、《金楼子》《兴王》均作"不用命"，义同。

〔6〕 四十国：《艺文类聚》卷十二引《帝王世纪》作"三十六国"，《文选》《东京赋》李善注引《吕氏春秋》作"三十国"。

周文王作灵台〔1〕，及为池沼〔2〕，掘地得死人之骨，吏以闻于文王。文王曰："更葬之。"吏曰："此无主矣。"文王曰："有天下者，天下之主也。有一国者，一国之主也。寡人固其主，又安求主？"遂令吏以衣棺更葬之。天下闻之，皆曰："文王贤矣，泽及枯骨〔3〕，又况于人乎？"或得宝以危国〔4〕，文王得朽骨以喻其意，而天下归心焉。

〔注〕

〔1〕 灵台：古时观察天文气象的台。见《白虎通》《辟雍》。

〔2〕 池沼：根据《诗经》《大雅》《灵台》，灵台、灵囿、灵沼和辟雍是在一起的。辟雍即太学，灵沼即辟雍之外的池沼。

〔3〕 枯骨：《群书治要》卷四十二、《后汉书》《张奂传》李贤注引、《类说》卷三十引和《资治通鉴外纪》卷二下俱作"朽骨"。

〔4〕 危国：应从《吕氏春秋》《异用》作"危其国"，因和下句"喻其意"是对句。或得宝以危其国：如楚王得湛卢宝剑，秦王听见了，求之不得，因而起兵伐楚。见《越绝书》《越绝外传》《记宝剑》。

管仲傅齐公子纠〔1〕，鲍叔傅公子小白。齐公孙无知杀襄公〔2〕，公子纠奔鲁，小白奔莒〔3〕。齐人诛无知〔4〕，逆公子纠于鲁〔5〕。公子纠与小白争入，管仲射小白〔6〕，中其带钩，小白佯死，遂先入，是为齐桓公。公子纠死〔7〕，管仲奔鲁。桓公立，国定，使人迎管仲于鲁〔8〕，遂立以为仲父，委国而听之；九合诸侯，一匡天下，为五伯长。里凫须〔9〕，晋公子重耳之守府〔10〕者也。公子重耳出亡于晋〔11〕，里凫须窃其宝货而逃〔12〕。公子重耳反国，立为君，里凫须造门愿见。文公方沐，其谒者复，文公握发而应之曰："里凫须邪？"曰："然。""谓凫须曰：'若犹有以〔13〕面目而复见我乎？'"谒者谓里凫须，凫须对曰："臣闻之：沐者其心覆〔14〕，心覆者言悖。君意沐邪？何悖也？"谒者复，文公见之，曰："若窃我货宝而逃，我谓'汝犹有面目而见我邪？'汝曰：'君何悖也？是何也？'"凫须曰："然。君反国，国之半不自安也。君宁弃国之半乎？其〔15〕宁有全晋乎？"文公曰："何谓也？"凫须曰："得罪于君者，莫大于凫须矣。君谓〔16〕赦凫须，显出以为右〔17〕。如凫须之罪重也，君犹赦之，况有轻于凫须者乎？"文公曰："闻命矣。"遂赦之。明日出行国，使为右，翕然晋国皆安。语曰："桓公任其贼，而文公用其盗。"故曰："明主任计不任怒，暗主任怒不任计。计胜怒者强，怒胜计者亡。"此之谓也。

〔注〕

〔1〕 公子纠：齐僖公庶子，襄公弟，桓公小白庶兄。见《史记》《齐太公世家》、《左传》庄公八年杜预注。

〔2〕 公孙无知：亦称仲孙，齐僖公的侄儿，襄公的从弟。无，亦作毋，亦作亡。襄公：齐僖公太子，名诸儿。齐公孙无知杀襄公：公孙无知有宠于僖公，僖公待他像太子一样。襄公和他作对，即位后收回僖公所给他的俸禄，无知怀恨在心。鲁庄公八年冬十二月，无知趁着襄公打猎受伤的机会把襄公杀了，自立为君。见《左传》庄公八年、昭公四年、《史记》《十二诸侯年表》、《齐太公世家》、梁玉绳《汉书人表考》卷九。

〔3〕 莒：古国名，故地在今山东省莒县。公子纠奔鲁，小白奔莒：管仲、
召忽奉公子纠奔鲁，因公子纠的母亲是鲁国人。鲍叔牙奉公子小
白出奔莒。

〔4〕 齐人诛无知：《左传》庄公八年、九年说是"公孙无知虐于雍廪"，"雍
廪杀无知"。杜预注："雍廪，齐大夫。"《史记》说是"雍林人尝有怨
无知，及其往游，雍林人袭杀无知"，误。见王念孙《读书杂志》二
《史记》第一《雍廪》条、《读书杂志》四《汉书》第三《雍人禀》条。

〔5〕 逆：《穀梁传》庄公九年作"迎"。逆公子纠于鲁：《史记》说：小白自
小和齐大夫高傒相好，雍林人把无知杀了以后，高氏、国氏暗中派
人往莒国召小白回国。鲁人听见无知死了，也赶快派军队送公子
纠回国。

〔6〕 管仲射小白：鲁人叫管仲另带军队拦截莒人送小白返齐的道路，因
此管仲能向小白放箭。见《史记》。

〔7〕 公子纠死：小白立为国君后，叫鲁国把公子纠杀掉，鲁国只得在生
窦把公子纠杀了。见《左传》庄公九年、《史记》《齐太公世家》。

〔8〕 使人迎管仲于鲁：见本书《杂事》第四《桓公与管仲鲍叔宁戚饮酒》
章注〔5〕。

〔9〕 里凫须：《左传》僖公二十四年、《国语》《晋语》三均作"头须"。

〔10〕 府：《左传》僖公二十四年、《国语》《晋语》三作"藏"。

〔11〕 出亡于晋：重耳因其父献公宠爱骊姬，害群公子，因此出亡在外，一
共有十九年。见《史记》《晋世家》。

〔12〕 里凫须窃其宝货而逃：《国语》《晋语》三说："文公之出也，竖头须守
藏者也，不从。"则里凫须窃晋文公的财宝而逃当在文公临近出亡
的时候。但《韩诗外传》卷十说："晋文公重耳亡，过曹，里凫须从，
因盗重耳资而亡。"这样又是在文公出亡途中所发生的事了。

〔13〕 以：有。有以：合成词。

〔14〕 覆：《韩诗外传》卷十作"倒"。

〔15〕 其：抑。

〔16〕 谓：如果。

〔17〕 右：《周礼》《夏官司马》郑玄注："右者，参乘。"《齐右》郑玄注："陪

乘、**参乘**，谓车右也。"古时乘车之法，主导的人在左，赶车的人在中，更有一人在右，叫做右；也叫参乘，但作动词用。车右之职，是拿着戈矛保卫车子，车子碰着路上有阻碍不能前进时下来推车。见《尚书》《甘誓》孔安国传、《左传》成公二年。显出以为右：《韩诗外传》卷一作"与骖乘游于国中"。

宁戚欲干齐桓公〔1〕，穷困无以自进〔2〕，于是为商旅赁车〔3〕以适齐，暮宿于郭门之外。桓公郊迎客，夜开门，辟赁车者〔4〕，执火〔5〕甚盛，从者甚众。宁戚饭牛于车下，望桓公而悲，击牛角，疾商歌〔6〕。桓公闻之，执其仆之手曰："异哉！此歌者非常人也。"命后车载之。桓公反至，从者以请。桓公曰："赐之衣冠。"将见之。宁戚见，说桓公以合〔7〕境内。明日复见，说桓公以为天下。桓公大悦，将任之。群臣争之曰："客卫人，去齐五百里，不远，不若使人问之，固贤人也，任之未晚也。"桓公曰："不然。问之恐其有小恶，以其小恶，忘人之大美，此人主所以失天下之士也。且人固难全，权用其长者。"遂举大用之，而授之以为卿。当此举也，桓公得之矣，所以霸也。

〔注〕

〔1〕 《资治通鉴外纪》卷四认为这故事发生于周庄王十二年。

〔2〕 进：《淮南子》《道应》作"达"。

〔3〕 商旅：贾客。赁车：应从《吕氏春秋》《举难》、《淮南子》《道应》作"将任车"。将：驾驭。任：载。《淮南子》《道应》高诱注。将任车：驾着任载货物的车子。

〔4〕 辟赁车者：应从《吕氏春秋》《举难》、《淮南子》《道应》作"辟任车"。《群书治要》卷四十二引也没有"者"字。辟任车：叫任载的车子躲开。

〔5〕 执火：火把，即爝火。《吕氏春秋》《举难》、《淮南子》《道应》均作
　　　"爝火"。

〔6〕 商：五音之一。见本书《杂事》第一《楚威王问于宋玉曰》章注〔8〕。
　　　商歌：商调的歌曲。《史记》《邹阳列传》《索隐》："商歌者，谓为商声
　　　而歌也。或云商旅人歌也。二说并通。"按以前说为长。《荀子》《王
　　　制》杨倞注："商谓商声，哀思之音，如甯戚之悲歌也。"徐干《中论》
　　　《审大臣》："甯戚方为旅人，宿乎大车之下，击牛角而歌，歌声悲
　　　激。"疾商歌：悲激地唱着商歌。歌词据毕沅所引四书所载，都不相
　　　同。见毕校《吕氏春秋》《举难》。

〔7〕 合：《吕氏春秋》《举难》作"治"。

　　齐桓公见小臣稷〔1〕，一日三至，不得见也。从者曰：
"万乘之主〔2〕，布衣之士，一日三至而不得见，亦可以止
矣。"桓公曰："不然。士之傲爵禄者〔3〕，固轻其主。其主傲
霸王者〔4〕，亦轻其士。纵夫子傲爵禄，吾庸敢傲霸王乎？"
五往然后得见。天下闻之，皆曰："桓公犹下布衣之士，而
况国君乎？"于是相率而朝，靡有不至。桓公之所以九合
诸侯，一匡天下者，遇士于是也〔5〕。《诗》〔6〕云："有觉〔7〕
德行，四国顺之〔8〕。"桓公其以〔9〕之矣。

〔注〕

〔1〕 小臣稷：齐人。见皇甫谧《高士传》卷上。是一位处士。见《韩非
　　　子》《难一》。《韩诗外传》卷六作"小臣"。

〔2〕 万乘之主：《孟子》《梁惠王上》赵岐注："万乘，兵车万乘，谓天子
　　　也。"天子拥有兵车万乘，称为万乘之主。但春秋时期，一些大国诸
　　　侯日益强大，在许多制度上已经用了天子之制，习惯上也就以先前
　　　对天子的尊称来称呼那些大国诸侯了。这里称齐桓公为"万乘之
　　　主"，即为一例。

〔3〕 士之傲爵禄者：《韩诗外传》卷六作"布衣之士，不欲富贵"。

〔4〕 霸王：霸者和王者，是爱好仁义的人主。傲霸王：对霸者王者看不
　　　起。其主傲霸王者：《韩非子》《难一》、皇甫谧《高士传》卷上、《太平
　　　御览》卷五百零九引嵇康《高士传》均作"万乘之主，不好仁义"。《韩
　　　诗外传》卷六略同。
〔5〕 于：如。于是：如此。见王引之《经传释词》。
〔6〕 《诗》：《诗经》《大雅》《抑》。
〔7〕 觉：大。
〔8〕 四国顺之：四方之国就会归顺他。
〔9〕 以：有。见吴昌莹《经词衍释》。

　　魏文侯过段干木之闾而轼〔1〕，其仆曰："君何为轼？"
曰："此非段干木之闾乎？段干木盖贤者也，吾安敢不轼？
且吾闻段干木未尝肯以己易寡人〔2〕也，吾安敢高之〔3〕？
段干木光〔4〕乎德，寡人光乎地〔5〕。段干木富乎义，寡人
富乎财。地不如德，财不如义，寡人当事之者也。"遂致禄
百万〔6〕而时往问之。国人皆喜，相与诵〔7〕之曰："吾君
好正，段干木之敬〔8〕。吾君好忠，段干木之隆〔9〕。"居无
几何，秦兴兵欲攻魏，司马唐且谏秦君〔10〕曰："段干木，贤
者也，而魏礼之，天下莫不闻，无乃不可加兵乎！"秦君以
为然，乃案兵而辍不攻魏。文侯可谓善用兵矣。夫君子善
用兵〔11〕也，不见其形而攻已成。其此之谓也。野人之用
兵〔12〕，鼓声则似雷，号呼则动地。尘土冲天，流矢如雨。扶
伤举死〔13〕，履肠涉血。无罪之民，其死者已量〔14〕于泽矣。
而国之存亡，主之死生，犹未可知也。其离仁义亦远矣。
〔注〕
〔1〕 《资治通鉴外纪》卷十认为这是周威烈王十八年发生的故事。段干

木：见本书《杂事》第四《孟尝君问于白圭曰》章注〔5〕。闾：《水经
注》《河水》作"门"，皇甫谧《高士传》卷中、《艺文类聚》卷三十六引
魏隶《高士传》均作"庐"。轼：《后汉书》《郭泰传》李贤注、《吕氏
春秋》《期贤》、《淮南子》《修务》均作"轼之"。

〔2〕　以己易寡人：《太平御览》卷四百七十四引，"寡人"下有"之贵"
二字。

〔3〕　高：《吕氏春秋》《期贤》作"骄"。

〔4〕　光：充足。

〔5〕　地：《淮南子》《修务》、皇甫谧《高士传》卷中、《文选》《魏都赋》李善
注引《吕氏春秋》均作"势"。

〔6〕　禄：粮食。百万：百万斗。《论语》《雍也》"与之粟九百"，何晏《集解》
引孔安国曰："九百：九百斗。"

〔7〕　诵：通颂，颂扬。

〔8〕　之：宾语倒装于动词前时所用的语助词。段干木之敬：尊敬段
干木。

〔9〕　段干木之隆：推崇段干木。"隆"古训"尊"，与"敬"互文。

〔10〕　司马唐且：《淮南子》《修务》作"司马庚"，高诱注："庚，秦大夫。"《后
汉书》《郭泰传》章怀太子注、《吕氏春秋》《期贤》俱作"司马唐"，《文
选》《魏都赋》李善注引《吕氏春秋》作"司马康"。秦君：根据《史记》
《六国表》，应为秦简公。

〔11〕　善：应从《北堂书钞》卷一百一十三引、《群书治要》卷四十二引及
《吕氏春秋》《期贤》作"之"，因为"君子之用兵"和下文"野人之用
兵"，词例相同。

〔12〕　野人之用兵：应从《北堂书钞》卷一百一十三引、《群书治要》卷四十
二引及《吕氏春秋》《期贤》加"也"字，因和上文"君子之用兵也"词
例相同。

〔13〕　举：通舆，载。《吕氏春秋》《期贤》作"舆"。舆死：用车子载
死人。

〔14〕　量：满。

秦昭王问孙卿[1]曰:"儒无益于人之国。"孙卿曰:
"儒者法先王,隆礼义,谨乎臣子[2],而能致贵其上[3]者
也。人主用之,则进在本朝[4]。置而不用,则退编百姓而
悫[5],必为顺下[6]矣。虽穷困冻馁,必不以邪道为食。无
置锥之地,而明于持社稷之大计。叫呼而莫之能应[7],然
而通乎裁万物养百姓之经纪[8]。势在人上,则王公之才
也。在人下,则社稷之臣,国君之宝也。虽隐于穷闾漏
屋[9],人莫不贵之,道诚存也。仲尼为鲁司寇,沈犹氏不
敢朝饮其羊,公慎氏出其妻,慎溃氏踰境而走,鲁之鬻牛
马不豫贾,布正以待之也[10]。居于阙党[11],阙党之子弟
罔罟[12],分有亲者取多[13],孝悌以化之也。儒者在本朝
则美政,在下位则美俗[14],儒之为人下如是矣。"王曰:
"然则其为人上何如?"孙卿对曰:"其为人也广大矣[15]。
志意定乎内,礼节修乎朝,法则度量正乎官[16],忠信爱利
形乎下[17]。行一不义,杀一无罪而得天下,不为也。若义
信乎人矣,通于四海,则天下之外,应之而怀之[18]。是何
也?则贵名白[19]而天下治也。故近者歌讴而乐之,远者竭
走而趋之[20],四海之内若一家,通达之属,莫不从服[21]。
夫是之谓人师[22]。《诗》[23]曰:'自西自东,自南自北,无
思[24]不服。'此之谓也。夫其为人下也如彼,为人上也如
此,何为其无益人之国乎?"昭王曰:"善"。

〔注〕

〔1〕 秦昭王:见本书《杂事》第二《甘茂下蔡人也》章注〔26〕。孙卿见本

书《杂事》第三《孙卿与临武君议兵于赵孝成王前》章注〔1〕。

〔2〕　谨乎臣子：对于臣、子，要求其态度谨严，使之不敢犯上作乱。

〔3〕　其上：指君、父。致贵其上：使其君、父尊贵。

〔4〕　则进在本朝：应作"则进在本朝而宜"，和下文"则退编百姓而敌"对句。《荀子》《儒效》作"则势在本朝而宜"。势：位。

〔5〕　敌：通适。则退编百姓而敌：就退而编列于百姓的名籍里面也合适。

〔6〕　必为顺下：一定是温顺谦让。

〔7〕　叫呼而莫之能应：叫呼他而他未能回答，是因为穷困饥寒交迫，没有力气的缘故。

〔8〕　经纪：即纲纪。比喻对政治的规划。

〔9〕　闾：巷。漏：读作"陋"。穷闾漏屋：《韩诗外传》卷五作"穷巷陋室"。

〔10〕　仲尼为鲁司寇……布正以待之也：见本书《杂事》第一《昔者舜自耕稼陶渔而躬孝友》章及注〔14〕〔15〕〔16〕〔17〕。

〔11〕　阙党：即阙里，在今山东曲阜县城中。

〔12〕　罔罟：本书《杂事》第一首章作"畋渔"。

〔13〕　分有亲者取多：即本书《杂事》第一的"分有亲者得多"。取、得互文。

〔14〕　在下位：不做官。《孟子》《告子下》："居下位，不以贤事不肖者，伯夷也。"上文"进在本朝"和"退编百姓"对句，这里则"在本朝"和"在下位"对句，可知"在下位"和"退编百姓"相当，也就是不做官了。美俗：如孔子之"居于阙党"，使阙党的风俗美好，便是一例。

〔15〕　其为人也广大矣：应从《荀子》《儒效》作"其为人上也广大矣"，因为这句是对上句"其为人上何如"的回答。

〔16〕　官：藏版图文书的处所。见《礼记》《曲礼下》郑玄注。

〔17〕　利：仁。忠信爱利形乎下：对下民表现着忠信仁爱。

〔18〕　若：其。之外：应从卢文弨《群书拾补》据《荀子》《儒效》校删。应：追随。怀：归。若义信乎人矣，通于四海，则天下应之而怀之：其所行之义为接近的人所信任了；通传到四海之内，天下的人也追随他归向他。

〔19〕　贵名白：儒者崇高的声誉显著。

〔20〕 竭走：应从《荀子》作"竭蹷"，因与上文"歌讴"对句，"歌讴"
是联合结构的合成词，这里也应该一样。其次，"走"也和下面的
"趋"重复。《荀子》《议兵》也作"竭蹷"，蹷同蹷，颠倒。竭蹷而趋
之：形容趋之唯恐不及，甚至走在路上也会跌倒。故近者……趋
之：《论语》《子路》："近者说，远者来。"

〔21〕 属：指相连属之处。通达之属，莫不从服：舟车能通，人力能到，和
中国互相连属的地方的人，都没有不从服的。

〔22〕 师：君长。人师：《荀子》《儒效》王先谦《集解》："人师犹言人君矣。"

〔23〕 《诗》：《诗经》《大雅》《文王有声》。

〔24〕 思：语助词。见王引之《经传释词》。

田赞衣儒衣[1]而见荆王，荆王曰："先生之衣，何其
恶也？"赞对曰："衣又有恶此者。"荆王曰："可得而闻邪？"
对曰："甲恶于此。"王曰："何谓也？"对曰："冬日则寒，夏
日则热，衣无恶于甲者矣。赞贫，故衣恶也。今大王万乘之
主也，富厚[2]无敌，而好衣人[3]以甲，臣窃为大王不取
也。意者为其义[4]耶？甲兵之事，析人之首，刳人之腹，
堕[5]人城郭，系人子女[6]，其名尤甚不荣。意者为其
贵[7]邪？苟虑害人，人亦必虑害之。苟虑危人，人亦必虑
危之。其贵人甚不安[8]。之二者[9]，为大王无取焉。"荆
王无以应也。昔卫灵公问陈[10]，孔子言俎豆，贱兵而贵礼
也。夫儒服，先王之服也，而荆王恶之。兵者，国之凶器也，
而荆王喜之。所以屈于田赞而危其国也。故《春秋》[11]
曰："善为国者不师。"此之谓也。

〔注〕

〔1〕 田赞：齐人。见《吕氏春秋》《顺说》高诱注。衣儒衣：《吕氏春秋》

《顺说》作"衣补衣"。

〔2〕　富厚：《吕氏春秋》《顺说》作"富贵"。

〔3〕　人：《吕氏春秋》《顺说》作"民"。

〔4〕　义：体面。张国铨《新序校注》："铨按下文云：'其名尤甚不荣'，则此'义'字当读为'仪'，……仪谓表也。"

〔5〕　堕：通隳，毁。

〔6〕　系人子女：《吕氏春秋》《顺说》作"刑人之父子也"。

〔7〕　贵：应从《吕氏春秋》《顺说》作"实"。

〔8〕　贵：应从《吕氏春秋》作"实"。其实人甚不安；其使人得到实益这点也很不妥善。

〔9〕　二者：指"为其义""为其实"。

〔10〕　卫灵公：名元，襄公子。见《史记》《卫世家》。卫灵公问陈：见《论语》《卫灵公》。

〔11〕　《春秋》：《穀梁传》庄公八年。

哀公问于孔子曰〔1〕："寡人闻之：东益宅〔2〕不祥。信有之乎？"孔子曰："不祥有五，而东益不与焉〔3〕。夫捐人而益己，身之不祥也。弃老取幼，家之不祥也。释贤用不肖，国之不祥也。老者不教，幼者不学，俗之不祥也。圣人伏匿，天下之不祥也。故不祥有五，而东益不与焉。诗〔4〕曰：'各敬尔仪，天命不又〔5〕。'未闻东益之与为〔6〕命也。"

〔注〕

〔1〕　《资治通鉴外纪》卷九认为这故事发生于周敬王三十九年。哀公：鲁哀公。见本书《杂事》第四《哀公问孔子曰》章注〔1〕。孔子：《淮南子》《人间》、《论衡》《四讳》作"宰折睢"，下同。

〔2〕　东益宅：《淮南子》《人间》、《论衡》《四讳》作"西益宅"，下文"东益"作"西益宅"或作"益宅"。

〔3〕　不祥有五：《淮南子》《人间》、《论衡》《四讳》作"天下有三不祥"。"不
　　　祥"的内容和本书也不相同。与：通预。不与焉：即跟这五者不
　　　相干。

〔4〕　《诗》：《诗经》《小雅》《小宛》。

〔5〕　天命：上天给予的统治权。古代统治者宣传他们的统治权是上天
　　　给予的，因称为天命。又：再。各敬尔仪，天命不又：你们君臣各人
　　　要敬重你们自己的威仪，因为天命不会再次给予你们。

〔6〕　为：于。见王引之《经传释词》。

　　颜渊侍鲁定公〔1〕于台，东野毕〔2〕御马于台下，定公
曰："善哉东野毕之御！"颜渊曰："善则善矣，虽然，其马将
失〔3〕。"定公不悦，以告左右曰："吾闻之：君子不谗
人〔4〕，君子亦谗人乎？"颜渊不悦，历阶而去。须臾〔5〕，
马败闻矣。定公蹴席〔6〕而起曰："趋驾〔7〕请颜渊，"颜渊
至。定公曰："向〔8〕寡人曰：'善哉，东野毕御也！'吾子
曰：'善则善矣，虽然，其马将失矣。'不识吾子何以知之
也？'颜渊曰："臣以政知之。昔者舜工于使人〔9〕，造父〔10〕
工于使马。舜不穷于其民，造父不尽其马〔11〕。是以舜无
失民，造父无失马。今东野毕之御也，上车执辔，御体〔12〕
正矣；周旋步骤〔13〕，朝礼毕矣〔14〕；历险致远，而马力殚
矣。然求不已〔15〕，是以知其失也。"定公曰："善。可少进
与？"颜渊曰："兽穷则触〔16〕，鸟穷则啄，人穷则诈。自古
及今，有穷其下能无危者，未之有也。《诗》〔17〕曰：'执辔
如组〔18〕，两骖如舞〔19〕。'善御之谓也。"定公曰："善哉！
寡人之过也。"

〔注〕

〔1〕 鲁定公：名宋，鲁襄公子，昭公弟。见《史记》《鲁世家》。

〔2〕 东野毕：东野，氏。见《荀子》《哀公》杨倞注。《庄子》《达生》和《吕氏春秋》《适威》有相类似的东野稷、庄公和颜阖的故事。《庄子》《达生》《释文》引李云：庄公或云"当是卫庄公"。定公明非庄公，颜渊明非颜阖，则东野毕和东野稷也未必即为一人。

〔3〕 失：通佚、逸，奔逸。《韩诗外传》卷二、《孔子家语》《颜回》均作"佚"，下同。下文"马败"，《荀子》亦作"马失"。

〔4〕 谗人：《韩诗外传》卷二作"谮人"，《孔子家语》《颜回》作"诬人"。

〔5〕 须臾：《荀子》《哀公》作"三日"，《韩诗外传》卷二作"俄而"，《孔子家语》《颜回》作"后三日"。

〔6〕 躐席：即越席。古人席地而坐，应从席位的南边就坐，从席位的北边离坐；否则便是躐席了。参阅《礼记》《玉藻》孔颖达疏。现在定公因张皇失措，离坐时忘记了这规矩了。《荀子》《哀公》、《孔子家语》《颜回》均作"越席"。

〔7〕 趋：音促，催促。趋驾：《韩诗外传》卷二作"趣驾"，《孔子家语》《颜回》作"促驾"。

〔8〕 向：《荀子》《哀公》、《孔子家语》《颜回》均作"前日"。

〔9〕 工：《荀子》《哀公》、《孔子家语》《颜回》均作"巧"，下同。人：均作"民"。

〔10〕 造父：从泰豆氏学驾车，为周穆王的御者。见《史记》《秦本纪》、《列子》《汤问》。

〔11〕 舜不穷于其民：应作"舜不穷其民"。《荀子》《哀公》、《韩诗外传》卷二、《孔子家语》《颜回》都没有"于"字。不穷其民：不使其民力穷竭。《孔子家语》"其民"作"其民力"，"其马"作"其马力"。造父不尽其马：《管子》《形势解》："造父，善驭马者也，善视其马，节其饮食，度量马力，审其足走，故能取远道而马不罢。"取：通趣。

〔12〕 御：应从《荀子》《哀公》作"衔"，勒，络马头和关马口。体：法。

〔13〕 周旋步骤：在东野毕的驾驭之下，马的旋转步行驰骤。

〔14〕　朝礼毕矣：朝见人君之礼尽了。古时驾车的方法有五，叫做"五御"，其中有"过君表"之法。见《周礼》《地官》《保氏》郑众注。"君表"犹言君位所在的标志，车子在君前经过，应另有仪式来表示恭敬，所以"五御"有"过君表"之法。见《周礼》《地官》《保氏》孙诒让《正义》。

〔15〕　然求不已：《荀子》《哀公》作"然犹求马不已"，《韩诗外传》卷二作"然犹策之不已"。

〔16〕　兽穷则触：野兽被赶到无路可逃时它就用角牴触了。触：《荀子》《哀公》、《孔子家语》《颜回》均作"攫"，《韩诗外传》卷二作"齧"。

〔17〕　《诗》：《诗经》《郑风》《大叔于田》。

〔18〕　辔：古时驾车，四马六辔。一马二辔，四马原应八辔，因在旁边的两匹马都靠里面的辔系着，所以拉在御者的手中的只有六辔。见《诗经》《秦风》《驷驖》孔颖达疏。组：拉着来织布的一组线。执辔如组：《诗经》《小雅》《皇皇者华》："六辔如丝。"

〔19〕　两骖如舞：两骖和两服的步调和谐一致，像人舞蹈一样，符合于音乐的节奏。古人的马车有铃，在衡轭上的叫銮，在车轼上的叫和。因此升车则马动，马动则銮鸣，銮鸣则和应。马步的节奏，也表现在銮和的鸣应里面。参阅《诗经》《郑风》《大叔于田》孔颖达疏、《周礼》《地官》《保氏》贾公彦疏。

　　孔子北之山戎氏〔1〕，有妇人哭于路者，其哭甚哀。孔子立舆〔2〕而问曰："曷为哭哀至于此也？"妇人对曰："往年虎食我夫，今虎食我子，是以哀也。"孔子曰："嘻！若是则曷为不去也？"曰："其政平，其吏不苛。吾以是不能去也。"孔子顾子贡曰："弟子记之。夫政之不平而吏苛，乃甚于虎狼矣！"《诗》〔3〕曰："降丧饥馑，斩伐四国〔4〕。"夫政不平也，乃斩伐四国，而况二人乎？其不去，宜哉？

〔注〕

〔1〕 山戎氏：在今山东省北部一带。见顾颉刚、章巽《中国历史地图集》"古代史部分"。孔子北之山戎氏：《礼记》《檀弓下》作"孔子过泰山侧"，《论衡》《遭虎》作"孔子行鲁林中"，《孔子家语》《正论解》作"孔子适齐，过泰山之侧"。

〔2〕 立舆：停车之意。《礼记》《檀弓下》、《孔子家语》《正论解》均作"式而听之"。意即俯伏在车前的横木上，留心静听。

〔3〕 《诗》：《诗经》《小雅》《雨无正》。

〔4〕 斩伐：指灭绝。降丧饥馑，斩伐四国：由于政治搞不好，所以天降死亡饥馑的灾祸，以致使四方之国灭绝。

　　魏文侯问李克〔1〕曰："吴之所以亡者，何也？"李克对曰："数战数胜。"文侯曰："数战数胜，国之福也。其所以亡，何也？"李克曰："数战则民疲，数胜则主骄。以骄主治疲民，此其所以亡也。"是故好战穷兵，未有不亡者也。

〔注〕

〔1〕 《资治通鉴外纪》卷十认为这是周威烈王十八年所发生的故事。魏文侯：《北堂书钞》卷一百一十三引，及《吕氏春秋》《适威》、《淮南子》《道应》均作"魏武侯"。李克：子夏弟子，为魏文侯、武侯相。见《汉书》《艺文志》及《淮南子》《道应》高诱注。《韩诗外传》卷十作"里克"。

　　赵襄子问于王子维〔1〕曰："吴之所以亡者何也？"对曰："吴君劵〔2〕而不忍。"襄子曰："宜哉！吴之亡也。劵则不能赏贤，不忍则不能罚奸。贤者不赏，有罪不能罚〔3〕，不亡何待？"

〔注〕

〔1〕 赵襄子：赵简子之子。名无恤，又作毋邮，谥襄子，又叫襄主，又叫

赵孟。见《梁玉绳》《汉书人表考》卷四。王子维：《太平御览》卷六
百三十三引《说苑》作"王离"。

〔2〕 峃：即"峇"字。《太平御览》卷六百二十引作"悏"，也是"峇"之别体。

〔3〕 不能罚：与上"不赏"对句，应从卢文弨《群书拾补》校作"不罚"。《太
平御览》卷六百二十引本书、卷六百三十三引《说苑》都作"不罚"。

　　孔子侍坐于季孙〔1〕，季孙之宰〔2〕通曰："君使人假
马，其与之乎？"孔子曰："吾闻取于臣谓之取，不曰假。"季
孙悟，告宰曰："自今以来〔3〕，君有取谓之取，无曰假。"故
孔子正假马之名，而君臣之义定矣。《论语》曰："必也正
名〔4〕。"《诗》〔5〕曰："无易由〔6〕言，无曰〔7〕苟矣。"可不
慎乎？

〔注〕

〔1〕 季孙：见本书《杂事》第三《齐人邹阳客游于梁》章注〔33〕。

〔2〕 宰：家臣之长。

〔3〕 自今以来：即自今以后。

〔4〕 必也正名：《论语》《子路》："子曰：'必也正名乎！'"

〔5〕 《诗》：《诗经》《大雅》《抑》。

〔6〕 由：于。见《诗经》郑玄笺。

〔7〕 曰：语助词，无义。

　　君子曰：〔1〕天子居闉〔2〕阙之中，帷帐之内，广厦之
下，旃茵之上，不出襜〔3〕幄而知天下者，以有贤左右也。
故独视不如与众视之明也，独听不如与众听之聪也。

〔注〕

〔1〕 君子曰：《韩诗外传》卷五作"传曰"。

〔2〕 闉：音因，城内重门。

〔3〕　襜：音蚩占切，帷。

晋平公问于叔向〔1〕曰："国家之患孰为大?"对曰："大臣重禄而不极谏，近臣畏罚〔2〕而不敢言，下情不上通，此患之大者也。"公曰："善。"于是令国〔3〕曰："欲进善言，谒者〔4〕不通，罪当死。"

〔注〕

〔1〕　晋平公：见本书《杂事》第一《晋平公欲伐齐》章注〔1〕。叔向：见本书《杂事》第一《赵文子问于叔向曰》章注〔1〕。

〔2〕　罚：《群书治要》卷四十二引及《说苑》《善说》均作"罪"。

〔3〕　令国：《说苑》作"令国中"。

〔4〕　谒者：替客人的请谒做传达工作的人。

楚人有善相人〔1〕，所言无遗策〔2〕，闻于国。庄王见而问其情，对曰："臣非能相人，能观人之交〔3〕也。布衣也，其交皆孝悌笃谨畏令，如此者，其家必日益，身必日安。此所谓吉人也。官，事君者也，其交皆诚信有好善〔4〕，如此者，事君日益〔5〕，官职日进〔6〕。此所谓吉士也。主明臣贤，左右多患，主有失，皆敢分争正谏，如此者，国日安，主日尊，天下日富。此之谓吉主也。臣非能相人，能观人之交也。"庄王曰："善。"于是乃招聘四方之士，夙夜不懈。遂得孙叔敖、将军子重〔7〕之属，以备卿相，遂成霸功。《诗》〔8〕曰："济济多士，文王以宁。"此之谓也。

〔注〕

【1〕　楚人有善相人：语气不顺，应作"楚人有善相人者"。《吕氏春秋》

《贵当》作"荆有善相人者",《韩诗外传》卷九作"楚有善相人者",
《渚宫旧事》卷一作"郢人有善相人者"。都有"者"字。

〔2〕　策：指对人命运好坏的推算。

〔3〕　交：《渚宫旧事》卷一作"友"。下同。

〔4〕　有好善：应从《吕氏春秋》《贵当》、《韩诗外传》卷九作"有行好善"。
行：去声。德行。

〔5〕　事君日益：为人君做事,工作质量一天天地有所提高。《韩诗外传》
卷九作"措事日益"。

〔6〕　官职日进：做官任职,业务一天天地有所改进。

〔7〕　子重：见本书《杂事》第四《楚庄王伐郑》章注〔11〕。

〔8〕　《诗》：《诗经》《大雅》《文王》。

　　齐闵王亡居卫〔1〕,昼日步走〔2〕,谓公玉丹〔3〕曰：
"我已亡矣,而不知其故。吾所以亡者,其何哉？"公玉丹
对曰："臣以王为已知矣,王故〔4〕尚未之知邪？王之所以
亡者,以贤也。以天下之主皆不肖,而恶王之贤也,因相
与合兵而攻王,此王之所以亡也。"闵王慨然太息曰："贤
固若是其苦邪？"丹又谓闵王曰："古人有辞天下无忧色
者〔5〕,臣闻其声,于王见其实。王名称东帝〔6〕,实有天
下,去国居卫,容貌充盈,颜色发扬,无重国之意。"王曰：
"甚善。丹知寡人。自去国而居卫也,带三益矣〔7〕。"遂
以自贤,骄盈不止。闵王亡,走卫,卫君避宫舍之,称臣而
供具〔8〕。闵王不逊,卫人侵之。闵王去,走邹、鲁,有骄
色,邹、鲁不纳〔9〕,遂走莒〔10〕。楚使淖齿将兵救齐〔11〕,
因相闵王。淖齿擢闵王之筋而悬之庙梁〔12〕,宿昔〔13〕而
杀之,而与燕共分齐地。悲夫！闵王临〔14〕大齐之国,地

方数千里。然而兵败于诸侯，地夺于燕昭，宗庙丧忘，社稷不祀，宫室空虚，身亡逃窜，甚于徒隶，尚不知所以亡，甚可痛也。犹自以为贤，岂不哀哉？公玉丹徒隶之中，而道〔15〕之谄佞，甚矣。闵王不觉，追而善之，以辱为荣，以忧为乐，其亡晚矣，而卒见杀。先是靖郭君〔16〕残贼其百姓，害伤其群臣，国人将背叛共逐之。其御知之，豫装赍食。及乱作，靖郭君出亡，至于野而饥，其御出所装食进之。靖郭君曰："何以知之而赍食？"对曰："君之暴虐，其臣下之谋久矣。"靖郭君怒，不食，曰："以吾贤至闻〔17〕也。何谓暴虐？"其御惧，曰："臣言过也。君实贤，惟群臣不肖，共害贤。"然后靖郭君悦，然后食。故齐闵王、靖郭君，虽至死亡，终身不谕者也。悲夫！

〔注〕

〔1〕 齐闵王：见本书《杂事》第三《燕易王时国大乱》章注〔2〕。齐闵王亡居卫：齐闵王四十年，燕、秦、楚、三晋合谋出兵伐齐，败齐军于济西，燕将乐毅入临淄，齐闵王逃亡到卫国。见《史记》《田敬仲完世家》。

〔2〕 步：慢走。走：快走。

〔3〕 公玉丹：《史记》《孝武本纪》《索隐》："公玉，姓。"实即氏。又说："姚氏按：《风俗通》，齐湣王臣有公玉冉。"按冉应为丹之误，《吕氏春秋》《审己》、《正名》、《过理》均作"丹"。

〔4〕 故：今。见《尔雅》《释诂》。

〔5〕 辞：辞让，在这里暗指丧失。古人有辞天下无忧色者：《吕氏春秋》《过理》作"臣闻古人有辞天下而无恨色者"。

〔6〕 王名称东帝：齐闵王三十六年冬十月称东帝，只称了两天，便把帝号取消了。见《史记》《田敬仲完世家》及《资治通鉴》卷四。

〔7〕 自去国而居卫也：《吕氏春秋》《过理》"自"上有"寡人"二字。带三
益矣：腰带放了三次了。指越来越胖了。

〔8〕 供具：供食。

〔9〕 走邹、鲁，有骄色，邹、鲁不纳：齐闵王要到鲁国，闵王的臣下夷维子
叫鲁人以待天子之礼侍候齐闵王用膳，鲁人不愿意容纳闵王进来。
闵王要往薛地，向邹国借路。这时邹君死了，闵王想进来吊丧，夷
维子也要求邹人像对待天子来吊丧那样来待齐闵王。邹人坚决拒
绝，闵王也不敢进入邹国。见《战国策》《赵策》三。

〔10〕 莒：今山东省莒县，当时属齐。见本书《杂事》第三《乐毅为燕昭王
谋》章。

〔11〕 淖：音卓，氏。见《路史》《国名纪》己。淖齿：《韩非子》《奸劫弑臣》作
"卓齿"，《潜夫论》《明暗》作"踔齿"，《史记》《田单列传》《集解》引徐
广曰作"悼齿"。楚使淖齿将兵救齐：燕原与楚合谋伐齐，现楚使淖
齿率领军队救齐，目的只在"与燕共分齐之侵地"罢了。

〔12〕 擢：抽。庙梁：东庙的屋梁。《韩非子》《难》一："潜王一用淖齿，而
身死乎东庙。"天子或诸侯的宗庙，在南向的宫门外的左边即东面。
见《周礼》《春官》《小宗伯》及郑玄注。

〔13〕 宿昔：早晚之间。

〔14〕 临：统治。

〔15〕 道：同导，引诱。

〔16〕 靖郭君：按《史记》《孟尝君列传》记载靖郭君田婴的事相当详细，但
并没有被国人背叛和驱逐的事情。因此靖郭君应从贾谊《新书》
《先醒》作"虢君"，下同。《韩诗外传》卷六作"郭君"。郭通虢。虢，
这里指北虢，周惠王二十二年即鲁僖公五年为晋所灭。虢君，即虢
公，名丑。见《左传》僖公五年、《史记》《十二诸侯年表》。

〔17〕 至：尽。闻：知。至闻：尽人皆知。

宋昭公〔1〕出亡，至于鄙〔2〕，喟然叹曰："吾知所以亡
矣。吾朝臣千人，发政举吏，无不曰：'吾君圣者。'侍御〔3〕
数百人，被服以立，无不曰：'吾君丽者。'内外不闻吾过，

是以至此。"由宋君观之，人主之所以离国家失社稷者，谄谀者众也。故宋昭亡而能悟，卒得反国云〔4〕。

〔注〕

〔1〕　《资治通鉴外纪》卷十认为这是周威烈王二十二年发生的故事。宋昭公：湖北崇文书局刊本、明程荣校本作宋昭王。今从铁华馆校宋本、《四部丛刊》本、《类说》卷三十引和贾谊《新书》《先醒》、《韩诗外传》卷六作"宋昭公"。宋昭公有两位，前头的一位是成公少子杵臼，在位九年，出猎时为襄公夫人所指使的卫伯所攻杀。但这里所指的是后头的一位，名得，或作特，杀了景公的太子而自立为君，在位四十七年。见《左传》哀公二十六年、《史记》《宋世家》。

〔2〕　鄙：贾谊《新书》《先醒》作"境"。

〔3〕　御：妃妾。

〔4〕　故宋昭亡而能悟，卒得反国云：贾谊《新书》《先醒》、《韩诗外传》卷六都说昭公从此改过自新，两年以后，宋人迎他回来，恢复他国君的地位。

秦二世胡亥之为公子也，昆弟数人，诏〔1〕置酒飨群臣，召诸子。诸子赐食先罢，胡亥下堦〔2〕，视群臣陈履状善者〔3〕，因行践败而去。诸子闻见之者，莫不太息。及二世即位，皆知天下必弃之也。故二世惑于赵高〔4〕，轻大臣，不顾下民。是以陈胜〔5〕奋臂于关东，阎乐作乱于望夷〔6〕。阎乐，赵高之婿也，为咸阳令，诈为逐贼，将吏卒入望夷宫，攻射二世〔7〕，就数二世，欲加刃。二世惧，入将自杀，有一宦者从之，二世谓曰："何谓〔8〕至于此也？"宦者曰："知此久矣。"二世曰："子何不早言？"对曰："臣以不言，故得至于此〔9〕；使臣言，死久矣。"然后二世喟然悔之，遂自杀。

〔注〕

〔1〕 诏：指秦始皇诏告他的臣属。

〔2〕 堦：同阶。贾谊《新书》《春秋》作"陛"。

〔3〕 陈屦：古人席地而坐；在堂上立着行礼不脱鞋子；坐着行礼，坐着宴饮，便把鞋子脱在堂下了。参阅《仪礼》《乡饮酒礼》贾公彦疏。陈屦状善者：在阶上陈放着样子很好的鞋子。

〔4〕 赵高：秦始皇时为公车府令，秦二世时为郎中令。由于赵高的阴谋，胡亥才得立为君，所以胡亥非常信任他。见《史记》《秦始皇本纪》。

〔5〕 陈胜：字涉，阳城人。二世元年七月，有一批贫民出身的壮丁被叫去戍守渔阳，陈胜、吴广是他们的屯长，到了大泽乡，因雨，不能进发，过了应该到达渔阳的期限，按秦法都是要杀头的。陈胜、吴广眼看逃也死，不逃也死，便设法动员这批壮丁，实行武装起义，来反抗秦帝国的暴力统治了。见《史记》《陈涉世家》。

〔6〕 望夷：宫名，在陕西咸阳东南八里。二世因夜梦不祥，斋戒于此。见《史记》《秦始皇本纪》及《正义》。

〔7〕 阎乐……攻射二世：关东各地的武装起义，赵高要瞒二世也瞒不住，失却了二世对他的信任，想更立公子婴为君，因叫阎乐等杀害二世。见《史记》《秦始皇本纪》。

〔8〕 何谓：即何为。

〔9〕 故得至于此：所以才能活到这时。《史记》《秦始皇本纪》作"故得全"。

齐侯问于晏子〔1〕曰："忠臣之事君也何若？"对曰："有难不死，出亡不送。"君曰："列地而与之〔2〕，疏爵而贵之〔3〕，君有难不死，出亡不送，可谓忠乎？"对曰："言而见用，终身无难，臣奚死焉？谏而见从〔4〕，终身不亡，臣奚送焉？若言不见用，有难而死，是妄死也。谏不见从，出亡而送，是诈为〔5〕也。故忠臣也者，能尽善与君〔6〕，而不能与〔7〕陷于难。"

〔注〕

〔1〕 《资治通鉴外纪》卷八认为这故事发生于周敬王四年。齐侯：齐景公。《晏子春秋》《内篇》《问上》、《资治通鉴外纪》卷八均作"景公"。《贞观政要》卷三作"齐景公"。《论衡》《定贤》作"齐詹"，下"君曰"的"君"也作"詹"。黄晖《论衡校释》说"詹"是"疢"的形误。

〔2〕 列：通裂。列地而与之：《晏子春秋》、《内篇》《问上》、《说苑》《臣术》均作"裂地而封之"。《贞观政要》卷三作"裂地以封之"。

〔3〕 疏：分。贵之：《贞观政要》卷三作"待之"。

〔4〕 从：《贞观政要》卷三作"纳"，下同。

〔5〕 诈为：即诈伪。《晏子春秋》、《内篇》《问上》、《论衡》《定贤》均作"诈伪"。《贞观政要》卷三作"诈忠"。

〔6〕 与：通于。《论衡》《定贤》作"于"。尽善与君：对人君尽其善道。《晏子春秋》《内篇》《问上》、《说苑》《臣术》均作"纳善于君"。

〔7〕 与：《晏子春秋》《内篇》《问上》、《说苑》《臣术》均作"与君"。

宋玉因其友以见于楚襄王〔1〕，襄王待之无以异〔2〕。宋玉让其友，其友曰："夫薑桂〔3〕因地而生，不因地而卒。妇人因媒而嫁，不因媒而亲。子之事王未〔4〕耳，何怨于我？"宋玉曰："不然。昔者齐有良兔曰东郭䝙〔5〕，盖一旦〔6〕而走五百里。于是齐有良狗曰韩卢，亦一旦而走五百里。使之遥见而指属〔7〕，则虽韩卢不及众兔之尘。若蹑迹而纵緤〔8〕，则虽东郭䝙亦不能离。今子之属〔9〕臣也，蹑迹而纵緤与？遥见而指属与？《诗》〔10〕曰：'将安将乐，弃我如遗〔11〕。'此之谓也。"其友人〔12〕曰："仆人有过，仆人有过。"

〔注〕

〔1〕　宋玉、楚襄王：见本书《杂事》第一《楚威王问于宋玉曰》章注〔1〕。

〔2〕　无以异：无所异。王只用他为小臣。见《襄阳耆旧记》卷一。

〔3〕　桂：即牡桂，又名肉桂。

〔4〕　未：指还没有侍奉得好。

〔5〕　魏：《战国策》《齐策》三作"迻"，音趋均切。《襄阳耆旧记》卷一作"狻"，音酸。

〔6〕　一旦：一天。

〔7〕　属：音嘱，指引。《韩诗外传》卷七作"注"，也是引的意思。指属：合成词。即"发纵指示"的"指示"。见沈钦韩《汉书疏证》卷二十七。《渚宫旧事》卷三"指属"下有"之"字。

〔8〕　蹑：音聂。蹑迹：跟踪。缧：同绁，音薛，牵狗的绳子。

〔9〕　属：音嘱，荐引，和上"属"作"指引"解，意义微有不同。

〔10〕《诗》：《诗经》《小雅》《谷风》。

〔11〕将：当，在。我：《诗经》作"予"。将安将乐，弃我如遗：你在得志安乐的时候，抛弃我像把东西扔掉一样。

〔12〕其友人：应从《渚宫旧事》卷三作"其友"，因上文都作"其友"。

宋玉事楚襄王而不见察，意气不得，形于颜色。或谓曰："先生何谈说之不扬〔1〕，计画之疑也〔2〕？"宋玉曰："不然。子独不见夫玄蝯〔3〕乎？当其居桂林〔4〕之中，峻叶之上，从容游戏，超腾〔5〕往来，龙兴而鸟集〔6〕，悲啸〔7〕长吟。当此之时，虽羿、逢蒙〔8〕不得正目而视也。及其在枳〔9〕棘之中也，恐惧而悼慄，危视而迹行〔10〕，众人皆得意焉。此皮筋非加急而体益短也，处势不便故也。夫处势不便，岂可以量功校能哉？《诗》〔11〕不云乎？'驾彼四牡〔12〕，四牡项领〔13〕。'夫久驾〔14〕而长不得行，项领不亦宜乎？《易》曰：'臀无肤，其行赵趄〔15〕。'此之谓也。"

〔注〕

〔1〕 谈说之不扬：谈说那么不高明。

〔2〕 计画之疑：策画那么没有定见。

〔3〕 蝯：通猿。《渚宫旧事》卷三作"猿"。

〔4〕 桂林：牡桂树林。

〔5〕 超腾：跳躍。《渚宫旧事》卷三作"倏忽"。

〔6〕 龙兴而鸟集：像龙的飞举和像鸟的栖止。形容其矫健轻捷。

〔7〕 悲啸：因其叫声清越而舒长，所以人们觉得有悲凉的意味。

〔8〕 羿：音研计切，亦称夷羿，有穷氏的国君，善射。见梁玉绳《汉书人表考》卷九。逄蒙：羿的家属，学射于羿，也善于射箭。见《孟子》《离娄下》和赵岐注。古书上或作逄蒙，或作逄门，或作逄鑗，亦称逄须，亦称逄蒙子、逄门子。见梁玉绳《汉书人表考》卷八。

〔9〕 枳：音只，木名，似橘而小，叶如橙，多刺。

〔10〕 危视：不安地看着。迹：孙诒让《札迻》卷八："案蹟当作'蹐'。"《说文》足部云："蹐，小步也。"蹐行：一小步一小步地走着。

〔11〕 《诗》：《诗经》《小雅》《节南山》。

〔12〕 牡：雄性禽兽，这里指公马。

〔13〕 项：大。领：脖子。项领：用马驾车是把衡轭驾在马的脖子上，因只养马而不用，所以马的脖子肥大了。比喻人君只养人臣而不用。

〔14〕 久驾：久备驾车。

〔15〕 赵趄：要前进而不能前进的样子。臀无肤，其行赵趄：臀部没有皮肤，他要行走也不能前进。比喻人君不赏识，人臣无所靠，也不能有所作为。《易经》《夬卦》、《姤卦》作"臀无肤，其行次且"。

　　田饶〔1〕事鲁哀公而不见察。田饶谓鲁哀公曰："臣将去君而鸿鹄〔2〕举矣。"哀公曰："何谓也？"田饶曰："君独不见夫鸡乎？头戴冠者，文也；足傅〔3〕距者，武也；敌在前敢斗者，勇也；见食相呼，仁也；守夜不失时，信也。鸡虽有此五者〔4〕，君犹日瀹〔5〕而食之。何则？以其所从来近也。夫鸿鹄一举千里，止君园池，食君鱼鳖，啄君菽粟〔6〕，无此五者，君犹贵之，以其所从来远也。臣请鸿鹄举矣。"哀公曰："止。吾书子之言也。"田饶曰："臣闻食其食者不毁其器，荫其树者不折其枝。有士不用，何书其言为〔7〕？"遂去之燕，燕立以为相。三年，燕之政太平，国无盗贼。哀公闻之，慨然太息，为之避寝三月，抽损上服〔8〕，曰："不慎其前而悔其后，何可复得？"《诗》〔9〕曰："逝将去汝〔10〕，适彼乐土。适彼乐土〔11〕，爰得我所。"《春秋》〔12〕曰："少长于君〔13〕，则君轻之。"此之谓也。

〔注〕

〔1〕 田饶：见本书《杂事》第二《昔者燕相得罪于君》章注〔2〕〔5〕。

〔2〕 鸿鹄：《韩诗外传》卷二作"黄鹄"，黄、鸿一声之转。

〔3〕 傅：通附，附着。

〔4〕 五者：《韩诗外传》卷二作"五德"。

〔5〕 瀹：用汤煮。《类说》卷三十引作"爚"。

〔6〕 菽粟：《韩诗外传》卷二作"黍粱"。

〔7〕 为：表疑问的语气词。有士不用，何书其言为：用其言者应不弃其身，现既有士不用，光记下他的话又有什么意思呢？

〔8〕 避寝：不进内室。抽：去掉。《韩诗外传》卷二作"减"。抽损：减少。避寝三月，抽损上服：藉此表示自责。

〔9〕 《诗》：《诗经》《魏风》《硕鼠》。

〔10〕 逝：读作誓，《公羊传》昭公十五年疏引《诗经》作"誓"。汝：《硕鼠》作"女"，二字通。

〔11〕 适彼乐土：铁华馆校宋本、《诗经》《硕鼠》作"乐土乐土"。

〔12〕　《春秋》：《榖梁传》僖公二年。

〔13〕　少长于君：少年品学的修养比人君高。

　　子张〔1〕见鲁哀公，七日而哀公不礼，托仆夫而去曰：
"臣闻君好士，故不远千里之外，犯霜露，冒尘垢〔2〕，百舍
重趼〔3〕，不敢休息以见君，七日而君不礼。君之好士也，
有似叶公子高〔4〕之好龙也。叶公子高好龙，钩以写龙，
凿以写龙，屋室雕文以写龙〔5〕。于是夫龙〔6〕闻而下之，
窥头于牖，拖尾于堂。叶公见之，弃而还走，失其魂魄，五
色无主。是叶公非好龙也，好夫似龙而非龙者也。今臣
闻君好士，故不远千里之外以见君。七日不礼，君非好士
也，好夫似士而非士者也。《诗》〔7〕曰：'中心藏之，何日
忘之？'敢托而去。"

〔注〕

〔1〕　子张：颛孙师，字子张，陈人，孔子弟子。见《史记》《仲尼弟子列传》。

〔2〕　尘垢：《文选》陆士龙《答张士然诗》李善注引作"尘埃"。

〔3〕　百舍：途中投宿了一百次，意即走了一百天。趼：通茧，《战国策》
　　《宋策》、贾谊《新书》《劝学》都有"百舍重茧"的话。百舍重趼：走了
　　一百天，脚上起了重重叠叠的硬皮。写长途跋涉的艰辛。

〔4〕　叶公子高：见本书《杂事》第一《秦欲伐楚》章注〔11〕。

〔5〕　屋室雕文以写龙：应作"屋室雕文尽以写龙"。《文选》任昉《天监三
　　年策秀才文》李善注引、《事类赋》《龙赋》注引《庄子》、《太平御览》
　　卷四百七十五引《庄子》都有"尽"字。《论衡》《乱龙》作"墙壁盂樽，
　　皆画龙象。"皆，也是尽的意思。《困学纪闻》卷十引《庄子》"以写
　　龙"也作"尽写以龙"。

〔6〕　夫龙：应从《群书治要》卷四十二引、《文选》任昉《天监三年策秀才
　　文》李善注引、《后汉书》《襄楷传》李贤注引、《崔骃传》章怀太子注

引、《艺文类聚》卷九十六引《庄子》、《事类赋》注引《庄子》、《太平御览》卷四百七十五引《庄子》、《困学纪闻》卷十引《庄子》作“天龙”。

〔7〕《诗》:《诗经》《小雅》《隰桑》。

昔者楚丘先生〔1〕行年七十,披裘带索〔2〕,往见孟尝君,欲趋不能进。孟尝君曰:“先生老矣,春秋高矣,何以教之〔3〕?”楚丘先生曰:“噫!将我而老乎〔4〕?噫〔5〕!将使我追车而赴〔6〕马乎?投石而超距乎?逐麋鹿而搏虎豹乎?吾已死矣,何暇老哉?噫!将使我出正辞而当诸侯〔7〕乎?决嫌疑而定犹豫〔8〕乎?吾始壮矣,何老之有?”孟尝君逡巡避席,面有愧色。《诗》〔9〕曰:“老夫灌灌〔10〕,小子蹻蹻〔11〕。”言老夫欲尽其谋,而少者骄而不受也。秦穆公所以败其师〔12〕,殷纣所以亡天下〔13〕也。故《书》曰:“黄发之言,则无所愆〔14〕。”《诗》〔15〕曰:“寿胥与试〔16〕。”美用老人之言以安国也。

〔注〕

〔1〕楚丘先生:楚丘氏。见《元和姓纂》卷六。

〔2〕裘:《韩诗外传》卷十作“蓑”。索:粗绳。带索:以粗绳为腰带。

〔3〕之:《韩诗外传》卷十作“文”。文,孟尝君名文。

〔4〕将:以。而:为。见裴学海《古书虚字集释》。噫!将我而老乎:《韩诗外传》作“恶,君谓我老!恶,君谓我老!”

〔5〕噫:疑衍。《韩诗外传》作“意者”。

〔6〕赴:追逐。《意林》卷三引作“趁”。趁,也是追逐之意。

〔7〕当诸侯:应对诸侯。

〔8〕嫌:疑。嫌疑:合成词。决嫌疑:处决疑难之事。定犹豫:使犹疑未决的计议确定下来。这都是说把政治上不易解决的问题解决。

〔9〕《诗》:《诗经》《大雅》《板》。

〔10〕 灌灌：犹欵欵，诚恳。

〔11〕 骄：音娇。骄骄：骄傲。

〔12〕 秦穆公所以败其师：秦穆公不听信年老的蹇叔的谏阻，出兵偷袭郑国，结果他的军队回来时在殽山被晋国的军队截击，全军覆没。见《左传》僖公三十二年、三十三年。

〔13〕 殷纣所以亡天下：商容、比干、箕子都是纣的老前辈，纣废商容，杀比干，囚箕子，结果弄到亡国。见《史记》《殷本纪》。

〔14〕 黄发：是长寿的标志，借代老人。黄发之言，则无所愆：《尚书》《秦誓》作"尚猷询兹黄发，则罔所愆"。猷：即犹，可。兹：此。罔：无。

〔15〕 《诗》：《诗经》《鲁颂》《閟宫》。

〔16〕 寿：长寿的人。胥：皆。与：举，用。试：用。与试：合成词。寿胥与试：对长寿的人尽量地任用。

　　齐有闾丘卬〔1〕，年十八，道遮宣王〔2〕曰："家贫亲老，愿得小仕。"宣王曰："子年尚稚，未可也。"闾丘卬对曰："不然。昔者颛顼行年十二而治天下〔3〕，秦项橐七岁为圣人师〔4〕。由此观之，卬不肖耳，年不稚矣。"宣王曰："未有咫角骖驹〔5〕而能服重致远者也。由此观之，夫士亦华发堕颠〔6〕而后可用耳。"闾丘卬曰："不然。夫尺有所短，寸有所长〔7〕。骅骝騄骥〔8〕，天下之俊〔9〕马也。使之与狸鼬试〔10〕于釜灶之间，其疾未必过狸鼬也。黄鹄白鹤，一举千里，使之与燕服翼〔11〕试之堂庑之下，庐室之间，其便未必能过燕服翼也。辟闾、巨阙〔12〕，天下之利器〔13〕也，击石不阙，刺石不锉〔14〕，使之与管橐决目出眯〔15〕，其便未必能过管橐也。由此观之，华发堕颠，与卬何以异哉？"宣王曰："善。子有善言，何见寡人之晚也？"卬对曰："夫鸡豚謹嗷,即夺钟鼓之音。云霞充咽,则夺日月之明。谗人在侧,是以见晚也。《诗》〔16〕曰:'听言则对〔17〕,谮言则退〔18〕。'庸得进乎?"宣王拊轼〔19〕曰:"寡人有过。"遂载与之俱归而用焉。故孔子曰:"后生可畏,安知来者之不如今〔20〕?"此之谓也。

〔注〕

〔1〕 闾丘卬:闾丘氏。见《元和姓纂》卷二。

〔2〕 宣王:田氏,名辟疆。见《史记》《田敬仲完世家》。

〔3〕 颛顼行年十二而治天下:按颛顼十二岁加冠,十五岁佐少昊氏,封于高阳,二十岁即帝位。见《路史后纪》八及注。这里说"十二而治天下",应该是说他从加冠时起便参预国事了。《鬻子》《数始五帝治天下》条:"昔者帝颛顼年十五而佐黄帝,二十而治天下。"逄行珪注:"升为天子也。"也和本书的传说不同。

〔4〕 秦项橐七岁为圣人师:《汉书》《董仲舒传》王先谦《补注》说:"《天中记》引《图经》云:'橐,鲁人,十岁而亡'。"《战国策》《秦策》五:"甘罗曰:'夫项橐生七岁而为孔子师。'"这里说"秦项橐",可能是因为甘罗是秦国人说了这句话,因而以为项橐也是秦国人而发生的错误。

〔5〕 咫:周尺八寸。咫角:八寸那么短的角,指小牛。驹:两岁的马,年齿幼小的马。骖驹:不能独任其劳,只能在服旁为骖的小马。

〔6〕 堕颠:老年脱发秃顶。

〔7〕 尺有所短,寸有所长:尺是长的,寸是短的。但长短也不是绝对的,尺也有短的时候,寸也有长的时候。

〔8〕 骅骝:音华留,周穆王八骏之一。騄骥:也是古时良马的名字。按古书上往往骅骝、绿耳并称,如《穆天子传》卷一"华骝、绿耳",《列子》《周穆王》"右服蕗骝而左绿耳",《史记》《秦本纪》"骅駵、騄耳",《赵世家》"骅骝、绿耳",则绿骥应该就是绿耳,也是周穆王的八骏之一。

〔9〕 俊:通骏。《类说》卷三十引作"骏"。

〔10〕　貍：音厘，貓。鼬：音又，俗称黄鼬或黄鼠狼，善捕鼠。人们在用貓
　　　捕鼠以前，是用别种动物来捕鼠的，黄鼠狼便是其中的一种。古代
　　　的俄国和希腊都是这样。大概是用貓捕鼠以后，有一个时期是貓
　　　和黄鼠狼并用，所以古书上往往是"貍鼬"或"貍狌"并称。据《尔雅》
　　　《释兽》郭璞注，鼬又称为鼪，音牲。按亦作"狌"。《庄子》《秋水》：
　　　"骐骥骅骝，一日而驰千里，捕鼠不如貍狌。"《释文》："狌，崔本作
　　　'鼬'。"试：比赛。

〔11〕　燕服翼：即蝙蝠。蝙蝠又名服翼，或称燕服翼，或称燕蝙蝠，见《尔
　　　雅》《释鸟》及郝懿行《义疏》引王德瑛说。

〔12〕　辟闾、巨阙：《荀子》《性恶》："阖闾之干将、莫邪、钜阙、辟闾，此皆古
　　　之良剑也。"杨倞注引或曰："辟闾即湛庐也。"湛庐、巨阙，都是春秋
　　　时欧冶子所铸。见《越绝书》《越绝外传》《记宝剑》。

〔13〕　利器：《荀子》《性恶》杨倞注引作"良剑"。

〔14〕　锉：通挫。

〔15〕　菅：读作菅，音奸，草。菅蒉：草的梗子。决：通抉，挑。眯：音米，进
　　　了眼睛里面的东西。

〔16〕　《诗》：《诗经》《小雅》《雨无正》。

〔17〕　听：治，治有正之意。听言：即正言。对：《诗经》《大雅》《桑柔》作
　　　"对"，《雨无正》作"答"，抗拒。听言则对：昏庸的人君对于正言就
　　　拒不接受。

〔18〕　谮言：谗言。退：柔和。谮言则退：对于谗言就态度温和，乐于接受。

〔19〕　拊：通抚，凭靠。拊轼：宣王这时正乘着马车，他站在车上，凭靠着
　　　车前的横木，稍为低着头，以表示敬意。

〔20〕　后生可畏，安知来者之不如今：《论语》《子罕》"安"作"焉"，"今"下
　　　有"也"字。

　　荆人卞和得玉璞而献之荆厉王〔1〕，使玉尹〔2〕相之，
曰："石也。"王以和为谩〔3〕而断其左足。厉王薨，武王即
位，和复奉玉璞而献之武王，武王使玉尹　相之，曰："石

也。"又以为谩而断其右足。武王薨，共王[4]即位，和乃奉玉璞而哭于荆山中，三日三夜，泣尽而继之以血。共王闻之，使人问之曰："天下刑之者众矣。子独何哭之悲也？"对曰："宝玉而名之曰石，贞士而戮之以谩，此臣之所以悲也。"共王曰："惜矣，吾先王之听，难剖石而易斩人之足！夫死者不可生，断者不可续，何听之殊也！"乃使人理其璞而得宝焉。故名之曰和氏之璧。故曰：珠玉者，人主之所贵也。和虽献宝而美，未为玉尹用也。进宝且若彼之难也，况进贤人乎？贤人与奸臣犹仇雠也，于[5]庸君意不合。夫欲使奸臣进其雠于不合意之君，其难万倍于和氏之璧。又无断两足之臣以推，其难犹拔山也。千岁一合若继踵[6]，然后霸王之君兴焉。其贤而不用，不可胜载。故有道者之不戮也，宜白玉之璞未献耳。

〔注〕

〔1〕卞和：《琴操》卷下《信立退怨歌》："卞和者，楚野民。"襄阳南漳人。见《太平寰宇记》卷一百四十五《山南东道》四《襄州》及注。《韩非子》《和氏》作"和氏"。荆厉王：按《史记》《十二诸侯年表》及《楚世家》都没有厉王。不过厉王也见于《韩非子》。这故事在《韩非子》里面楚国的三位国君作厉王、武王、文王。则厉王可能就是武王头上的蚡冒即熊眴了。据《史记》《楚世家》，周夷王时楚熊渠曾立他的三个儿子为王，到周厉王时楚国取消了王号。到了熊通三十七年，即周桓王十六年，熊通才又立为王，也就是楚武王。可能熊通在自立为王以后，把熊眴追谥为厉王也说不定。张淏《云谷杂记》卷一说："楚之王自熊通始，其先初无所谓厉王者，岂即其兄蚡冒耶？"这故事中楚国的三位国君，《淮南子》《览冥》高诱注、《后汉书》《孔融传》李贤注引《韩非子》、《太平御览》卷三百七十二和六百四十八引《韩

非子》均作武王、文王、成王。

〔2〕 使:应从《韩非子》《和氏》作"厉王使"。因下文"武王"二字也重复
出现。玉尹:治玉的官。楚官多名为尹。《韩非子》《和氏》、《淮南
子》《览冥》高诱注均作"玉人",《韩非子》下文也作"玉人"。即玉
工。《周礼》《冬官》《考工记》有刮磨之工五,其一为玉人。

〔3〕 谩:《韩非子》《和氏》作"诳",音固旺切,义同。《琴操》卷下《信立退
怨歌》作"欺谩"。

〔4〕 共王:名审,庄王子。时代不衔接。《韩非子》《和氏》作"文王"。下
同。文王:熊赀,武王子。见《史记》《楚世家》。

〔5〕 于:与。见吴昌莹《经词衍释》。

〔6〕 千岁一合若继踵:千年才碰上一次,贤人与君意相合,贤人纷至沓
来,像踵趾相接。

刺　奢　第　六

桀作瑶台[1]，罢民力，殚民财，为酒池糟隄，纵靡靡之乐，一鼓而牛饮者三千人[2]。群臣相持歌曰[3]：“江水沛沛[4]兮，舟楫败兮，我王废[5]兮，趣归薄[6]兮，薄亦大兮。”又曰：“乐兮乐兮，四牡跻[7]兮，六辔沃[8]兮，去不善而从善，何不乐兮？”伊尹知天命之去[9]，举觞而告桀曰：“君王不听臣之言，亡无日矣。”桀拍然而作[10]，哑然而笑曰：“子何妖言？吾有天下，如天下之有日也。日有亡乎？日亡，吾亦亡矣。”于是接履而趣[11]，遂适汤。汤立为相。故伊尹去夏入殷，殷王而夏亡。

〔注〕

〔1〕　瑶台：《太平御览》卷八十二引《帝王世纪》：桀“为琼室瑶台，金柱三千。”

〔2〕　一鼓：擂鼓一通。三千人：《太平御览》卷八十二引《帝王世纪》作“三千余人”。

〔3〕　持：扶。群臣相持歌曰：《尚书大传》卷二《殷传》《汤誓》：“夏人饮酒，醉者持不醉者，不醉者持醉者，相和而歌”。

〔4〕　沛沛：流貌。《韩诗外传》卷二作“沛”。

〔5〕　废：腐败淫乱。

〔6〕　趣：归。趣归：合成词。薄：通亳，商汤定都的地方，在今河南省商丘县以北。《尚书大传》卷二《韩诗外传》卷二均作“亳”，下同。趣归薄：即归向于汤。

〔7〕　四牡：拉车的四匹雄马。跻：音纪表切，强壮。《韩诗外传》卷二作

"骄",义同。

〔8〕　六辔：见本书《杂事》第五《颜渊侍鲁定公于台》章注〔18〕。沃：漂亮。

〔9〕　天命：见本书《善谋》第九《齐桓公时》章注〔9〕。伊尹知天命之去：《韩诗外传》卷二作"伊尹知大命之将去"。《尚书大传》卷二云："伊尹入告于桀曰：'天命之亡有日矣。'"

〔10〕　拍然：形容两手相击的声音。拍然而作：表示轻蔑的动作。

〔11〕　履：步。于是接履而趣：应作"于是伊尹接履而趣"。于是伊尹紧接着别人的脚步而赶快走了。《韩诗外传》卷二作"于是伊尹接履而趋"。趣、趋字通。

纣为鹿台〔1〕,七年〔2〕而成,其大三里,高千尺,临望云雨。作炮烙之刑〔3〕,戮无辜,夺民力,冤暴施于百姓,惨毒加于大臣,天下叛之,愿臣文王〔4〕。及周师至,令不行于左右〔5〕。悲夫！ 当是时,求为匹夫,不可得也,纣自取之也。

〔注〕

〔1〕　鹿台：纣聚钱的所在，又名廪台，在朝歌城中。见《史记》《殷本纪》和《集解》、《正义》。朝歌故址在今河南省淇县北。

〔2〕　七年：《太平御览》卷一百七十七引作"十年"。

〔3〕　炮烙之刑：普通以为是用膏塗铜柱，下加炭火，叫有罪的人爬到铜柱上。爬的人往往掉到炭火里面活活烧死。纣作这样的刑罚是为的使妲己看了高兴。见《列女传》卷七、《太平御览》卷八十三引《帝王世纪》等。但据《吕氏春秋》《顺民》和《过理》高诱注，则是以铜为格，即庋阁，下面燃火，把人放在铜格上面，叫他行走，皮肉被铜格灼烂，便掉到火中死了。因此毕沅、段玉裁和王念孙都以为炮烙应作"炮格"。见毕校《吕氏春秋》《顺民》、《过理》，《汉书》《谷永传》王先谦《补注》、王念孙《读书杂志》二《史记》第一。

〔4〕　愿臣文王：参阅本书《杂事》第十《高皇帝五年》章注〔14〕。

〔5〕　及周师至,令不行于左右：周武王伐殷，和纣战于牧野，纣的军队在

人数上佔绝对优势,但都倒戈叛殷。见《史记》《周本纪》。

魏王将起中天台〔1〕。令曰:"敢谏者死。"许绾负操锸〔2〕入,曰:"闻大王将起中天台,臣愿加一力。"王曰:"子何力有加〔3〕?"绾曰:"虽无力,能商台。"王曰:"若何?"曰:"臣闻天与地相去万五千里,今王因而半之,当起七千五百里之台。高既如是,其趾须方八千里。尽王之地,不足以为台趾。古者尧、舜建诸侯,地方五千里。王必起此台,先以兵伐诸侯,尽有其地,犹不足,又伐四夷,得方八千里,乃足以为台趾。材木之积,人徒〔4〕之众,仓廪之储,数以〔5〕万亿。度八千里之外,当定农亩之地,足以奉给王之台者,台具以备〔6〕,乃可以作。"魏王默然无以应,乃罢起台。

〔注〕

〔1〕　魏王:《太平御览》卷四百五十六引作"魏襄王"。襄王:惠王子,名嗣。见《史记》《魏世家》及《索隐》。将起:《意林》卷三引作"欲筑"。中天台:《太平御览》卷一百七十七、卷四百五十六均引作"中天之台"。下同。

〔2〕　许绾:魏王既为魏襄王,则许绾和《战国策》《魏策》三和《吕氏春秋》《应言》中的许绾应为两人;因为后者是魏安厘王时候的人,而《吕氏春秋》《应言》高诱注又说他是秦臣。负操锸:应作"负畚操锸"。《太平御览》卷四百五十六引作"负畚操捶",捶当为插之误,插亦即锸。

〔3〕　有:能。子何力有加:你能增加什么力量呢?《太平御览》卷一百七十七引作"子何力能加?"

〔4〕　人徒:服工役的人。

〔5〕　以:有。见吴昌莹《经词衍释》。

〔6〕　以：已。台具以备：台所要具备的已经具备。《太平御览》卷一百七十七引作"台具者已备"。

　　卫灵公以天寒凿池〔1〕,宛春〔2〕谏曰:"天寒起役,恐伤民。"公曰:"天寒乎?"宛春曰:"君衣狐裘,坐熊席〔3〕,隩隅〔4〕有灶,是以不寒。今民衣弊不补,履决不苴〔5〕,君则不寒,民诚寒矣。"公曰:"善。"令罢役。左右谏曰:"君凿池不知天寒,以宛春知而罢役,是德归宛春,怨归于君。"公曰:"不然。宛春鲁国之匹夫,吾举之,民未有见焉,今将令民以此见之。且春也有善,寡人有;春之善,非寡人之善与?"灵公论宛春,可谓知君之道矣。

〔注〕

〔1〕　《资治通鉴外纪》卷八认为这故事发生于周敬王二十四年。卫灵公:名元,襄公子。见《史记》《卫世家》。以:在。

〔2〕　宛春:和《国语》《晋语》四中的韦昭注说是"楚大夫"的"宛春"时代不同,是两个人。本章中的"宛春",《盐铁论》《盐铁取下》作"海春"。

〔3〕　熊席:熊皮做的垫子。《周礼》《春官》《司几筵》中有"五席",郑玄注说其中一种是熊席。

〔4〕　隩:室内西南角。隩隅:合成词,义同。《吕氏春秋》《分职》作"陬隅"。陬:音邹。陬隅:角落。

〔5〕　履决:鞋子破了。苴:放在鞋子里面垫脚的草。这里作动词用。不苴:垫不住脚。

　　齐宣王为大室〔1〕,大盖〔2〕百亩,堂上三百户。以齐国之大,具之〔3〕三年而未能成。群臣莫敢谏者。香居〔4〕问宣王曰:"荆王释先王之礼乐而为淫乐,敢问荆邦为有主乎?"王曰:"为无主。""敢问荆邦为有臣乎〔5〕?"王曰:

"为无臣。"居曰:"今王为大室,三年不能成,而群臣莫敢
谏者,敢问王为有臣乎?"王曰:"为无臣。"香居曰:"臣请
避〔6〕矣。"趋而出。王曰:"香子留〔7〕,何谏寡人之晚
也!"遽召尚书〔8〕曰:"书之!寡人不肖,好为大室,香子止
寡人也。"

〔注〕

〔1〕 齐宣王:田氏,名辟疆。见《史记》《田敬仲完世家》。大室:即《孟
子》《梁惠王下》"孟子谓齐宣王曰:'为巨室,……'"的"巨室"。赵岐
注:"巨室,大宫也。"《吕氏春秋》《骄恣》作"太室"。 下同。太,
通大。

〔2〕 盖:加于其上,即超过之意。《吕氏春秋》《骄恣》作"益",义同。

〔3〕 具之:准备建筑大室的材料。

〔4〕 香居:应从《吕氏春秋》《骄恣》作"春居",下同。春是姓氏。

〔5〕 敢问荆邦为有臣乎:疑这句上面脱漏一句。《吕氏春秋》《骄恣》作
"贤臣以千数而莫敢谏,敢问荆国为有臣乎?"

〔6〕 臣请避:因我也不配为您的臣子,所以请避。

〔7〕 香子:应从《吕氏春秋》《骄恣》作"春子",下同。留:《吕氏春秋》
作"反"。

〔8〕 尚书:掌管记录的官,即史官。《吕氏春秋》《骄恣》作"掌书"。

赵襄子饮酒〔1〕,五日五夜不废酒,谓侍者曰:"我诚
邦士也,夫饮酒五日五夜矣,而殊不病。"优莫〔2〕曰:"君
勉之!不及纣二日耳。纣七日七夜〔3〕,今君五日。"襄子
惧,谓优莫曰:"然则吾亡乎?"优莫曰:"不亡。"襄子曰:
"不及纣二日耳,不亡何待?"优莫曰:"桀、纣之亡也遇汤、
武。今天下尽桀也,而君纣也。桀、纣并世,焉能相亡?然
亦殆矣。"

〔注〕

〔1〕　《资治通鉴外纪》卷十说这故事发生于周贞定王十六年。赵襄子：见本书《杂事》第五《赵襄子问于王子维曰》章注〔1〕。

〔2〕　优莫：其职业为俳优，其名为莫，像《国语》《晋语》二中晋的优施，《史记》《滑稽列传》中楚的优孟、秦的优旃这类的人，善戏谑，能歌舞；他们对人君或有权势的人的讽谏，是通过戏谑、歌舞之类的形式来进行的，说错了也没有罪。

〔3〕　纣七日七夜：《太平御览》卷八十三引《帝王世纪》：纣"为长夜之饮，七日七夜，忘历数，不知甲乙。问于左右，莫知。使问箕子，谓其私人曰：'为天下主，而一国皆失日，天下危矣！'"

　　齐景公〔1〕饮酒而乐，释衣冠，自鼓缶〔2〕，谓侍者曰："仁人亦乐是夫〔3〕？"梁丘子〔4〕曰："仁人耳目亦犹人也，奚为独不乐此也？"公曰："速驾迎晏子。"晏子朝服而至。公曰："寡人甚乐此乐也。愿与夫子共之。请去礼！"晏子对曰："君之言过矣。齐国五尺之童子，力尽胜婴而又胜君。所以不敢乱者，畏礼也。上若无礼，无以使其下。下若无礼，无以事其上。夫麋鹿唯无礼，故父子同麀。人之所以贵于禽兽者，以有礼也。《诗》〔5〕曰：'人而无礼，胡不遄死？'故礼不可去也。"公曰："寡人无良左右，淫湎寡人，以至于此，请杀之。"晏子曰："左右何罪？君若好礼，左右有礼者至，无礼者去。君若恶礼，亦将如之。"公曰："善。请革衣冠，更受命。"乃废酒而更尊〔6〕，朝服而坐。觞三行〔7〕，晏子趋出。

〔注〕

〔1〕　齐景公：见本书《杂事》第一《晋平公欲伐齐》章注〔2〕。

〔2〕　缶：音阜，瓦器，用来装酒，古时也用来做打拍子的乐器。《韩诗外
　　　　传》卷九作“琴”。《群书治要》卷三十三、《北堂书钞》卷一百二十九、
　　　　《太平御览》卷六百九十六引《晏子春秋》均作“盆瓮”，《太平御览》
　　　　卷四百六十八引《晏子春秋》作“盆”。

〔3〕　仁人亦乐是夫：《群书治要》卷三十三引《晏子春秋》作“仁人亦乐此
　　　　乐乎？”

〔4〕　梁丘子：《晏子春秋》《外篇》《重而异者》作“梁丘据”。梁丘，氏。据，
　　　　又作“处”，同音据。字子犹，又作“子将”。见梁玉绳《汉书人表考》
　　　　卷八。

〔5〕　《诗》：《诗经》《鄘风》《相鼠》。

〔6〕　废酒：撤去残余的酒席。更尊：更换樽爵，即重新摆酒。

〔7〕　行：斟酒给人喝。觞三行：进酒劝饮了三次，即酒劝饮了三杯。

　　魏文侯见箕季〔1〕，其墙坏而不筑。文侯曰：“何为不
筑？”对曰：“不时。”其墙枉而不端，问曰：“何不端？”曰：
“固然。”从者食其园之桃，箕季禁之。少焉日晏，进疏餐
之食，瓜瓠之羹。文侯出，其仆曰：“君亦无得于箕季矣。
曩者进食，臣窃窥之，疏餐之食，瓜瓠之羹。”文侯曰：“吾
何无得于季也？吾一见季而得四焉：其墙坏不筑，云待时
者，教我无夺农时〔2〕也；墙枉而不端，对曰固然者，是教
我无侵封疆也；从者食园桃，箕季禁之，岂爱桃哉？是教我
下无侵〔3〕上也；食我以疏餐者，季岂不能具五味哉？教我
无多敛于百姓，以省饮食之养也。”

〔注〕

〔1〕　箕季：《太平御览》卷八百六十一引作“箕季子”。

〔2〕　无夺农时：《太平御览》卷四百五十七引作“不夺农功”。

〔3〕　侵：《太平御览》卷四百五十七、卷九百六十七俱引作“犯”。

士尹池〔1〕为荆使于宋，司城子罕〔2〕止而觞之。南家之墙，拥于前〔3〕而不直；西家之潦，经其宫而不止。士尹池问其故，司城子罕曰："南家，工人也，为鞔者〔4〕也。吾将徙之，其父曰：'吾恃为鞔，已食三世矣。今徙，是宋邦之求鞔者，不知吾处也。吾将不食，愿相国之忧吾不食也。'为是故吾不徙。西家高，吾宫卑，潦之经吾宫也利。为是故不禁也。"士尹池归，荆适兴兵欲攻宋，士尹池谏于王曰："宋不可攻也。其主贤，其相仁。贤者得民〔5〕，仁者能用人〔6〕。攻之无功，为天下笑。"楚〔7〕释宋而攻郑。孔子闻之曰："夫修之〔8〕于庙堂之上，而折冲〔9〕于千里之外者，司城子罕之谓也。"

〔注〕

〔1〕 士尹池："士尹"应作"工尹"，下同。《太平御览》卷四百一十九引《吕氏春秋》作"工尹他"。工尹是楚官名。《左传》文公十年杜预注说是"掌百工之官"。《左传》宣公十二年有"工尹齐"，成公十六年、《国语》《晋语》六、《汉书》《古今人表》有"工尹襄"，昭公十二年有"工尹路"，十九年有"工尹赤"，二十七年有"工尹寿"，《礼记》《檀弓下》、《汉书》《古今人表》有"工尹商阳"，皆其证。池、他上古同音，同属歌部。姚氏本《战国策》《秦策》四"公子池"，鲍彪本作"公子他"、吴师道《补正》说："池即他。"

〔2〕 司城：官名，即司空。宋桓公因宋武公名司空，所以把司空改为司城。见《左传》文公七年杜预注。是主管筑城、兴修水利之类的工务的官。是宋六卿之一。子罕，即乐喜，以司城而兼为政卿，为宋平公、元公、景公的相。见《左传》襄公九年及杜预注和《吕氏春秋》《召类》。

〔3〕 拥于前：《吕氏春秋》《召类》作"犫于前"。犫：音赤周切，出。

〔4〕　鞔：音莫官切，阳平，皮鞋。一音晚，马拉车所用的皮带。为鞔者：
　　　　做皮鞋或这种皮带的工人。见《吕氏春秋》《召类》高诱注。

〔5〕　得民：得民心。应从《吕氏春秋》《召类》作"能得民"，因和下句"能
　　　　用人"对句。

〔6〕　能用人：能使人为之用。

〔7〕　楚：应从上文作"荆"。

〔8〕　修之：指修政。

〔9〕　折冲：阻止敌人的战车。意谓挫败敌人的进攻。

　　鲁孟献子聘于晋〔1〕，宣子〔2〕觞之，三徙〔3〕，锺石〔4〕之悬，不移而具。献子曰："富哉家！"宣子曰："子之家孰与我家富？"献子曰："吾家甚贫，惟有二士，曰颜回、兹无灵〔5〕者，使吾邦家安平，百姓和协。惟此二者耳，吾尽于此矣。"客出，宣子曰："彼君子也，以养贤为富。我鄙人也，以锺石金玉为富。"孔子曰："孟献子之富，可著于春秋。"

〔注〕

〔1〕　孟献子：即仲孙蔑，亦称孟孙，鲁卿，生活节俭。死于鲁襄公十九年
　　　　八月丙辰。见鲁成公二年《左传》及杜预注、鲁襄公十九年《春秋
　　　　经》、《国语》《周语中》及韦昭注。鲁孟献子聘于晋：应在鲁襄公十
　　　　九年以前。

〔2〕　宣子：应从《文选》《西京赋》李善注引、《白孔六帖》卷九十一引、《太
　　　　平御览》卷四百七十二引作"韩宣子"。韩宣子：晋卿，即韩起。赵
　　　　文子死后，由他主持晋国的政务。见《左传》襄公三十一年、《国语》
　　　　《晋语》八及韦昭注。

〔3〕　三徙：《文选》《西京赋》李善注、《白孔六帖》卷九十一、《太平御览》
　　　　卷四百七十二均引作"饮三徙"。

〔4〕　锺：通钟。石：磬。

〔5〕　颜回：案颜回是鲁定公时人，和孟献子年代不相属。孟献子这样说

可能是故事传说本身的错误，也可能是孟献子时鲁国另有一个颜回。兹：音慈。兹无灵：《太平御览》卷四百七十二引作"慈无灵"。

邹穆公[1]有令，食凫雁必以粃[2]，无得以粟。于是仓无粃而求易于民，二石粟而得一石粃。吏以为费，请以粟食之。穆公曰："去！非汝所知也。夫百姓饱牛[3]而耕，暴背而耘，勤而不惰[4]者，岂为鸟兽哉？粟米，人之上食，奈何其以养鸟？且尔知小计[5]，不知大会[6]。周谚曰'囊漏贮中[7]。'而[8]独不闻钦？夫君者，民之父母，取仓之粟，移之于民，此非吾之粟乎？鸟苟食邹之粃，不害邹之粟也。粟之在仓与在民，于我何择？"邹民闻之，皆知私积与公家为一体也。此之谓知富邦。

〔注〕

〔1〕　邹穆公：邹，即邾，春秋、战国时曹姓小国。见《国语》《郑语》及赵岐《孟子题辞》。但根据《左传》的记载，春秋时只有邾文公、定公、宣公、悼公、庄公、隐公、桓公，而不见有穆公。还有就是贾谊《新书》《春秋》说：邹在邹穆公的时候，"鲁、卫不敢轻，齐、楚不能胁"。而在春秋的时候鲁国则时常伐邾。因此邹穆公应该是战国时邹国的一位贤君。

〔2〕　凫：音扶，鸭。雁：鹅。粃：音比，秕的别体。

〔3〕　饱牛：应从贾谊《新书》《春秋》作"煦牛"。煦：热。煦牛：使牛感到炎热。

〔4〕　不惰：应从《群书治要》卷四十二引、及贾谊《新书》《春秋》作"不敢惰"。

〔5〕　小计：小数目。《群书治要》卷四十二引作"小利"。

〔6〕　会：音侩，统计。大会：大数目。《类说》卷三十引作"大惠"。

〔7〕　贮：贮藏东西的地方，指仓库。

〔8〕　而：《群书治要》卷四十二引作"汝"。

节 士 第 七

尧治天下,伯成子高为诸侯〔1〕焉。尧授舜,舜授禹,伯成子高辞为诸侯而耕。禹往见之,则耕在野。禹趋就下位〔2〕而问焉,曰:"昔者尧治天下,吾子立为诸侯焉。尧授舜,吾子犹存焉。及吾在位,子辞诸侯〔3〕而耕,何故?"伯成子高曰:"昔尧之治天下,举天下而传之他人,至无欲也。择贤而与之其位,至公也。以至无欲至公之行示天下,故不赏而民劝〔4〕,不罚而民畏。舜亦犹然。今君赏罚而民欲且多私,是君之所怀者私也。百姓知之,贪争之端,自此始矣。德自此衰,刑自此繁〔5〕矣。吾不忍见,以是处野〔6〕也。今君又何求而见我?君行矣!无留吾事〔7〕。"耕而不顾。《书》曰:"旁施象刑维明〔8〕。"及禹不能。《春秋》曰:"五帝不告誓〔9〕。"信厚也。

〔注〕

〔1〕 为诸侯:《庄子》《天地》、《吕氏春秋》《长利》作"立为诸侯"。

〔2〕 趋就下位:《庄子》《天地》作"趋就下风立",《吕氏春秋》《长利》作"趋就下风"。

〔3〕 辞诸侯:《庄子》《天地》作"辞为诸侯"。

〔4〕 劝:善。见《吕氏春秋》《上德》高诱注。

〔5〕 繁:通蕃,滋生。《庄子》《天地》作"立",《吕氏春秋》《长利》、《艺文类聚》卷三十六引魏隶《高士传》、《太平御览》卷五百零九引嵇康《高

士传》均作"作"。和"蕃"的意义都相近或相通。

〔6〕 处野：铁华馆校宋本作"野处"。

〔7〕 无留吾事：《吕氏春秋》《长利》作"无虑吾农事"。高诱注："虑，乱也。"《庄子》《天地》、《艺文类聚》引魏隶《高士传》均作"无落吾事"。按留、虑、落和"乱"都是一声之转，都有扰乱、打搅之意。

〔8〕 旁：通方，四方。象刑：古时叫罪人穿上特别的服装以表示耻辱，这种刑法叫做象刑。譬如不给他戴帽子，只给他的头上覆上一块黑巾，而不施行后来在脸上额上刺字的"墨刑"。给他穿上没有领的衣服，以代替死刑之类。见《荀子》《正论》杨倞注及王先谦《集解》。维：以。明：表明其罪。旁施象刑维明：《尚书》《益稷》作"方施象刑惟明"。

〔9〕 五帝：见本书《杂事》第五《鲁哀公问子夏曰》注〔2〕。告：通诰。诰誓：以言辞相诚约。五帝不告誓：《穀梁传》隐公八年作"诰誓不及五帝"。

　　桀为酒池，足以运舟，糟邱足以望七里〔1〕，一鼓而牛饮者三千人。关龙逢〔2〕进谏曰："为人君〔3〕身行礼义，爱民节财，故國安而身寿也。今君用财若无尽，用人若恐不能死，不革〔4〕，天祸必降而诛必至矣。君其革之！"立而不退朝，桀因囚拘之〔5〕。君子闻之曰："未之，命矣夫〔6〕！"

〔注〕

〔1〕 糟邱：即本书《刺奢》第六《桀作瑶台》章中的"糟隄。"七里：《韩诗外传》卷四作"十里"。

〔2〕 关龙逢：《潜夫论》《志氏姓》作"豢龙逢"。豢：音宦，和关声相近。

〔3〕 为人君：《韩诗外传》卷四作"古之人君"。

〔4〕 不革：《韩诗外传》卷四作"君若弗改"。

〔5〕 桀因囚拘之：《韩诗外传》卷四作"桀囚而杀之"。《太平御览》卷六

百四十七引《符子》说龙逢谏桀之后,桀对龙逢施以炮烙之刑。

〔6〕　末:无。末之,命矣夫:指没有这样的道理,以关龙逢这样的贤臣还是被杀,是命定的了吧! 同《语论》《雍也》的"亡之,命矣夫!"

纣作炮烙之刑〔1〕,王子比干〔2〕曰:"主暴不谏,非忠臣也;畏死不言,非勇士也。见过则谏,不用则死,忠之至也。"遂进谏,三日不去朝,纣因而杀之〔3〕。《诗》〔4〕曰:"昊天太忨〔5〕,予慎无辜〔6〕"无辜而死,不亦哀哉!

〔注〕

〔1〕　炮烙之刑:见本书《刺奢》第六《纣为鹿台》章注〔3〕。

〔2〕　比干:纣的叔父。见《庄子》《人间世》《释文》。

〔3〕　纣因而杀之:纣杀比干,剖视其心。见《史记》《殷本纪》。《韩诗外传》卷四作"纣囚杀之"。

〔4〕　《诗》:《诗经》《小雅》《巧言》。

〔5〕　昊:音浩,天。昊天:合成词。忨:通忨,音呼,大。太忨:甚大。昊天太忨:《诗经》作"昊天大忨"。

〔6〕　慎:诚。予慎无辜:我的确没有罪。

曹公子喜时〔1〕,字子臧,曹宣公子〔2〕也。宣公与诸侯伐秦,卒于师〔3〕。曹人使子臧迎丧,使公子负刍与太子〔4〕留守。负刍杀太子而自立。子臧见负刍之当主也,宣公既葬,子臧将亡,國人皆从之〔5〕。负刍立,是为曹成公。成公惧,告罪,且请子臧,子臧乃反。成公遂为君。其后晋侯会诸侯,执曹成公,归之京师〔6〕,将见子臧于周天子〔7〕而立之。子臧曰〔8〕:"前记〔9〕有之,圣达节〔10〕,次守节,下不失节〔11〕。为君非吾节也〔12〕。虽不能圣,敢失守乎?"遂亡奔宋。曹人数请。晋侯谓子臧反國,吾归尔君。于是子臧反國，晋乃言天子归成公于曹，子臧遂以國致成公[13]。成公为君，子臧不出，曹國乃安。子臧让千乘之國[14]，可谓贤矣，故《春秋》贤而褒其后[15]。

〔注〕

〔1〕 曹：周代姬姓国名，其国都故址在今山东省定陶县西北。公子：诸侯之子。喜时：《左传》成公十三年作"欣时"。《汉书》《古今人表》作"刜时"。刜：音许其切。

〔2〕 曹宣公：曹文公子，名卢，一说名彊。见梁玉绳《汉书人表考》卷六。曹宣公子：《史记》《管蔡世家》《索隐》以子臧为宣公之弟，误，理由见下〔4〕。

〔3〕 宣公与诸侯伐秦，卒于师：鲁成公十三年，曹和晋、齐、鲁、宋、卫、郑、邾、滕伐秦，曹宣公死于军中。见《春秋经》成公十三年。

〔4〕 负刍：曹成公名，喜时庶兄。见《公羊传》昭公二十年何休注。《史记》《管蔡世家》说是曹宣公之弟，《左传》成公十三年杜预注说子臧和负刍都是宣公的庶子。案《吴越春秋》《吴王寿梦传》说："札复谢曰：昔曹公卒，庶存适亡，……"指的就是曹宣公死了之后，太子被杀，只剩下负刍、子臧等宣公的庶子。因此应以《左传》杜预注为是，这和上文所说子臧"曹宣公子也"也相一致。太子：曹宣公太子。

〔5〕 国人皆从之：应从《左传》成公十三年作"国人皆将从之"。

〔6〕 其后晋侯会诸侯……归之京师：《春秋经》鲁成公十五年："公会晋侯、卫侯、郑伯、曹伯、宋世子成、齐国佐、邾人，同盟于戚。晋侯执曹伯归于京师。"晋侯：晋厉公，晋景公子，名寿曼。见《史记》《十二诸侯年表》《晋世家》。京师：周朝的京师洛邑。

〔7〕 周天子：周简王，周定王子，名夷。见《史记》《周本纪》。

〔8〕 子臧曰：《左传》成公十五年作"子臧辞曰"。

〔9〕 记：通志。前记：古书。《左传》成公十五年作"前志"。

〔10〕 圣达节：圣人顺于天命，不拘常礼。

〔11〕 下不失节：应从《左传》成公十五年作"下失节"。因为不失节也就是守节，在这里不好讲。

〔12〕　为君非吾节也：因为他自己也是庶子，按规矩也不应立为国君。

〔13〕　曹人数请。……子臧遂以国致成公：见《左传》成公十六年。里面说子臧把自己所有的封邑和自己的卿位都送还给曹成公。

〔14〕　千乘之国：《孟子》《梁惠王上》赵岐注：“千乘，兵车千乘，谓诸侯也。”多大的封国才有兵车千乘？根据封国土地面积和兵车比例计算，往往扞格难通。但根据《论语》《先进》“千乘之国，摄乎大国之间”，则千乘之国不是大国是可以确定的。

〔15〕　《春秋》贤而褒其后：《春秋经》昭公二十年：“夏，曹公孙会自鄸出奔宋。”鄸：音梦。杜预注：“鄸：曹邑。”《公羊传》昭公二十年说：“奔未有言者，此其言何？畔也。畔则曷为不言其畔？为公子喜时之后讳也。《春秋》为贤者讳。”

延陵季子〔1〕者，吴王之子也〔2〕。嫡同母昆弟四人，长曰遏〔3〕，次曰余祭〔4〕，次曰夷昧〔5〕，次曰札。札即季子，最小而贤，兄弟皆爱之。既除丧，将立季子，季子辞曰：“曹宣公之卒也，诸侯与曹人不义曹君〔6〕，将立子臧，子臧去之，遂不为也，以成曹君。君子曰：‘能守节矣。’君义嗣也，谁敢干君？有國非吾节也。札虽不才，愿附子臧，以无失节。”固立之，弃其室而耕，乃舍之。遏曰：“今若是作而与季子〔7〕，季子必不受，请无与子而与弟，弟兄迭为君，而致诸侯〔8〕乎季子。”皆曰：“诺。”故诸兄为君者，皆轻死为勇，饮食必祝曰：“天若有吾國〔9〕，必疾有祸予身。”故遏也死〔10〕，余祭立。余祭死〔11〕，夷昧立。夷昧死〔12〕，而國宜之季子也。季子使而未还。僚者，长子之庶兄〔13〕也，自立为吴王。季子使而还，至则君事之。遏之子曰王子光〔14〕，号曰阖闾，不悦，曰：“先君之所为不与子而与弟者，凡为季子也。将从先君之命，则國宜之季子也。如不从先君之命而与子，我宜当立者也。僚恶得为君？"于是使专诸刺僚〔15〕，而致國乎季子。季子曰："尔杀我君，吾受尔國，是吾与尔为乱也。尔杀我兄，吾又杀尔，是父子兄弟相杀，终身〔16〕无已也。"去而之延陵，终身不入吴國，故号曰延陵季子。君子以其不受國为义，以其不杀为仁，是以《春秋》贤季子而尊贵之〔17〕也。

〔注〕

〔1〕 延陵：春秋吴邑，故址在今江苏省武进县。延陵季子：吴王寿梦的小儿子季札，封于延陵，因号延陵季子。后又封于州来，因又称延州来季子。见《史记》《吴世家》、《左传》襄公三十一年孔颖达疏。

〔2〕 吴王之子也：根据本书《节士》《曹公子喜时》章"曹宣公子也"、《卫宣公之子》章"卫宣公之子"《苏武者》章"故将军平陵侯苏建子也"的体例，应作"吴王寿梦之子也"。吴王寿梦：亦名乘，又叫孰姑。吴王去齐的儿子。吴国从寿梦为君以后才开始强大。见襄公十二年《春秋经》、《史记》《吴世家》及《索隐》引《世本》。

〔3〕 遏：或作谒，又称诸樊。见梁玉绳《汉书人表考》卷七。《史记》《吴世家》《索隐》说可能遏是其名，诸樊是其号。

〔4〕 余祭：又叫戴吴。见《左传》襄公三十一年杜预注。

〔5〕 夷昧：一作夷末，又作余昧，见《汉书人表考》卷九。

〔6〕 不义曹君：参阅本书《节士》第七《曹公子喜时》章。

〔7〕 作：通迮，仓卒。今若是作而与季子；《公羊传》襄公二十九年作"今若是迮而与季子国"。

〔8〕 诸侯：诸侯之位，即国位。《公羊传》襄公二十九年、《史记》《刺客列传》均作"国"。

〔9〕 有：保佑。天若有吾国；《公羊传》作"天苟有吴国"。

〔10〕 遏也死：遏在鲁襄公二十五年伐楚时进攻巢国，为巢国的牛臣所射

死。见襄公二十五年《春秋经》及《左传》。

〔11〕 余祭死：鲁襄公二十九年，吴人伐楚，获得了一个楚国的俘虏，用来做看守宫门的人，看守船只。余祭来看船，被他用刀砍死。见襄公二十九年《春秋经》及《左传》。

〔12〕 夷昧死：在鲁昭公十五年。见《春秋经》昭公十五年。

〔13〕 僚：亦称州于。见《左传》昭公二十年杜预注。僚者，长子之庶兄也；《公羊传》襄公二十九年作"僚者，长庶也。"《左传》昭公二十七年孔颖达疏引服虔曰以僚为夷昧庶兄，《史记》《吴世家》《索隐》以僚为寿梦庶子，《吕氏春秋》《忠廉》高诱注以僚为光之庶父。但《史记》《吴世家》、《刺客列传》，《楚辞》《天问》王逸注，《吴越春秋》《吴王寿梦传》都以僚为余昧之子，吴人立他为君。

〔14〕 王子光：《史记》《吴世家》、《刺客列传》，《吴越春秋》《王僚使公子光传》都称"公子光"。光一说遏子，一说夷昧子。见《汉书人表考》卷八。

〔15〕 专诸：吴勇士，堂邑人，或作刿诸，又叫鱄设诸。伍子胥把他举荐给公子光。使专诸刺僚：鲁昭公二十七年春，僚叫季札出使于晋。夏四月，光埋伏甲兵在地下室里，请王僚吃酒，王僚防范森严。光诈称足疾，躲进地下室中。专诸把小剑放在烧鱼的肚子里，进献王僚，抽出小剑把王僚刺死。见《左传》昭公二十七年、《史记》《刺客列传》。

〔16〕 身：应从卢文弨《群书拾补》校删。

〔17〕 《春秋》贤季子而尊贵之：《公羊传》襄公二十九年："吴子使札来聘。吴无君，无大夫，此何以有君、有大夫？贤季子也。何贤乎季子，让国也。"《春秋经》昭公二十七年："夏四月，吴弑其君僚。"《公羊传》何休注："不书阖庐弑其君者，为季子讳。"

　　延陵季子将西聘晋，带宝剑以过徐君〔1〕。徐君观剑，不言而色欲之。延陵季子为有上国之使〔2〕，未献也，然其心许之矣，致使于晋，故〔3〕反，则徐君死于楚，于是脱剑致之嗣君。从者止之曰："此吴國之宝，非所以赠也。"
延陵季子曰："吾非赠之也。先日吾来，徐君观吾剑，不言
而其色欲之。吾为有上國之使，未献也。虽然，吾心许之
矣。今死而不进，是欺心也。爱剑伪心，廉者不为也。"遂
脱剑致之嗣君。嗣君曰："先君无命，孤不敢受剑。"于是
季子以剑带徐君墓树〔4〕而去。徐人嘉而歌之曰："延陵
季子兮不忘故〔5〕，脱千金之剑兮带丘墓。"

〔注〕

〔1〕 延陵季子将西聘晋，带宝剑以过徐君：在鲁襄公二十九年，即周景
　　　王元年，吴王余祭四年。见《史记》《吴世家》、《十二诸侯年表》。徐：
　　　古国名，在今安徽省泗县北。

〔2〕 使：《文选》谢灵运《庐陵王墓下作》、曹子建《赠丁仪》、刘孝标《重答
　　　刘秣陵沼书》李善注引并作"事"。

〔3〕 故：通顾，还。《文选》《庐陵王墓下作》、《赠丁仪》、《重答刘秣陵沼
　　　书》注引俱作"顾"。故反：合成词。

〔4〕 徐君墓：《史记》《吴世家》《正义》："《括地志》云：徐君庙在泗州徐城
　　　县西南一里，即延陵季子挂剑之徐君也。"以剑带徐君墓树：《事类
　　　赋》卷二十五《栢赋》注引《列士传》作"解宝剑挂徐君墓柏树"。

〔5〕 故：《艺文类聚》卷十九、《太平御览》卷四百六十五俱引作"故旧"。

　　　许悼公〔1〕疾疟，饮药毒而死，太子止自责不尝
药〔2〕，不立其位，与其弟纬〔3〕，专哭泣，啜饐粥〔4〕，嗌不
容粒，痛己之不尝药，未逾年而死，故《春秋》义之〔5〕。

〔注〕

〔1〕 许：许灵公时许都迁于叶。见《左传》成公十五年。许悼公：名买。
　　　见《春秋经》昭公十九年。

〔2〕 太子止自责不尝药：《礼记》《曲礼下》："亲有疾，饮药，子先尝之。"

《左传》昭公十九年杜预注:"止独进药,不由医。"大概是止对医药一知半解,不请医生,而由自己配药,药有毒也不知道,自己又不先尝,因此把父亲毒死了。太子:鲁昭公十九年《左传》作"大子",《春秋经》、《公羊传》、《穀梁传》均作"世子"。

〔3〕 纬:《穀梁传》昭公十九年作"虺"。《公羊传》昭公十九年何休注:"许男斯代立。"是纬又作斯。纬虺古音同属脂部;斯属之部,音近。见陈立《公羊义疏》卷六十四。

〔4〕 餰:通饘、飦,音氈,粥。餰粥:合成词。啜餰粥:人君死了,其子在守丧其间,开始时三天不吃,以后则吃粥。见《礼记》《丧大记》。

〔5〕 《春秋》义之:鲁昭公十九年《春秋经》:"冬,葬许悼公。"《公羊传》:"贼未讨,何以书葬?不成于弑也。"又:"葬许悼公,是君子之赦止也。"

卫宣公〔1〕之子,伋也,寿也,朔〔2〕也。伋,前母子〔3〕也。寿与朔,后母子也〔4〕。寿之母与朔谋,欲杀太子伋而立寿也〔5〕。使人与伋乘舟于河中,将沉而杀之。寿知不能止也,因与之同舟,舟人不得杀伋。方乘舟时,伋傅母恐其死也,闵而作诗〔6〕,《二子乘舟》之诗是也。其诗曰:"二子乘舟,汎汎其景〔7〕。愿言〔8〕思子,心中养养〔9〕"于是寿闵其兄之且见害,作忧思之诗,《黍离》之诗是也〔10〕。其诗曰:"行迈靡靡〔11〕,中心摇摇〔12〕。知我者,谓我心忧,不知我者,谓我何求〔13〕。悠悠苍天,此何人哉〔14〕!"又使伋之齐,将使盗见载旌〔15〕,要而杀之〔16〕。寿止伋,伋曰:"弃父之命,非子道也,不可。"寿又与之偕行,寿之母知不能止也,因戒之曰:"寿无为前也。"寿又为前,窃伋旌〔17〕以先行,几及齐矣,盗见而杀之。伋至,见

寿之死，痛其代己死，涕泣悲哀，遂载其尸，还至境而自
杀[18]，兄弟俱死。故君子义此二人而伤宣公之听谗也。

〔注〕

〔1〕　卫宣公：名晋，桓公弟。见《史记》《卫世家》。

〔2〕　伋：音急，亦称急子，又称子伋。寿：亦称寿子，又称子寿。朔：亦称
子朔。见《左传》桓公十六年、《史记》《卫世家》。

〔3〕　前母子：伋，夷姜所生。见《左传》桓公十六年。

〔4〕　寿与朔，后母子也：卫宣公为伋娶齐女，因为长得漂亮，宣公自娶
了，生了寿和朔。见《左传》桓公十六年。

〔5〕　寿之母与朔谋，欲杀太子伋而立寿也：《史记》《卫世家》："太子伋母
死，宣公正夫人与朔，共谗恶太子伋。宣公自以其夺太子妻也，心
恶太子，欲废之。及闻其恶，大怒。"

〔6〕　伋傅母恐其死也，闵而作诗：《诗经》《邶风》《二子乘舟》毛序："二子
乘舟，思伋、寿也。卫宣公之二子，争相为死，国人伤而思之，作是
诗也。"和这里的传说不同。张国铨《新序校注》："铨按刘向世习鲁
诗，所述盖鲁诗说也。"

〔7〕　汎汎：迅速的样子。景：读作憬，远行貌。见王引之《经义述闻》卷
五《汎汎其景》条。

〔8〕　愿言：犹愿然，沉思的样子。

〔9〕　养养：忧愁的样子。

〔10〕　《黍离》之诗是也：《诗经》《王风》《黍离》毛序说《黍离》是周大夫为
伤念镐京，伤念西周的颠覆而作。和这里的传说不同。这也可能是
《鲁诗》之说。

〔11〕　迈：行。行迈：合成词。靡靡：迟迟。

〔12〕　摇摇：不安的样子。

〔13〕　谓我何求：怪我久留不去。

〔14〕　此何人哉：《诗经》《王风》《黍离》毛传："此亡国之君，何等人哉！"但
用在这里，应指太子伋而言。意思是说太子伋是什么人呢？难道
他有什么罪么，而要被人陷害？

〔15〕　旌，指旌节，亦即旄节，以竹为柄，柄分数段，段与段间缀以旄牛尾，是使者所拿着以为凭信的东西。见《周礼》《地官》《掌节》孙诒让《正义》。

〔16〕　要：截住。要而杀之：地点在卫国的莘邑。在今山东省莘县北八里。参阅《左传》桓公十六年及杜预注、江永《春秋地理考实》桓公十六年。

〔17〕　旌：《诗经》《邶风》《二子乘舟》毛传作"节"，《史记》《卫世家》作"白旄"。

〔18〕　伋至……还至境而自杀：《左传》桓公十六年、《诗经》《二子乘舟》毛传、《史记》《卫世家》都说伋赶到了，对强盗说自己才是该杀的，因此强盗又把伋杀掉。和本书这里的传说不同。境：指国都之境。

　　鲁宣公者，鲁文公之弟〔1〕也。文公薨〔2〕，文公之子子赤〔3〕立为鲁侯，宣公杀子赤而夺之國，立为鲁侯〔4〕。公子肸〔5〕者，宣公之同母弟也。宣公杀子赤而肸非之。宣公与之禄〔6〕，则曰："我足矣，何以兄之食为哉？"织屦而食，终身不食宣公之食，其仁恩厚矣，其守节固矣，故《春秋》美而贵之〔7〕。

〔注〕

〔1〕　鲁宣公：名倭，一作委，又作俀，一名接。见梁玉绳《汉书人表考》卷七。鲁文公：名兴，僖公子。鲁文公之弟：应作"鲁文公之子"，因宣公是文公二妃敬嬴所生。见《史记》《鲁世家》。

〔2〕　文公薨：在文公十八年二月丁丑。见文公十八年《春秋经》及《左传》。

〔3〕　子赤：一名恶，是鲁文公的太子。见《左传》文公十八年及杜预注。

〔4〕　宣公杀子赤而夺之国，立为鲁侯：《左传》文公十八年说是襄仲杀恶而立宣公，《公羊传》成公十五年说是公子遂杀子赤而立宣公，和本书这里的传说不同。但宣公私事襄仲，襄仲为宣公傅，可能是宣公

想自立,襄仲才替他出面。也许是因为这样,《榖梁传》宣公十七年和本书才说子赤是宣公所弒。

〔5〕 肸:音喜乙切。又称叔肸。见宣公十七年《春秋经》、《榖梁传》。

〔6〕 与之禄:《榖梁传》宣公十七年作"与之财"。

〔7〕 《春秋》美而贵之:鲁宣公十七年《春秋经》:"冬,十有一月,壬午,公弟叔肸卒。"《榖梁传》:"其曰公弟叔肸,贤之也。其贤之,何也?宣弒而非之也。非之则胡为不去也?曰:兄弟也,何去而之?与之财,则曰:'我足矣。'织屦而食,终身不食宣公之食。"《公羊传》何休注:"称字者,贤之。宣公篡立,叔肸不仕其朝,不食其禄,终身于贫贱。"

晋献公太子之至灵台〔1〕,虵绕左轮,御曰:"太子下拜!吾闻国君之子,虵绕左轮者速得国。"太子遂不行〔2〕,返乎舍。御人见太子,太子曰:"吾闻为人子者,尽和顺君〔3〕,不行私欲。恭严承命,不逆君安。今吾得国,是君失安也。见国之利而忘君安,非子道也。闻得国而拜其声〔4〕,非君欲也。废子道不孝,逆君欲不忠,而使我行之,殆欲吾国之危,明也。"拔剑〔5〕将死,御止之曰:"夫机祥〔6〕妖孽,天之道也。恭严承命,人之行也。拜祥戒孽,礼也。恭严承命,不以身恨君〔7〕,孝也。今太子见福不拜,失礼;杀身恨君,失孝;从僻心〔8〕;弃正行;非臣之所闻也。"太子曰:"不然。我得国,君之孽也。拜君之孽,不可谓礼。见机祥而忘君之安,国之贼也。怀贼心以事君,不可谓孝。挟伪意以御天下,怀贼心以事君,邪之大者也。而使我行之,是欲国之危,明也。"遂伏剑而死。君子曰:"晋太子徒御〔9〕使之拜虵祥,犹恶之至于自杀者,为

见疑于欲国也。己之不欲国以安君亦以〔10〕明矣。为一愚
御过言之故，至于身死，废子道，绝祭祀，不可谓孝，可谓
远嫌一节之士也。"

〔注〕

〔1〕　晋献公太子：应从卢文弨《群书拾补》据《论衡》《异虚》校作"卫献公
　　　　太子"，因为下文所说太子自杀的故事，和晋献公太子申生自杀的
　　　　故事不同。灵台：古时观察天文气象的台。见《白虎通》《辟雍》。

〔2〕　行：《论衡》作"下"。

〔3〕　尽和顺君：《论衡》《异虚》作"尽和顺于君"。知"和顺"为合成词。

〔4〕　声：挚之形误。拜其挚：意即下文"拜君之挚"。

〔5〕　拔剑：《论衡》《异虚》作"投殿"。

〔6〕　机：音机，祥。机祥：合成词。

〔7〕　不以身恨君：不因为自己而使君怨恨。

〔8〕　僻心：邪心。

〔9〕　晋：应作"卫"。理由见上注〔1〕。徒：步行拉车的人。徒御：在这
　　　　里是偏义复词，指御者。

〔10〕　以：通已。

　　申包胥〔1〕者，楚人也。吴败楚兵于柏举，遂入郢〔2〕，
昭王出亡在随〔3〕。申包胥不受命，而赴于秦乞师〔4〕，
曰："吴为无道，行封豕长虵〔5〕，蚕食天下，从上国〔6〕始
于楚。寡君失社稷，越在草莽〔7〕，使下臣告急曰：'吴，夷
狄也。夷狄之求无厌。灭楚则西与君接境。若邻于君，疆
埸〔8〕之患也。逮吴之未定，君其图之！若得君之灵，存
抚楚国，世以事君〔9〕。'"秦伯使辞焉〔10〕，曰："寡君闻命
矣，子其就馆〔11〕，将图而告子。"对曰："寡君越在草莽，未
获所休，下臣何敢即安？"倚于庭墙立哭〔12〕，日夜不绝声，

水浆〔13〕不入口,七日七夜。秦哀公为赋《无衣》〔14〕之诗,
言兵今出。包胥九顿首〔15〕而坐。秦哀公曰:"楚有臣若
此而亡。吾无臣若此,吾亡无日矣。"于是乃出师救楚。
申包胥以秦师至楚〔16〕,秦大夫子满、子虎帅车五百
乘〔17〕。子满曰:"吾未知吴道〔18〕。"使楚人先与吴人战而
会之,大败吴师〔19〕。吴师既退,昭王复国〔20〕,而赏始于包
胥。包胥曰:"辅君安国,非为身也。救急除害,非为名也。
功成而受赏,是卖勇也。君既定,又何求焉?"遂逃赏,终
身不见。君子曰:"申子之不受命赴秦,忠矣。七日七夜
不绝声,厚矣。不受赏,不伐矣。然赏所以劝善也。辞赏
亦非常法也。"

〔注〕

〔1〕　申包胥:荆州人,楚大夫,公孙氏,名包胥。封于申,因称申包胥。
又称王孙包胥,又称梦冒勃苏。见《史记》《秦本纪》及《正义》、《国
语》《吴语》、《战国策》《楚策》一、梁玉绳《汉书人表考》卷五。

〔2〕　吴败楚兵于柏举,遂入郢:楚昭王十年冬,吴王阖庐联合蔡侯、唐侯
伐楚。十一月庚午,双方的军队列阵于柏举,阖庐弟夫槩带领自己
的部队五千人先攻楚国子常的军队,楚军乱了,吴军乘机掩杀,大
败楚军。吴继续迅速进兵,不让楚军有喘息的机会。结果打了五
仗便追近楚国的郢都。庚辰,吴军便把郢都攻陷了。见《左传》定
公四年、《史记》《楚世家》。柏举:楚地名,在今湖北省麻城县东北。
郢:见本书《杂事》第一《楚威王问于宋玉曰》章注〔3〕。

〔3〕　昭王:名壬,又名轸,又作珍,平王子。见《汉书人表考》卷七。随:
姬姓小国,春秋时归服于楚。见《左传》桓公六年孔颖达疏。故城
在今湖北省随县南。

〔4〕　申包胥不受命,而赴于秦乞师:申包胥和伍子胥原是朋友,子胥从

楚国逃亡时对申包胥说："我一定要颠覆楚国。"申包胥说："好好
的干吧! 你能颠覆楚国,我一定能复兴楚国。"后来吴人入郢,昭王
奔随,伍子胥掘开楚平王的坟墓,鞭尸三百。申包胥这时逃到山中,
叫人责备子胥,子胥不听,才跑到秦国去请求救兵。见《左传》定
公四年、《吴越春秋》《阖闾内传》。但《史记》《楚世家》说"昭王之出
郢也,使申包胥请救于秦",和这里说"不受命",传说不同。

〔5〕 封:大, 行:为。行封豕长蚋:喻其贪暴。吴为无道, 行封豕长蚋:
《淮南子》《脩务》作"吴为封豨脩蛇",《吴越春秋》《阖闾内传》作"吴
为无道,封豕长蛇"。

〔6〕 从上国:使大国从服。

〔7〕 寡君失社稷,越在草莽:《说苑》《至公》作"寡君出走,居云梦"。

〔8〕 场:音亦。疆场:边境。

〔9〕 世以事君:湖北崇文书局刊本"世"上有"当"字。当:一定。

〔10〕 秦伯:秦哀公,秦景公子。见《史记》《秦本纪》。辞焉:告之。

〔11〕 子其就馆:《左传》定公四年作"子姑就馆"。

〔12〕 倚于庭墙立哭:《左传》定公四年作"立依于庭墙而哭"。

〔13〕 浆:米汤。

〔14〕 《无衣》:《诗经》《秦风》篇名,其中有"王于兴师","与子偕行"的话。

〔15〕 九顿首:《无衣》三章,每诵完一章即三顿首,三章即九顿首。

〔16〕 申包胥以秦师至楚:在鲁定公五年六月。见《左传》定公五年。即楚
昭王十一年。

〔17〕 子满:应从《左传》定公五年及《吴越春秋》《阖闾内传》作"子蒲"。本
书《善谋》第九《楚使黄歇于秦》章"蒲、衍"也误为"满、衍"。车五百
乘:兵车一乘,七十五人;其中乘车的甲士三人,步兵七十二人。五
百乘合计三万七千五百人。见《穀梁传》文公十四年范甯《集解》。
《战国策》《楚策》一作"革车千乘,卒万人"。

〔18〕 道:战术。

〔19〕 大败吴师:楚昭王十一年六月,败吴于稷。见《史记》《楚世家》。

〔20〕 复国:回到郢都。

齐崔杼者,齐之相也,弑庄公〔1〕,止太史〔2〕无书君弑及贼。太史不听,遂书贼,曰:"崔杼弑其君。"崔子杀之。其弟又嗣书之,崔子又杀之。死者二人,其弟〔3〕又嗣复书之,乃舍之。南史氏是其族也,闻太史尽死,执简以往,将复书之。闻既书矣,乃还。君子曰:"古之良史。"

〔注〕

〔1〕 崔杼:齐大夫,又叫崔武子。齐庄公、景公都是他所立。景公时为右相。原先棠公死了,崔杼去吊丧,看见棠公的妻子姜氏漂亮,崔杼把她娶了。后来齐庄公也因为看见她漂亮,和她私通。齐庄公六年五月,崔杼称病不管政务。乙亥这一天,庄公来探病,乘机又去找崔杼的妻子,结果被崔杼的党徒杀了。庄公:名光,灵公子。见鲁襄公二十五年《春秋经》、《左传》,《史记》《齐世家》。

〔2〕 史:记事之官。太史:史官之长。《左传》襄公二十五年作"大史"。贼:为逆乱者。

〔3〕 其弟:《史记》《齐世家》作"少弟"。

齐攻鲁,求岑鼎〔1〕。鲁君载岑鼎往〔2〕,齐侯不信而反之,以为非也。使人告鲁君:"柳下惠〔3〕以为是,因〔4〕请受之。"请〔5〕鲁君请于柳下惠,柳下惠对曰:"君之欲,以为岑鼎也,以免国也。臣亦有国于此〔6〕,破臣之国,以免君之国,此臣所难也。"鲁君乃以真岑鼎往。柳下惠可谓守信矣,非独存己之国也,又存鲁君之国。信之于人,重矣,犹舆之輗軏〔7〕也。故孔子曰:"大车无輗,小车无軏,其何以行之〔8〕哉?"此之谓也。

〔注〕

〔1〕 求岑鼎:《韩非子》《说林下》作"索谗鼎"。《左传》昭公三年有"谗鼎

之铭"的话,杜预注:"谗,鼎名也。"孔颖达疏:"服虔云:谗鼎,疾谗之鼎。《明堂位》所云崇鼎是也。一云:谗,地名;禹铸九鼎于甘谗之地,故曰谗鼎。二者并无案据,其名不可审知,故杜直云鼎名而已。"日本武井骥《刘向新序纂注》引太田方曰:"谗、镵音通,镵字亦作锵,是锵岑崇三字音相通。"据此,则岑鼎即谗鼎。一说即鬵鼎,上大下小,像甑。既然谗鼎见于《左传》昭公三年,仍属鲁国所有,则"齐伐鲁,求岑鼎"便应该是这年以后所发生的事件了。

〔2〕 鲁君载岑鼎往:《韩非子》《说林下》作"鲁以其赝往",《吕氏春秋》《审己》作"鲁君载他鼎以往",刘勰《新论》《履信》作"鲁侯伪献他鼎而请盟焉"。

〔3〕 柳下惠:见本书《杂事》第三《乐毅为燕昭王谋》章注〔25〕。《韩非子》《说林下》作"乐正子春"。下同。乐正子春是曾子的弟子。见《公羊传》昭公十九年何休注。《新论》作"柳季"。

〔4〕 因:则。《新论》《履信》作"则"。

〔5〕 请:应从《吕氏春秋》《审己》删。

〔6〕 臣亦有国于此:《新论》《履信》作"信者亦臣之国。"

〔7〕 輗:音霓,大车辕端和衡相接的关键。軏:音月,小车辕端和衡相接的关键。

〔8〕 孔子曰:"……其何以行之哉":《论语》《为政》:"子曰:'人而无信,不知其可也。大车无輗,小车无軏,其何以行之哉?'"

　　宋人有得玉者〔1〕,献诸司城子罕〔2〕,子罕不受。献玉者曰:"以示玉人〔3〕,玉人以为宝,故敢献之。"子罕曰:"我以不贪为宝,尔以玉为宝〔4〕,若与我者〔5〕,皆丧宝也。不若人〔6〕有其宝。"故宋国之长者曰:"子罕非无宝也,所宝者异也。今以百金与抟黍以示儿子〔7〕,儿子必取抟黍矣。以和氏之璧〔8〕与百金以示鄙人,鄙人必取百金矣。以和氏之璧与道德之至言以示贤者,贤者必取 至 言

矣。其知弥精,其取弥精。其知弥觕〔9〕,其取弥觕。子罕之
所宝者至矣。"

〔注〕

〔1〕 宋人有得玉者:《韩非子》《喻老》作"宋之鄙人,得璞玉"。《吕氏春
　　　秋》《异宝》作"宋之野人,耕而得玉"。

〔2〕 司城子罕:见本书《刺奢》第六《士尹池为荆使于宋》章注〔2〕。

〔3〕 玉人:玉工。

〔4〕 我以不贪为宝,尔以玉为宝:《初学记》卷十七引作"子以玉为宝,我
　　　以不贪为宝"。《韩非子》《喻老》作"尔以玉为宝,我以不受子玉
　　　为宝"。

〔5〕 若与我者:《左传》襄公十五年作"若以与我"。

〔6〕 人:各人。《初学记》卷十七引作"各"。

〔7〕 百金:黄金百镒。参阅本书《杂事》第三《燕易王时国大乱》章
　　　注〔8〕。抟:音团。抟黍:小米饭团。儿子:小儿。

〔8〕 和氏之璧:见本书《杂事》第五《荆人卞和得玉璞而献之》章。

〔9〕 觕:通粗。

　　昔者有馈鱼于郑相者〔1〕,郑相不受。或〔2〕谓郑相
曰:"子嗜鱼,何故不受?"对曰:"吾以嗜鱼,故不受鱼。受
鱼失禄〔3〕,无以食鱼。不受得禄,终身食鱼。"

〔注〕

〔1〕 有馈鱼于郑相者:《韩非子》《外储说右》、《韩诗外传》卷三、《淮南
　　　子》《道应》、《史记》《循吏列传》、《贞观政要》卷六都把它当作是鲁
　　　相公仪休的故事。公仪休以鲁博士而为鲁相。又《韩非子》说"一
　　　国尽争买鱼而献之",《淮南子》说"一国献鱼",都和本书的传说不
　　　同。馈:《意林》卷三引和《史记》作"遗"。

〔2〕 或:《韩非子》《外储说右》、《韩诗外传》卷三都作"其弟",《淮南子》
　　　《道应》作"其弟子"。

〔3〕　禄：奉禄。受鱼失禄：《韩非子》《外储说右》："夫即受鱼，必有下人
　　　　之色，有下人之色，将枉于法。枉于法，则免于相。"

　　原宪居鲁〔1〕，环堵之室〔2〕，茨以生蒿〔3〕，蓬户瓮
牖，揉桑以为枢〔4〕，上漏下湿，匡坐而弦歌。子贡〔5〕闻
之，乘肥马〔6〕，衣轻裘，中绀而表素〔7〕，轩车〔8〕不容巷，
往见原宪。原宪冠桑叶冠〔9〕，杖藜〔10〕杖而应门。正冠
则缨绝〔11〕，衽襟则肘见〔12〕，纳屦则踵决〔13〕。子贡曰：
"嘻！先生何病也？"原宪仰而应之曰："宪闻之：无财之
谓〔14〕贫，学而不能行之谓病。宪，贫也，非病也。若夫希世
而行〔15〕，比周而交〔16〕，学以为人，教以为己〔17〕，仁义之
慝〔18〕，舆马之饰，宪不忍为也。"子贡逡巡，面有愧色，不
辞而去。原宪曳杖拖屦，行歌商颂而反〔19〕，声满天地，如
出金石〔20〕，天子不得而臣也，诸侯不得而友也。故养志
者忘身〔21〕，身且不爱，孰能累〔22〕之？《诗》〔23〕曰："我心
匪石，不可转也。我心匪席，不可卷也〔24〕。"此之谓也。

〔注〕

〔1〕　《资治通鉴外纪》卷十说这故事发生于周元王八年。原宪居鲁：原
　　　　宪，又叫仲宪，又叫原思，字子思，孔子弟子，鲁人，一说宋人。孔子
　　　　死后，隐居于草泽中，一说隐居于卫。见《史记》《仲尼弟子列传》及
　　　　《集解》、《索隐》，梁玉绳《汉书人表考》卷三。但居卫的是曾子，居
　　　　鲁的是原宪，在《庄子》《让王》和皇甫谧《高士传》上中分别得是很
　　　　清楚的。

〔2〕　堵：一堵之墙，长一丈，宽一丈。环堵之室：丁方一丈的房子。

〔3〕　茨：用草盖房顶。生蒿：没有晒干的青蒿。茨以生蒿：《庄子》《让
　　　　王》、皇甫谧《高士传》卷上均作"茨以生草"，《韩诗外传》卷一作"茨

以菁莱"。

〔4〕 蓬户瓮牖,揉桑以为枢:《庄子》《让王》、皇甫谧《高士传》卷上均作
　　　 "蓬户不完,桑以为枢而瓮牖,二室"。

〔5〕 子贡:时为卫相。见《史记》《仲尼弟子列传》。铁华馆校宋本、《四
　　　 部丛刊》本、明程荣校本作"子赣",下同。

〔6〕 乘肥马:用肥壮的马驾车。《庄子》"肥"作"大"。

〔7〕 绀:音甘,去声,红青色,俗叫天青。中绀而表素:穿的袍以绀帛为
　　　 里,以白绢为表。

〔8〕 轩:有遮蔽的车子,大夫以上的人所坐。

〔9〕 冠桑叶冠:《庄子》《让王》作"华冠"。《释文》说:"以华木皮为冠。"
　　　 郭庆藩《集释》、"华,栌也。"《韩诗外传》卷一作"楮冠"。栌、楮通,
　　　 皆桑之属。

〔10〕 藜:音黎,草本,茎坚实,可为杖。

〔11〕 正:理。正冠:即整冠,把帽子弄正。缨绝:因帽带子不坚韧。这三句
　　　 《庄子》《让王》和皇甫谧《高士传》卷上作曾子的故事。

〔12〕 衽:一作"袵",衽是用来遮掩下衣上部的,这里作动词用。衽襟:是
　　　 因为衣襟破了,遮掩不住,所以缠把襟拉上,以便遮掩遮掩之 意。
　　　 《庄子》《让王》作"捉衿"。衿即襟。捉衿是把襟拉拢之意。《韩诗
　　　 外传》卷一作"振襟",也是把衣襟拉上之意。衽襟则肘见:是因为
　　　 他的袖子也破了。

〔13〕 屦:明程荣校本、铁华馆校宋本、《四部丛刊》本作"履"。踵:鞋后跟。
　　　 决:坏。

〔14〕 之谓:即谓之。《庄子》《让王》、《史记》《仲尼弟子列传》、皇甫谧《高
　　　 士传》卷上均作"谓之",下同。

〔15〕 希:望。希世而行:看看世人对自己的毁誉怎样才做。

〔16〕 比:近。周:密。比周:合成词,和坏人接近亲密。比周而交:招朋结
　　　 党地来交友。《庄子》《让王》、《韩诗外传》卷一、皇甫谧《高士传》卷
　　　 上均作"比周而友"。

〔17〕 学以为人:学习原为的提高自己,但有些人好为人师,学习却为的
　　　 "教人",藉以炫耀自己。《北堂书钞》卷八十三引本书(佚文):"今

之学者，得一善言以悦人。"《太平御览》卷六百零七引略同。悦人：即教人。教以为己：教学原为的教会别人，但有些人教学却为的多得报酬。见《庄子》《让王》成玄英疏。

〔18〕 慝：读作匿。仁义之慝：假借仁义来对于邪恶掩饰隐藏。《韩诗外传》卷一作"仁义之匿"。

〔19〕 商颂：歌的类名。《礼记》《乐记》："肆直而慈爱，宜歌商。""宽而静，柔而正者，宜歌颂。"郑玄注："商，宋诗也。"行歌商颂而反：走着歌唱商歌颂歌而返家。从这两句至"故养志者忘身"，《庄子》《让王》作曾子的故事。

〔20〕 如出金石：像从钟磬发出来一样。

〔21〕 故养志者忘身：《庄子》《让王》作"故养志者忘形，养形者忘利，致道者忘心矣。"《韩诗外传》卷一作"故养身者忘家，养志者忘身"。

〔22〕 累：辱。《韩诗外传》卷一作"忝"。忝：辱。《诗经》《小雅》《无将大车》郑玄笺："适自作忧累"。《释文》："累，本作辱。"

〔23〕 《诗》：《诗经》《邶风》《柏舟》。

〔24〕 我心匪石，不可转也。我心匪席，不可卷也：毛传："石虽坚，尚可转。席虽平，尚可卷。"郑玄笺："言己心志坚平，过于石席。"

晏子之晋〔1〕，见披裘负刍息于途者〔2〕，以为君子也。使人问焉，曰："曷为而至此？"对曰："齐人纍之〔3〕。吾名曰越石甫〔4〕。"晏子曰："嘻！"遽〔5〕解左骖以赎之！载而与归。至舍，不辞〔6〕而入，越石甫怒而请绝。晏子使人应之曰："婴未尝得交也〔7〕。今免子于患，吾于子犹未可邪？"越石甫曰："吾闻君子诎乎不知己，而信乎知己者〔8〕，吾是以请绝也。"晏子乃出见之曰："向也见客之容，而今也见客之意〔9〕。婴闻察实者不留声，观行者不几辞〔10〕，婴可以辞而无弃乎〔11〕！"越石甫曰："夫子礼之，敢不敬从？"晏子遂以为上客。俗人之有功则德〔12〕，德则骄。晏子有功，免人于厄，而反诎下之，其去俗亦远矣。此全功之道〔13〕也。

〔注〕

〔1〕　晏子之晋：齐景公九年，曾叫晏婴出使于晋。见《左传》昭公三年、《史记》《十二诸侯年表》。《晏子春秋》《内篇》《杂上》作"晏子之晋，至中牟"。

〔2〕　刍：喂牲口的草。见披裘负刍息于途者：《晏子春秋》《内篇》《杂上》作"睹弊冠反裘负刍息于塗侧者"。

〔3〕　累：通缧、纍，用黑绳子拴有罪的人。之：焉，表肯定和终结的语气词。累之：被拘系。意即《史记》《管晏列传》的"在缧绁中"。但据《晏子春秋》《内篇》《杂上》，越石父"在缧绁中"或被拘系，不是因为有罪，而是因为家贫，"不免冻饿"，才卖身于中牟为奴的。

〔4〕　越石甫：《晏子春秋》《内篇》《杂上》、《吕氏春秋》《观世》、《史记》《管晏列传》均作"越石父"。甫、父古通用。

〔5〕　邃：《晏子春秋》《内篇》《杂上》作"遂"。

〔6〕　辞：告。

〔7〕　婴未尝得交也：以前我和您不认识，并没有交情。《晏子春秋》《内篇》《杂上》作"吾未尝得交夫子也"。

〔8〕　诎：古屈字。信：古伸字，又通申。吾闻君子诎乎不知己，而信乎知己者：我听闻君子的志向为不了解自己的人所屈，而为了解自己的人所伸。《晏子春秋》作"臣闻之：士者诎乎不知己而申乎知己"。《吕氏春秋》作"吾闻君子屈乎不己知者，而伸乎己知者"。

〔9〕　意：意志。《吕氏春秋》《观世》作"志"。

〔10〕　留：伺察。几：通讥，察。婴闻察实者不留声，观行者不几辞：我听闻察看别人的实质的人就不察看别人的声名，察看别人的行为的人就不察看别人的说话了。意思就是说我真心诚意待您，您不必计较我表面的态度和说话。《晏子春秋》《内篇》《杂上》作"省行者不

引其过,察实者不几其辞"。

〔11〕　婴可以辞而无弃乎:我可以向您道歉而您不抛弃我吧!

〔12〕　俗人:《晏子春秋》《内篇》《杂上》"俗"上有"君子曰"三字。之:如果。德:以为有善行。

〔13〕　全功之道:保全其成就的做法。《老子》上篇第二十章:"自伐者无功。"

　　子列子穷〔1〕,容貌有饥色,客有言于郑子阳〔2〕者,曰:"子列子圉寇〔3〕,盖有道之士也,居君之国而穷,君无乃为不好士乎?"子阳令官遗之粟数十乘〔4〕,子列子出见使者,再拜而辞。使者去,子列子入,其妻望而拊心〔5〕曰:"闻为有道者妻子,皆得佚乐。今妻子皆有饥色矣,君过〔6〕而遗先生,先生又辞,岂非命也哉?"子列子笑而谓之曰:"君非自知我者也,以人之言而知我,以人之言而遗我粟也。其罪我也,又将以人之言。此吾所以不受也。且受人之养,不死其难,不义也。死其难,是死无道之人,岂义哉?"其后民果作难杀子阳〔7〕,子列子之见微除不义远〔8〕矣。且子列子内有饥寒之忧,犹不苟取,见得思义〔9〕,见利思害,况其在富贵乎?故子列子通乎性命之情〔10〕,可谓能守节矣。

〔注〕

〔1〕　子列子:上"子"像《论语》中"子曰"的"子",是学生对自己的老师的尊称。下"子"像孔子、孟子、庄子的"子",是一般人对男子的尊称。但像"子列子"这样的称呼,到战国时才有。由于在古籍上多次出现,后世也就沿用下来了。列子,名圉寇,又作御寇,又作圉寇,郑人,以壶丘子林为师。和郑穆公同时,一说和郑缪公同时。见《庄

子》《逍遥游》成玄英疏、梁玉绳《汉书人表考》卷五。

〔2〕　子阳：郑相，又称驷子阳。见《史记》《六国表》、《郑世家》。皇甫谧
　　　　《高士传》卷中："郑穆公时，子阳为相"。但《史记》《郑世家》说子阳
　　　　为相是在郑繻公时。按：据《史记》《六国表》，郑繻公十五年为鲁穆
　　　　公元年。郑繻公二十四年，子阳被杀，时为鲁穆公十年。说列子和郑
　　　　穆公同时，郑穆公疑是鲁穆公或郑繻公之误，因穆又可以写作缪，
　　　　和繻字形相近。

〔3〕　禭寇：铁华馆校宋本作"围寇"。

〔4〕　乘：《吕氏春秋》《观世》作"秉"。十六斛即一百六十斗为一乘。张
　　　　国铨《新序校注》："铨按……《礼记》《聘义》云：'米三十车，禾三十
　　　　车'，'乘'字亦可通。"

〔5〕　望：怨责。拊心：搥胸。

〔6〕　君：子阳不是郑国的国君。但有封地的卿、大夫也叫做君。见《仪
　　　　礼》《丧服》郑玄注。过：应从《列子》《说符》作"遇"，礼遇之意。

〔7〕　作难：作乱。《列子》《说符》"民果作难"，一本"难"作"乱"。民果作
　　　　难杀子阳：子阳严厉，喜欢惩罚。人家犯了罪，他怎样也不肯赦免。
　　　　他家里有人把弓弄断了，怕被杀害，趁着郑国首都的人追赶疯狗的
　　　　混乱把子阳杀了。见《吕氏春秋》《适威》。

〔8〕　除不义：免于不义。远：指目光远大。

〔9〕　见得思义：《论语》《季氏》："孔子曰：君子有九思……见得思义。"
　　　　《子张》："子张曰：士见危致命，见得思义"。

〔10〕　性：命。性命：合成词，穷达之数，即人的顺境和逆境的客观变化的
　　　　规律。情：理。性命之情：即穷达之理。

　　屈原者名平〔1〕，楚之同姓大夫〔2〕，有博通之知，清
洁之行，怀王用之〔3〕。秦欲吞灭诸侯，并兼天下。屈原
为楚东使于齐，以结强党〔4〕。秦国患之，使张仪之楚〔5〕，
货楚贵臣上官大夫、靳尚〔6〕之属，上及令尹子阑〔7〕、司

马子椒，内赂夫人郑袖[8]，共谮屈原。屈原遂放于外[9]，乃作《离骚》[10]。张仪因使楚绝齐，许谢地六百里[11]。怀王信左右之奸谋，听张仪之邪说，遂绝强齐之大辅。楚既绝齐，而秦欺以六里[12]。怀王大怒，举兵伐秦，大战者数，秦兵大败楚师，斩首数万级[13]。秦使人愿以汉中地谢[14]，怀王不听，愿得张仪而甘心焉。张仪曰："以一仪而易汉中地，何爱仪？请行。"遂至楚，楚囚之。上官大夫之属共言之王[15]，王归之。是时怀王悔不用屈原之策，以至于此，于是复用屈原。屈原使齐还，闻张仪已去，大为王言张仪之罪，怀王使人追之不及。后秦嫁女于楚[16]，与怀王欢为蓝田之会[17]。屈原以为秦不可信，愿勿会，群臣皆以为可会[18]。怀王遂会，果见因拘，客死于秦[19]，为天下笑。怀王子顷襄王亦知群臣谄误怀王，不察其罪，反听群谗之口，復放屈原[20]。屈原疾暗主乱俗，汶汶嘿嘿[21]，以是为非，以清为浊，不忍见汙世，将自投于渊。渔父止之，屈原曰："世皆醉，我独醒；世皆浊，我独清[22]。吾独[23]闻之，新浴者必振衣，新沐者必弹冠[24]，又恶能以其泠泠[25]，更事世之嘿嘿者哉？吾宁投渊而死。"遂自投湘水汨罗之中而死[26]。

　〔注〕

〔1〕　屈原者名平：朱熹《楚辞集注》卷一："高平曰原，故名平，而字原也。"屈原在《离骚》里面说他自己名正则，字灵均。

〔2〕　楚之同姓大夫：《通志》《氏族略》三："屈氏，楚之公族也；楚武王子瑕，食采于屈，因以为氏，屈原其后也。"

〔3〕 怀王：名槐，楚威王子。见《史记》《楚世家》。怀王用之：《史记》《屈
　　　原贾生列传》说屈原"为楚怀王左徒"，"入则与王图议国事，以出号
　　　令；出则接遇宾客，应对诸侯。王甚任之。"

〔4〕 党：助。强党：即下文的"大辅"，指强大的能够相助的盟国。

〔5〕 张仪之楚：在楚怀王十六年。见《史记》《六国表》。

〔6〕 货：贿赂。靳：音斤。上官：地名。见《元和姓纂》卷七、卷九。上官大
　　　夫、靳尚：上官大夫应为官名。根据《史记》《屈原贾生列传》，屈原为
　　　楚怀王左徒时，上官大夫和他同列争宠，官位和左徒也不相上下。
　　　但上官大夫和靳尚应为两人。因为根据《战国策》《楚策》二，靳尚在
　　　楚怀王释放张仪，跟着张仪到魏国去时，为魏国的张旄派人刺死
　　　了；而根据《史记》《屈原贾生列传》，则上官大夫在顷襄王时还在顷
　　　襄王面前说屈原的坏话。《汉书》《古今人表》也认为上官大夫和靳
　　　尚是两个人。《元和姓纂》卷七、卷九、《通志》《氏族略》三都说子兰
　　　为上官大夫，也不可靠。因《史记》说令尹子兰"使上官大夫短屈原
　　　于顷襄王"，知为两人。

〔7〕 子阑：即子兰，楚怀王幼子，顷襄王弟。但以幼子为令尹是不合理
　　　的。《史记》《屈原贾生列传》说他做令尹是在顷襄王的时候。《楚
　　　世家》说楚怀王时做令尹的是昭阳。

〔8〕 内赂：往宫内贿赂。郑袖：楚怀王宠姬。见《史记》《屈原贾生列传》。
　　　《战国策》《楚策》三、《楚策》四作"郑褎"。褎，古袖字。

〔9〕 屈原遂放于外：根据《九章》中的《抽思》"有鸟自南兮，来集汉北"这
　　　些话，屈原这次被放逐的地点应在汉北。

〔10〕《离骚》：《楚辞》篇名。王逸《楚辞章句》也说《离骚》是屈原第一次
　　　被放逐后的作品。其中表现了他精神上的苦闷与追求。这是由于他
　　　以自己有忠贞的人格，因被谗邪的嫉妒陷害，不见谅于君，使得自
　　　己正确的政治主张不能实行而产生的。《离骚》同时也写了他对
　　　人君的警告。这是他从历史上的成败得失来观察天道所得到的结
　　　论而提出来的。他认为凡是不顾民心的统治政权是不能长久的。后
　　　来的人所作的辞赋也称为骚体，便从《离骚》得名。

〔11〕许谢地六百里：答应酬商于之地六百里。见《史记》《楚世家》。

〔12〕 楚既绝齐,而秦欺以六里:楚怀王相信了张仪的话,对齐国闭关绝约,叫一位将军到秦国接收土地。张仪假装从车上掉了下来,称病不朝,那位将军等了三个月,土地还是没有到手。怀王以为张仪嫌他绝齐还做得不够,便叫勇士往北去辱骂齐王。齐王火了,暗中和秦国联合,张仪这才出来对楚国那位将军说:你为什么还不去接收土地呢?从那里到那里丁方六里。见《史记》《楚世家》、《张仪列传》。

〔13〕 怀王大怒……斩首数万级:楚怀王十七年春,楚国和秦国在丹阳作战,楚军大败,被斩首八万,连大将军屈匄也被俘虏了。汉中被秦国佔领了。怀王动员全国的军队,和秦国再战于蓝田,结果又打了一个大败仗。见《史记》《楚世家》、《张仪列传》、《屈原贾生列传》。级:秦制以斩敌人的头加爵,斩了一个敌人的头加一级。

〔14〕 秦使人愿以汉中地谢:事在楚怀王十八年。见《史记》《楚世家》。根据下文"屈原使齐还",楚国这时一定又和齐国联合,秦国害怕了,所以才"愿以汉中地谢"。汉中:今陕西省南部及湖北省西北部。

〔15〕 上官大夫之属共言之王:靳尚替张仪对楚怀王说:"拘张仪,秦王必怒。天下见楚无秦,必轻王矣。"又对郑袖说:秦王很爱张仪,而楚王想把他杀掉。现在秦国将以美女嫁给楚王,郑袖一定站不住了,不如劝楚王把张仪放掉。因此郑袖一天到晚都劝楚王,说杀掉张仪,秦国一定会发火而进攻楚国。见《史记》《楚世家》、《张仪列传》。

〔16〕 秦嫁女于楚:在楚怀王二十四年。见《史记》《楚世家》。

〔17〕 与怀王欢为蓝田之会:在楚怀王三十年。见《史记》《楚世家》。蓝田:今陕西省蓝田县。

〔18〕 群臣皆以为可会:《史记》《楚世家》、《屈原贾生列传》都说是"子兰劝王行"。

〔19〕 怀王遂会……客死于秦:楚怀王终于到秦国去,一进了武关,秦国预先埋伏在武关的军队便闭了关,押着怀王到咸阳去,要求割地。怀王拒绝了。顷襄王二年,怀王从小路逃到赵国,赵国不敢收容。想逃到魏国,在半路上被秦国抓了回去。顷襄王三年,怀王在秦国病死了。见《史记》《楚世家》。

〔20〕 反听群谗之口,复放屈原:顷襄王三年,以子兰为令尹。因屈原

憎恨子兰劝怀王入秦，令尹子兰听见了大为生气，便叫上官大夫在顷襄王面前说屈原的坏话。顷襄王听了很生气，便把屈原放逐出去了。见《史记》《屈原贾生列传》、吕祖谦《大事记》卷五。根据《九章》中《哀郢》、《涉江》、《怀沙》等作品，他这次被放逐的地点应该是洞庭、湘、沅一带。

〔21〕　汶：音门。汶汶：昏暗不明。嘿：音墨。嘿嘿：通墨墨，也是昏暗之意。

〔22〕　世皆醉，我独醒；世皆浊，我独清：《楚辞》《渔父》作"举世皆浊我独清，众人皆醉我独醒"。

〔23〕　独：应从卢文弨《群书拾补》校删。

〔24〕　振衣、弹冠：以去尘秽。新浴者必振衣，新沐者必弹冠：意思是说要求其身干净的人，怕受外物沾汗。《楚辞》《渔父》及《韩诗外传》卷一两句对调。《荀子》《不苟》和本书略同。这是当时的成语。

〔25〕　泠泠：清洁之意。

〔26〕　汨罗：水名，湘江的一条支流。遂自投湘水汨罗之中而死：殿版《史记》《屈原列传》作"于是怀石遂自投汨罗以死"。

　　楚昭王有士曰石奢〔1〕，其为人也，公正而好义〔2〕，王使为理〔3〕。于是廷〔4〕有杀人者，石奢追之，则其父也。遂反于廷〔5〕，曰："杀人者，仆〔6〕之父也。以父成政，不孝。不行君法，不忠。弛罪废法而伏其辜，仆之所守也。"伏斧锧，"命在君〔7〕。"君〔8〕曰："追而不及，庸有罪乎？子其治事矣！"石奢曰："不私其父，非孝也。不行君法，非忠也。以死罪生，非廉也。君赦之，上之惠也。臣不敢失法，下之行也。"遂不离鈇锧〔9〕，刎颈而死于廷中。君子闻之曰："贞夫！法哉〔10〕！"孔子曰："子为父隐，父为子隐，直在其中矣〔11〕。"《诗》〔12〕曰："彼己之子，邦之司直〔13〕。"石子之谓也。

〔注〕

〔1〕 楚昭王：见本书《节士》第七《申包胥者》章注〔3〕。石奢：《吕氏春秋》《高义》、《渚宫旧事》卷二作"石渚"。

〔2〕 公正而好义：《吕氏春秋》《高义》作"公直无私"，《韩诗外传》卷二作"公而好直"，《史记》《循吏列传》作"坚直廉正，无所阿避"。

〔3〕 理：掌管刑法的官。根据下章《晋文公反国李离为大理》"李离为大理"，《史记》《循吏列传》又称他为"理"，则这里的"理"，也应指大理而言，即法官之长。《北堂书钞》卷五十三引作"廷理"。

〔4〕 廷：应从《韩诗外传》卷二及《史记》《循吏列传》作"道"。

〔5〕 廷：朝廷。遂反于廷：《韩诗外传》二作"还反于廷"。《渚宫旧事》卷二作"还车立于廷"。

〔6〕 仆：《韩诗外传》卷二、《史记》《循吏列传》均作"臣"。下同。

〔7〕 斧锧：即铁锧、铁质、质铁，铡刀。古代腰斩刑具。命在君：命令只在于您的发出了。意即请昭王立刻下令行刑。伏斧锧，"命在君"：应从《韩诗外传》卷二作"遂伏斧锧，曰：'命在君！'"

〔8〕 君：《吕氏春秋》《高义》和《史记》《循吏列传》均作"王"。

〔9〕 铁锧：《艺文类聚》卷四十九引作"斧锧"。

〔10〕 贞夫！法哉：叹其正直守法。《韩诗外传》卷二作"贞夫！法哉！石先生乎！"

〔11〕 子为父隐，父为子隐，直在其中矣：《论语》《子路》作"父为子隐，子为父隐，直在其中矣。"《白虎通》《谏诤》说：因为是"父子一体而分，荣恥相及。"

〔12〕 《诗》：《诗经》《郑风》《羔裘》。

〔13〕 己：《诗经》作"其"。彼己：合成词，即彼。司：主守。彼己之子，邦之司直：那个男子汉，是一国中坚守直道的人。

晋文公反国〔1〕，李离为大理〔2〕，过杀不辜〔3〕，自系曰："臣之罪当死。"文公令之曰："官有上下，罚有轻重，是下吏之罪也，非子之过也。"李离曰："臣居官为长，不与下让位；受禄为多，不与下分利；过听杀无辜，委下[4]畏死，非义也。臣之罪当死矣。"文公曰："子必自以为有罪，则寡人亦有过矣。"李离曰："君量能而授官，臣奉职而任事。臣受印绶之日，君命曰：'必以仁义辅政，宁过于生，无失于杀。'臣受命不称，壅惠蔽恩。如臣之罪，乃当死；君何过之有？且理有法，失生即生，失杀即死[5]。君以臣为能听微决疑，故任臣以理[6]。今离刻深，不顾仁义；信文墨[7]，不察是非；听他辞，不精事实；掠服无罪，使百姓怨。天下闻之，必议吾君。诸侯闻之，必轻吾国。怨积于百姓，恶扬于天下，权轻于诸侯[8]。如臣之罪，是当重死。"文公曰："吾闻之也：直而不枉，不可与往；方而不圆，不可与长存[9]。愿子以此听寡人也！"李离曰："君以所私害公法，杀无罪而生当死，二者非所以教于国也。离不敢受命。"文公曰："子独不闻管仲之为人臣邪？身辱而君肆，行汙而霸成[10]。"李离曰："臣无管仲之贤，而有辱汙之名；无霸王之功，而有射钩之累[11]。夫无能以临官，籍汙以治人[12]，君虽不忍加之于法，臣亦不敢汙官乱治[13]以生。臣闻命矣。"遂伏剑而死。

〔注〕

〔1〕 晋文公反国：晋公子重耳逃亡在外十九年，靠秦穆公的帮助，归国即位，是为文公。见《史记》《晋世家》。

〔2〕 大理：是最高的司法官。

〔3〕 过杀不辜：《韩诗外传》卷二、《史记》《循吏列传》均作"过听杀人"。

事在周襄王十六年，即晋文公元年。见《资治通鉴外纪》卷五。

〔4〕　委下：把罪过推给下吏。《史记》《循吏列传》作"传其罪下吏"。

〔5〕　失生即生，失杀即死：《韩诗外传》卷二作"法失则刑，刑失则死。"《史记》《循吏列传》作"失刑则刑，失死则死。"

〔6〕　以：为。故任臣以理：《韩诗外传》卷二作"故使臣为理"。《史记》《循吏列传》作"故使为理"。

〔7〕　文墨：指诉状之类。

〔8〕　权轻于诸侯：使国君的威势为诸侯所轻视。

〔9〕　与：通以。直而不枉，不可与往；方而不圆，不可与长存：只是直走而不转弯，不能前进；只是方正而不圆通，不能长久活着。

〔10〕　肆：伸，指志伸。身辱而君肆，行汙而霸成：本身对其君原有可耻的行为，但结果仍使其君志得伸；对其君原先行为卑汙，但结果仍使其君霸业有成。因管仲原先辅助公子纠。公子纠和公子小白争立为君，管仲曾在小白回国的路上把小白截住，想把小白射死，幸亏只射中了小白的带鈎。后来管仲才辅助小白完成霸业。见本书《杂事》第五《管仲傅齐公子纠》章。

〔11〕　累：负，作过失解。

〔12〕　临官：高居官位。籍：通藉。籍汙：凭着卑污的行为。夫无能以临官，籍汙以治人：《韩诗外传》卷二作"夫无能以事君，暗行以临官"。

〔13〕　汙官：使官府卑汙。乱治：使政事的处理混乱。

晋文公反国，酌士大夫酒〔1〕，召咎犯而将之〔2〕，召艾陵〔3〕而相之，授田百万。介子推无爵〔4〕，齿〔5〕而就位，觞三行〔6〕，介子推奉觞而起曰〔7〕："有龙矫矫〔8〕，将失其所〔9〕。有蛇〔10〕从之，周流〔11〕天下。龙既入深渊〔12〕，得其安所〔13〕。蛇脂尽干，独不得甘雨〔14〕。此何谓也？"文公曰："嘻！是寡人之过也！吾为子爵与！待旦之朝也〔15〕！吾为子田与！河东阳之间〔16〕！"介子推曰："推闻君子之

道,谒而得位,道士不居也。争而得财,廉士不受也。"文公
曰:"使我得反国者, 子也;吾将以成子之名。"介子推曰:
"推闻君子之道,为人子而不能承其父者,则不敢当其后。
为人臣而不见察于其君者,则不敢立于其朝。然推亦无索
于天下矣。"遂去而之介山[17]之上,文公使人求之不得,
为之避寝三月,号呼朞[18]年。《诗》曰:"逝将去汝[19],适
彼乐郊。适彼乐郊[20],谁之永号[21]?"此之谓也。文公待
之不肯出,求之不能得,以谓[22]焚其山宜出,及焚其山,
遂不出而焚死。

〔注〕

〔1〕 酌士大夫酒:《左传》僖公二十四年:"晋侯赏从亡者。"跟随公子重
耳出亡的有几十人,主要的人物有赵衰、狐偃、狐毛、贾佗、先轸、颠
颉、魏犨、司空季子、介子推等。见《左传》僖公二十三年、《史记》
《晋世家》。

〔2〕 咎犯:见本书《杂事》第五《吕子曰》章注〔10〕。将之:和下句的"相
之"对句,应解为用他做全国的最高统帅。

〔3〕 艾陵:疑即赵衰。《国语》《晋语》四说公子重耳"师事赵衰",赵衰
"文以忠贞"。又说秦穆公请公子重耳宴会,待以国君之礼,赵衰做
傧相。则重耳回国之后,最可能被召为国相的人应该就是赵衰了。
其次,这里说受到重用和重赏的是"咎犯"和"艾陵",而《琴操》卷下
《龙蛇歌》说和这章同样的故事,开始时也说:"重耳复国,舅犯、赵
衰俱蒙厚赏",则艾陵就是赵衰更为明显了。

〔4〕 介子推无爵:介子推,古书中有的作介之推或介子绥,又称介子,又
称介推,重耳微臣。传说他跟随公子重耳出亡经过曹国时,重耳有
一位随从叫里凫须,偷了重耳的财物跑了。重耳没有粮食,饿到走
不动,他割下了自己的大腿肉给重耳吃了,重耳才有力量走路。重
耳回国以后,把他忘了,没有爵禄赏赐给他。见《左传》僖公二十四

年及杜预注、《韩诗外传》卷十、梁玉绳《汉书人表考》卷三。

〔5〕　齿：按年龄或地位的高低相排列。

〔6〕　觞三行：见本书《刺奢》第六《齐景公饮酒而乐》章注〔7〕。

〔7〕　介子推奉觞而起曰：各书关于介子推的传说都和本书不同。《史记》《晋世家》和《说苑》《复恩》都说《龙蛇歌》由介子推的从者悬于晋文公的宫门之上，并没有"介子推奉觞而起"，对着晋文公的面自歌《龙蛇》的事；而《龙蛇歌》的文字各书所记载的也各不相同。

〔8〕　龙：比喻重耳。矫矫：强壮有力的样子。

〔9〕　将：却。《说苑》《复恩》作"顷"，《淮南子》《说山》高诱注作"而"。将失其所：却失其处所，不得安居。

〔10〕　虵：比喻介子推自己。有虵：《说苑》《复恩》作"五蛇"。

〔11〕　周流：《吕氏春秋》《介立》、《说苑》《复恩》均作"周遍"。

〔12〕　龙既入深渊：《吕氏春秋》《介立》作"龙反其乡"，《淮南子》《说山》高诱注作"龙既升云"，《史记》《晋世家》作"龙已升云"，《说苑》《复恩》作"龙反其渊"。

〔13〕　得其安所：得到他安居的处所。《说苑》作"安其壤土"。又作"安宁其处"。《琴操》卷下《龙蛇歌》作"安厥房户"。

〔14〕　虵脂尽干，独不得甘雨：《吕氏春秋》《介立》作"一蛇羞之，槁死于中野"。槁：应读作槁。《说苑》《复恩》作"一蛇无穴，号于中野"。

〔15〕　为：施给。之：而。吾为子爵与，待旦之朝也：我给您官爵吧，是一等到早上就朝见人君的官爵！这当然是在中央做重要的官，而不是做地方官或小吏了。

〔16〕　河：黄河。东阳：见本书《杂事》第二《魏文侯出游》章注〔4〕。河东阳之间：平原一片，河道纵横，土地肥美。

〔17〕　介山：即今山西省介休县东南的縣山，介山是因介子推的隐居而得名的。《史记》《晋世家》："闻其入縣上山中，于是文公环縣上山中而封之，以为介推田，号曰介山。"

〔18〕　避寝：不进内室。避寝三月，号呼朞年：表示自责和难过。

〔19〕　逝：读作誓。逝将去汝：《诗经》《魏风》《硕鼠》作"逝将去女"，《公羊传》昭公十五年疏引《诗经》作"誓将去汝"。

〔20〕 适彼乐郊：《诗经》《魏风》《硕鼠》作"乐郊乐郊"。

〔21〕 之：语助词，无义。永：通咏，歌唱。号：欢呼。谁之永号：谁在歌唱欢呼？指离开你到那片乐土的人在歌唱欢呼。

〔22〕 以谓：以为。

　　申徒狄非其世，将自投于河〔1〕。崔嘉闻而止之曰："吾闻圣人仁士之于天地之间，民之父母也〔2〕。今为濡足〔3〕之故，不救溺人〔4〕，可乎？"申徒狄曰："不然。昔者桀杀关龙逢〔5〕，纣杀王子比干〔6〕而亡天下。吴杀子胥〔7〕，陈杀洩冶〔8〕而灭其国。故亡国残家，非圣智也〔9〕，不用故也。"遂负〔10〕石沈于河。君子闻之曰："廉矣乎！如仁与智，吾未见也。"《诗》〔11〕曰："天实为之，谓之何〔12〕哉！"此之谓也。

〔注〕

〔1〕 申徒狄：见本书《杂事》第三《齐人邹阳客游于梁》章注〔27〕。河：黄河。申徒狄非其世，将自投于河：《庄子》《盗跖》："申徒狄谏而不听，负石自投于河。"案《汉书》《邹阳传》及《文选》邹阳《狱中上书自明》都说"申徒狄蹈雍之河"，雍即灉，即灉。《说文》说："河灉水在宋。"则申徒狄为宋国人，也未可知。

〔2〕 吾闻圣人仁士之于天地之间，民之父母也：《后汉书》《周燮传》李贤注引作"吾闻圣人从事于天地之间，人之父母也"。

〔3〕 濡足：足浸在水里，比喻乱世所给予申徒狄精神上的痛苦。

〔4〕 溺人：《后汉书》《崔骃传》注引作"人溺"。

〔5〕 桀杀龙逢：见本书《节士》第七《桀为酒池》章及注。

〔6〕 纣杀王子比干：见本书《节士》第七《纣作炮烙之刑》章及注。

〔7〕 吴杀子胥：见本书《杂事》第二《昔者唐虞崇举九贤》章注〔16〕。

〔8〕 洩冶：古书上或作泄冶，陈大夫。陈杀洩冶：陈灵公和大夫孔宁、仪行父都和夏姬私通，都藏着夏姬的内衣并拿到朝上来玩，洩冶谏陈

灵公。灵公把话告诉孔宁、仪行父。孔宁、仪行父要把泄冶杀掉,灵
公不加禁止,泄冶便被他们杀害了。陈灵公由于淫乱,以后又被夏
姬的儿子夏征舒杀掉。楚庄王为了讨伐夏征舒,率领诸侯伐陈,乘
机把陈国灭了,听了申叔时的劝告才恢复陈国的独立。见《史记》
《陈世家》。

〔9〕　非圣智也,应从《韩诗外传》卷一作"非无圣智也"。

〔10〕　负:抱。《韩诗外传》卷一作"抱"。

〔11〕　《诗》:《诗经》《邶风》《北门》。

〔12〕　谓之何:奈他何。

齐大饥〔1〕,黔敖为食于路,以待饿者而食之。有饿
者,蒙袂接履〔2〕,贸贸然来〔3〕。黔敖左奉食,右执饮曰:
"嗟来〔4〕! 食!"饿者扬其目而视之〔5〕,曰:"予唯不食嗟
来之食,以至于此也。"从而谢焉,终不食而死。曾子闻之
曰:"微与〔6〕! 其嗟也可去,其谢也可食。"

〔注〕

〔1〕　饥:通饑。《礼记》《檀弓下》、《吕氏春秋》《介立》高诱注均作"饑"。

〔2〕　蒙袂:以袖子蒙面,因不想见人。接:读作辑,收敛。履:步子。接
履:因为饥饿乏力,步子迈不开。《礼记》《檀弓下》作"辑屦"。有饿
者,蒙袂接履:《吕氏春秋》《介立》高诱注作"有饿人戢其履"。戢:
通辑。

〔3〕　贸贸然:懵懵地,神志不清地。贸贸然来:《吕氏春秋》《介立》高诱
注作"瞢瞢而来"。瞢:通懵。

〔4〕　嗟来:呼喝人之声。如《庄子》《大宗师》"嗟来,桑户乎!""来"均作
词尾来用。

〔5〕　视之:《吕氏春秋》《介立》高诱注作"应之"。

〔6〕　微:无,毋。微与:不要这样罢!

东方有士曰袁族目〔1〕,将有所适而饥〔2〕于道。狐

父之盗丘人也〔3〕,见之,下壶餐以与之〔4〕。袁族目三铺而能视〔5〕,仰而问焉曰:"子谁也?"曰:"我狐父之盗丘人也。"袁族目曰:"嘻! 汝乃盗也,何为而食我? 以吾不食也〔6〕。"两手据地而欧〔7〕之,不出,喀喀然〔8〕遂伏地而死。县名为胜母,曾子不入;邑号朝歌,墨子回车〔9〕。故孔子席不正不坐,割不正不食〔10〕,不饮盗泉之水〔11〕,积正〔12〕也。族目不食而死,洁之至也。

〔注〕

〔1〕 袁族目:应从《类说》卷三十引,和《韩诗外传》卷一、《金楼子》《杂记上》作"袁旌目"。下同。《吕氏春秋》《介立》、列子《说符》均作"爰旌目"。《后汉书》《张衡传》有"旌瞀",李贤注:"爰旌瞀,饿人也,一作'爰精目',《列子》曰:'东方有人焉,曰爰精目……'"

〔2〕 饥:应从《吕氏春秋》《介立》、列子《说符》作"饿"。因饥轻而饿重。根据下文"三铺而能视",则饿得很厉害了。

〔3〕 狐父之盗丘人也:《吕氏春秋》《介立》、列子《说符》均作"狐父之盗曰丘"。

〔4〕 与:《吕氏春秋》《介立》、列子《说符》均作"铺"。下壶餐以与之:把壶餐俯就于他而给他吃,因为那时袁旌目已饿倒在路上了。

〔5〕 铺:通哺。三铺而能视:《吕氏春秋》《介立》、列子《说符》作"三铺而后能视"。

〔6〕 以:通已。《尔雅》《释诂》:"已,此也。"以吾不食也:《吕氏春秋》《介立》、《列子》《说符》均作"吾义不食子之食也"。

〔7〕 欧:通呕。《类说》卷三十引和《金楼子》《杂记上》都作"呕"。《吕氏春秋》《介立》作"吐"。

〔8〕 喀喀然:形容呕吐的声音。

〔9〕 县名为胜母,曾子不入;邑号朝歌,墨子回车:见本书《杂事》第三《齐人邹阳客游于梁》章注〔69〕〔70〕。县名为胜母和"邑号朝歌"

对句,应从《史记》《邹阳列传》作"呉名胜母"。《说苑》《说丛》、《汉
书》《邹阳传》、《文选》邹阳《狱中上书自明》也都没有"为"字。

〔10〕 孔子席不正不坐,割不正不食:见《论语》《乡党》。

〔11〕 盗泉:水名,注于洙水。见《水经注》《洙水》。不饮盗泉之水:孔子从
盗泉经过,因为憎恶其名,所以口干了还是不喝。见《说苑》《说丛》
和《水经注》《洙水》、《文选》陆士衡《猛虎行》李善注等引《尸子》。
《盐铁论》《晁错》"水"作"流"。

〔12〕 积:习。积正:习于正道。

　　鲍焦衣弊肤见,挈畚将蔬〔1〕,遇子贡〔2〕于道。子贡
曰:"吾子何以至此也?"焦曰〔3〕:"天下之遗德教者众
矣〔4〕,吾何以不至于此也?吾闻之:世不己知而行之不
已者,是爽行也。上不己知而干之不止者,是毁廉也。行爽
廉毁,然且不舍,惑于利者也。"子贡曰:"吾闻之:非其世
者不生其利,汙其君者不履其土〔5〕。今吾子汙其君而履
其土,非其世而将其蔬,此谁之有哉〔6〕?"鲍焦曰:"呜呼!
吾闻贤者重进而轻退,廉者易醜〔7〕而轻死。"乃弃其蔬而
立槁死于洛水之上〔8〕。君子闻之曰:"廉夫!刚哉!夫山
锐则不高,水狭则不深,行特者其德不厚,志与天地疑〔9〕
者其为人不祥。鲍子可谓不祥矣。其节度浅深,适至而
止矣。"《诗》〔10〕曰:"已焉哉!天实为之,谓之何哉!"

〔注〕

〔1〕 将:《韩诗外传》卷一作"持"。持:执。执有取的意思,指采。将蔬:
即采蔬。《庄子》《盗跖》《释文》引司马彪云:"鲍子名焦,周末人,
汙时君不仕,采蔬而食。"《文选》邹阳《狱中上书自明》李善注引《列
士传》:"鲍焦怨世不用己,采蔬于道。"皆其证。

〔2〕 子贡：铁华馆校宋本、《四部丛刊》本、明程荣校本作"子赣"，下同。

〔3〕 焦曰：应从《韩诗外传》卷一作"鲍焦曰"，因为下文也是"鲍焦曰"。

〔4〕 天下之遗德教者众矣：天下之遗弃道德教化的统治者多了。

〔5〕 生：治，指营谋。生其利：如采蔬也就是。汙：憎恶。非其世者不生其利，汙其君者不履其土：《庄子》《盗跖》《释文》引司马彪云作"汙时君不食其禄，恶其政不践其土。"成玄英疏作"非其政者不履其地，汙其君者不受其利。"则"其世"指当时的政治而言。

〔6〕 之：所。此谁之有哉：《韩诗外传》卷一作"诗曰：'溥天之下，莫非王土。'此谁有之哉？"《史记》《邹阳列传》《索隐》引晋灼云、《汉书》《邹阳传》颜师古注、《文选》邹阳《狱中上书自明》李善注引《列士传》均作"此焦之有哉？"焦是"谁"之形误。

〔7〕 醜：愧。《韩诗外传》卷一作"愧"。

〔8〕 洛水：源出陕西省雒南县，东南流入河南境，又东北流经洛宁、宜阳、洛阳，至巩县流进黄河。立槁死于洛水之上：《庄子》《盗跖》说鲍焦"抱木而死"，《韩诗外传》卷七说"鲍焦抱木而泣"，《说苑》《杂言》又说"鲍焦抱木而立枯"，和《庄子》《盗跖》所说介子推"抱木而燔死"，《楚辞》《九章》《惜往日》所说"介子忠而立枯兮"相比较，则鲍焦也应该是站着抱着树木自己烧死，所以才能立槁死于洛水之上。

〔9〕 疑：读作拟，比拟。《韩诗外传》卷一作"拟"。

〔10〕 《诗》：《诗经》《邶风》《北门》。

　　公孙杵臼、程婴者，晋大夫赵朔客〔1〕也。晋赵穿弒灵公〔2〕，赵盾时为贵大夫〔3〕，亡不出境，还不讨贼〔4〕，故《春秋》责之，以盾为弒君〔5〕。屠岸贾〔6〕者，幸〔7〕于灵公。晋景公〔8〕时，贾为司寇〔9〕，欲讨灵公之贼〔10〕。盾已死，欲诛盾之子赵朔，遍告诸将曰："盾虽不知，犹为贼首。贼〔11〕臣弒君，子孙在朝，何以惩罪？请诛之！"韩厥〔12〕曰:"灵公遇贼,赵盾在外,吾先君〔13〕以为无罪,故不诛。今诸君将妄诛,妄诛谓之乱。臣有大事,君不闻,是无君也。"屠岸贾不听。韩厥告赵朔趣亡,赵朔不肯,曰:"子必不绝赵祀,予死不恨。"韩厥许诺。称疾不出。贾不请而擅与诸将攻赵氏于下宫,杀赵朔、赵同、赵括、赵婴齐,皆灭其族〔14〕。赵朔妻成公姊〔15〕,有遗腹,走公宫匿。公孙杵臼谓程婴:"胡不死?"婴曰:"朔之妻有遗腹,若幸而男,吾奉之,即〔16〕女也,吾徐死耳。"无何而朔妻免〔17〕生男。屠岸贾闻之,索于宫。朔妻置儿袴中,祝曰:"赵宗灭乎,若号! 即不灭乎,若无声!"及索,儿竟无声。已脱,程婴谓杵臼曰:"今一索不得,后必且复之,奈何?"杵臼曰:"立孤与死孰难?"婴曰:"立孤亦难耳〔18〕。"杵臼曰:"赵氏先君〔19〕遇子厚,子强为其难者,吾为其易者,吾请先死。"而二人谋取他婴儿〔20〕,负以文褓,匿山中。婴谓诸将曰:"婴不肖,不能立孤。谁能与吾千金〔21〕,吾告赵氏孤处。"诸将皆喜,许之。发师随婴攻杵臼。杵臼曰:"小人哉,程婴! 下宫之难,不能死,与我谋匿赵氏孤儿。今又卖之。纵不能立孤儿,忍卖之乎?"抱而呼:"天乎! 赵氏孤儿何罪! 请活之,独杀杵臼也〔22〕。"诸将不许,遂并〔23〕杀杵臼与儿。诸将以为赵氏孤儿已死,皆喜。然赵氏真孤儿乃在,程婴卒与俱匿山中。居十五年〔24〕,晋景公病。卜之,大业之胄者为祟〔25〕。景公问韩厥。韩厥知赵孤存,乃曰:"大业之后,在晋绝祀者,其赵氏乎! 夫自中行衍,皆嬴姓〔26〕

也。中行衍人面鸟噣〔27〕,降佐帝大戊及周天子, 皆有明德〔28〕。下及幽、厉无道〔29〕,而叔带去周适晋〔30〕,事先君缪侯〔31〕,至于成公,世有立功,未尝绝祀。今及吾君,独灭之〔32〕赵宗,国人哀之,故见龟筴〔33〕。唯君图之!"景公问:"赵尚有后子孙乎?"韩厥具以实告。景公乃与韩厥谋立赵孤儿,召匿于宫中。诸将入问病,景公因韩厥之众,以胁诸将而见赵孤儿。孤儿名武〔34〕。诸将不得已,乃曰:"昔下宫之难,屠岸贾为之,矫以君命,并命群臣;非然,孰敢作难?微君之病,群臣固将请立赵后。今君有命,群臣愿之。"于是召赵武、〔35〕程婴遍拜诸将。遂俱与程婴赵氏〔36〕攻屠岸贾,灭其族;复与赵氏田邑如故〔37〕。赵武冠为成人〔38〕,程婴乃辞大夫〔39〕,谓赵武曰:"昔下宫之难,皆能死,我非不能死,思立赵氏后。今子既立,为成人,赵宗复故,我将下报赵孟〔40〕与公孙杵白。"赵武号泣固请曰:"武愿苦筋骨,以报子至死,而子忍弃我死乎?"程婴曰:"不可。彼以我为能成事,故皆先我死。今我不下报之,是以我事为不成也。"遂自杀。赵武服衰三年〔41〕,为祭邑〔42〕,春秋祀之,世不绝。君子曰:"程婴、公孙杵白,可谓信交〔43〕厚士矣。婴之自杀下报,亦过矣。"

〔注〕

〔1〕 程婴:《论衡》《吉验》作"程婴齐"。赵朔:赵盾子,谥庄子,亦称庄主。见梁玉绳《汉书人表考》卷六。

〔2〕 赵穿:谥武子,赵盾的同族兄弟,时为将军。见《史记》《晋世家》。灵公:名夷皋,又作夷獳,晋襄公子。见《汉书人表考》卷九。赵穿弒

灵公：灵公时，赵盾为正卿。灵公暴虐，赵盾屡谏不听。灵公一次
再次的要杀害赵盾，都没有成功。赵盾逃了出来，还没有逃出晋国
国境，赵穿便在桃园里面袭击灵公，把灵公杀了。这是灵公十四年
所发生的事件。见《史记》《晋世家》、《赵世家》。

〔3〕 赵盾：赵衰子，衰妻叔隗所生，亦称赵孟，谥宣，一说谥宣孟，因称宣
子，亦称赵孟宣子。见《左传》僖公二十三年、文公六年及杜预注、
成公八年，《国语》《晋语》五韦昭注。为贵大夫：赵盾从晋灵公元年
开始为最高的执政，即为正卿。见《左传》文公六年、《史记》《十二
诸侯年表》。

〔4〕 亡不出境，还不讨贼：《穀梁传》宣公二年作"出亡不远，反不讨贼"。
《史记》《晋世家》作"亡不出境，反不诛国乱"。

〔5〕 《春秋》责之，以盾为弑君：赵穿杀了晋灵公，赵盾还没有逃出晋国
国境便回来了，晋太史董狐便在简册上写道："赵盾弑其君"。赵盾
不同意，董狐说："你做正卿，逃亡不出国境，回来又不讨贼，不是你
杀人君是谁杀呢？"见鲁宣公二年《左传》。因此《春秋经》宣公二年
也说："秋九月乙丑，晋赵盾弑其君夷皋。"

〔6〕 屠岸贾：屠岸氏，又作屠颜贾。见《汉书》《古今人表》、《通志》《氏族
略》五。

〔7〕 幸：《史记》《赵世家》、《说苑》《复恩》均作"始有宠"。

〔8〕 晋景公：成公子，名獳，又名据。见《汉书人表考》卷七。

〔9〕 司寇：根据下文所说，屠岸贾居然能"擅与诸将攻赵氏于下宫"，则
他所做的已是《周礼》《秋官》中的"大司寇"，是最高的司法官了。

〔10〕 欲讨灵公之贼：在晋景公三年。贼指赵盾。见《史记》《赵世家》。

〔11〕 贼：《史记》《赵世家》作"以"。

〔12〕 韩厥：又作韩屈，即韩献子。晋灵公时，赵盾曾推荐他做司马。见
《国语》《晋语》五、《汉书人表考》卷四。

〔13〕 先君：指成公，名黑臀，文公庶子，襄公弟。见《汉书人表考》卷六。

〔14〕 杀赵朔……皆灭其族：根据《左传》成公四年、五年、八年及杜预注
和《春秋经》成公八年，则是赵婴和赵朔的妻子庄姬私通，赵同、赵
括把赵婴放逐到齐国去。庄姬是晋成公的女儿，后来对晋成公说

赵同、赵括要造反。景公于是讨伐赵同、赵括，把赵同、赵括杀了。而庄姬的儿子赵武则跟着庄姬在景公的宫中畜养着。和这里的传说不同。这里所根据的是《史记》《赵世家》。《左传》成公八年孔颖达疏："案二年传，栾书将下军，则于时朔已死矣。同、括为庄姬所谮，此年见杀，赵朔不得与同、括俱死也。于时晋君明，诸臣彊，无容有屠岸贾辄厕其间，得如此专恣。"赵同又叫原同，又叫原。赵括：又叫屏括，又叫屏。赵婴齐：又叫楼婴，又作楼婴，又叫赵婴。都是赵衰的儿子，是赵盾的异母弟，晋文公的女儿赵姬所生。见《左传》僖公二十四年、宣公十二年，成公四年、五年、八年及杜预注，《史记》《赵世家》、《国语》《晋语》六韦昭注。

〔15〕赵朔妻成公姊：所根据的是《史记》《赵世家》。《左传》成公八年杜预注以赵朔妻庄姬为晋成公的女儿。孔颖达疏："案传赵衰适妻是文公之女。若朔妻成公之姊，则亦文公之女。父之从母不可以为妻。且文公之卒，距此四十六年；庄姬此时尚少，不得为成公姊也。"赵庄姬又叫赵孟姬。见《国语》《晋语》六。韦昭注说是"晋景公之姊"。

〔16〕即：如果。见《汉书》《西南夷传》颜师古注。

〔17〕免：通娩。《史记》《赵世家》作"免身"。

〔18〕亦：乃，才。立孤亦难耳：《史记》《赵世家》作"死易，立孤难耳"。

〔19〕先君：指赵朔。

〔20〕而：乃，于是。《史记》《赵世家》作"乃"。

〔21〕千金：黄金千镒。见本书《杂事》第三《燕易王时国大乱》章注〔8〕。

〔22〕独杀杵臼也：《史记》《赵世家》作"独杀杵臼可也"。

〔23〕并：应从《史记》《赵世家》删。

〔24〕居十五年：即至晋景公十七年。

〔25〕大业：是秦的先祖。也是赵的先祖。见《史记》《秦本纪》、《赵世家》。大业之胄者为祟："者"上应补"不遂"二字。《史记》《赵世家》、《说苑》均作"大业之后不遂者为祟"。

〔26〕中：音仲。中行衍：应从《史记》《赵世家》、《说苑》《复恩》、《汉书》《古今人表》作"中衍"。下同。又作仲衍。其先祖大业生大费，大

费佐帝舜,帝舜赐姓嬴。见《史记》《秦本纪》。

〔27〕喙:音昼,鸟口。人面鸟喙:《史记》《秦本纪》作"鸟身人言"。

〔28〕帝大戊:又作太戊,汤之玄孙,名密,一说名太戊,殷代中兴之王,又
称中宗。见《尚书》《无逸》孔安国传、孔颖达疏,《诗经》《商颂》《烈
祖》毛传,《竹书纪年》。《史记》《赵世家》、《说苑》《复恩》均作"殷帝
大戊"。明:盛,大。降佐帝大戊及周天子,皆有明德:中衍降生世
上,帮助殷帝大戊,做大戊的御者。他的后嗣到周朝,有孟增,为周
成王所宠幸。又有造父,因为善于赶车,为周穆王所宠幸,做穆王
的御者。他们对人君都有大德。穆王以赵城封给造父,其族由此
便为赵氏。见《史记》《秦本纪》。

〔29〕幽:周幽王。见本书《杂事》第一《禹之兴也以涂山》章注〔6〕。厉:
周厉王,名胡,夷王子。暴虐奢侈,又不准国人说话。即位三年,国
人便起来袭击厉王,厉王逃到彘地去了。见《史记》《周本纪》。

〔30〕叔带去周适晋:叔带,奄公子。周幽王无道,叔带离开周室到晋国
去。见《史记》《赵世家》。

〔31〕缪侯:应从《史记》《赵世家》、《说苑》《复恩》作"文侯"。缪侯:古书
上或作穆侯,名费王,献侯子,死于周宣王四十三年。文侯:名仇,
缪侯子,周幽王元年,立为国君。见《左传》桓公二年,《史记》《十二
诸侯年表》、《晋世家》。

〔32〕之:应从《史记》《赵世家》删。

〔33〕筴:蓍草。龟筴:都是古人用来占吉凶的东西,卜用龟甲,筮用蓍草。
但这里的"龟筴"是偏义复词,只指龟甲,因上文只说"卜之"。《史
记》《赵世家》、《说苑》《复恩》均作"龟策"。筴、策字通。

〔34〕武:赵武,见本书《杂事》第一《赵文子问于叔向曰》章注〔1〕。

〔35〕赵武:明程荣校本、《四部丛刊》本、湖北崇文书局刊本作"赵氏",今
从铁华馆校宋本、《史记》《赵世家》、《说苑》《复恩》作"赵武"。

〔36〕俱:《史记》《赵世家》、《说苑》《复恩》均作"反"。赵氏也应从《史记》、
《说苑》作:"赵武"。

〔37〕复与赵氏田邑如故:在晋景公十七年,即鲁成公八年。《左传》成公
八年说"乃立武而反其田焉",但原先没收赵氏田邑给祁奚,《左传》

说也同在这一年的夏天。和《史记》本书等的传说不同。

〔38〕　赵武冠为成人：《史记》《赵世家》"赵武"上有"及"字。冠：去声,加
冠。古礼士二十岁举行加冠的仪式。见《仪礼》《士冠礼》贾公彦疏引
郑玄云。大夫之子也是二十岁加冠。如《国语》《晋语》七说晋大夫
祁奚之子祁午,"其冠也",韦昭注:"冠,二十也。"成人:成年,即到
了二十岁的人。见《史记》《五帝本纪》《正义》。

〔39〕　辞大夫：应从《史记》《赵世家》作"辞诸大夫"。

〔40〕　赵孟：赵盾。《史记》《赵世家》作"赵宣孟"。

〔41〕　衰：音崔,应从《史记》《赵世家》作"齐衰"。也是粗麻布的丧服,但
缉边。服齐衰三年：周制,母亲死了,儿子为母亲服齐衰三年。见
《仪礼》《丧服》及贾公彦疏。现在赵武这样为程婴穿丧服,是把程
婴当作自己的母亲一样看待了。

〔42〕　为：设置。祭邑：把所收赋税用来祭祀的田邑。

〔43〕　交：友。《史记》《赵世家》《集解》引作"友"。信交：诚信之友。

　　吴有士曰张胥鄙、谭夫吾,前交而后绝。张胥鄙有罪,
拘将死,谭夫吾合徒而取之出,至于道,而后乃知其夫吾
也。辍行而辞曰："义不同于子〔1〕,故前交而后绝。吾闻
之,君子不为危易行〔2〕。今吾〔3〕从子,是安则肆志,危
则易行也。与〔4〕吾因子而生,不若反拘而死。"阖闾〔5〕
闻之,令〔6〕吏释之。张胥鄙曰〔7〕："吾义不同于谭夫吾,
固不受其任〔8〕矣。今吏以是出我,以谭夫吾故免也,吾
庸遽〔9〕受之乎?"遂触墙而死。谭夫吾闻之曰："我任而
不受,佞〔10〕也。不知而出之,愚也。佞不可以接士,愚不
可以事君,吾行虚矣。人恶以吾力生,吾亦耻以此立于
世。"乃绝颈而死。君子曰："谭夫吾其以失士〔11〕矣,张胥
鄙亦未为得也。可谓刚勇矣,未可谓得节也。"

〔注〕

〔1〕 义不同于子：我所走的道路和你所走的不同。《太平御览》卷四百
　　　一十引作"吾义不同子"。

〔2〕 君子不为危易行：应从《太平御览》卷四百一十引作"君子不以安肆
　　　志，不为危易行"。

〔3〕 今吾：《太平御览》卷四百一十引作"吾今"。

〔4〕 与：犹与其。《太平御览》卷四百一十引无"与"字。

〔5〕 阎闾：见本书《杂事》第二《昔者唐虞崇举九贤》章注〔15〕。

〔6〕 令：《太平御览》卷四百一十引作"命"。

〔7〕 张胥鄙曰：《太平御览》卷四百一十引作"胥鄙辞曰"。

〔8〕 任：读作任侠的任，任使力气，指出力相助。

〔9〕 庸遽：即庸讵。

〔10〕 佞：伪善。

〔11〕 其以：既以。失士：错误于接士。

　　　苏武〔1〕者，故右将军平陵侯苏建子〔2〕也。孝武皇
帝〔3〕时，以武为栘中监〔4〕，使匈奴〔5〕。是时匈奴使者
数降汉，故匈奴亦欲降武以取当〔6〕。单于使贵人故汉人
卫律〔7〕说武，武不从。乃设以贵爵重禄尊位，终不听。于
是律绝不与饮食。武数日不降〔8〕，又当盛暑，以旃厚衣并
束，三日暴〔9〕。武心意愈坚，终不屈挠。称曰："臣事君，
由子事父也。子为父死，无所恨〔10〕。"守节不移，虽有铁
钺汤镬之诛〔11〕而不惧也，尊官显位而不荣〔12〕也。匈奴亦
由此重之。武留十余岁〔13〕，竟不降下〔14〕，可谓守节臣矣。
《诗》云："我心匪石，不可转也。我心匪席，不可卷也〔15〕。"
苏武之谓也。匈奴绐言武死，其后汉闻武在，使使者求武；

匈奴欲慕义,归武〔16〕。汉尊武以为典属国〔17〕,显异于他臣也。

〔注〕

〔1〕 苏武:字子卿,汉武帝、昭帝、宣帝时人。见《汉书》《苏武传》。

〔2〕 右将军:位在上卿之下。见《后汉书》《百官志》李贤注引蔡质《汉仪》。平陵:在今山东省历城县东。苏建:杜陵人,封平陵侯,曾为右将军,跟随大将军卫青出击匈奴。苏武是他的第二个儿子。见《汉书》《苏建传》。

〔3〕 孝武皇帝:刘氏,名彻,字通,谥孝武,景帝中子,一说景帝第九子。母,王太后。见《史记》《孝武本纪》及《集解》、《索隐》,《汉书》《武帝纪》及颜师古注引荀悦曰。《汉书》《惠帝纪》颜师古注:"孝子善述父之志,故汉家之谥,自惠帝已下,皆称孝也。"

〔4〕 栘:音移,唐棣。栘中:厩名,在栘园中。栘中监:官名,管栘中厩、管鞍马鹰犬射猎的用具。见《汉书》《昭帝纪》颜师古注引应劭曰,如淳曰。《汉书》《苏武传》作"栘中厩监"。

〔5〕 使匈奴:汉武帝天汉元年,苏武奉命出使匈奴。见《汉书》《苏武传》。

〔6〕 是时匈奴使者数降汉,故匈奴亦欲降武以取当:据《汉书》《苏武传》,则当时汉朝连年攻伐匈奴,屡次派使者出使匈奴,想伺机看看匈奴的内部情况,被匈奴扣留了有十几批;匈奴的使者到汉朝,汉朝也扣留了他们。这是天汉元年以前的事。到了天汉元年,匈奴想讨好汉朝,把所扣留的汉使悉数送还,汉武帝也派苏武和张胜、常惠等把扣留的匈奴使者送回去。苏武到了匈奴那里,因为匈奴内部有人谋反,被发觉了,把张胜也牵连在里面,匈奴才把苏武等扣留,要苏武投降。这些都和本书的传说不同。

〔7〕 单于:匈奴的君长。卫律:父本胡人,因卫律生长于汉,所以这里说他"故汉人"。卫律和李延年要好,李延年推举卫律出使匈奴,回来时碰着李延年全家被捕,卫律害怕株连,逃回去投降匈奴。匈奴封他为丁灵王。见《汉书》《李陵传》。

〔8〕 武数日不降:张国铨《新序校注》说:"疑当作'数日,武不降','数

日'二字属上读，此文倒。"

〔9〕　又当盛暑……三日暴：这事《汉书》《苏武传》不载。㬥：通曝。

〔10〕　臣事君……无所恨：在《汉书》《苏武传》和荀悦《前汉纪》卷十六中
　　　　这是李陵劝苏武投降，苏武回答李陵的话。由：《汉书》、《前汉纪》
　　　　作"犹"。二字通。

〔11〕　铁钺：即斧钺，合成词。铁钺汤镬之诛：指用大斧砍，用汤锅煮。

〔12〕　不荣：不以为荣。

〔13〕　武留十余岁：《汉书》《苏武传》："武留匈奴凡十九岁。"

〔14〕　下：降。降下：合成词。

〔15〕　《诗》云……不可卷也：见本书《节士》第七《原宪居鲁》章注〔23〕
　　　　〔24〕。

〔16〕　匈奴绐言武死。……匈奴欲慕义，归武：汉昭帝即位后数年，匈奴
　　　　与汉和亲，汉要求将苏武等放还，匈奴骗汉使说苏武已死。后来汉
　　　　使又到匈奴那里，常惠设法见到汉使，教使者对单于说：汉天子在
　　　　上林苑中射雁，射中了一只，脚上绑着一封信，说苏武等在某一个
　　　　湖泽地区。汉使按照常惠的话责备单于，单于才承认"武等实在"，
　　　　才把苏武放还。见《汉书》《苏武传》。

〔17〕　典属国：官名，掌管外国归附投降的人。见《汉书》《昭帝纪》颜师古
　　　　注。因苏武在匈奴的时间很长，熟悉他们的情况，所以用他做典
　　　　属国。

义　勇　第　八

　　陈恒弑简公而盟[1]，盟者皆完其家，不盟者杀之[2]。石他人[3]曰："昔之事其君者，皆得其君而事之。今谓他人曰：'舍而君而事我。'他人不能。虽然，不盟则杀父母也；从而盟，是无君臣之礼也[4]。生[5]于乱世，不得正行；劫于暴上[6]，不得道义[7]。故虽盟不以父母之死，不如退而自杀以礼其君。"乃自杀[8]。

〔注〕

〔1〕　陈恒：见本书《杂事》第三《齐人邹阳客游于梁》章注〔41〕。简公：齐简公，名壬，悼公子。见《史记》《齐世家》。陈恒弑简公：见本书《杂事》第三《齐人邹阳客游于梁》章注〔41〕。陈恒弑简公而盟：《韩诗外传》卷六作"田常弑简公，乃盟于国人"。

〔2〕　不盟者杀之：《韩诗外传》作"不盟者死及家"。

〔3〕　石他人：《资治通鉴外纪》卷九作"石佗人"。佗，同他。《韩诗外传》卷六作"石他"，下"他人"作"他"。

〔4〕　是：则。虽然，不盟则杀父母也；从而盟，是无君臣之礼也：《韩诗外传》卷六作"然不盟，是杀吾亲也；从人而盟，是背吾君也。"

〔5〕　生：《韩诗外传》卷六"生"上有"呜呼"二字。

〔6〕　上：《韩诗外传》卷六及《资治通鉴外纪》卷九作"人"。

〔7〕　不得道义：和"不得正行"对句，应从《韩诗外传》卷六及《资治通鉴外纪》卷九作"不得全义"。

〔8〕　礼其君：对其君尽礼。故虽盟不以父母之死，不如退而自杀以礼其君。乃自杀：文义不通。张国铨《新序校注》说："疑当作'故进盟以

免父母之死,退而自杀以礼其君。'"可信。因《太平御览》卷四百一十八引作"乃盟以免父母死,乃自杀以礼其君"。而《韩诗外传》卷六也作"乃进盟以免父母,退伏剑以死其君"。

陈恒弑君〔1〕,使勇士六人劫子渊栖〔2〕。子渊栖曰:"子之欲与我〔3〕,以我为知〔4〕乎?臣弑君,非知也。以我为仁乎?见利而背君,非仁也。以我为勇乎?劫我以兵,惧而与子,非勇也。使吾无此三者,与,何补于子〔5〕?若吾有此三者,终不从子矣。"乃舍之。

〔注〕

〔1〕 陈恒弑君:应作"陈恒将弑君"。《太平御览》卷四百三十七引作"田恒将弑君",《淮南子》《说山》高诱注作"陈成子将弑齐简公",都有"将"字。

〔2〕 六人:《淮南子》《说山》高诱注作"十六人"。子渊栖:应从《淮南子》《说山》及高诱注作"子渊捷",下同。《太平御览》卷四百三十七引作"子川捷",下同。子渊捷:子渊氏,姜姓,又叫子车,大概捷是其名,子车是其字。是齐顷公之孙。参阅《潜夫论》《志氏姓》及汪继培笺。劫子渊捷:《淮南子》高诱注作"胁其大夫子渊捷,欲与分国"。按本书"捷"下应从《太平御览》卷四百三十七引补"曰:子与我,请分齐之半以予子,子不吾与,今此是已"二十字。已:也。

〔3〕 与我:使我相从。

〔4〕 知:《太平御览》卷四百三十七引作"智"。

〔5〕 与,何补于子:应作"与子,何补于子?"《太平御览》卷四百三十七引作"与子,无补于子"。

宋闵公臣长万〔1〕,以勇力闻。万与鲁战,师败,为鲁所获〔2〕,囚之宫中;数月,归之宋〔3〕。宋闵公博〔4〕,妇人在侧〔5〕,公谓万曰:"鲁君〔6〕孰与寡人美?"万曰:"鲁君美。天下诸侯,唯鲁君耳,宜其为君也!"闵公矜妇人,妬因言〔7〕曰:"尔,鲁之囚虏尔!何知!"万怒,遂搏闵公,颊齿落于口,绝吭而死〔8〕。仇牧闻君死〔9〕,趋而至,遇万于门〔10〕,携剑而叱之。万臂击仇牧而杀之〔11〕,齿著于门阖〔12〕。仇牧可谓不畏彊禦矣;趋臣〔13〕之难,顾不旋踵〔14〕。

〔注〕

〔1〕 宋闵公:庄公子,名捷,又作接。闵公又作湣公,又作愍公,又叫宋敏。见徐干《中论》《法象》、梁玉绳《汉书人表考》卷八。长万:南宫长万,南宫氏,亦称南宫万,又叫宋万。宋卿。见《左传》庄公十一年、十二年,《史记》《宋世家》及《集解》。

〔2〕 万与鲁战,师败,为鲁所获:鲁庄公十年夏六月,齐国和宋国的军队侵犯鲁国,宋国的军队为鲁庄公败于乘丘,南宫长万被俘获。见《左传》庄公十年、十一年、《史记》《宋世家》。

〔3〕 数月,归之宋:据《左传》庄公十一年冬,宋人向鲁国请求,鲁国才把南宫长万放回宋国。万自鲁庄公十年六月被俘,到这时不止数月。

〔4〕 宋闵公博:地点在蒙泽。应从《公羊传》庄公十二年作"与闵公博"。《韩诗外传》卷八作"宋万与闵公博"。《史记》《宋世家》:"湣公与南宫万猎,因博,争行。"博:古博法是两人向棋局对坐。棋局分十二道,两头当中名为水,用棋子十二枚,六白六黑;又用"鱼"两枚,放在"水"中。两人掷采行棋,到即入"水"牵"鱼",每牵一"鱼"得二筹,翻一"鱼"也得二筹。以得六筹为大胜。见《列子》《说符》《释文》及《楚辞》《招魂》洪兴祖《补注》引《古博经》。

〔4〕 妇人:指闵公的妃妾。妇人在侧:《公羊传》庄公十二年、《韩诗外传》卷八均作"妇人皆在侧"。

〔6〕 鲁君:鲁庄公,见本书《杂事》第四《昔者齐桓公与鲁庄公为柯之盟》章注〔1〕。

〔7〕 妬,因言:应从《韩诗外传》卷八、《春秋繁露》《王道》作"妬其言"。

〔8〕 吭:音慷,咽喉。万怒,遂搏闵公,颊齿落于口,绝吭而死:《公羊传》

庄公十二年作"至万怒,搏闵公,绝其脰。"《韩诗外传》卷八、《春秋繁露》《王道》和《公羊传》略同。《史记》《宋世家》则说万"遂以局杀滑公于蒙泽"。《中论》《法象》也说"宋敏碎首于棋局"。

〔9〕 仇牧:宋卿,又作裘牧。见《春秋经》庄公十二年及杜预注、《鹖冠子》《备知》。死:《公羊传》庄公十二年、《韩诗外传》卷八均作"弑"。

〔10〕 门:公宫之门。《史记》《宋世家》说:"大夫仇牧闻之,以兵造公门。"

〔11〕 万臂击仇牧而杀之:《左传》庄公十二年作"批而杀之"。《校勘记》:"案今《说文》作'搣',无'批'字。《玉篇》引《传》正作'搣而杀之'。搣,反手击。《公羊传》、《韩诗外传》卷八均作'万臂搷仇牧,碎其首',一本'臂'作'辟',音婢亦切。臂、辟也应读为搣,作反手击解。"王引之《经义述闻》卷二十四《臂搷》条,"批、辟声之转耳。搷当为杀。"

〔12〕 阖:门扇。

〔13〕 臣:应作"君"。见武井骥《刘向新序纂注》、张国铨《新序校注》。

〔14〕 顾:乃,却。不旋踵:不向后转。指不退却,而勇往直前。

崔杼弑庄公〔1〕,令士大夫盟者皆脱剑而入;言不疾,指不至血〔2〕者死。所杀十人〔3〕。次及晏子,晏子奉桮血,仰天叹〔4〕曰:"恶乎!崔子将为无道,杀其君〔5〕!"盟者皆视之。崔杼谓晏子曰:〔6〕"子与我,我与子分国。子不吾与,吾将杀子:直兵将推之,曲兵将勾之!唯子图之〔7〕!"晏子曰:"婴闻回以利而背其君者,非仁〔8〕也;劫以刃而失其志者,非勇也。《诗》〔9〕云:'恺悌君子,求福不回〔10〕。'婴可谓不回矣〔11〕。直兵推之,曲兵勾之,婴不之回也〔12〕。"崔子舍之。晏子趋出〔13〕,授绥而垂〔14〕。其仆将驰,晏子拊其手〔15〕,曰:"虎豹在山林,其命在庖厨〔16〕。驰不益生,缓不益死〔17〕。"按之成节〔18〕,然后去之。

《诗》〔19〕云："彼已之子〔20〕，舍命不渝。"晏子之谓也。

〔注〕

〔1〕　崔杼弑庄公：见本书《节士》第七《齐崔杼者》章注〔1〕。

〔2〕　言不疾，指不至血：指盟誓不诚心。

〔3〕　所杀十人：《晏子春秋》《内篇》《杂上》作"所杀七人"，《韩诗外传》卷二作"所杀者十余人"。

〔4〕　栖：即杯，《韩诗外传》卷二作"杯"。奉栖血，仰天叹：《吕氏春秋》《知分》作"俛而饮血，仰而呼天"。

〔5〕　将：应删。杀：应作"弑"，以下杀上之意。崔子将为无道，杀其君：《晏子春秋》《内篇》《杂上》作"崔子为无道而弑其君"。

〔6〕　崔杼谓晏子曰：《吕氏春秋》《知分》作"崔杼不说，直兵造胸，句兵鉤颈，谓晏子曰"。

〔7〕　子与我，我与子分国。子不吾与，吾将杀子：直兵将推之，曲兵将勾之！唯子图之：《晏子春秋》《内篇》《杂上》作"子变子言，则齐国吾与子共。子不变子言，戟既在脰，剑既在心，维子图之也！"《吕氏春秋》《知分》和《晏子春秋》略同。

〔8〕　回：《韩诗外传》卷二作"留"。笼络之意。仁：《晏子春秋》作"义"。

〔9〕　《诗》：《诗经》《大雅》《旱麓》。

〔10〕　恺悌：和乐。《诗经》作"岂弟"，《吕氏春秋》《知分》作"凯弟"。回：变易。恺悌君子，求福不回：心情和乐的君子，求福而不变其志节。

〔11〕　婴可谓不回矣：《晏子春秋》《内篇》《杂上》作"今婴且可以回而求福乎？"《韩诗外传》卷二作"婴其可回矣？"

〔12〕　婴不之回也：《晏子春秋》《内篇》《杂上》作"婴不革矣"。《韩诗外传》卷二作"婴不之革也"。

〔13〕　趋出：《韩诗外传》卷二作"起而出"。

〔14〕　授绥而垂：应从毕校《吕氏春秋》《知分》作"援绥而乘"。垂：《晏子春秋》《内篇》《杂上》、《韩诗外传》卷二均作"乘"。绥：用来攀着上车的索子。

〔15〕　拊：通抚。《晏子春秋》《内篇》《杂上》、《吕氏春秋》《知分》、《韩诗外

传》卷二均作"抚"。其手：《吕氏春秋》《知分》作"其仆之手"。

〔16〕 庖：厨。庖厨：合成词，指厨子。虎豹在山林，其命在庖厨：《晏子春秋》《内篇》《杂上》作"麀生于野，命县于厨。"《吕氏春秋》《知分》作"鹿生于山，而命悬于厨。"《韩诗外传》卷二作"麋鹿在山林，其命在庖厨。"

〔17〕 驰不益生，缓不益死：车马快走也不会增加活的可能，慢走也不会增加死的可能。《晏子春秋》《内篇》《杂上》、《吕氏春秋》《知分》均作"疾不必生，徐不必死。"

〔18〕 按之成节：马车上有铃，在轼的叫和，在衡的叫鸾。升车则马动，马动则鸾鸣，鸾鸣则和应。见《大戴礼》《保傅》、《周礼》《夏官》《大御》郑玄注及贾公彦疏。因为慢走，四匹拉车的马步调一致，车子从而也有规律的动着，所以铃声按之自成节奏。《韩诗外传》卷二作"安行成节"。

〔19〕 《诗》：《诗经》《郑风》《羔裘》。

〔20〕 彼己：《诗经》作"彼其"。彼己之子：那男子汉。

　　佛肸以中牟叛〔1〕，置鼎于庭〔2〕，致士大夫〔3〕曰："与我者受邑，不吾与者烹!"大夫皆从之。至于田卑〔4〕，曰："义死不避斧钺之罪，义穷不受轩冕之服〔5〕；无义而生，不仁而富，不如烹!"褰衣将就鼎〔6〕，佛肸脱屦而生之〔7〕。赵氏〔8〕闻其叛也，攻而取之〔9〕。闻田卑不肯与也，求〔10〕而赏之。田卑曰："不可也。一人举而万夫俛首，智者不为也；赏一人以惩万夫，义者不取也。我受赏，使中牟之士怀耻〔11〕，不义。"辞赏从处〔12〕，曰："以行临人〔13〕，不道〔14〕，吾去矣。"遂南之楚。

〔注〕

〔1〕 肸：音喜乙切。佛肸，或作肺肸，或作茀肸，范中行的臣子，中牟的

邑宰。中牟：范中行的封邑，当在今河南省汤阴县西。见《论语》
《阳货》刘宝楠《正义》。何晏《论语集解》引孔安国曰：佛肸"晋大夫
赵简子之邑宰"。则中牟也认为是赵氏的封邑了。佛肸以中牟叛：
《史记》《孔子世家》："赵简子攻范、中行，伐中牟，佛肸畔。"《左传》
哀公五年说赵简子围中牟。则佛肸以中牟叛，应该就在这年了。见
《论语》《阳货》刘宝楠《正义》。《资治通鉴外纪》卷九也认为是周
敬王三十年即这年的事。但《水经注》《渠水》以为是在"赵襄子
时"。宋板《太平御览》卷六百四十五引，"佛肸"上有"田卑处中牟"
五字。

〔2〕　置鼎于庭：《说苑》《立节》作"设禄邑炊鼎"，《太平御览》卷六百三十
三引《说苑》作"置镬于中庭"。

〔3〕　致士大夫：《太平御览》卷六百三十三引《说苑》作"召大夫而盟"。

〔4〕　田卑：《说苑》《立节》作"田基"，下同，说是"城北余子"。《水经注》
作"田英"。《太平御览》卷六百三十三引《说苑》作"田英"，下同。
《汉书》《古今人表》有田果，梁玉绳《汉书人表考》说"疑果为卑字之
讹"。本书铁华馆校宋本注"田卑，中牟之邑人也"。

〔5〕　义死：为守义而死的人。罪：诛罚。《资治通鉴外纪》卷九作"诛"。义
穷：因守义而困穷的人。轩：有遮蔽的车子，大夫以上所坐。冕：大
夫以上所戴的帽子。服：用。轩冕之服：指官位爵禄。义死不避斧
钺之罪，义穷不受轩冕之服：《说苑》《立节》作"义者轩冕在前，非义
弗受，斧钺于后，义死不避"。《太平御览》卷六百三十三引《说苑》作
"义死者不避斧钺之威，义穷者不受轩冕之赐"。

〔6〕　就：《太平御览》卷六百四十五引作"入"。褰衣将就鼎：《说苑》《立
节》作"遂袪衣将入鼎"。《太平御览》卷六百三十三引《说苑》作"乃
褰裳就镬"。

〔7〕　生：应作"止"。佛肸脱屦而止之：佛肸跑得连鞋子也脱落了，是那
样匆忙地来阻止他。《太平御览》卷六百三十三引《说苑》、《资治通
鉴外纪》均作"佛肸止之"。

〔8〕　赵氏：指赵简子。见《说苑》《立节》、《资治通鉴外纪》卷九。

〔9〕　攻而取之：自此以后，中牟即为赵邑。简子死后，中牟又叛，因此本

书《杂事》第四又有《昔者赵之中牟叛》章的故事。

〔10〕 求：召。《太平御览》卷六百三十三引《说苑》作"召"。

〔11〕 怀：应从《太平御览》卷六百四十五引作"皆"。使中牟之士怀耻：《太平御览》卷六百三十三引《说苑》作"则中牟之士尽愧矣"。尽愧：也是"皆耻"之意。

〔12〕 从：应作"徙"。处：上声。徙处：迁居。下文说他"南之楚"和《说苑》《立节》说他"褓负其母南徙于楚"，都是"徙处"的具体表现。

〔13〕 以行临人：因德行而居人头上。

〔14〕 不道：不义。

　　楚太子建以费无极之谮见逐〔1〕，建有子曰胜在外〔2〕，子西召胜使治白，号曰白公〔3〕。胜怨楚逐其父〔4〕，将弑惠王〔5〕及子西，欲得易甲，陈士勒兵以示易甲曰："与我，无患不富贵；不吾与，则此是也。"易甲笑曰："尝〔6〕言吾义矣，吾子忘之乎？立得天下，不义，吾不取也。威吾以兵，不义，吾不从也。今子将弑子之君，而使我从子，非吾前〔7〕义也。子虽告我以利，威我以兵，吾不忍为也。子行子之威，则吾亦得明吾义也〔8〕。逆子以兵，争也；应子以声〔9〕，鄙也。吾闻士立义不争，行死〔10〕不鄙。"拱而待兵，颜色不变也。

〔注〕

〔1〕 太子建：字子木，楚平王太子。见《左传》哀公十六年及杜预注、《国语》《楚语下》韦昭注。费：音祕。费无极：楚大夫，费氏，又作费亡极、费无忌。忌、极声相近。为太子建的少傅。见《史记》《楚世家》及《集解》、《元和姓纂》卷八、钱大昕《二十二史攷异》卷五。楚太子建以费无极之谮见逐：费无忌因不得宠于太子建，要害太子建。楚平王为太子建娶妻于秦，因秦女长得漂亮，费无极劝平王自己娶

了。不久又怂恿平王叫太子建守城父，以便和北方的诸侯往来，从而和晋国争霸。一年之后，又对平王诬捏太子建埋怨平王夺了他的妻室，要在方城外谋反。平王相信了他的坏话，逼得太子建逃亡于宋。见《左传》昭公十九年、二十年。

〔2〕胜：亦叫王孙胜。见《国语》《楚语下》及韦昭注。在外：太子建被费无极诬捏要造反。伍奢为太子建的太傅，因替太子建说话而被楚平王拘捕。平王听了费无极的话，也要杀害伍奢的儿子伍尚、伍员。伍员也逃到宋国，追随着太子建。因宋乱又和太子建逃到郑国。后来晋要灭郑，太子建要替晋国做内应，事泄，为郑所杀。伍员便和太子建的儿子胜逃到吴国去了。见《史记》《伍子胥列传》。

〔3〕子西：见本书《杂事》第一《秦欲伐楚》章注〔2〕。铁华馆校宋本原注："子西，太子建之弟，胜之叔父也。"白：楚边邑，在今河南省邸城县东南。《左传》哀公十六年杜预注："白，楚邑也。汝阴褒信县西南有白亭。"《史记》《楚世家》《正义》："《括地志》云：白亭在豫州褒信东南三十二里。褒信本汉邸县之地。"白公：《史记》《楚世家》《集解》引服虔曰："大夫皆称公。"子西召胜使治白，号曰白公：子西当时做楚国的令尹，想把胜安置于吴楚的边境，为楚国守边，叶公子高谏阻，不听。参阅《左传》哀公十六年。《史记》《楚世家》说："惠王二年，子西召故平王太子建之子胜于吴，以为巢大夫，号曰白公。"《正义》说："巢，今庐州居巢县也。"和这里说"使治白"不同。

〔4〕胜怨楚逐其父：《左传》哀公十六年和《史记》《楚世家》都说胜怨郑杀其父，请子西派兵伐郑，子西答应了但没有派兵。后来晋伐郑，楚国反而叫子西救郑，因而胜才谋反。和这里所说的也不相同。

〔5〕惠王：见本书《杂事》第四《楚惠王食寒菹而得蛭》章注〔1〕。

〔6〕尝：《渚宫旧事》卷二作"常"，"常"上有"吾子"二字。

〔7〕前：原有的。《渚宫旧事》卷二没有"前"字。

〔8〕子行子之威，则吾亦得明吾义也：《渚宫旧事》卷二作"子行其威，吾行其义，不亦可乎？"

〔9〕以声：指以恶声相骂。

〔10〕行死：武井骥《刘向新序纂注》："行死，犹临死也。"

白公胜将弑楚惠王，王出亡[1]，令尹、司马皆死[2]，拔剑而属之[3]于屈庐，曰："子与我，将舍子；子不与我，必[4]杀子。"庐曰[5]："子杀叔父[6]，而求福于庐也，可乎？吾闻知命[7]之士，见利不动，临死不恐。为人臣者，时[8]生则生，时死则死，是谓人臣之礼。故上知天命，下知臣道，其有[9]可劫乎？子胡不推之？"白公胜乃内[10]其剑。

〔注〕

〔1〕 将：《太平御览》卷四百三十八引作"欲"。白公胜将弑惠王，王出亡：惠王六年六月，白公胜作乱。七月，劫惠王，置于高府，石乞劝白公杀惠王，惠王的随从屈固背负着惠王逃到昭王夫人的宫里。见《左传》哀公十六年。

〔2〕 令尹：子西。司马：子期，即公子结，平王子，子西弟，昭王弟，一说昭王兄，为大司马。又作子綦，又叫王子綦。见《史记》《楚世家》、梁玉绳《汉书人表考》卷六。令尹、司马皆死：《左传》哀公十六年："秋七月，杀子西、子期于朝而劫惠王。"

〔3〕 拔剑而属之：《后汉书》《黄琬传》注引，"拔"上有"胜"字。属：音嘱。向。属之：以之指向。

〔4〕 必：《后汉书》《黄琬传》注引、《太平御览》卷四百三十八引均作"将"。

〔5〕 庐曰：应从《后汉书》《黄琬传》注引、《太平御览》卷四百二十一引作"屈庐曰"。

〔6〕 子：其上应补"《诗》有之曰：'莫莫葛藟，施于条枚。恺悌君子，求福不回。'"二十字。《后汉书》《黄琬传》注引、《太平御览》引，及《渚宫旧事》卷二，"子"上都有这二十字，只是有个别的字不同罢了。《诗》：《诗经》《大雅》《旱麓》。莫莫：伸延的样子。葛、藟：蔓生植物。施：蔓延。条：木名，即榗。见王引之《经义述闻》卷五《伐其

条枚》条。枚：干。施于条枚：蔓延于�树的干上。莫莫葛藟,施于
条枚：比喻子孙的昌盛,依靠于先祖的功德。恺悌君子,求福不回。
见本书《义勇》第八《崔杼弑庄公》章注〔11〕。叔父：指子西、子期。
子西、子期都是楚平王的庶子,太子建的庶弟,胜的叔父。子杀叔
父：《后汉书》《黄琬传》注引作"今子杀子叔父"。《渚宫旧事》卷二
作"今子覆国"。

〔7〕　吾闻：《后汉书》《黄琬传》注引、《太平御览》卷四百三十八引均作
"且吾闻之"。知命：即下文的"知天命"。

〔8〕　时：应该。见裴学海《古书虚字集释》。

〔9〕　有：即又。《后汉书》《黄琬传》注引、《资治通鉴外纪》卷九都没有
"有"字。

〔10〕　内：通纳。《后汉书》注引、《太平御览》卷四百二十一引、卷四百三
十八引都作"入"。义同。

　　白公胜既杀令尹、司马〔1〕,欲立王子闾〔2〕以为王,
王子闾不肯。劫之以刃〔3〕,王子闾曰："王孙辅相〔4〕
楚国,匡正〔5〕王室,而后自〔6〕庇焉,闾〔7〕之愿也。今子
假威以暴王室,杀伐以乱国家,吾虽死不子从也。"白公
胜曰："楚国之重,天下无有,天以与子,子何不受也？"
王子闾曰："吾闻辞天下者,非轻其利也,以明其德也。不
为诸侯者,非恶其位也,以洁其行也。今吾见国而忘主,不
仁也。劫白刃而失义,不勇也。子虽告我以利,威我以兵,
吾不为也。"白公彊之,不可,遂杀之〔8〕。叶公高率众诛白
公〔9〕,而反惠王于国。

〔注〕

〔1〕　令尹、司马：见前《白公胜将弑楚惠王》章注〔2〕。

〔2〕　王子闾：即公子启,亦称公子闾,亦称子闾。楚昭王弟,一说昭王

兄。昭王临死时曾以国位相让,五让然后答应。但昭王死后,他还是和子西、子期迎立惠王。见《左传》哀公六年及杜预注、《史记》《楚世家》。《渚宫旧事》卷二作"子闾",下同。

〔3〕 劫之以刃:《墨子》《鲁问》作"斧钺钩要,直兵当心"。

〔4〕 王孙:白公胜是楚平王之孙,王子闾因称他为王孙。辅相:《左传》哀公十六年作"安靖"。《渚宫旧事》卷二作"柏辅"。

〔5〕 匡:正。匡正:合成词,扶正。《太平御览》卷四百三十八引作"扶正"。

〔6〕 后自:应从《太平御览》卷四百三十八引作"后嗣"。

〔7〕 闾:应从《左传》哀公十六年及《渚宫旧事》卷二作"启",因古人自称名而不称字。

〔8〕 遂杀之:《太平御览》卷四百二十一引作"遂缢而杀之"。

〔9〕 叶公高:应作"叶公子高"。叶公高率众诛白公:《后汉书》《皇甫嵩朱俊传论》李贤注引作"叶公子高率楚众诛白公"。《荀子》《非相》也说:"叶公子高入据楚,诛白公。"古书上要就说"叶公",要就说"叶公子高",而没有说"叶公高"的。白公胜得了楚国,不能把府库中的财物兵器分给大家,石乞劝他说:"如果不能分给大家,就不如把它烧掉,不要给别人利用来害我们!"白公又不听。结果叶公攻了进来,把府库中的财物分给了楚国的人民,和楚国的人民一道进攻白公,逼得白公逃到山中自缢而死。白公一说为申鸣所杀,一说死于法室,一说死于浴室。见《吕氏春秋》《分职》、梁玉绳《汉书人表考》卷六。

　　白公之难,楚人有庄善〔1〕者,辞其母将往死之〔2〕。其母曰:"弃其亲而死其君,可谓义乎?"庄善曰:"吾闻事君者,内其禄而外其身〔3〕。今所以养母者,君之禄也。身安得无死乎?"遂辞而行。比至公门〔4〕,三废〔5〕车中。其仆曰:"子惧矣。"曰:"惧。""既惧,何不返〔6〕?"庄善曰:

"惧者，吾私也；死义，吾公也〔7〕。闻〔8〕君子不以私害公。"及公门，刿〔9〕颈而死。君子曰〔10〕："好义乎哉！"

〔注〕

〔1〕 庄善：《太平御览》卷四百二十九引《韩诗外传》作"壮之善"。壮，通庄。庄善又称庄之善，正如介推又称介之推。《汉书》《古今人表》作"严善"，因避汉明帝之讳而改。

〔2〕 将往死之：《韩诗外传》卷一、《渚宫旧事》卷二均作"将死君"。

〔3〕 内：纳之本字，收入。外：捨弃。内其禄而外其身：收了人君所给的俸禄就得为人君捨弃他自己的身体。

〔4〕 比：将近。比至公门：《韩诗外传》卷一作"比至朝"。

〔5〕 废：失，指失轼。古人乘车，站立车上，用手扶轼，叫做凭轼。失轼则手扶轼扶不住，而跌倒在车中了。

〔6〕 何不返：应从《太平御览》卷四百二十一引作"何不反乎？"卷四百六十九引作"则何不反乎？"都有"乎"字。《韩诗外传》卷一作"何不反也？""返"均作"反"。

〔7〕 死义，吾公也：应从《太平御览》卷四百二十一引及卷四百六十九引作"死君，公义也"。下《齐崔杼弒庄公也》章也有"死君，义也"的句子。《韩诗外传》卷一、《渚宫旧事》卷二"死义"也都作"死君"。

〔8〕 闻：应从《太平御览》卷四百二十一引、卷四百六十九引，和《韩诗外传》卷一作"吾闻"。

〔9〕 刿：《太平御览》卷四百六十九引"刿"上有"遂"字。

〔10〕 君子曰：《韩诗外传》卷一作"君子闻之曰"。

齐崔杼弒庄公也〔1〕，有陈不占者〔2〕，闻君难，将赴之。比去，餐则失匕〔3〕，上车失轼〔4〕。御者曰："怯如是，去有益乎？"不占曰："死君〔5〕，义也；无勇，私也。不以私害公〔6〕。"遂往〔7〕。闻战斗之声，恐骇而死〔8〕。人曰〔9〕："不占可谓仁者之勇也。"

〔注〕

〔1〕 齐崔杼杀庄公也：见本书《节士》第七《齐崔杼者》章注〔1〕。

〔2〕 陈不占：《孟子》《离娄上》赵岐注作"陈不瞻"。有陈不占者：《太平御览》卷四百九十九引《韩诗外传》作"陈不占东观渔者"。

〔3〕 匕：音比，饭勺。餐则失匕：《文选》《长笛赋》李善注，《太平御览》卷四百一十八、卷四百九十九等引《韩诗外传》均作"食则失哺"。

〔4〕 失轼：见上《白公之难》章注〔5〕。

〔5〕 死君：《文选》《长笛赋》李善注引《韩诗外传》作"死君之难"。

〔6〕 不以私害公：《资治通鉴外纪》卷七作"君子不以私害义"。

〔7〕 遂往：《文选》《长笛赋》李善注引《韩诗外传》作"遂驱车而奔之"。

〔8〕 闻战斗之声，恐骇而死：《太平御览》卷四百一十八引《韩诗外传》作"比至公门外，闻钟鼓战斗之声，遂骇而死"。《孟子》《离娄上》赵岐注作"闻金鼓之声，失气而死。"

〔9〕 人曰：应作"君子曰"。因本书中的评语都作"君子曰"、或"君子闻之曰"，这里不应例外。人曰："不占可谓仁者之勇也"：《太平御览》卷四百九十九引《韩非外传》作"君子闻之曰：'陈不占可谓志士矣。无勇而能行义，天下鲜矣！'"

　　知伯瑶〔1〕之时，有士曰长儿子鱼〔2〕，绝知伯而去之。三年，将东之越〔3〕，而道闻知伯瑶之见杀〔4〕也，谓御曰："还车反，吾将死之。"御曰："夫子绝知伯而去之，三年矣；今反死之，是绝属无别也。"长儿子鱼曰："不然。吾闻仁者无余爱，忠臣无余禄〔5〕。吾闻知伯之死而动吾心，余禄之加于我者，至今尚存，吾将往依之。"反而死〔6〕。

〔注〕

〔1〕 知伯瑶：即知襄子荀瑶，晋卿。知又作智，瑶又作摇。见《史记》《晋世家》及《索隐》、梁玉绳《汉书人表考》卷七。瑶，这里作瑶，古属宵部；瑶，古属幽部；韵母相近。

〔2〕　长儿子鱼：人名。

〔3〕　越：《太平御览》卷四百一十八引作"鲁"。

〔4〕　知伯嚣之见杀：知伯问赵襄子要土地，赵襄子不给。知伯联合韩、康子魏桓子围攻赵襄子于晋阳，久攻不下。周定王十六年，赵襄子派张孟谈暗中联合韩康子、魏桓子，进攻知伯，把知伯杀了，共分其地。见《史记》《六国表》、《晋世家》、《赵世家》。

〔5〕　仁者无余爱：指别人对仁者有所爱，仁者必报，没有余爱不报的。忠臣无余禄：指人君对忠臣给了俸禄，忠臣必报，没有余禄不报的。

〔6〕　反而死：《太平御览》卷四百一十八引作"遂反而死之"。

卫懿公有臣曰弘演〔1〕，远使未还。狄人攻卫〔2〕，其民曰〔3〕："君之所与禄位者，鹤也；所富者，宫人也〔4〕。君使宫人与鹤战，余焉能战〔5〕？"遂溃而去〔6〕。狄人追及懿公于荥泽〔7〕，杀之，尽食其肉，独舍其肝。弘演至，报使〔8〕于肝，毕〔9〕，呼天而号，尽哀而止，曰："臣请为表〔10〕！"因自刺其腹，内懿公之肝而死〔11〕。齐桓公闻之，曰："卫之亡也以无道，今有臣若此，不可不存。"于是救卫于楚丘〔12〕。

〔注〕

〔1〕　卫懿公：名赤，卫惠公之子。见《史记》《十二诸侯年表》、《卫世家》。《论衡》《儒增》作卫哀公。弘演：《淮南子》《缪称》作宏演，《汉书》《古今人表》作弘毚。弘，氏。见《广韵》《登》部注。

〔2〕　狄：北方种族名。《吕氏春秋》《忠廉》、贾谊《新书》《春秋》、《史记》《卫世家》均作翟。狄人攻卫：《左传》闵公二年："冬，十二月，狄人伐卫。"

〔3〕　其民曰：《左传》闵公二年作"国人受甲者，皆曰"。贾谊《新书》《春秋》作"寇挟城堞矣，卫君垂泣而拜其臣民曰：'寇迫矣，士民其勉之！'士民曰"。《韩诗外传》卷七作"其民皆曰"。

〔4〕 宫人：指宫中的倡优。君之所与禄位者,鹤也；所富者,宫人也；卫懿公淫乐奢侈,加重了人民赋税的重担,喜爱鹤和倡优,看不起他的大臣；鹤有乘轩的。见贾谊《新书》。

〔5〕 君使宫人与鹤战,余焉能战：贾谊《新书》《春秋》作"君亦使君之贵优,将君之爱鹤,以为君战矣！我侪弃人也,安能守战？"

〔6〕 遂溃而去：贾谊《新书》《春秋》作"乃溃门而出走"。《韩诗外传》卷七作"遂溃而皆去"。

〔7〕 荣：应作"荧"。见王念孙《读书杂志》三《汉书》第一《荥阳》条。狄人追及懿公于荥泽：《左传》闵公二年作"及狄人,战于荧泽"。杜预注："此荧泽当在河北。"《吕氏春秋》《忠廉》作"翟人至,及懿公于荣泽"。《韩诗外传》卷七作"狄人至,攻懿公于荥泽"。沈钦韩《左传地名补注》卷二根据《水经注》、《尚书》《禹贡》、《元和郡县志》等说："历考诸书,从无言荧在河北者,盖懿公帅师迎敌,师望风而遁,至河南,狄人追及荥泽,乃尽覆之也。"

〔8〕 报使：回报执行使命的情况。《论衡》《儒增》作"致命"。

〔9〕 毕：《韩诗外传》卷七作"辞毕"。

〔10〕 臣请为表：《三国志》《陈矫传》裴松之注引作"君为其内,臣为其外"。

〔11〕 刺：应从《三国志》《陈矫传》注引作"刳",音枯,剖。内：通纳,放进。因自刺其腹,内懿公之肝而死：《韩诗外传》卷七作"于是遂自刳出腹实,内懿公之肝乃死。"《论衡》《儒增》作"引力自刳其腹,尽出其腹实,乃内哀公之肝而死。"

〔12〕 楚丘：在今河南省滑县东。于是救卫于楚丘：应从《吕氏春秋》《忠廉》及《韩诗外传》卷七作"于是复立卫于楚丘。"齐桓公二十八年春,率领诸侯筑城于楚丘,让卫国重新在这里立国。见《左传》闵公二年、僖公二年,《史记》《十二诸侯年表》、《齐世家》、《卫世家》。

芊尹文〔1〕者,荆之欧鹿彘者〔2〕也。司马子期猎于云梦〔3〕,载旗之长拖地〔4〕。芊尹文拔剑齐诸轸〔5〕而断之。贰车抽弓于帐〔6〕，援矢于箙〔7〕，引而未发也。司马子期伏轼而问曰："吾有罪于夫子乎？"对曰："臣以君旗拽地故也。国〔8〕君之旗齐于轸，大夫之旗齐于轼。今子荆国有名大夫而灭三等，文之断也，不亦可乎？"子期悦，载之王〔9〕所。王曰："吾闻有断子之旗者，其人安在？吾将杀之。"子期以文之言告，王悦〔10〕，使文为江南〔11〕令而大治。

〔注〕

〔1〕 芊：音千。芊尹文：应从《渚宫旧事》卷二作"芊尹文"。《汉书》《古今人表》也有芊尹文。颜师古注："芊，音于具反。"芊尹，氏。

〔2〕 欧：同敺、驱。欧鹿麤者：放鹿、豬的人。

〔3〕 司马子期：见本书《义勇》第八《白公胜将弑楚惠王》章注〔2〕。云梦：古时候云梦是很大的湖泽，分跨今湖北省大江南北，面积广九百里。

〔4〕 载旗：车上悬旗。载旗之长拖地：指旗的游缨拖地。见《左传》昭公七年杜预注。

〔5〕 轸：《渚宫旧事》卷二作"角"。下文"大夫之旗齐于轼"，轼，《渚宫旧事》卷二亦作"角"。角，通较；《北堂书钞》卷一百二十引本书正作"较"。《周礼》《冬官》《考工记》《舆人》贾公彦疏引《礼纬》也说："诸侯旗齐轸，大夫齐较。"子期既是大夫而不是诸侯，则这里的"轸"也应作"较"了。车底的方框为轸。轸上周尺三尺三寸为轼，五尺五寸为较。较为车旁两輢上端的两条横木。下离地周尺九尺五寸。见戴震《考工记图》卷上、《周礼》《冬官》《考工记》《舆人》孙诒让《正义》。

〔6〕 贰车：副车。指子期的从猎者。帐：音丑亮切，弓袋。

〔7〕 箙：音勇，箭袋。

〔8〕 国 应从《北堂书钞》卷一百二十引及《渚宫旧事》卷二在"国"上补"臣闻之，王者之旗拽于地"十字，因下文有"灭三等"的话。

〔9〕 王：楚昭王。见本书《节士》第七《申包胥者》章注〔3〕。

〔10〕 子期以文之言告，王悦：《渚宫旧事》作"对曰：'臣固将谒之。彼鞭朴之使，而敢断臣之旗，勇也；臣问之而服臣以法，智也。勇且智，臣愿君王用之！'昭王曰：'善。'"谒之：使他谒见于王。鞭朴：鞭打，指放牧鹿、豕。使：通吏。

〔11〕 江南：见本书《善谋》第十《汉王既用滕公、萧何之言》章注〔16〕。

卞庄子〔1〕好勇，养母，战而三北〔2〕，交游非之，国君辱之〔3〕。及母死三年，冬，与鲁战〔4〕，卞庄子〔5〕请从。见于鲁将军，曰："初与母处，是以三北。今母死，请塞责，而神有所归。"遂赴敌〔6〕，获一甲首而献之，曰："此塞〔7〕一北。"又入，获一甲首而献之，曰："此塞再北。"又入，获一甲首而献之，曰："此塞三北。"将军曰："毋没尔家〔8〕！宜止之！请为兄弟！"庄子曰："三〔9〕北以养母也，是子道也。今士节小具而塞责矣。吾闻之，节士不以辱生。"遂反敌，杀十人而死〔10〕。君子曰〔11〕："三北又塞责，灭世断家，于孝不终也〔12〕。"

〔注〕

〔1〕 卞庄子：鲁卞邑大夫，又称馆庄子，或作管庄子。庄子是其字。《汉书》《古今人表》避明帝讳改庄为严。见梁玉绳《汉书人表考》卷三。

〔2〕 养母，战而三北：《韩诗外传》卷十作"母无恙时，三战而三北"。

〔3〕 国君辱之："之"下《后汉书》《班固传》李贤注引有"庄子受命，颜色不变"八字。《韩诗外传》卷十同，但"庄子"作卞庄子。命：指别人对自己带有侮辱性的称谓。

〔4〕 冬，与鲁战：应从《后汉书》《班固传》注引、《崔骃传》注引作"齐与鲁战"。

〔5〕 卞庄子：《后汉书》《班固传》注引、《崔骃传》注引均作"庄子"。

〔6〕　遂赴敌：《后汉书》《班固传》注引、《崔骃传》注引均作"遂赴敌
　　　而斗"。《韩诗外传》卷十"敌"下也有"而斗"二字。

〔7〕　此塞：《韩诗外传》卷十"此"上有"请以"二字，下同。

〔8〕　家：应作"宗"。

〔9〕　三：《后汉书》《班固传》注引、《崔骃传》注引，"三"上都有"夫"字。

〔10〕　遂反敌，杀十人而死：《韩诗外传》卷十作"遂奔敌，杀七十人而死。"

〔11〕　君子曰：《韩诗外传》卷十作"君子闻之曰"。

〔12〕　又：应作"已"。家：应作"宗"。不：应作"未"。三北又塞责，灭世断
　　　家，于孝不终也：《后汉书》《崔骃传》注引作"三北已塞，灭世断宗，
　　　于孝未终也。"《韩诗外传》卷十作"三北已塞责，又灭世断宗，士节
　　　小具矣，而于孝未终也。"

善　谋　第　九

　　齐桓公时,江国、黄国[1]小国也,在江、淮之间,近楚。楚,大国也,数侵伐,欲灭取之。江人、黄人患楚。齐桓公方存亡继绝,救危扶倾,尊周室,攘夷狄[2],为阳毂之会,贯泽之盟,与诸侯将伐楚[3]。江人、黄人慕桓公之义,来会盟于贯泽。管仲曰:"江、黄远齐而近楚;楚,为利之国也;若伐而不能救,无以宗诸侯,不可受也。"桓公不听,遂与之盟。管仲死,楚人伐江灭黄[4],桓公不能救,君子闵之[5]。是后桓公信坏德衰,诸侯不附,遂陵迟不能复兴。夫仁智之谋,即事有渐[6],力所不能救,未可以受其质[7]。桓公受之,过也。管仲可谓善谋矣。《诗》[8]云:"曾是莫听,大命以倾[9]。"此之谓也。

〔注〕

〔1〕　江国:地在今河南省息县西南。黄国:在今河南省潢川县西。

〔2〕　存亡继绝,救危扶倾,尊周室,攘夷狄:见本书《杂事》第四《昔者齐桓公与鲁庄公为柯之盟》章注〔12〕〔13〕〔14〕〔15〕。

〔3〕　为阳毂之会,贯泽之盟,与诸侯将伐楚:见本书《杂事》第四〈昔者齐桓公与鲁庄公为柯之盟》章注〔9〕〔10〕〔12〕。

〔4〕　管仲死:在齐桓公四十一年。见《史记》《齐世家》。即鲁僖公十五年。但楚灭黄,在鲁僖公十二年。见鲁僖公十二年《春秋经》。时间上有矛盾。参阅毛奇龄《春秋传》僖公十二年。

〔5〕 君子闵之：君子悲闵齐桓公不听管仲的劝告，轻率地接受了两国的会盟，后来果然不能负起"霸主"应负的保护盟国的责任，招致了政治威信大大的破产。

〔6〕 即事有渐：碰着了事情而知道它的发展。

〔7〕 质：通贽，音至，所执的用来作礼物的玉器。《左传》庄公二十四年："男贽，大者玉帛。"杜预注："公侯伯子男执玉"。在这里，专指一国向另一国表示依附时所送的礼物。

〔8〕 《诗》：《诗经》《大雅》《荡》。

〔9〕 大命：即天命。参阅本书《刺奢》第六《桀作瑶台》章注〔9〕。大命以倾：为王为霸的政治事业因而完结了。古时统治者宣传他们的统治权是"上天"授予的，所谓"受命自天"，"天降大命"，故"大命"即指统治者的事业。

晋文公之时，周襄王有弟太叔之难，出亡，居于郑，不得入，使告难于鲁、于晋、于秦〔1〕。其明年春〔2〕，秦伯师〔3〕于河上，将纳王。狐偃言于晋文公〔4〕曰："求诸侯〔5〕，莫如勤王，且大义也，诸侯信之。继文〔6〕之业，而信宣于诸侯，今为可矣。"卜偃〔7〕卜之曰："吉，遇黄帝战于阪泉之兆〔8〕。"公曰："吾不堪〔9〕也。"对曰："周礼未改，今之王，古之帝也〔10〕。"公曰："筮之。"筮之，遇大有之睽〔11〕，曰："吉，遇公用享于天子〔12〕之卦。战克而王享〔13〕，吉孰大焉？且是卦也，天为泽以当日，天子降心以迎公〔14〕，不亦可乎？大有去睽而复，亦其所也〔15〕。"晋侯辞秦师而下，三月〔16〕甲辰，次于阳樊〔17〕，右师围温，左师逆王。夏四月丁巳，王入于王城，取太叔于温而杀之于隰城〔18〕。戊午，晋侯朝王，王享醴〔19〕，命之侑〔20〕，予之阳樊、温、原、攒茅之田〔21〕,晋于是始开南阳之地〔22〕。其后三年,文公遂再会诸侯以朝天子〔23〕,天子锡之弓矢秬鬯,以为方伯〔24〕。《晋文公之命》是也〔25〕。卒成霸道〔26〕,狐偃之谋也。夫秦、鲁皆疑,晋有狐偃之善谋,以成霸功。故谋得于帷幄,则功施于天下,狐偃之谓也。

〔注〕

〔1〕 周襄王有弟太叔之难……使告难于鲁、于晋、于秦:周襄王的母亲早死,后母叫惠后,惠后生叔带。叔带有宠于惠王,惠王想立叔带为太子。来不及立,惠王便死了。襄王三年,叔带和戎、狄谋攻襄王。襄王想杀叔带,叔带逃到齐国。襄王十四年,叔带从齐国回来。回来后又和襄王之后狄隗私通。襄王十六年,王废狄后,叔带便勾结狄人攻周,襄王逃到郑国,郑给王居于氾。襄王叫简师父告急于晋,叫左鄢父告急于秦。见《左传》僖公十二年、二十二年、二十四年,《史记》《周本纪》《十二诸侯年表》。周襄王:名郑,惠王子。见《史记》《周本纪》。太叔:也叫王子带、太叔带、叔带、昭公、廿昭公、昭叔。见梁玉绳《汉书人表考》卷九。

〔2〕 其明年春:周襄王十七年春。

〔3〕 秦伯:秦穆公。师:驻军。《史记》《晋世家》作“军”。

〔4〕 狐偃:见本书《杂事》第五《吕子曰》章注〔10〕。《国语》《晋语》四作“子犯”,《吕氏春秋》《不广》作“咎犯”。《史记》《晋世家》作“赵衰”。

〔5〕 求诸侯:《史记》《晋世家》作“求霸”。

〔6〕 文:晋文侯,名仇,穆侯子,曾辅助周平王东迁。

〔7〕 卜偃:即郭偃,也叫高偃、郤偃,晋掌管占卜的大夫。见《汉书人表考》卷四。

〔8〕 阪泉:在今河北省涿鹿县东。遇黄帝战于阪泉之兆:《左传》僖公二十五年杜预注:“黄帝与神农之后姜氏战于阪泉之野,胜之;今得其兆,故以为吉。”

〔9〕 不堪:《左传》僖公二十五年杜预注:“文公自以己当此兆,故曰

不堪。"

〔10〕 礼:在这里借代所承受的天命。周礼未改,今之王,古之帝也:《左传》僖公二十五年杜预注:"言周德虽衰,其命未改,今之周王,自当帝兆,不谓晋。"

〔11〕 大有:卦名,其形为☲,下为乾卦,上为离卦。之:至,指变到。睽:枯圭切,卦名,其形为☲,下为兑卦,上为离卦。这里的乾离兑都是八卦中的卦名。八卦互相配合,可得六十四卦。大有、睽都是六十四卦中的卦名。自然,六十四卦中也有乾卦、离卦、兑卦。大有之睽:《左传》僖公二十五年杜预注:"大有九三变而为睽。"卦爻阳为九,阴为六,由下面数起,大有第一爻称初九,第二爻称九二,第三爻称九三,第四爻称九四,第五爻称六五,第六爻称上九。因大有到九三其爻变为六三,则卦体便变为睽了。

〔12〕 用:而,通能。享:《易经》《大有》作"亨"。借为飨。《周礼》《秋官》《大行人》郑玄注:"飨,设盛礼以饮宾也。"公用享于天子:《左传》僖公二十五年杜预注:"大有九三爻辞也。三为三公而得位,变而为兑,兑为说,故能为王所宴飨。"

〔13〕 战克:指黄帝战于阪泉而胜之兆。享:《左传》僖公二十五年作"飨"。下同。王享:指公用享于天子之卦。

〔14〕 天为泽以当日,天子降心以迎公:《左传》僖公二十五年杜预注:"乾为天,兑为泽。乾变为兑,而上当离,离为日。日之在天,垂曜在泽;天子在上,说心在下,是降心逆公之象。"

〔15〕 大有去睽而复,亦其所也:《左传》僖公二十五年杜预注:"言去睽卦,还论大有,亦有天子降心之象。乾尊离卑,降尊下卑,亦其义也。"降尊下卑:指降乾于离下。

〔16〕 三月:夏历三月。《左传》昭公元年孔颖达疏:"殷、周虽改正朔,常以夏正为言。"

〔17〕 次:军队驻扎。阳樊:《史记》《晋世家》《集解》引服虔曰:"阳樊,周地阳邑名也,樊仲山之所居,故曰阳樊"。《水经》《济水注》:"溴水又东南迳阳城东,与南源合,水出阳城南溪。阳,亦樊也,一曰阳樊。《国语》曰:'王以阳樊赐晋,阳人不服,文公围之。仓葛曰:阳有夏、

商之嗣典，樊仲之官守焉。'"地在今河南省济源县东南三十八里。
参阅江永《春秋地理考实》隐公十一年。次于阳樊：《史记》《晋世家》
作"晋乃发兵至阳樊"。

〔18〕　温：故城在今河南省温县西南。王城：即洛邑，故城在今河南洛阳
西。隰城：地在今河南省武陟县西南十五里。参阅江永《春秋地理
考实》。右师围温……取太叔于温而杀之于隰城：《国语》《晋语》四
说：晋文公"二年春，公以二军下，次于阳樊。右师取昭叔于温，杀
之于隰城。左师迎王于郑，王入于成周，遂定之于郏。"杀昭叔是在
这年四月。见《史记》《晋世家》。

〔19〕　享醴：宴飨文公以醴。

〔20〕　命：《小尔雅》《广言》："命，予也。"赐给之意。侑：音右，即《仪礼》
《聘礼》中的"侑币"。《左传》僖公二十五年作"宥"，音义同。沈钦
韩《春秋左氏传补注》卷二："宥与侑同，此当飨食之节也。《鹿鸣》
笺云：'饮之而有币，酬币也。食之而有币，侑币也。'"命之侑：《国
语》《晋语》四作"命公胙侑"。注："侑，侑币。谓既食，以束帛侑公。"
侑作动词用作"劝"解，作名词用作"侑币"解。

〔21〕　原：故地在今河南省济源县西北。攒：应从卢文弨《群书拾补》校作
"欑"，音才官切。欑茅：故地在今河南省修武县北。予之阳樊、温、
原、欑茅之田：《国语》《晋语》四作"赐公南阳，阳樊、温、原、州、陉、
絺组、攒茅之田"。韦昭注："八邑，南阳地。"

〔22〕　南阳之地：指阳樊、温、原、攒茅之地。《左传》僖公二十五年杜预注：
"在晋山南河北，故曰南阳。"

〔23〕　其后三年，文公遂再会诸侯以朝天子：晋文公五年，即鲁僖公二十
八年，五月癸丑，晋文公会鲁、齐、宋、蔡、郑、莒，盟于践土，陈也来
会。晋文公和诸侯朝见周襄王于践土。冬，又会鲁、齐、宋、蔡、郑、
陈、莒、邾、秦于温。温即河阳。壬申，文公朝王。见《春秋经》及
《穀梁传》僖公二十八年。

〔24〕　秬：音巨，黑黍。鬯：音丑亮切，用来奉神的香酒。秬鬯：黑黍酿的。
伯：见本书《善谋》第十《高皇帝五年》章注〔11〕。以为方伯：以之为
一方之伯。天子锡之弓矢秬鬯，以为方伯：《左传》僖公二十八年：

五月，"王命尹氏及王子虎、内史叔兴父，策命晋侯为侯伯，赐之大辂之服、戎辂之服，彤弓一，彤矢百，玈弓矢千，秬鬯一卣，虎贲三百人。"《史记》和《左传》畧同，但"为侯伯"作"为伯"，《金楼子》《说蕃》亦作"为伯"。

〔25〕《晋文公之命》是也：《史记》《晋世家》："周作《晋文侯命》。"《索隐》："《尚书》《文侯之命》，是平王命晋文侯仇之语，今此乃是襄王命文公重耳之事，代数悬隔，勋策全乖。"张国铨《新序校注》："史迁盖本孔安国古文说，刘向所引书多今文说，则今古文均以王为襄王，文侯为重耳。而伪孔《书序》云：'平王锡晋文侯秬鬯圭瓒，作《文侯之命》'，则以王为平王，文侯为仇矣。孙星衍曰：'《书序》《释文》云马融本无"平"字'，是也。若是平王，史公、刘向等必不以为晋文侯事。"

〔26〕霸道：意即下文及本书《杂事》第四《晋文公伐原》章的"霸功"。

虞、虢〔1〕皆小国也。虞有夏阳之阻塞〔2〕，虞、虢共守之，晋不能禽也。故晋献公〔3〕欲伐虞、虢，荀息〔4〕曰："君胡不以屈产之乘〔5〕，与垂棘之璧〔6〕，假道于虞〔7〕？"公曰："此晋国之宝也〔8〕。彼受吾璧〔9〕，不借吾道，则如之何？"荀息曰："此小〔10〕之所以事大国也。彼不借吾道，必不敢受吾币。受吾币而借吾道，则是我取之中府，置之外府；取之中廐，置之外廐。"公曰："宫之奇〔11〕存焉，必不使受也。"荀息曰："宫之奇知固知矣；虽然，其为人也，通心〔12〕而懦，又少长于君〔13〕。通心则其言之略〔14〕，懦则不能强谏；少长于君，则君轻之。且夫玩好在耳目之前，而患在一国之后〔15〕，中知以上，乃能虑之。臣料虞君，中知以〔16〕下也。"公遂借道而伐虢，宫之奇谏曰："晋之使者，其币重，其辞卑，必不便于虞。语曰：'唇亡则齿寒矣〔17〕。'

故虞、虢之相救，非相为赐〔18〕也。今日亡虢，而明日亡虞矣。"公不听，遂受其币而借之道。旋归四年，反取虞〔19〕。荀息牵马抱璧而前曰："臣之谋如何〔20〕？"献公曰〔21〕："璧则犹是，而吾马之齿加长矣〔22〕。"晋献公用荀息之谋而禽虞，虞不用宫之奇谋而亡。故荀息非霸王之佐，战国兼并之臣也。若宫之奇则可谓忠臣之谋也。

〔注〕

〔1〕 虞：国名，在今山西省平陆县东北，周武王胜殷之后封虞仲于此。参阅江永《春秋地理考实》桓公十六年。虢：国名，即北虢，在今山西省平陆县境。《史记》《晋世家》《集解》引贾逵曰："虞在晋南，虢在虞南。"《公羊传》僖公二年"虢"均作"郭"。

〔2〕 夏阳：《春秋经》、《左传》僖公二年作"下阳"。杜预注："下阳，虢邑，在河东大阳县。"《路史》《国名纪》戊《北虢》注："按陕、平陆，皆汉之大阳地。"《穀梁传》僖公二年："夏阳者，虞、虢之塞邑也。"范甯《集解》："其地险要，故二国以为塞邑。"下、夏同音通假。下阳在今山西省平陆县东北。阻塞：险塞。塞：去声。

〔3〕 晋献公：名佹诸，一作诡诸，武公子。见梁玉绳《汉书人表考》卷八。

〔4〕 荀息：又叫荀叔。见《左传》僖公九年。

〔5〕 乘：去声，四匹马。屈产之乘：《孟子》《万章上》赵岐注、《公羊传》僖公二年何休注都以"屈产"为地名，梁履绳《左通补释》五根据《左传》僖公十五年、哀公二十三年和乘或马有关的产字的用法，认为"产断不可为地名"。可信。《吕氏春秋》《权勋》高诱注："屈产之乘，屈邑所生，四马曰乘，今河东北屈骏马者是也。"阎若璩《四书释地》："余谓今山西吉州是。"

〔6〕 垂棘：晋地，出美玉。见《左传》僖公二年，成公五年杜预注。璧：圆块的玉，中有圆孔，孔的直径，为全璧直径的三分之一。《公羊传》僖公二年作"白璧"。

〔7〕 假道于虞：《太平寰宇记》卷四十六《河东道》七《解州》："中条山在

县(安邑县)南二十里,其山西连华岳,东接太行,山有路名曰虞坂。周武王封吴太伯之弟仲雍之后虞仲于夏墟,因虞为称,谓之虞坂。昔骐骥驾盐车,即此坂也。《春秋》僖公二年,晋荀息请以屈产之乘,垂棘之璧,假道于虞以伐虢,即此路也。"又《蒲州》:"虞坂一名吴坂,在虞城北十三里。"沈钦韩《左传地名补注》三:"《一统志》:吴山在解州安邑县东南三十二里,跨夏县平陆县界,一名虞山,一名虞阪,晋假道于虞,即此路。《纪要》(《方舆纪要》)云:中条山之支阜也。"

〔8〕 此晋国之宝也:《左传》僖公二年作"是吾宝也"。《韩非子》《十过》作"垂棘之璧,吾先君之宝也;屈产之乘,寡人之骏马也。"《吕氏春秋》《权勋》略同《韩非子》。

〔9〕 受吾璧:璧不包括"屈产之乘",应作"受吾币",下文皆作"受吾币"。彼受吾璧:《穀梁传》僖公二年作"如受吾币",《韩非子》《十过》、《吕氏春秋》《权勋》均作"若受吾币",可证。币:指玉、马、皮、帛等聘物。

〔10〕 此小:应从《穀梁传》僖公二年作"此小国"。范宁《集解》:"此,谓璧马之属。"

〔11〕 宫之奇:虞大夫,陕州人,宫氏。宫原为国名,以国为氏。见《史记》《晋世家》、《广韵》《东》部注、《路史》《国名纪》戊下、《太平寰宇记》卷六《河南道》六《陕州》。

〔12〕 通心:胸怀豁达。《穀梁传》僖公二年作"达心"。

〔13〕 少长于君:从小长养在宫中。

〔14〕 通心则其言之略:胸怀豁达的人,只知大道,不拘小节,因此话说得不够详尽。

〔15〕 且夫玩好在耳目之前,而患在一国之后:张国铨《新序校注》:王引之曰:"'之后'二字衍文,盖后人增之,不可通。此论地之大小,非论时之远近。'铨案《文选》《养生论》注引《穀梁》亦有'之后'二字。患在一国之后,谓虢亡而后乃虞也。耽耳目之前之玩好,则不计及后患矣。文义甚明,王说非。"

〔16〕 以:铁华馆校宋本、《四部丛刊》本、明程荣校本作"之",今从湖北崇文书局刊本作"以",《穀梁传》僖公二年亦作"以"。

〔17〕 语曰："唇亡则齿寒矣"；《公羊传》僖公二年作"记曰：'唇亡则齿寒。'《吕氏春秋》《权勋》作"先人有言曰：'唇竭而齿寒。'"

〔18〕 赐：《公羊传》僖公二年何休注："赐犹惠也。"

〔19〕 旋归四年，反取虞：鲁僖公二年即晋献公十九年，夏，晋国和虞国的军队攻伐虢国，攻佔了虢国的下阳要塞。鲁僖公五年，即在伐虢回来后的第四年，即晋献公二十二年，晋献公又向虞国借路来进攻虢国，宫之奇谏，虞公不听。冬十二月丙子，晋国吞灭了虢国，军队回来时在虞国驻扎，便乘机袭取了虞国，俘虏了虞公。见《左传》僖公二年、五年，《史记》《晋世家》。

〔20〕 抱：持。荀息牵马抱璧而前曰："臣之谋如何"；《公羊传》僖公二年作"虞公抱宝牵马而至，荀息见曰：'臣之谋何如?'"

〔21〕 献公曰：《韩非子》《十过》作"献公说曰"。《吕氏春秋》《权勋》作"献公喜曰"。《史记》《晋世家》作"献公笑曰"。

〔22〕 长：上声，增长。璧则犹是，而吾马之齿加长矣；《韩非子》《十过》作"璧则犹是也；虽然，马齿亦益长矣。"《史记》《晋世家》作"马则吾马，齿亦老矣。"马齿的数目随着马年龄的增加而增加。

　　晋文公、秦穆公共围郑〔1〕，以其无礼而附于楚〔2〕。郑大夫佚之狐言于郑君曰〔3〕："若使烛之武〔4〕见秦君，围必解。"郑君从之，召烛之武使之，辞曰："臣之壮也，犹不如人；今老矣，无能为也。"郑君曰："吾不能蚤用子，今急而求子，是寡人之过也。然郑亡，子亦有不利焉。"烛之武许诺。夜出，见秦君〔5〕，曰："秦、晋围郑，郑知亡矣。若亡而有益于君，敢以烦执事？郑在晋之东，秦在晋之西，越晋而取郑，君知其难也。焉用亡郑以陪晋〔6〕？晋，秦之邻也。邻之强，君之忧也。若舍郑以为东道主〔7〕，行李〔8〕之往来，共其资粮，亦〔9〕无所害。且君立晋君，晋君许君焦、瑕，朝得入而夕设版而画界焉[10]，君之所知也。夫晋，何厌之有？既东取郑，又欲广其西境，不阙[11]秦，将焉取之？阙秦而[12]利晋，愿君图之！"秦君说，引兵而还[13]。晋咎犯请击之[14]，文公曰："不可。微夫人之力，不能弊郑。因人之力以弊之，不仁[15]；失其所与[16]，不知；以乱易整[17]，不武，吾其还矣。"亦去郑，围遂解。烛之武可谓善谋，一言存郑而安秦。郑君不蚤用善谋，所以削国也。困而觉焉，所以得存。

〔注〕

〔1〕　晋文公、秦穆公共围郑：《左传》僖公三十年："九月甲午，晋侯、秦伯围郑。"又说："晋军（驻军）函陵，秦军氾南。"

〔2〕　无礼：《左传》僖公三十年作"无礼于晋"。指晋文公流亡经过郑国时，郑文公不加礼接。见《左传》僖公二十三年。附于楚：鲁僖公二十九年夏六月，晋和诸侯会盟于翟泉，谋伐郑。见僖公二十九年《春秋经》、《左传》。孔颖达疏："城濮战前，郑复如楚。虽以楚败之后，畏威来会，晋侯以大义受之，内实怀恨。此会郑人不至，必有背晋之心，故谋伐之也。"

〔3〕　佚：氏。之：佚之狐和下文烛之武的"之"，都是语助词。郑君：郑文公，名接，又作捷，又作踕，厉公子。见梁玉绳《汉书人表考》卷六。《左传》僖公三十年"郑君"作"郑伯"，下同；"曰"下有"国危矣"三字。

〔4〕　烛：氏，以邑为氏。《水经》《洧水注》有烛城，说"即郑大夫烛之武邑也"。烛之武：又称"烛武"。见《后汉书》《张衡传》。

〔5〕　夜出，见秦君：《左传》僖公三十年作"夜缒而出，见秦伯"。下"秦君"亦作"秦伯"。

〔6〕　陪晋：《史记》《晋世家》作"厚晋"。

〔7〕　东道主：因郑国在秦国东，所以烛之武这样说。《史记》《晋世家》作"东道交"。

〔8〕　行李：亦即行理，使臣。《左传》僖公三十年孔颖达疏：“贾逵云：‘理，
　　　　吏也，小行人也。’孔晁注《国语》，其本亦作‘李’字，注云：‘行李，行
　　　　人之官也。’”

〔9〕　亦：《左传》僖公三十年“亦”上有“君”字。

〔10〕　晋君：晋惠公，名夷吾，献公子。见《史记》、《晋世家》。焦、瑕：《左传》
　　　　僖公三十年杜预注：“焦、瑕，晋河外五城之二邑。”焦城在今河南陕
　　　　县南二里。参阅顾栋高《春秋大事表》五及七之三。沈钦韩《左传地
　　　　名补注》四：“《元和志》：焦城在陕州陕县东北百步。《一统志》：瑕城
　　　　在陕州阌乡县西。”得入：得入晋国为君。版：原为筑墙板，这里指板
　　　　筑，筑是杵。板筑：即用板围土，用杵春土以筑墙或城墙。设版：设版
　　　　以筑城。且君立晋君，晋君许君焦、瑕，朝得入而夕设版而画界焉：
　　　　秦穆公九年，秦穆公答应夷吾的请求，派百里奚带领军队护送夷吾
　　　　回国，夷吾答应把河外几座城池送给秦国，但他到了晋国立为晋君
　　　　便背约了。见《史记》《秦本纪》。

〔11〕　阙：顾炎武《左传杜解补正》僖公三十年：“阙，损也。”

〔12〕　而：《左传》僖公三十年作“以”。

〔13〕　引兵而还：《左传》僖公三十年作“与郑人盟，使杞子、逢孙、杨孙戍
　　　　之，乃还。”

〔14〕　咎犯：见本书《杂事》第五《吕子曰》章注〔10〕。击之：击秦。

〔15〕　微夫人之力……不仁：不好讲，因为晋文公原先就是靠和秦国合力
　　　　来围困郑国，原先并没有认为这样做不仁厚。因此应从《左传》僖公
　　　　作“微夫人之力不及此，因人之力而敝之，不仁”。就是说晋文公认
　　　　为自己也靠秦穆公的力量才能立为晋君，有了现在这样的地位，现
　　　　在把秦穆公抛弃，和秦穆公闹翻了，不能算是仁厚。这样才讲得通。

〔16〕　与：与国的与。所与：所相亲相善的人。

〔17〕　乱：不正常的关系，指两国互相攻伐。整：正，正常的关系，指两国
　　　　和平共处。

　　楚灵王〔1〕即位，欲为霸，会诸侯，使椒举如晋求诸
侯〔2〕。椒举致命曰：“寡君使举曰：‘君有惠〔3〕，赐盟于

宋[4],曰:"晋、楚之从,交相见也[5]。"以岁之不易[6],寡人愿结欢于二三君。'使举请间[7]。君若苟无四方之虞[8],则愿假宠以请于诸侯。"晋君欲勿许,司马侯[9]曰:"不可。楚王方侈[10],天其或者欲盈其心[11],以厚其毒而降之罚[12],未可知也。其使能终,亦未可知也。唯天所相[13],不可与争。君其许之,修德以待其归!若归于德,吾犹将事之,况诸侯乎?若适淫虐,楚将弃之,吾谁与争?"公曰:"晋有三不殆,其何敌之有?国险而多马,齐、楚多难[14],有是三者,何向而不济?"对曰:"恃马与险而虞邻之难,是三殆也。四岳、三涂[15],阳城、大室[16],荆山、终南[17],九州[18]之险也,是不一姓[19]。冀之北土,马之所生也[20],无兴国焉。恃险与马,不足以为固也,从古以然。是以先王务德音以享神人[21],不闻其务险与马也。或多难以固其国,开其疆土;或无难以丧其国,失其守宇[22]。若何虞难?齐有仲孙之难而获桓公[23],至今赖之。晋有里克之难而获文公[24],是以为盟主。卫、邢无难,狄亦丧之[25]。故人之难,不可虞也。恃此三者而不修德政,亡于不暇[26],有[27]何能济?君其许之!纣作淫虐,文王惠和,殷是以霣[28],周是以兴。夫岂争诸侯哉?"乃许楚。灵王遂为申之会,与诸侯伐吴[29];起章华之台[30],为乾谿之役[31]。百姓罢劳怨懟[32]于下,群臣倍畔于上[33]。公子弃疾作乱[34],灵王亡逃,卒死于野[35]。故曰:晋不顿一戟而楚人[36]自亡,司马侯之谋也。

〔注〕

〔1〕 楚灵王:共王子,名围,又作回,又名虔。见梁玉绳《汉书人表考》卷九。

〔2〕 使椒举如晋求诸侯:事见《左传》昭公四年春,即楚灵王三年。椒举:又作湫举,即伍举,伍奢父,伍子胥祖父。见《汉书人表考》卷五。

〔3〕 君:指晋平公。君有惠:《左传》昭公四年作"日君有惠",意即往日晋君有恩惠于楚。

〔4〕 赐盟于宋:鲁襄公二十七年,由于宋国的向戌斡旋和平的结果,晋、楚和鲁、蔡、卫、陈、郑、许、曹会盟于宋,晋国让楚国首先歃血为盟。见襄公二十七年《春秋经》及《左传》。

〔5〕 晋、楚之从,交相见也:《左传》襄公二十七年说这次会盟之前,楚令尹子木对向戌说:"请晋、楚之从,交相见也!"杜预注:"使诸侯从晋、楚者,更相朝见。"即叫原先归附于晋国的诸侯也朝见楚国,原先归附于楚国的诸侯也朝见晋国。结果除了秦、齐因为是大国不必朝见晋、楚以外,使其他归附晋、楚的诸侯,更相朝见于晋、楚,晋、楚都同意这样做了。

〔6〕 以岁之不易:因为岁月的不平静,意即多难之秋,国际间的问题很多。

〔7〕 间:音谏,私候,私自探询您的意见。

〔8〕 虞:算度。无四方之虞:《尚书》《毕命》:"四方无虞",孔安国传:"四方无可度之事。"指国家平静无事。

〔9〕 司马侯:晋大夫女叔齐,或称女齐,女或作汝。又叫叔侯,又叫司马女叔侯。见《汉书人表考》卷四。

〔10〕 侈:大。方侈:正在自高自大。

〔11〕 盈其心:使其心志骄满。

〔12〕 厚其毒而降之罚:加深他的罪恶才降给他以惩罚。

〔13〕 唯天所相:只在天所帮助。

〔14〕 齐、楚多难:《左传》昭公四年杜预注:"多篡弑之难。"如鲁襄公二十五年,齐崔杼弑齐庄公;鲁昭公元年,楚令尹围弑楚王郏敖自立;都是昭公四年不久以前所发生的事件。

〔15〕　四岳:东岳泰山,西岳华山,南岳衡山,北岳桓山。三塗:险道名,指
　　　　太行、辕辕、崤渑。太行:指太行陉,在今河南省沁阳县西北。辕
　　　　辕:即辕辕道,在河南省缑氏县东南。崤渑:见本书《善谋》第十《高
　　　　皇帝五年》章注〔36〕。

〔16〕　阳城:山名,在今河南省登封县东北。太室:山名,嵩山的东峯。

〔17〕　荆山:在湖北省南漳县西。终南:山名,横亘陕西省南部。

〔18〕　九州:指天下。古分天下(中国)为九州,《尚书》《禹贡》、《尔雅》《释
　　　　地》、《周礼》《夏官》《职方氏》的分法都不相同。

〔19〕　是不一姓:这些不是一姓所据,而也会被别姓所占。《左传》昭公四
　　　　年杜预注:"虽是天下至险,无德则灭亡。"

〔20〕　冀之北土,马之所生也:冀州之北,即塞外。《山海经》《北山经》说
　　　　北岳之山以北几百里的"罴差之山"、"北鲜之山"、"隄山"多马。郝
　　　　懿行《笺疏》:"案《左传》云:'冀之北土,马之所生。'故此三山并云
　　　　多马,今名马多出西北也。"洪亮吉《春秋左传诂》卷十五:"卢毓《冀
　　　　州记》曰:冀州北接燕、代。后世谓代为马郡。"

〔21〕　德音:道德之教。享:通亨。是以先王务德音以享神人:《左传》昭
　　　　公四年"务"下有"脩"字,"享"作"亨"。杜预注:"亨,通也。"孔颖达
　　　　疏:"言治民事神,使人神通说,故云以亨神人也。"

〔22〕　守:去声,所守土。宇:国土四方的边境。守宇:土宇。

〔23〕　齐有仲孙之难而获桓公:见本书《杂事》第五《管仲傅齐公子纠》章。

〔24〕　里克:《左传》昭公四年作"里、平"。里:里克,甲氏,本作理,又作
　　　　李。亦称里子、里季、里季子。晋大夫。见《国语》《晋语》一及韦昭
　　　　注、《汉书人表考》卷七。平:音普悲切,平郑,亦作邳郑,又叫平郑
　　　　父,平氏。晋大夫。见僖公十一年《春秋经》及 《左传》僖公九年杜
　　　　预注、僖公十年、《史记》《晋世家》、《通志》《氏族略》三。晋有里克之
　　　　难而获文公:鲁僖公九年九月,晋献公死了,里克、平郑想立重耳为
　　　　君,带着三位公子的党羽作乱。冬十月,里克杀了晋君奚齐。鲁僖公
　　　　十一年,又杀了晋君卓子。夷吾答应把河外送给秦国,得到秦穆公
　　　　的武力帮助,回到晋国,立为国君,是为晋惠公。鲁僖公十年,惠公
　　　　背弃对秦诺言,先后杀了里克和平郑。惠公立了十四年以至他的

儿子怀公,都很使秦穆公失望,因此到了鲁僖公二十四年,秦穆公便派军队护送重耳回国,立为晋君,便是文公。见《左传》僖公九年、十年、十四年、十五年、二十二年、二十三年、二十四年,《史记》《秦本纪》。

〔25〕 卫、邢无难,狄亦丧之:"狄"应从《左传》昭公四年作"敌"。杜预注:"闵二年,狄灭卫。僖二十五年,卫灭邢。"狄并没有灭邢。

〔26〕 亡于不暇:武井骥《刘向新序纂注》引太田周曰:"犹言不暇于亡也,倒语。"

〔27〕 有:《左传》昭公四年作"又"。

〔28〕 實:"殒"字的别体,㱼。《左传》昭公四年作"殒"。

〔29〕 申:楚地名,在今河南省南阳市北。鲁昭公四年夏,楚灵王和蔡、陈、郑、许、徐、滕、顿、胡、沈、小邾、宋、淮夷会于申。秋七月,楚灵王和蔡、陈、许、顿、胡、沈、淮夷伐吴。鲁昭公五年冬十月,楚灵王又和蔡、陈、许、顿、沈、徐、越伐吴。见鲁昭公四年、五年《春秋经》及《左传》。

〔30〕 起:《淮南子》《泰族》作"作"。章华之台:据《太平寰宇记》卷一百四十六《山南东道》五《荆州》,章华台在江陵县东三十三里,台形三角。顾栋高《春秋大事表》七之四:"今荆州府监利县北六十里有章华台。"地点大致相同。《左传》昭公七年:"楚子成章华之台。"

〔31〕 为:《淮南子》《泰族》作"发"。乾谿之役:《春秋大事表》:"今江南颍州府亳州东南七十里有乾谿。"鲁昭公十二年冬,楚灵王使荡侯、潘子、司马督、嚣尹、午陵、尹喜带军队围困徐国,威胁吴国,楚灵王驻军乾谿,以为后援。直至第二年春天,楚灵王在乾谿还是乐而忘返。因为游乐而不断征用民力,使得百姓疲敝。见《左传》昭公十二年、《史记》《楚世家》。又《公羊传》昭公十三年和《春秋繁露》《五行相胜》都说楚灵王"作乾谿之台,三年不成。"据此则乾谿之役,在鲁昭公十二年以前便开始了。陆贾《新语》《怀虑》说灵王"作乾谿之台,立百仞之高"。据此也可知其徭役之重。

〔32〕 怼:音队或坠,怨。怨怼:合成词。

〔33〕 群臣倍畔于上:见下注。

〔34〕 公子弃疾:楚灵王弟。蔡并于楚后,为蔡公。即位后是为平王,改
名为居。见《左传》昭公十一年、《汉书人表考》卷九。公子弃疾作
乱:鲁昭公十三年,蔡人拥护蔡公即公子弃疾召公子比、公子黑肱
结盟于邓。以容许复国的条件借助陈人、蔡人的力量。于是公子
比、公子黑肱、公子弃疾、蔓成然、蔡朝吴带领了陈、蔡、不羹、许、叶
的军队和蓬氏、许围、蔡洧、蔓成然的部属进入郢都。蓬氏、许围、
蔡洧、蔓成然都曾被楚灵王得罪过或欺压过。公子弃疾叫自己的
党羽先入,把楚灵王的太子禄和公子罢敌杀了,立公子比为王,公
子黑肱为令尹,弃疾为司马。叫观从到乾谿,告诉楚灵王的军队:
公子比已立为王了,先回来的便恢复他的田邑,后回来的便对他施
行截鼻之刑。灵王带军队回到訾梁,军队便纷纷离开灵王,逃回来
了。见《左传》昭公十三年及杜预注。《史记》《楚世家》所说的和
《左传》有些出入。

〔35〕 灵王亡逃,卒死于野:公子弃疾作乱,另立新君,楚灵王在外,众叛
亲离,彷徨山中,三天才遇见他的一位侍从,向这位侍从要东西吃。
因为害怕新王族诛,侍从也不敢帮他的忙。灵王枕着他的大股睡
了,他给灵王换上一块土块枕着,自己也离开了。灵王醒了以后,
饿到走也走不动。幸而芋尹申亥因为以前父亲犯了法,得到过灵
王的宽大处理,在棘围把灵王找着,把灵王收留。但这年夏五月癸
亥,灵王在申亥家里,终于自缢死了。见《左传》昭公十三年、《国
语》《吴语》。

〔36〕 顿:折。楚人:指灵王。

　　楚平王杀伍子胥之父,子胥出亡〔1〕,挟弓而干阖
闾〔2〕。"大之甚! 勇之〔3〕! "为是而欲兴师伐楚〔4〕。子
胥谏曰:"不可。臣闻之:君子〔5〕不为匹夫兴师。且事君犹
事父也。亏君之义〔6〕,復父之仇,臣不为也。"于是止。蔡
昭公朝于楚〔7〕,有美裘,楚令尹囊瓦〔8〕求之,昭公不予。

于是拘昭公于郢，数年而后归之〔9〕。昭公济汉水，沈璧〔10〕曰："诸侯有伐楚者，寡人请为前列〔11〕！"楚人闻之，怒，于是兴师伐蔡〔12〕。蔡请救于吴〔13〕，子胥谏曰〔14〕："蔡非有罪也，楚人无道也。君若有忧中国之心，则若此〔15〕时可矣。"于是兴师伐楚，遂败楚人于栢举而成霸道〔16〕，子胥之谋也。故《春秋》美而褒之〔17〕。

〔注〕

〔1〕 楚平王杀伍子胥之父，子胥出亡：见本书《杂事》第二《昔者唐虞崇举九贤》章注〔14〕。楚平王：见上《楚灵王即位》章注〔34〕。

〔2〕 弓：古礼，士用卢弓。见《公羊传》定公四年何休注。卢弓即黑弓。干：不按礼制而见。阖闾：见本书《杂事》第二《昔者唐虞崇举九贤》章注〔15〕。挟弓而干阖闾：《穀梁传》定公四年作"挟弓持矢而干阖庐"。至下文"于是止"为止，《吴越春秋》《王僚使公子光传》以为是伍子胥和吴王僚之事，而不是阖闾。和各书传说不同。

〔3〕 "大之甚！勇之"：应作"阖闾曰：'大之甚！勇之甚！'"是阖闾称赞子胥之语。《公羊传》定公四年作"阖庐曰：'士之甚！勇之甚！'""士应为"大"之误。《穀梁传》定公四年作"阖庐曰：'大之甚！勇之甚！'"范甯《集解》："子胥匹夫，乃欲复雠于国君，其孝甚大，其心甚勇。"

〔4〕 为是而欲兴师伐楚：《公羊传》定公四年作"将为之兴师而复雠于楚"。《说苑》《至公》作"为伍子胥兴师，复雠于楚"。

〔5〕 君子：应从《穀梁传》定公四年作"君"，《公羊传》定公四年，《春秋繁露》《王道》，《说苑》《至公》《越绝书》《荆平王内传》、《吴内传》，《吴越春秋》《王僚使公子光传》均作"诸侯"。

〔6〕 亏君之义：陈立《公羊义疏》卷六十九："意谓若为匹夫兴师，不免于乱，是为陷君于不义也。"

〔7〕 蔡：春秋国名，在今河南省新蔡县。参阅江永《春秋地理考实》《王朝列国兴废说》。蔡昭公：即蔡昭侯，悼侯弟，名申。见《春秋经》哀公四年、《史记》《十二诸侯年表》。蔡昭公朝于楚：朝见楚昭王，在

楚昭王七年、蔡昭侯十年。见《史记》《十二诸侯年表》、《管蔡世家》。

〔8〕 襄瓦：字子常，令尹子囊之孙，郤尹光唐之子。见梁玉绳《汉书人表考》卷八。

〔9〕 拘昭公于郢，数年而后归之：蔡昭侯朝楚，带了两件漂亮的皮裘，一件献给楚昭王，一件自己穿。子常看见了昭侯穿的一件，想要，昭侯不给。子常便向昭王说昭侯的坏话，于是昭王便把昭侯扣留了。到第三年昭侯把裘献给子常，子常才叫昭王把昭侯放回。见《史记》《十二诸侯年表》、《管蔡世家》。郢：《公羊传》、《榖梁传》、《越绝书》《吴内传》均作"南郢"。

〔10〕 沈璧：把璧玉投到汉水里，表示向汉水发誓，以璧为见证之物。《左传》僖公二十四年："投其璧于河。"杜预注："质信于河。"昭公济汉水，沈璧：《公羊传》定公四年作"于其归焉，用事乎河"。《榖梁传》定公四年作"归乃用事乎汉"。《越绝书》《吴内传》作"昭公去至河，用事"。用事：行祭祀之事。

〔11〕 前列：先锋。诸侯有伐楚者，寡人请为前列：《左传》定公三年作"余所有济汉而南者，有若大川！"意思是说以后如或再渡汉水而朝楚的话，便有如大川的流水一样一去不回。所：如果。上"有"，或。

〔12〕 于是兴师伐蔡：《公羊传》定公四年作"为是兴师，使襄瓦将而伐蔡"。

〔13〕 蔡请救于吴：《越绝书》《吴内传》作"昭公闻子胥在吴，请救蔡"。

〔14〕 子胥谏曰：应从《榖梁传》定公四年作"子胥曰"。《公羊传》定公四年作"伍子胥复曰"。《越绝书》《吴内传》作"子胥于是报阖庐曰"。

〔15〕 忧：思，关怀。若：此。若此：合成词。《公羊传》定公四年无"此"字。

〔16〕 栢举：亦作柏举，在今湖北省麻城县东北。《公羊传》定公四年作"柏莒"。《榖梁传》定公四年作"伯举"。陈立《公羊义疏》卷六十九："伯柏、莒举音义通。"霸道：即霸功。遂败楚人于栢举而成霸道：鲁定公四年冬十一月庚午，吴、蔡的军队和楚军对垒于柏举，阖庐之弟夫槩以襄瓦不仁，他的下属没有必死之心，先击襄瓦的部

队,其士卒必然奔逃,然后大军从后掩杀,一定可以击溃楚军。他没有得到阖庐的同意,便带领自己部下五千人这样干了。战事的发展,果然和他的预料完全一样,楚军大败。以后打了几仗都节节胜利,终于在庚辰这一天攻进了郢都。见定公四年《春秋经》及《左传》。

〔17〕 《春秋》美而褒之:《春秋经》定公四年:"冬十有一月,蔡侯以吴子及楚人战于柏举,楚师败绩。"《公羊传》定公四年:"吴何以称子?夷狄也而忧中国。"

秦孝公欲用卫鞅之言〔1〕,更为严刑峻法,易古三代之制度〔2〕,恐大臣不从,于是召卫鞅、甘龙、杜挚三大夫御〔3〕于君,虑世事之变,计〔4〕正法之本,使民之道〔5〕。君曰:"代位不亡社稷〔6〕,君之道也。错法务明主长〔7〕,臣之行也。今吾欲更法以教民,吾恐天下之议我也。"公孙鞅曰:"臣闻疑行无名,疑事无功〔8〕。君亟定变法之虑〔9〕,行之无疑,殆〔10〕无顾天下之议。且夫〔11〕有高人之行者,固负非〔12〕于世;有独知之虑者,必见訾〔13〕于民。语曰:'愚者暗成事,知者见未萌〔14〕。民不可与虑始,可与乐成功〔15〕。'郭偃之法〔16〕曰:'论至德者不和于俗,成大功者不谋于众。'法者所以爱民也,礼者所以便事也。是以圣人苟可以治〔17〕国,不法其故;苟可以利民,不循其礼。"孝公曰:"善。"甘龙曰:"不然。臣闻圣人不易民〔18〕而教,知者不变法而治。因民而教者,不劳而功成;据法而治者,吏习而民安之。今君变法不循故,更礼以教民,臣恐天下之议君,愿君熟虑之!"公孙鞅曰:"子之所言者,世俗之所知〔19〕也。常人安于所习〔20〕，学者溺于所闻，此两者〔21〕所以居官而守法也，非所与论于典法之外也〔22〕。三代不同道〔23〕而王，五霸〔24〕不同法而霸。知者作法，而愚者制焉；贤者更礼，不肖者拘焉〔25〕。拘礼之人不足与言事〔26〕，制法之人不足与论治。君无疑矣！”杜挚曰：“利不百不变法，功不什不易器〔27〕。臣闻之：法古无过，循礼无邪。君其图之！”公孙鞅曰：“前世不同教〔28〕，何古之法？帝王者不相复〔29〕，何礼之循？伏羲、神农，教而不诛〔30〕；黄帝、尧、舜，诛而不怒〔31〕。及至文、武，各当其时而立法，因事而制礼。礼法两定，制令各宜。甲兵器备，各便其用。臣故曰：‘治世不一道，便国不必古。’故汤、武之王也不循古，夏、殷之灭也不易礼。然则反古者，未可非也；循礼者，未足多〔32〕也。君无疑矣！”孝公曰：“善。吾闻穷乡多怪〔33〕，曲学多辩〔34〕。愚者之笑，知者哀焉；狂夫之乐，贤者忧焉。拘世之议，人心不疑矣〔35〕。”于是孝公违龙、挚之善谋，遂从卫鞅之过言，法严而酷，刑深而必，守之以公〔36〕，当时取彊，遂封鞅为商君〔37〕。及孝公死，国人怨商君，至于车裂之〔38〕。其患流渐，至始皇赤衣塞路〔39〕，群盗满山，卒以乱亡，削刻无恩之所致也。三代积德而王，齐桓继绝〔40〕而霸，秦、项严暴而亡〔41〕，汉王垂仁而帝〔42〕。故仁恩，谋之本也。

〔注〕

〔1〕 秦孝公：献公子，名渠梁。见《史记》《秦本纪》及《索隐》。卫鞅：见本书《杂事》第三《齐人邹阳客游于梁》章注〔45〕。秦孝公欲用卫鞅之言：秦孝公元年，卫鞅由魏入秦。三年，说秦孝公以帝、王之道，孝

公奄奄欲睡。反过来和孝公谈强国之术,谈了几天,孝公都不觉得厌倦,才被任用。见《史记》《秦本纪》、《商君列传》。

〔2〕 制度:《文选》陆士衡《豪士赋序》李善注引无"度"字。

〔3〕 甘龙:甘氏,名龙。甘氏出春秋时甘召公子带之后。见《史记》《商君列传》《索隐》。《资治通鉴》卷二胡三省注:"《姓谱》又曰:甘姓,商甘盘之后。"御:进,指进见。

〔4〕 计:《商君书》《更法》作"讨"。

〔5〕 使民:教民,包括对老百姓的教令和役使。使民之道:和以上两句并列,结构应该一致,应从元本《商君书》《更法》作"求使民之道"。

〔6〕 代位不亡社稷:《战国策》《赵策》二作"嗣立不忘先德"。《商君书》《更法》作"代立不忘社稷"。孙诒让《札迻》卷八:"位立、亡忘古字通"。

〔7〕 法:应作"质"。质:通贽,音致,士拿来进见人君的礼物。错质:即《荀子》《大略》中的"错质之臣"。《史记》《仲尼弟子列传》《索隐》引服虔注《左氏》云:"古者始事,必先书其名于策,委死之质于君,然后为臣,示必死节于其君也。"长:上声,尊。错质务明主长:委质为臣的,务须知道人主的尊严。因为秦孝公想变法,又怕天下的人批评他,损害他的尊严,所以他这样说。《战国策》《赵策》二作"错质务明主之长"。

〔8〕 疑行无名,疑事无功:王伯祥《史记选》《商君列传》注:"疑是游移不定。疑行无名,疑事无功,言没有坚定的行为,就搅不出什么名堂,没有明确的设施,就建不成什么功业。"

〔9〕 虑:计。作名词用。

〔10〕 殆:必。见《吕氏春秋》《自知》高诱注。

〔11〕 且夫:见本书《善谋》第十《高皇帝五年》章注〔26〕。

〔12〕 负:被。《商君书》《更法》、《史记》《商君列传》均作"见",义同。非:读作诽。

〔13〕 謷:音敖或傲,诋毁。《商君书》《更法》作"毁",《史记》《商君列传》作"敖",《索隐》引《商君书》作"訾",义同。

〔14〕 愚者暗成事,知者见未萌:对于事情的发展,愚蠢的人在事已完了

还看不清楚,但聪明人在事情还没有发生就预见到了。

〔15〕 民不可与虑始,可与乐成功:老百姓不能和他们商量工作的进行应怎样开始,祇能和他们安享现成的事物罢了。《史记》《商君列传》下句作"而可与乐成"。

〔16〕 郭偃:即卜偃。法:即教,即言。《文子》《上义》"神农之法曰",《吕氏春秋》《爱类》作"神农之教曰",是法、教通用之证。《孟子》《滕文公上》焦循《正义》:"神农之教,即所谓神农之言也。"

〔17〕 治:《商君书》《更法》、《史记》《商君列传》均作"彊"。

〔18〕 易民:改变人民的旧习。

〔19〕 所知:《商君书》《更法》、《史记》《商君列传》均作"言"。

〔20〕 所习:《商君书》《更法》作"故习",《史记》《商君列传》作"故俗"。

〔21〕 两者:指安于所习的常人和溺于所闻的学者这两种人。

〔22〕 典:常。非所与论于典法之外也:不是能与之谈论于常法之外即能与之谈论变法的人。

〔23〕 道:礼。《史记》《商君列传》作"礼"。

〔24〕 五霸:见本书《杂事》第三《乐毅使人献书燕王曰》章注〔26〕。

〔25〕 制焉:为法所禁。下"制法"义同。知者作法,而愚者制焉;贤者更礼,不肖者拘焉:《史记》《商君列传》《索隐》:"言贤智之人,作法更礼;而愚不肖者,不明变通,而辄拘制。"

〔26〕 事:政事。见《战国策》《宋策》高诱注。

〔27〕 百、什:都是虚数。器:车舆、冕服、兵器、甲胄及其他礼乐器物。易器:如赵武灵王改用胡服,对于当时的礼制,便是一种很大的改革。见《战国策》《赵策》二、《史记》《赵世家》。

〔28〕 教:习俗。前世不同教:《战国策》《赵策》二作"古今不同俗"。《史记》《赵世家》作"先王不同俗"。

〔29〕 复:因袭。帝王者不相复:《战国策》《赵策》二、《史记》《赵世家》均作"帝王不相袭"。

〔30〕 伏羲,古书上或作宓、虙、包、庖。羲,或作牺、戏。伏羲,古帝,风姓,有天下之号曰太昊,或作太皞、大皞。画八卦,造书契,制嫁娶之礼,结网以教民渔猎。见司马贞《补史记》《三皇本纪》、梁玉绳

《汉书人表考》卷一。神农：姜姓，号炎帝，亦称厉山氏、烈山氏、列山氏、连山氏。为耒耜，教民耕作，尝百草，又教民日中为市。见司马贞《补史记》《三皇本纪》、《汉书人表考》。教而不诛：《路史》《后纪》三说神农"刑罚不施于人而俗善"。

〔31〕 诛：如黄帝杀蚩尤，舜杀鲧。见《史记》《五帝本纪》。诛而不怒：诛杀而不凭怒气。指杀人是因被杀的人有罪该杀，而不是因为人主感情用事，凭自己的脾气。《文子》《自然》："故国有诛者，而主无怒也……诛者不怨，君罪之当也。"

〔32〕 多：推重。

〔33〕 穷乡多怪：《战国策》《赵策》二"怪"作"异"，鲍彪注："异：异俗。"《史记》《赵世家》亦作"异"。

〔34〕 曲：邪。曲学：不是正派的学术。辩：巧言，指听来好听，但不切实际的话。

〔35〕 人：应作"寡人"。人心不疑矣：孙诒让《札迻》卷八："此'人'上盖脱'寡'字。上文卫鞅两言'君无疑'，故秦孝公答云：'寡人心不疑。'若作'人心不疑'，则与上文不相应，足知其误。"《商君书》《更法》作"寡人不之疑矣"。拘世之议，寡人心不疑矣：对于拘于世俗的话，寡人心中不疑惑了。意即不考虑听取了。

〔36〕 守之以公：以大公无私的态度执行法令。如太子犯法，刑其傅公子虔，黥其师公孙贾。见《史记》《商君列传》。

〔37〕 封鞅为商君：在秦孝公二十二年。见《史记》《秦本纪》。《史记》《商君列传》："卫鞅既破魏还，秦封之于、商十五邑，号为商君。"《索隐》："于、商，二县名，在弘农。"于：古地名，在今河南省内乡县东七里。商：在今陕西省商县东八十九里。于、商：自于至商一带。参阅程恩泽《国策地名考》卷二。

〔38〕 车裂：见本书《杂事》第三《齐人邹阳客游于梁》章注〔45〕。及孝公死……至于车裂之：秦孝公死，惠王立。宗室多怨商君。公子虔之徒向惠王说商君想造反。惠王派人逮捕商君。商君无路可逃，只得发动自己封邑内的军队实行抗拒，为秦军擒杀于渑池，而且还被惠王施以车裂之刑。见《史记》《秦本纪》、《商君列传》。

〔39〕　赤衣：罪人穿的衣服，即赭衣，这里借代罪人。《汉书》《刑法志》、
　　　　《吾丘寿王传》都说秦统一天下以后，专任刑罚，弄到"赭衣塞路"。

〔40〕　齐桓继绝：见本书《杂事》第四《昔者齐桓公与鲁庄公为柯之盟》
　　　　章注〔15〕。

〔41〕　秦、项：秦帝国、项羽。秦、项严暴而亡：项羽虽则灭秦有功，但秦章
　　　　邯降后，坑秦降卒二十万人。入关以后，放火烧秦宫室，劫收其货
　　　　宝妇女。和田荣作战，也烧毁齐国的城郭宫室，活埋田荣降卒。以
　　　　为凭籍暴力便可以统一天下了，弄到乌江自刎，身死国亡。参阅
　　　　《史记》《项羽本纪》。

〔42〕　汉王垂仁而帝：秦二世元年，陈胜、吴广武装起义，刘邦也起兵响
　　　　应，沛人立他为沛公。汉元年十月，入关，废秦苛法。正月，项羽自
　　　　立为西楚霸王，立沛公为汉王。汉五年十二月，汉王灭项羽，统一
　　　　天下。二月甲午，即皇帝位于氾水之北。见《汉书》《高帝纪》。

秦惠王时〔1〕，蜀乱，国人相攻击，告急于秦〔2〕。惠
王欲发兵伐蜀，以为道险峡〔3〕难至，而韩人〔4〕来侵秦。
秦惠王欲先伐韩，恐蜀乱〔5〕；先伐蜀，恐韩袭秦之弊。犹
与未决〔6〕，司马错与张子〔7〕争论于惠王之前。司马错欲
伐蜀，张子曰："不如伐韩。"王曰："请闻其说！"对曰："亲
魏善楚，下兵三川〔8〕，塞什谷〔9〕之口，当屯留之道〔10〕。
魏绝南阳〔11〕，楚临南郑〔12〕，秦攻新城、宜阳〔13〕，以临二
周〔14〕之郊，诛周王〔15〕之罪，侵楚、魏之地。周自知不
救〔16〕，九鼎宝器〔17〕必出。据九鼎，按图籍，挟天子以令于
天下，天下莫敢不听：此王业也。今夫蜀，西僻之国，而戎
狄之伦也〔18〕。弊兵劳众不足以成名，得其地不足以为利。
臣闻争名者于〔19〕朝，争利者于市。今三川、周室，天下之
朝市也，而王不争焉，顾争于戎狄，去王〔20〕远矣！"司马错

曰："不然。臣闻之：欲富者务广其地，欲彊[21]者务富其民，欲王者务博其德。三资者备，而王随之矣。今王地小民贫，故臣愿先从事于易。夫蜀西僻之国，而戎狄之长也，有桀、纣之乱。以秦攻之，譬如以[22]豺狼逐群羊也。得其地足以广国，取其财足以富民缮兵[23]，不伤众而服焉[24]，服[25]一国而天下不以为暴，利尽四海[26]而诸侯不以为贪：是我一举而名实附[27]也，又有禁暴正[28]乱之名。今攻韩劫天子，恶名也，而未必利也。有不义之名，而攻天下所不欲，危矣。臣请谒[29]其故：周，天下之宗室[30]也。齐，韩之与国也[31]。周自知失九鼎，韩自知亡三川，将[32]二国并力合谋，以因乎齐、赵，而求解乎楚、魏：以鼎予楚，以地予魏。以鼎予楚，以地予魏[33]，王不能止。此臣所谓危也。不如伐蜀完。"秦惠王曰："善，寡人请听子。"卒起兵伐蜀[34]，十月[35]，取之，遂定蜀。蜀王[36]更号为侯，而使陈叔相蜀[37]。蜀既属秦，秦日益彊，富厚而制诸侯，司马错之谋也。

〔注〕

〔1〕 秦惠王：孝公子，名骃，亦称惠文君、惠文王。见梁玉绳《汉书人表考》卷六。秦惠王时，蜀乱：在周慎靓王五年。见《资治通鉴》卷三。按即秦惠王后九年。

〔2〕 蜀乱……告急于秦：蜀王封其弟葭萌于汉中，号苴侯。苴侯和巴王相好。后巴与蜀为雠，蜀王怒，伐苴侯，苴侯逃巴，巴求救于秦。见《华阳国志》《巴志》、《蜀志》。《史记》《张仪列传》："苴、蜀相攻击，各来告急于秦。"《资治通鉴》卷三："巴、蜀相攻击，俱告急于秦。吕祖谦《大事记》卷四："苴、蜀相攻，皆告急于秦。"都和《华阳国志》的

记载略有不同。

〔3〕 峡：通狭，《史记》《张仪列传》作"狭"。《资治通鉴》卷三作"陜"。

〔4〕 人：应从《史记》《张仪列传》、《资治通鉴》卷三作"又"。

〔5〕 恐蜀乱：《史记》《张仪列传》作"后伐蜀，恐不利"。

〔6〕 犹与：即犹豫。犹与未决：《史记》《张仪列传》、《资治通鉴》卷三均
作"犹豫未能决"。

〔7〕 司马错：亦称客卿错、左更错。见《汉书人表考》卷五。张子：张仪，
临晋人，魏国的庶子，鬼谷先生的弟子，苏秦的同学。为秦惠王相，
封武信君。曾游说六国事秦。有《张子》十篇。见《史记》《张仪列
传》及《集解》、《汉书》《艺文志》、《太平寰宇记》卷四十六《河东道》
七《蒲州》注。

〔8〕 下兵三川：《战国策》《秦策》一高诱注："三川，宜阳也。下兵，出兵
也。"又《秦策》二注："三川，义阳川。"义阳即宜阳。按三川指河、
洛、伊三水之间的地方，包括宜阳，但不等同于宜阳。因为这里既
说"出兵三川"，下文又说"攻新城、宜阳"；《战国策》《秦策》二，《史
记》《秦本纪》、《甘茂列传》既说秦武王欲"车通三川"，下文又说伐
"宜阳"。又《史记》《秦本纪》中的"宜阳"，《正义》说"此韩之大郡，
伐取之，三川路乃通也。"皆其证。

〔9〕 什谷：《史记》《张仪列传》作"斜谷"。《集解》："徐广曰：一作'寻'，
成皋巩县有寻口。"《水经》《洛水注》："《山海经》曰：洛水，成皋西入
河是也。谓之洛汭。即什谷也。故张仪说秦曰：下兵三川，塞什谷之
口。谓此川也。《史记音义》曰：巩县有郭谷水者也。"《元和郡县志》
卷五《河南道》一《河南府》："洛水东经洛汭，北对琅邪渚入河，谓之
洛口，亦名什谷。张仪说秦王下兵三川，塞什谷之口，即此也。"《战
国策》《秦策》一作"轘辕、缑氏"。《史记》《高祖本纪》《集解》："瓒
曰：轘辕，险道名，在缑氏东南。"《索隐》："按《十三州志》云：河南缑
氏县，以山为名。一云：轘辕为九十二曲，是险道也。"按轘辕山在今
河南省巩县西南。

〔10〕 屯留之道：屯留，在今山西省屯留县城南。《史记》《张仪列传》《正
义》："屯留，潞州县也。道，即太行羊肠坂道也。"

〔11〕南阳：见本书《善谋》第九《晋文公之时》章注〔21〕。在太行山之南，黄河之北，时属韩。见程恩泽《国策地名考》卷十四。魏绝南阳：《史记》《张仪列传》《正义》："是当屯留之道，令魏绝断坏羊阳韩上党之路也。"

〔12〕南郑：韩地名，在今河南省新郑县。郑国原在陕西省华县西北，周幽王时，郑迁移于济西洛东河南颍北四水之间，是为新郑，至郑康公二十年即韩哀侯二年，为韩所灭。见《史记》《六国表》、《郑世家》及《索隐》，江永《春秋地理考实》《王朝列国兴废说》。楚临南郑：《史记》《张仪列传》《正义》："是塞斜谷之口也。令楚兵临郑南，塞镮辕斜口，断韩南阳之兵也。"

〔13〕新城：韩地名，在今河南洛阳南七十五里。参阅程恩泽《国策地名考》卷十四。宜阳：在今河南省宜阳县西。

〔14〕二周：东周、西周。周考王封其弟揭于河南，是为西周桓公。传至惠公，封其少子班于巩，是为东周惠公。见《史记》《周本纪》及《正义》。

〔15〕诛：讨。周王：指慎靓王，显王子，名定。见《史记》《周本纪》。《战国策》《秦策》一作"周主"。吴师道《补正》："周主谓二君。"

〔16〕不救：《史记》《张仪列传》作"不能救"。

〔17〕九鼎宝器：鼎，王者所传宝。传说禹铸九鼎，夏桀无道，鼎迁于商。商纣无道，鼎迁于周，成王安放九鼎于洛邑。见《资治通鉴》卷三胡三省注。

〔18〕伦：类。铁华馆校宋本、《四部丛刊》本、明程荣校本作"偷"，湖北崇文书局刊本作"伦"。《战国策》《秦策》一作"长"，上声。高诱注："《续》云：《新序》'长'字作'偷'，《后语》作'伦'字。"则其误由来已久。按应从《秦策》一作"长"，因下文亦作"戎狄之长"。戎狄之长：犹言夷狄之君。蜀，西僻之国，而戎狄之长也：蜀，其国是西僻之国，其君是夷狄之君。《史记》《秦本纪》《索隐》："蜀，西南夷"。

〔19〕于：在，动词。按"于"一般作介词用，作动词用的很少。

〔20〕王：《史记》《张仪列传》、《资治通鉴》卷三作"王业。"

〔21〕富、彊：《战国策》《秦策》、史记《张仪列传》、《资治通鉴》卷三，

"富"均作"富国","彊"均作"彊兵"。

〔22〕　以：《战国策》《秦策》一、《史记》《张仪列传》、《资治通鉴》卷三
作"使"。

〔23〕　缮兵：指补给军用。《华阳国志》《蜀志》："司马错、中尉田真黄曰：
'蜀有桀、纣之乱，其国富饶，得其布帛金银，足给军用。'"

〔24〕　服焉：《战国策》《秦策》一作"彼已服矣。"《史记》《张仪列传》、《资治
通鉴》卷三作"彼已服焉。"

〔25〕　服：《战国策》《秦策》一、《史记》《张仪列传》、《资治通鉴》卷 三
作"拔"。

〔26〕　西海：指青海。利尽西海：地利尽于西海，极言蜀地物产的丰饶。

〔27〕　名实附：不贪暴的美名和得地的实利都归于我们。《战国策》《秦
策》一作"名实两附"。

〔28〕　正：平息。《史记》《张仪列传》、《资治通鉴》卷三作"止"。

〔29〕　谒：白。见《秦策》高诱注。《史记》《张仪列传》、《资治通鉴》卷三
作"论"。

〔30〕　宗：主。周，天下之宗室也：因周为天下之主。

〔31〕　齐，韩之与国也：应作"韩，周之与国也"。《战国策》《秦策》一作
"齐、韩，周之与国也"，吴师道《补正》："'齐'字恐衍。"

〔32〕　将：《战国策》《秦策》一作"则必将"。

〔33〕　以鼎予楚，以地予魏：周以鼎给楚，韩以地给魏。《战国策》《秦策》
一、《史记》《张仪列传》、《资治通鉴》卷三，两句都不重叠。

〔34〕　起兵伐蜀：周慎靓王五年即秦惠王后九年秋，秦惠王命司马错和张
仪伐蜀。见《华阳国志》《巴志》、《蜀志》，《史记》《六国表》。

〔35〕　十月：秦惠王后九年十月。

〔36〕　蜀王：蜀自蚕丛称王，至七国称王时，杜宇称帝，号曰望帝。传至开
明，为秦所灭。见《华阳国志》《蜀志》。蜀主虽自己称帝，但别人仍
称他为蜀王。开明，《史记》《索隐》又称他为蜀王开。

〔37〕　陈叔：《战国策》《秦策》一、《史记》《张仪列传》、《资治通鉴》卷三均
作"陈庄"。武井骥《刘向新序纂注》："骥按，叔盖字。"相蜀：《华阳
国志》《蜀志》："周赧王元年，秦惠王封子通国为蜀侯，以陈壮

为相。"

楚使黄歇于秦〔1〕。秦昭王使白起攻韩、魏,韩、魏服事秦〔2〕。昭王方令白起与韩、魏共伐楚,黄歇适至,闻其计。是时秦已使白起攻楚,取数县,楚顷襄王东徙〔3〕。黄歇上书于秦昭王,欲使秦远交楚而攻韩、魏以解楚〔4〕。其书曰:"天下莫强于秦、楚,今闻王欲伐楚,此犹两虎相与斗;两虎相与斗,而驽犬受〔5〕其弊也。不如善楚。臣请言其说。臣闻之:物至则反,冬夏是也〔6〕;致〔7〕高则危,累棋是也。今大国之地,遍天下有其二垂〔8〕。此从生民以来,万乘〔9〕之地,未尝有也。今王使盛桥守事〔10〕于韩,盛桥以其地入秦〔11〕。是王不用甲,不信威〔12〕,而得百里之地也。王可谓能矣。王又举甲〔13〕而攻魏,杜大梁之门,举河内,拔燕、酸枣、虚、桃,入邢〔14〕,魏之兵云翔而不敢救。王之功亦多矣。王休甲息众,二年而復之〔15〕,有取满、衍、首垣〔16〕,以临仁、平丘、黄、济阳、甄城而魏氏〔17〕服。王又割濮、历之北〔18〕,注之秦、齐之要,绝楚、赵之脊〔19〕,天下五合六聚而不敢相救〔20〕,王之威亦单矣〔21〕。王若能持功守威,挟战功之心〔22〕,而肥仁义之地,使无后患〔23〕,三王不足四,五伯不足六〔24〕也。王若负人徒之众,兵革之彊。乘毁魏〔25〕之威,而欲以力臣天下之主,臣恐其有后患也,《诗》〔26〕曰:'靡不有初,鲜克有终。'《易》曰:'狐涉水,濡其尾〔27〕。'此言始之易,终之难也。何以知其然也?智伯见伐赵之利,不知榆次之祸〔28〕;吴见伐齐之便,而不知干隧之败〔29〕。此二国者，非无大功也，没利于前而易患于后也〔30〕。吴之亲越也，从而伐齐〔31〕，既胜齐人于艾陵〔32〕，为越人所禽于三渚之浦〔33〕。知伯之信韩、魏也，从而伐赵，攻晋阳〔34〕之城，胜有日矣，韩、魏畔之〔35〕，杀知伯瑶于丛台之上〔36〕。今王妒楚之不毁也，而忘毁楚之强韩、魏也：臣为王虑而不取也。《诗》〔37〕曰：'大武远宅而不涉。'〔38〕从此观之，楚国援也，邻国敌也。《诗》〔39〕曰：'跃跃毚兔，遇犬获之〔40〕。他人有心，予忖度之〔41〕。'今王中道而信韩、魏之善王也，此吴之亲越〔42〕也。臣闻之，敌不可假，时不可失。臣恐韩、魏卑辞除患，而实欺〔43〕大国也。何则？王无重世〔44〕之德于韩、魏，而有累世之怨焉。夫韩、魏父子兄弟，接踵而死于秦者，将十世矣〔45〕。本国残，社稷坏，宗庙隳〔46〕。刳腹绝肠，折颈摺颈〔47〕，身首分离，暴骨草泽，头颅僵仆〔48〕，相望于境。系臣束子为群虏者，相及于路〔49〕。鬼神潢洋无所食〔50〕，民不聊生，族类离散流亡为仆妾者，盈海内矣。故韩、魏之不亡，秦社稷之忧也。今王齎之〔51〕与攻楚，不亦过乎？且王攻楚，将恶出兵？王将藉路于仇雠之韩、魏乎？兵出之日，而王忧其不反也。是王以兵资于仇雠之韩、魏也。王若不藉路于仇雠之韩、魏，必攻随水右壤〔52〕，此皆广川大水，山林谿谷，不食之地〔53〕也。王虽有之，不为得地。是王有毁楚之名，而无得地之实也。且王攻楚之日，四国〔54〕必悉起兵以应王。秦、楚之兵，构而不离，韩、魏氏将出兵而攻留、方与、铚、胡陵、砀、萧、相〔55〕，故宋必尽〔56〕。齐人南面，泗北必举〔57〕。此皆平原四达，膏腴之地也，而使独攻！王破楚以肥韩、魏于中国而劲齐。韩、魏之疆，足以枝〔58〕于秦。齐南以泗水为境，东负海，北倚河，而无后患。天下之国，莫疆于齐、魏。齐、魏得地保〔59〕利，而详事下吏〔60〕，一年之后，为帝未能，其于禁王之为帝有余矣〔61〕。夫以王壤土之博，人徒之众，兵革之疆，一举事而树怨于楚，出令韩、魏归帝重齐〔62〕，是王失计也。臣为王虑，莫若善楚。秦、楚合为一而以临韩〔63〕，韩必拱手〔64〕。王施之以东山之险，带以曲河之利〔65〕，韩必为关内之侯〔66〕。若是而王以十万伐郑〔67〕，梁氏寒心〔68〕，许、鄢陵婴城，而上蔡、召陵不往来也〔69〕。如此而魏亦关内侯矣。王一善楚，而关内两万乘之主〔70〕，注入〔71〕地于齐，齐右壤可拱〔72〕手而取也。王之地一桎两海〔73〕，要约天下〔74〕，是燕、赵无齐、楚，齐、楚无燕、赵〔75〕。然后危动〔76〕燕、赵，直摇齐、楚，此四国者，不待痛而服也。"昭王曰："善。"于是乃止白起，谢韩、魏，发使赂楚，约为与国。黄歇受约归楚。解弱楚之祸，全疆秦之兵，黄歇之谋也。

〔注〕

〔1〕 黄：以国为氏。见《元和姓纂》卷五。黄歇：楚人，黄氏，名歇，事楚顷襄王，后为楚考烈王相，封春申君。见《史记》《春申君列传》。楚使黄歇于秦：在周赧王四十二年。见《资治通鉴》卷四。按即楚顷襄王二十六年，秦昭王三十四年。

〔2〕 秦昭王：见本书《杂事》第二《甘茂下蔡人也》章注〔26〕。白起：郿人，善用兵，事秦昭王，封武安君。见《史记》《白起列传》。秦昭王使白起攻韩、魏，韩、魏服事秦：《史记》《春申君列传》作"秦昭王使白

攻韩、魏，败之于华阳，禽魏将芒卯，韩、魏服而事秦。"根据《史记》
《韩世家》，韩厘王二十三年，赵、魏进攻韩国的华阳，韩请救于秦。
秦败赵、魏于华阳之下。但根据《史记》《魏世家》，则说魏安厘王四
年，秦破魏及韩、赵。《史记》《穰侯列传》也说这年穰侯魏冉和白
起、客卿胡伤复攻赵、韩、魏，破芒卯于华阳下。《史记》《秦本纪》、
《赵世家》虽把秦破魏、赵于华阳一事推前一年，但还是同一件事。
而《秦本纪》《正义》说："是时韩、赵聚兵于华阳攻秦"，《赵世家》《正
义》也说："是时魏、韩、赵聚兵于华阳西攻秦。"根据以上这些记载，
则战争开始时虽然是赵、魏伐韩，秦救韩攻击赵、魏，但入后赵、魏、
韩便联合起来反抗秦国了，虽然结果还是为白起他们所败，韩、魏
才逼得又服事于秦。

〔3〕 已使：应作"已前使"。是时秦已使白起攻楚，取数县，楚顷襄王东
徙：《史记》《春申君列传》作"当是之时，秦已前使白起攻楚，取巫、
黔中之郡，拔鄢、郢，东至竟陵，楚顷襄王东徙治于陈县。"按秦昭王
二十八年，即楚顷襄王二十年，白起攻楚，取鄢、邓五城；次年又取
郢，东至竟陵，楚顷襄王东徙于陈城；又次年，取巫、黔中。见《史
记》《秦本纪》、《六国表》、《楚世家》、《白起列传》。

〔4〕 欲使秦远交楚而攻韩、魏以解楚：《史记》《春申君列传》作"黄歇见
楚怀王之为秦所诱而入朝，遂见欺，留死于秦；顷襄王其子也，秦轻
之，恐壹举兵而灭楚。"

〔5〕 两虎相与斗：《战国策》《秦策》四无"与"字，且句子不重叠。受：
因，趁。

〔6〕 则：必。物至则反，冬夏是也：《史记》《春申君列传》《正义》："至，极
也，极则反也。冬至，阴之极；夏至，阳之极。"按冬至一阳生，夏至一
阴生，即物极必反之理。

〔7〕 致：《战国策》《秦策》四鲍彪注："致，言取物置之物上。"《史记》《春
申君列传》《集解》引徐广曰："致或作'安'。"安也是安放之意。

〔8〕 国：《史记》作"王"。遍：《战国策》《秦策》四作"半"。垂：即陲，边。
遍天下有其二垂：尽天下之地，四面有了其两面。张照曰："按秦尽
有西方之地，而又克蜀，凡楚之上流，攻取殆尽，则所谓二垂者，指

西南两面耳。"见殿版《史记》卷七十八《考证》。

〔9〕 万乘：指天子，因天子有兵车万乘。见《孟子》《梁惠王上》赵岐注。

〔10〕 今：《战国策》《秦策》四"今"上有"先帝文王、庄王、王之身，三世而
不接地于齐，以绝从亲之要"二十三字。《史记》《春申君列传》略
同。盛：氏，以国为氏。见《元和姓纂》卷九。盛桥：《战国策》《秦
策》四作"成桥"，下同。鲍彪注："秦人。"吴师道《补正》引刘伯庄
云："桥，音矫。"守事：守着官职。即任职。

〔11〕 以其地入秦：以韩地进献于秦。

〔12〕 信：通伸，施展。不信威：没有施以压力。

〔13〕 举甲：《战国策》《秦策》四作"举甲兵"，义同。

〔14〕 大梁：魏都，在今河南省开封。河内：《史记》《秦本纪》《集解》："徐
广曰：河内修武，古曰南阳，秦始皇更名河内，属魏地。"程恩泽《国
策地名考》卷十一以河内为怀州。按即明、清的怀庆府，包括现在
河南省沁阳、济源、修武、武陟、孟、温、原武、阳武八县。济源即春
秋时的阳樊，修武即樆茅，和温等都是古南阳之地。燕：魏地名，在
今河南省延津县北。酸枣：魏地名，在今河南省延津县北十五里。
虚：魏地名，当在今河南省延津县和濬县、滑县之间。桃：魏地名，
在燕东三十里。参阅程恩泽《国策地名考》卷十一。入：各本及《史
记》《春申君列传》、《资治通鉴》卷四均作"入"，铁华馆校宋本作
"仁"，《战国策》《秦策》四作"人"，似应连上读作"桃仁"或"桃人"。
高诱注："桃人，邑名，处则未闻。"按《水经》《济水注》："濮渠"迳桃城
南，即《战国策》所谓酸枣、虚、桃者也。"是桃城既不作"桃人"，引
《策》也不作"桃人"，因知"人"为"入"之误，应连下读作"入邢"。邢：
《史记》《春申君列传》《集解》引徐广曰以为即邢邱。邢邱在今河南
省温县东，也是魏地。

〔15〕 二年：《史记》《春申君列传》作"三年"。复之：再用他们。

〔16〕 有：通又。满：应从《战国策》《秦策》四、《史记》《春申君列传》、《资治
通鉴》卷四作"蒲"。蒲，在今河南省长垣县。衍：在今河南省郑州北
三十里。首垣：秦改名长垣，故城在今河南省长垣县东北二十五里。

〔17〕 仁：在宁陵县故城，即在今河南省睢县东南。平丘：在今河南省封

丘县东四十里。黄：在今河南省兰考县东。济阳：在冤句县西南。
甄城：即鄄城，在今山东省濮县东二十里。《战国策》《秦策》四、《史
记》《春申君列传》均作"婴城"。都是魏地。参阅《史记》《春申君列
传》《正义》，程恩泽《国策地名考》卷十一、卷十二。魏氏：即魏国。
古国名或系以氏。

〔18〕　濮：濮水。历：历山，在今山东省濮县东南。濮、历之北：仍是魏地。

〔19〕　注：连接。"注之"的"之"，应从《战国策》《秦策》四、《史记》《春申君
列传》、《资治通鉴》卷四删。要：即腰。秦、齐之要：指秦齐之间的
地方，像人的腰部。楚、赵之脊：指楚、赵之间的地方，像人的脊梁。
注秦、齐之要，绝楚、赵之脊：是接地于齐，以绝从亲之约的意思。

〔20〕　五合六聚：五六个国家联合起来。相救：《战国策》《秦策》四、《史
记》《春申君列传》、《资治通鉴》卷四无"相"字。

〔21〕　单：通殚，尽。王之威亦单矣：大王的威风也完全显出来了。

〔22〕　挟：销。见《淮南子》《人间》高诱注。挟战功之心：销去要战功的
心。《战国策》《秦策》四作"省攻伐之心"，《史记》《春申君列传》、
《资治通鉴》卷四作"绌攻取之心"。

〔23〕　肥仁义之地，使无后患：《战国策》《秦策》四"地"作"诚"，一本作
"诚"，"后"上有"复"字。高诱注："肥犹厚也，地犹道；厚宣仁义之
道，则天下皆仰之，复何患之有？故曰：使无复后患。"据此则《战国
策》"诚"或"诚"，原亦作"地"。

〔24〕　三王，五伯：见本书《杂事》第二《昔者唐虞崇举九贤章》注〔9〕及
《杂事》第三《乐毅使人献书燕王》章注〔26〕。三王不足四，五伯不
足六：指您可以为王为霸，而比三王五霸更高，三王还够不上和您
并列为四，五霸还够不上和您并列为六。

〔25〕　毁魏：《战国策》《秦策》四作"毁魏氏"。高诱注："毁，败也。"魏氏：
即魏国。

〔26〕　《诗》：《诗经》《大雅》《荡》。

〔27〕　狐涉水，濡其尾：《易经》《未济》作"小狐汔济，濡其尾"。汔，且迄，
水干。孔颖达疏：狐"必须水汔，方可涉川，未及登岸，而濡其尾"、

〔28〕　智伯见伐赵之利，不知榆次之祸：见本书《义勇》第八《知伯嚣之时》

章注〔1〕〔4〕。程恩泽《国策地名考》卷八:"今山西太原府榆次县西北有榆次故城。"《史记》《春申君列传》《索隐》:"智伯败于榆次也。"

〔29〕 干隧:《史记》《春申君列传》《正义》:"干隧,吴地名也,出万安山西南一里太湖,即吴王夫差自刭处,在苏州西北四十里。"吴见伐齐之便,而不知干隧之败:吴王夫差听说齐景公死了,大臣争宠,新君稚弱,不听从伍子胥的谏阻,一次再一次地起兵伐齐,败齐于艾陵,老是要往北方发展,争霸中原,结果国力虚耗,终于为越王句践所灭,夫差自杀。见《史记》《吴世家》。

〔30〕 没利于前而易患于后:沈迷于摆在前面的利益,而忽略了伏在后头的祸患。

〔31〕 亲:信。《战国策》《秦策》四、《史作》《春申君列传》均作"信"。吴之亲越也,从而伐齐:越王句践被吴王夫差败于会稽,委国为臣,矢志要雪会稽之耻,对吴王卑辞厚礼。吴王夫差听信子贡的话,又将伐齐。越王句践也听信子贡的话,派兵助战,并赂赂吴国君臣。夫差更相信句践,更放心去进攻齐国了。见《左传》哀公十一年,《吴越春秋》《夫差内传》、《句践入臣外传》。

〔32〕 艾陵:在今山东省莱芜县东境。见沈钦韩《左传地名补注》十二。胜齐人于艾陵:在鲁哀公十一年。见同年《春秋经》及《左传》。鲁哀公十一年即吴王夫差十二年。

〔33〕 为越人所擒于三渚之浦:《战国策》《秦策》四作"还为越王禽于三江之浦"。三江即娄江、东江、松江。三江之浦,高诱注谓即干隧。《史记》《春申君列传》作"还为越王禽三渚之浦"。《正义》:"《吴俗传》云:越军得子胥梦,从东入伐吴。越王即从三江北岸,立坛杀白马祭子胥。杯动酒尽,乃开渠由三浦入,破吴王于姑苏,败干隧也。"吴王夫差二十三年,为越围困于姑苏,被迫自杀。见《史记》《吴世家》、《越王句践世家》。三渚:三江会合之处。它称为三渚,正如《水经》《湘水注》称湘、资、沅、微、澧五水会合之处,或《舆地广记》卷二十八《荆湖北路》下称资、沅、澧、湘、江五水会合之处为五渚一样。

〔34〕 晋阳:赵邑,在今山西省太原市。

〔35〕 韩、魏畔之:知伯联合韩、魏围困赵襄子于晋阳,晋阳快要攻下时,韩、魏害怕赵亡之后也会轮到自己,知伯的臣子郤疵看出了韩、魏二君的心理,对知伯说韩、魏必然要反,知伯不相信。张孟谈为赵襄子暗中说服韩、魏二君,和赵联合反过来进攻知伯,知伯的臣子知过看见了张孟谈和韩、魏二君的形迹,也告诉知伯说韩、魏二君将要反叛,知伯也不相信。结果韩、魏真的反了,和赵联合,把知伯的军队打垮,把知伯俘获了,瓜分了知氏的土地。见《战国策》《赵策》一。

〔36〕 丛台:应作"凿台"。丛台之上:《战国策》《秦策》四作"凿台之上"。高诱注:"晋阳下台名。凿地作渠,以灌晋阳城,因聚土为台,而止其上,故曰凿台也。"《史记》《春申君列传》作"凿台之下"。《集解》引徐广曰:"凿台在榆次。"《水经》《洞过水注》:榆次"县南水侧有凿台,韩、魏杀智伯瑶于其下,刳腹绝肠,折颈摺颐处也。"凿台既在晋阳下,又在榆次县南,而榆次故城又在今山西省榆次县西北,则凿台应在今山西省榆次县之西和太原市之东。程恩泽《国策地名考》卷九说凿台"在今榆次县西四十里。"可信。

〔37〕 《诗》:佚《诗》。

〔38〕 宅:安。大武远宅而不涉:武力强大的,对远国祇安抚其民,而不亲涉其地。

〔39〕 《诗》:《诗经》《小雅》《巧言》。

〔40〕 毚:音士咸切或锄咸切,走得很快的兔子。跃跃毚兔:蹦蹦跳跳的迅疾的兔子。跃跃毚兔,遇犬获之:《诗经》和下句"他人有心,予忖度之"互倒。

〔41〕 他人有心,予忖度之:别人有心,虽然难测,但我仍可测度其心。

〔42〕 吴之亲越:《战国策》《秦策》四、《史记》《春申君列传》、《资治通鉴》卷四,"吴"上均有"正"字,"亲"均作"信"。

〔43〕 欺:《史记》《春申君列传》、《资治通鉴》卷四作"欲欺"。

〔44〕 重世:累代。和下句"累世"为互文。

〔45〕 将十世矣:韩自列侯之世开始受到秦国的进攻以后,至厘王已历八

世。见《史记》《六国表》、《韩世家》。

〔46〕　社稷：古时天子立社稷，诸侯立社稷，大夫也立社稷。见《白虎通德
论》《社稷》。因此社稷不只是国都才有，大夫的封邑也有。如鲁国
的费邑，也"有社稷焉"。见《论语》《先进》。宗庙：古时天子有宗
庙，诸侯有宗庙，大夫、士也有宗庙。见《孔子家语》《庙制》。毁：
通毁。

〔47〕　颡：音桑，或读上声，额。摺：折。颈：《战国策》《秦策》四、《史记》
《春申君列传》作"颐"。

〔48〕　僵：仆。僵仆：合成词。

〔49〕　及：继。系臣束子为群虏者，相及于路：《战国策》《秦策》四作"父子
老弱，系虏相随于路。"《史记》《春申君列传》作"父子老弱，系脰束
手为群虏者，相及于路"。

〔50〕　潢：户广切。洋：音养。潢洋：晃晃荡荡，晃来荡去。无所食：《史
记》《春申君列传》作"无所血食"。血食：指鬼神享食人们杀来祭祀
他们的牲牲。

〔51〕　齎：通资。《史记》《春申君列传》、《资治通鉴》卷四作"资"。齎之：
资助韩、魏。

〔52〕　随水：涢水的一条支流。《水经》《涢水注》："随水出随郡永阳县东
石龙山，西北流，南迤迳永阳县西，历横尾山，即《禹贡》之陪尾山
也。随水又西南至安陆县故城西，入于涢。"《战国策》《秦策》四作
"随阳"，意即随水之北。右壤：西面的土地。随水右壤：《史记》《春
申君列传》《索隐》："楚都陈。随水之右壤，盖在随之西。今邓州之
西，其地多山林者是也。"

〔53〕　不食之地：不能垦耕的土地。

〔54〕　四国：《战国策》《秦策》四高诱注："四国，赵、韩、魏、齐也。"

〔55〕　留：故城在今江苏省沛县东南五十五里。与：音预。方与：在今山
东省鱼台县北。铚：音窒，在今安徽省宿县西南九十里。胡陵：在
今山东省鱼台县东南六十里。砀：音大浪切，故城在今安徽省砀山
县东三里。萧：今安徽省萧县。相：去声，在今安徽省宿县西北。参
阅《史记》《曹相国世家》《正义》、程恩泽《国策地名考》卷七。

〔56〕 故宋必尽：《战国策》《秦策》四高诱注："七邑，宋邑也。宋战国时属
楚，故言'故宋必尽'也。"

〔57〕 泗北：泗水以北的地方。泗水发源于今山东省泗水县，西南流经曲
阜、滋阳、济宁等县，进入江苏省境，经沛县、铜山、泗阳诸县至淮阴
县注于淮水。齐人南面，泗北必举：《史记》《春申君列传》作"齐人
南面攻楚，泗上必举。"《资治通鉴》卷四同《史记》，胡三省注："时楚
蚕食鲁国，有泗上之地。"

〔58〕 枝：通支，通校，比拟，校量之意。《战国策》《秦策》四、《史记》《春申
君列传》作"校"。武井骥《刘向新序纂注》说吴本作"校"。案各本均
作"枝"，吴本作"校"，盖因《秦策》《史记》而改。

〔59〕 保：积聚。《尔雅》《释诂》郝懿行《义疏》："保有聚义。故都邑之城曰
保，村落之城曰聚。《庄子》《列御寇篇》云：'人将保汝矣。'郭象注：
'保者，聚守之谓也。'"《战国策》《秦策》四、《史记》《春申君列传》作
"葆"，二字通。《礼记》《礼器》郑玄注："葆之言褒也。"褒，通衰，也
是聚之意。《汉书》《燕刺王旦传》颜师古注："草丛生曰葆。"也指草
丛聚而生。

〔60〕 详：通佯。下吏：和《国语》《越语上》的"下执事"的用法相同。"下
执事"是卑贱的供使役的人。文种称吴王夫差的"下执事"，实指吴
王夫差。这里称秦昭王的"下吏"，实指秦昭王。是用来称呼第二身
的敬词。

〔61〕 一年之后……其于禁王之为帝有余矣：《史记》《春申君列传》《索
隐》："言齐一年之后，未即能为帝，而能禁秦为帝，有余力矣。"按
周赧王二十七年，秦昭王、齐湣王曾一度称帝。见《史记》《秦本纪》、
《六国表》、《田敬仲完世家》。又下文说"出令韩、魏归帝重齐"。因
此黄歇说"为帝未能"，应如《索隐》所说，是专指齐国而说。《战国
策》《秦策》四高诱注，说"言齐、魏未能为帝"，误。

〔62〕 出：读作诎，音屈。《战国策》《秦策》四作"诎"。高诱注："诎，反。"
《史记》《春申君列传》作"迟"。《集解》："徐广曰：迟一作'还'。"还
也是反而之意。《索隐》："迟音值，值犹乃也。"乃：可译为却，和反
意义也相近。归帝重齐：归帝号于齐，尊事于齐。

〔63〕　临韩：伐韩。

〔64〕　拱手：缩手不能有所作为。《史记》《春申君列传》作"敛手"，义同。
　　　　《战国策》《秦策》四作"受首"，一本作"授首"。鲍彪注："言其服而
　　　　请诛。"

〔65〕　施：应作"柂"，字或作杝。《广雅》《释宫》王念孙《疏证》："杝，今篱
　　　　字也。《说文》：'杝，落也。'王逸注《招魂》云：'柴落为篱。'《众经音
　　　　义》卷十四云：'篱、杝同，力支反。'引《通俗文》云：'柴桓曰杝，木垣
　　　　曰栅。'"两句对偶，柂和带是名词作动词用。如作"施"，则在词义
　　　　上和语法修辞上都不好讲了。《文选》鲍明远《芜城赋》"柂以漕
　　　　渠"，柂的用法也是一样。之：应从《战国策》《秦策》四、《史记》《春
　　　　申君列传》、《资治通鉴》卷四删。东山、曲河：《资治通鉴》胡三省
　　　　注："东山谓华山以东至峭塞诸山，皆在咸阳之东。曲河谓河千里一
　　　　曲。按《水经》，河水自云中沙南县屈而南流，至华阴潼关曲而东流，
　　　　所谓曲河也。"王柂以东山之险，带以曲河之利：王以太华以东诸山
　　　　险要的山势像用篱笆一样的围着韩国，以千里一曲的黄河有利的
　　　　地形像用带子一样的束住韩国，《秦策》作"王襟以山东之险，带以
　　　　河曲之利"。

〔66〕　关内：函谷关以内，是秦国的本土。《战国策》《秦策》四作"关中"。
　　　　韩必为关内之侯：韩原称王，臣服于秦，便只能为秦国国内的诸
　　　　侯了。

〔67〕　十万：军队十万人。郑：韩国国都，在今河南省郑州。参阅《国策地
　　　　名考》卷十三。伐郑：应从《史记》《春申君列传》、《资治通鉴》卷四
　　　　作"戍郑"，因韩既已臣服，为什么还要进攻韩国的国都呢？伐显然
　　　　是戍的形误。

〔68〕　梁氏：即梁国，古国名或系以氏。亦即魏国，因魏定都大梁，故亦称
　　　　梁。梁氏寒心：因秦以十万大军戍郑，威胁大梁，魏国自然震恐了。

〔69〕　许：魏邑，在今河南省许昌市东三十里。鄢陵：魏邑，在今河南省鄢
　　　　陵县西北十余里。参阅《国策地名考》卷十二。婴城：《后汉书》《岑
　　　　彭传》李贤注："婴，绕也，谓以城自婴绕而守之。"上蔡：楚邑，在今
　　　　河南省上蔡县。召陵：楚邑，在今河南省郾城县东四十五里。参阅

江永《春秋地理考实》僖公四年。许、隔陵婴城，而上蔡、召陵不往来也；《资治通鉴》卷四胡三省注："魏都大梁，其境南至汝南，许、鄢陵居其间。二邑皆胁于秦兵，婴城自守，则楚之上蔡、召陵，不能与大梁往来矣。"

〔70〕 万乘之主：见本书《杂事》第二《齐有妇人》章注〔16〕。

〔71〕 注：连接。入：应从《战国策》《秦策》四、《史记》《春申君列传》、《资治通鉴》卷四删。

〔72〕 齐右壤：《资治通鉴》卷四胡三省注："谓济西之地也。"按在齐国的济水，故道已为小清河、黄河等所夺，现山东省济南、济阳以西的原是齐国境内的地方，都应该是济西之地。拱：读作《尚书》《武成》"垂拱而天下治"的"拱"。

〔73〕 桎：《史记》《春申君列传》、《资治通鉴》卷四作"经"，是系之意，义近。王之地一桎两海：王的土地像桎梏一样一锁便把东西两海锁在一起。因秦国并吞巴、蜀之后，已经利尽西海；如再取得齐之右壤，领土便可以到达东海了。

〔74〕 要：即腰。约：应从《战国策》《秦策》四作"绝"，词义才与上下文联贯。要绝天下：把天下拦腰斩断。

〔75〕 燕、赵无齐、楚，齐、楚无燕、赵：燕、赵没有齐、楚的援助，齐、楚没有燕、赵的援助了。

〔76〕 危：正。危动：和"直摇"互文。

秦赵战于长平，赵不胜，亡一都尉〔1〕。赵王召楼昌与虞卿〔2〕曰："军战不胜，尉系死〔3〕，寡人将束甲而赴之〔4〕。"楼昌曰："无益也。不如发重宝使〔5〕而为构。"虞卿曰："昌言构者，以为不构军必破也，而制构者在秦。且王之论秦也，欲破王之军乎？不邪？"王曰："秦不遗余力矣，必且〔6〕破赵军。"虞卿曰："王听臣，发使，出重宝，以附楚、魏。楚魏欲〔7〕王之重宝，必内〔8〕吾使。吾使入楚、魏，秦必疑天下，恐天下之合从，必一心〔9〕。如此，则构乃可为也。"赵王不听，与平阳君〔10〕为构，发郑朱入秦，秦内之。赵王召虞卿曰："寡人使平阳君为构秦〔11〕，秦已内郑朱矣。虞卿以为如何？"对曰："王不得构，军必破矣。天下之贺战胜者皆在秦。郑朱，贵人也，而入秦，秦王与应侯必显重〔12〕以示天下，楚、魏以赵为构，必不救王，则构不可得也〔13〕。"应侯果显郑朱，以示天下贺战胜者，终不肯构。长平大败〔14〕，遂围邯郸〔15〕，为下天笑，不从虞卿之谋也。秦既解围邯郸〔16〕，而赵王入朝〔17〕，使赵郝〔18〕约事于秦，割六县而构。虞卿谓赵王曰："秦之攻王也，倦而归乎？亡其力尚能进之〔19〕，爱王而不攻乎？"王曰："秦之攻我也，不遗余力矣，必以倦归〔20〕也。"虞卿曰："秦以其力攻其所不能取，倦而归，王又〔21〕攻其力之所不能取以送之，是助秦自攻也。来年秦复攻王，王无救矣。"王以虞卿之言告〔22〕，赵郝曰："虞卿能量秦力之所至乎？诚知秦力之所不进〔23〕，此弹丸之地不予，令秦来年复攻于王〔24〕，王得无割其内而构乎？"王曰："请听子割矣，子能必来年秦之不复攻平？"赵郝曰："此非臣所敢任也。他日〔25〕三晋之交于秦，相若〔26〕也。今秦善韩、魏而攻王〔27〕，王之所以事秦者，必不如韩、魏也。今臣之为足下解负亲之攻〔28〕，开关通币〔29〕，齐交韩、魏〔30〕，至来年而独取攻于秦，王之所以事秦，必在韩、魏之后也。此非臣之所敢任也。"王以告虞卿，虞卿对曰："郝言不构，来年秦复

攻王，王得无复割其内而构乎？今构，郝又不能必秦之不
复攻也：虽割何益？来年复攻，又割其力之所不能取以构，
此自尽之术也。不如无构。秦虽善攻，不能取六县。赵虽
不能守，亦不失六城。秦倦而归，兵必疲。我以五县[31]
收天下以攻罢秦，是我失之于天下，而取偿于秦也；吾国
尚利。孰与坐而割地，自弱以彊秦？今郝曰秦善韩、魏而
攻赵者，必王之事秦不如韩、魏也，是使王岁以六城事秦
也；坐而地尽。来年秦复来割[32]，王将予之乎？不予，是
弃前功而挑秦祸也。予之，即无地而给之。语曰：'彊者
善攻，而弱者不能守。'今坐而听秦，秦兵不弊而多得地，
是彊秦而弱赵也。以益彊之秦，而割愈弱之赵，其计固不
止[33]矣。且王之地有尽，而秦之求无已[34]。以有尽之
地，给无已之求，其势必无赵矣。"计未定，楼缓从[35]秦
来，赵王与楼缓计之曰："予秦地与无予，孰吉？"缓辞让
曰："此非臣之所能知也。"王曰："虽然，试言公之私[36]！"
楼缓对曰："亦闻夫公父文伯母[37]乎？公父文伯仕于鲁，
病死[38]，女子为自杀于房中者二人[39]，其母闻之，不肯
哭也[40]。其相室[41]曰：'焉有子死而不哭者乎？'其母曰：
'孔子，贤人也，逐于鲁，而是人不随[42]也。今死而妇人为
自杀者二人[43]，若是者，必其于长者薄，而于妇人厚也。'
故从母言，是为贤母；从妻言，是必不免为妒妇。故其言一
也；言者异，则人心变矣。今臣新从秦来，而言勿予，则非
计也。言予之，恐王以臣为秦也。故不敢对，使臣得大为王

计,不如予之。"王曰:"诺。"虞卿闻之,曰[44]:"此饰说也。
王慎[45]勿予!"楼缓闻之,往见王,王又以虞卿之言告楼
缓,楼缓对曰:"不然。虞卿得其一,不得其二[46]。夫秦、赵
构难而天下皆说,何也? 曰:'吾且[47]因彊而乘弱矣。'今
赵兵困于秦,天下之贺战胜者,必尽在于秦矣。故不如亟
割地为和,以疑天下[48]而慰秦之心。不然,天下将因秦之
怒,乘赵之弊而瓜分之。赵见[49]亡,何秦之图乎? 故曰:
虞卿得其一,不得其二。愿王以此决之,勿复计也!"虞卿
闻之,往见王曰:"危哉,楼子之所以为秦者! 是愈疑天
下[50],而何慰秦之心哉[51]? 独不言[52]示天下弱乎? 且臣
言勿予,非固勿予而已也。秦索六城于王,而王以六城赂
齐。齐,秦之深雠也[53],得王之六城,并力而西击秦,齐之
听王,不待辞之毕也。则是王失之于齐,而取偿于秦也;而
齐、赵之雠[54]可以报矣,而示天下有能为也。王以此为[55]
发声,兵未窥于境[56],臣见秦之重赂[57]而反构于王也。
从秦为构,韩、魏闻之,必尽重王;重王,必出重宝以先于
王。则是王一举而结三国之亲,而与秦易道[58]也。"赵王
曰:"善。"即发虞卿东见齐王[59],与之谋秦。虞卿之谋行
而赵霸[60],此存亡之枢机[61],枢机之发,间不及旋踵[62]。
是故虞卿一言而秦之[63]震惧,趋风驰指而请备[64]。故善
谋之臣,其于国岂不重哉? 微虞卿,赵以[65]亡矣。

〔注〕

〔1〕 长平:赵邑,故址在今山西省高平县西北的王报村。都尉:军尉。

见《战国策》《赵策》三鲍彪注。秦、赵战于长平,赵不胜,亡一都尉:据《史记》《白起列传》,秦昭王四十五年,秦将白起攻取了韩国的野王,切断了韩国的上党和韩都的联系,上党降赵。秦昭王四十七年,秦将王龁攻上党,赵驻兵长平,支援上党。王龁于是进攻赵国。秦、赵相拒于长平。赵军由廉颇率领,打了几仗,都被秦军打败了,损失了一位裨将,六位军尉。根据《资治通鉴》卷五,则是损失了一位裨将和四位军尉。都和这里所说的有所不同。

〔2〕　赵王:赵孝成王,名丹,赵惠文王的儿子。见《史记》《赵世家》。楼:氏。见《元和姓纂》卷五。楼昌:顾炎武曰:"楼昌、楼缓,恐是一人。虞卿进说,亦是一事。记者或以为赵王不听,或以为听之,太史公两收之,而不觉其重尔。"见殿版《史记》卷七十六《考证》。张国铨《新序校注》:"铨案《国策》已作两人两事。"按楼昌,赵将。见《史记》《赵世家》。虞卿:虞氏,赵孝成王以为上卿,故号虞卿,亦作"虞庆"。并授相印,封万户侯。著有《虞氏春秋》。见《史记》《虞卿列传》、《元和姓纂》卷二、《韩非子》《外储说左上》。

〔3〕　系死:《史记》《白起列传》在廉颇率领赵军和秦军对抗一段里,对赵国的军尉都说"取",是捕取之意。《资治通鉴》卷五则说"止",也是俘获之意。则这里的"系死"便应解释为因拘而死了。姚氏本《战国策》《赵策》三作"复死"。《四部丛刊》本《战国策校注》作"系死",鲍彪注:"系,尉名。"不知根据什么。《史记》《虞卿列传》作"复死",《集解》:"徐广曰:'复'一作'系'。"

〔4〕　束甲:收起铠甲,指收起铠甲而不穿的轻装的部队。寡人将束甲而赴之:《战国策》《赵策》三作"寡人使卷甲而趋之,何如?"鲍彪注:"袭之也。"

〔5〕　发重宝使:应作"发重使",因下文只说派贵人郑朱入秦求和,并没有说"发重宝"。《战国策》《赵策》三、《史记》《虞卿列传》、《资治通鉴》卷五都没有"宝"字。

〔6〕　且:欲。上文问句用"欲",这里答句用"且","欲""且"互文。《史记》《虞卿列传》作"且欲",合成词,义同。

〔7〕　欲:《战国策》《赵策》三、《史记》《虞卿列传》作"欲得"。

〔8〕 内：通纳。《战国策》《赵策》三作"入"，义同。

〔9〕 秦必疑天下，恐天下之合从，必一心：《战国策》《赵策》三作"秦必疑
天下合从也，且必恐"。

〔10〕 与：读作举，用。与平阳君：下文作"使平阳君"，"使"也是举用。
"与""使"互文。平阳君：赵豹，赵惠文王同母弟，赵惠文王二十七
年，封为平阳君。赵孝成王四年，韩上党守冯亭派使者以上党十七
城来降，赵豹生怕得罪秦国，劝孝成王不要接受。后来在长平大败，
孝成王懊悔没有听信赵豹的话。见《史记》《赵世家》及《集解》。因
此这次任用赵豹主持和谈的事是有来历的。

〔11〕 为构秦：《战国策》《赵策》三无"为"字，《史记》《虞卿列传》"秦"上有
"于"字。

〔12〕 秦王：秦昭王，见本书《杂事》第二《甘茂下蔡人也》章注〔26〕。应侯：
范雎，见本书《杂事》第三《齐人邹阳客游于梁》章注〔24〕。显重：显
重郑朱，表示秦国凭自己武力的强大，取得了对赵国战争的胜利，
逼得赵国也不得不派郑朱那样重要的人物来向秦国求和。

〔13〕 则构不可得也：《战国策》《赵策》三、《史记》《虞卿列传》"则"上有
"秦知天下不救王"七字。

〔14〕 长平大败：秦昭王四十七年，秦、赵相距于长平，赵军由廉颇率领，
打了几次败仗，赵军坚壁不出。秦昭王用应侯计，叫人拿千金到赵
国散布谣言，说秦军只害怕马服君的儿子赵括为将。廉颇是容易
对付的，快投降秦国了。赵王本来已对廉颇不满，听了这种谣言，
便叫赵括代替廉颇。秦军这时由白起秘密指挥。赵括改变了廉颇
坚守的战略，冒冒失失的出战。秦军以奇兵取胜，断绝了赵军的粮
道，射杀了赵括。赵军四十万人投降，除了年纪小的二百四十人以
外，都被白起活埋了。见《史记》《白起列传》。长平大败，固然由于
赵王误用赵括，但也由于赵王不听信虞卿的话。

〔15〕 邯郸：赵国国都，故城在今河北省邯郸县西南二十里。参阅程恩泽
《国策地名考》卷八。

〔16〕 秦既解围邯郸：从上党降赵以至长平之战，都意味着韩、赵联合以
抗秦。秦昭王四十七年，秦白起大破赵军于长平。四十八年，秦军

乘胜掠取韩、赵的土地，并立即包围赵都邯郸。韩、赵于是派苏
代以厚币游说秦相应侯，说赵亡之后，武安君白起功高，将位居应
侯之上，希望秦国容许韩、赵割地求和。应侯以秦军力倦为理由对
秦昭王说了，秦昭王答应了让韩割垣雍和赵割六城以和。见《史记》
《白起列传》。

〔17〕 入朝：入朝于秦。

〔18〕 赵郝：《史记》《虞卿列传》《集解》："骃案：郝，音释。徐广曰：一
作'赦'。"

〔19〕 亡其：《史记》《虞卿列传》、《资治通鉴》卷五作"王以其"。今本《战
国策》《赵策》三也作"王以其"，但据姚氏本注，钱本、刘本仍作"亡
其"。武井骥《刘向新序纂注》："余有丁曰：亡其，犹无乃也。"之：语
已词。见裴学海《古书虚字集释》。

〔20〕 倦归：《战国策》《赵策》三、《史记》《虞卿列传》、《资治通鉴》卷五作
"倦而归"。

〔21〕 又：应从《战国策》《赵策》三、《史记》《虞卿列传》、《资治通鉴》卷五
作"又以"。

〔22〕 告：应从《史记》《虞卿列传》作"告赵郝"。《战国策》《赵策》三"赵郝"
作"楼缓"，下同。按《赵策》三关于楼缓的事，其编排和《史记》及本
书都不相同。

〔23〕 知：应作"不知"。不进：应从《史记》《虞卿列传》作"不能进"。

〔24〕 攻于王：应从《史记》《虞卿列传》作"攻王"。因上文也作"攻王"。

〔25〕 他日：《战国策》《赵策》三作"昔者"。

〔26〕 若：善。《战国策》《赵策》三、《史记》《虞卿列传》均作"善"。

〔27〕 善韩、魏而攻王：《战国策》《赵策》三作"释韩、魏而独攻王"。

〔28〕 足下：见本书《杂事》第三《乐毅使人献书燕王曰》章注〔3〕。解负亲
之攻：《赵策》三鲍彪注："赵尝亲秦而复负之，故秦攻之。今为媾，
所以解也。"

〔29〕 通币：通币帛交聘之好。

〔30〕 齐交韩、魏：《战国策》《赵策》三鲍彪注："使其交秦与韩、魏等。"

〔31〕 五县：应作"六县"。《史记》《虞卿列传》作"六城"。本章下文亦

依《史记》说以"六城赂齐"，齐"得王之六城"，则这里不应独作
"五县"。《战国策》《赵策》三这三处都作"五城"，鲍彪都校作
"六城"。

〔32〕　复来割：应从《战国策》《赵策》三、《史记》《虞卿列传》作"复求
割地"。

〔33〕　计固不止：岁岁求割地的念头当然不会停止。

〔34〕　且王之地有尽，而秦之求无已：《战国策》《赵策》三作"且秦，虎狼之
国也，无礼义之心；其求无已，而王之地有尽。"

〔35〕　楼缓：楼氏，赵人。秦昭王九年至十二年，为秦相。见《史记》《六国
表》、《穰侯列传》，《元和姓纂》卷五，吕祖谦《大事记》卷四、卷五。
从：《战国策》《赵策》三作"新从"。

〔36〕　公之私：您个人的看法。

〔37〕　公父文伯母：公父文伯，鲁大夫公父氏，名歜，公父穆伯之子。母，
敬姜，是季康子的从祖叔母。见《国语》《鲁语》下及韦昭注，梁玉绳
《汉书人表考》卷四、卷六。《战国策》《赵策》三、《韩诗外传》卷一、
《史记》《虞卿列传》"父"作"甫"，二字通。

〔38〕　病死：他的母亲对他的妻妾说他"夭死"，即短命而死。见《国语》
《鲁语下》。

〔39〕　女子：妇人通称。见《礼记》《曲礼上》孔颖达疏。这里指公父文伯
的妻妾。《孔子家语》《子夏问》："公父文伯卒，其妻妾皆行哭失声。
敬姜戒之曰：'吾闻好外者士死之，好内者女死之。今吾子早夭，吾
恶其以好内闻也……'"二人：应作"二八"。详见下注。女子为自
杀于房中者二人：《战国策》《赵策》三作"妇人为之自杀于房中者二
八"。《孔丛子》《记义》作"室人有从死者"。

〔40〕　不肯哭也：《孔丛子》《记义》作"怒而不哭"。按《国语》《鲁语下》说
公父文伯死了以后，"公父文伯之母，朝哭穆伯，而暮哭文伯"。《礼
记》《檀弓下》说："穆伯之丧，敬姜昼哭；文伯之丧，昼夜哭。"又说：
"文伯之丧，敬姜据其床而不哭"。孔颖达疏："此不哭者，谓暂时
不哭。"

〔41〕　相室：即家相。家相见《礼记》《曲礼下》，孔颖达疏说是"助知家

事者"。

〔42〕　孔子,贤人也,逐于鲁:见本书《杂事》第三《齐人邹阳客游于梁》章注〔33〕。是人不随:《韩诗外传》卷一作"昔是子也,吾使之事仲尼,仲尼去鲁,送之不出鲁郊,赠之不以家珍"。《孔丛子》《记义》作"是子素宗之而不能随"。

〔43〕　二人:也应作"二八"。今死而妇人为自杀者二人:《战国策》《赵策》三作"今死而妇人为死者十六人。"《韩诗外传》卷一作"死之日,宫女缤绖,而从者十人。""十人"应为"十六人"之误。

〔44〕　曰:《战国策》《赵策》三作"入见王,王以楼缓言告之,虞卿曰"。《史记》《虞卿列传》作"入见王曰"。

〔45〕　慎:《战国策》《赵策》三作"必"。

〔46〕　得:知。不得其二:《战国策》《赵策》三作"不知其二也。"

〔47〕　且:将。《战国策》《赵策》三作"将"。

〔48〕　疑天下:使天下诸侯疑心。《资治通鉴》卷五胡三省注:"缓谓赵与秦和,则天下疑赵有秦之援,将不敢乘弱而图之。"

〔49〕　见:应从《战国策》《赵策》三、《史记》《虞卿列传》、《资治通鉴》卷五作"且"。

〔50〕　是愈疑天下:《资治通鉴》卷五胡三省注:"卿谓赵与秦和,则天下愈疑而不肯亲赵也。"《战国策》《赵策》三"是"上有"夫赵兵困于秦,又割地为和"十一字。

〔51〕　何慰秦之心哉:赵国割地求和,只能令秦国觉得赵国更好欺负,从而对赵国土地的要求,更将得寸进尺,怎会令秦国的心里感到快慰满足呢?

〔52〕　独不言:《战国策》《赵策》三作"是不亦大"。

〔53〕　齐,秦之深雠也:齐湣王三十九年,秦攻取了齐国九座城池;四十年,秦国和燕、赵、魏、韩败齐于济西;齐襄王十四年,秦国侵占了齐国的刚寿。见《史记》《秦本纪》、《六国表》、《田敬仲完世家》。这些应该是形成"深雠"的因素。

〔54〕　雠:《史记》《虞卿列传》作"深雠"。齐、赵之雠:齐之雠,见上注。赵国对秦国的仇恨更深。赵武灵王十年,秦攻取了赵国的中都、西

阳、安邑。十一年,打败了赵将军英。十三年,取蔺,俘获了将军赵
庄。赵惠文王十一年取桂阳。十七年攻取了两座城池。十八年取
石城。十九年败赵,斩首三万。赵孝成王六年,破赵于长平,斩首
四十五万。七年,取皮牢、太原。见《史记》《秦本纪》、《六国表》。

〔55〕 为:应从《史记》《虞卿列传》、《资治通鉴》卷五删。

〔56〕 兵未窥于境:齐、赵两国的军队还没有窥视到秦国的边境。

〔57〕 重赂:《史记》《虞卿列传》、《资治通鉴》卷五作"重赂至赵"。

〔58〕 与秦易道:《资治通鉴》卷五胡三省注:"秦胁韩、魏使事秦,赵结韩、
魏使亲赵,是与秦易道。"

〔59〕 齐王:齐王建,襄王子。见《史记》《田敬仲完世家》。

〔60〕 虞卿之谋行而赵霸:虞卿去和齐王谋攻秦国,还没有回到赵国,秦
国已派使者向赵国求和了。不久,魏国也请求赵国和他结好。见
《史记》《虞卿列传》。所谓赵霸,大概指这些来说。当然这样说未
免夸大,所以下章《魏请为从》,只说"使虞卿久用于赵,赵必霸",并
没有说赵已霸。而且即使这样可以算霸,时间也很短促,因为就在
这年年底,秦国又向赵国进攻了。见《史记》《秦本纪》。

〔61〕 此存亡之枢机:《易经》《系辞上》:"言行,君子之枢机。"韩康伯注:
"枢机,制动之主。"孔颖达疏:"言户枢之转,或明或暗,弩牙之发,
或中或否,犹言行之动,从身而发,以及于物,或是或非也。"这里是
说虞卿的话,像枢机的影响于明暗中否一样,影响到赵国的存亡。

〔62〕 枢机之发,间不及旋踵:比喻虞卿的话,立刻便挽救了赵国。

〔63〕 之:应删。

〔64〕 趋风:疾趋如风。驰指:疾驰如以手指指物。备:应作"构"。武井
骥《刘向新序纂注》作"构"。

〔65〕 以:通已。

魏请为从〔1〕,赵孝成王召虞卿〔2〕谋,过平原君〔3〕,
平原君曰:"愿卿之论从也!"虞卿入见〔4〕,王曰:"魏请为
从。"对曰:"魏过。"王曰:"寡人固未之许。"对曰:"王过。"
王曰:"魏请从,卿曰'魏过'。寡人未之许,又曰'寡人过'。

然则从终不可邪?"对曰:"臣闻小国之与大国从事也〔5〕, 有利,大国受福;有败,小国受祸〔6〕。今魏以小请其祸, 而王以大辞其福,臣故曰:'王过,魏亦过。'窃以为从便。" 王曰:"善。"乃合魏为从。使虞卿久用于赵,赵必霸。会虞 卿以魏齐之事,弃侯捐相而归〔7〕,不用,赵旋亡〔8〕。

〔注〕

〔1〕 魏请为从:见上《秦赵战于长平》章注〔60〕。《战国策》《赵策》三作 "魏使人因平原君请从于赵"。

〔2〕 赵孝成王、虞卿:同见上《秦赵战于长平》章注〔2〕。

〔3〕 平原君:赵胜,赵惠文王弟,曾为赵惠文王、孝成王相。见《史记》 《平原君列传》及《集解》。

〔4〕 入见:应从《史记》《虞卿列传》作"入见王"。

〔5〕 臣闻小国之与大国从事也:《战国策》《赵策》三作"凡强弱之 举事"。

〔6〕 败:害。有利,大国受福;有败,小国受祸:《战国策》《赵策》三作"强 受其利,弱受其害"。

〔7〕 魏齐:魏之公子,为魏昭王相。见《史记》《范睢列传》。会虞卿以魏 齐之事,弃侯捐相而归:范睢原是魏国人,因为受到了魏相魏齐 的陷害才跑到秦国去的。见本书《杂事》第三《齐人邹阳客游于梁》 注〔24〕。周赧王四十九年,即秦昭王四十一年,秦昭王用他为相, 封为应侯。这时魏国派使臣须贾入秦,应侯叫须贾回去告诉魏安 厘王:赶紧送魏齐的头来,否则攻下大梁,把人杀光。魏齐听说,吓 得逃到赵国,躲在平原君的家里。周赧王五十六年,即秦昭王四十 八年,秦昭王因一意要为应侯报仇,听说魏齐在平原君家里,于是 引诱平原君入秦,把平原君扣留,派人对赵孝成王说:赶快把魏齐 的头送来,否则进攻赵国,同时也不让平原君出关。赵孝成王只得 派兵围捕魏齐。魏齐连夜逃到赵相虞卿那里,虞卿想赵王到底不好 说话,便毅然解下了相印,捐弃了万户侯的爵位,陪着魏齐一同逃

出了赵国。见《史记》《六国表》、《范雎列传》,《资治通鉴》卷五。

〔8〕 赵旋亡:赵国自虞卿离开以后三十一年而为秦所灭。如连代亡也包
括在内,则为三十七年。参阅《史记》《六国表》。

善 谋 第 十

沛公与项籍俱受令于楚怀王[1]曰："先入咸阳者王之[2]。"沛公将从武关入[3]，至南阳守战[4]，南阳守齮保宛城[5]，坚守不下。沛公引兵围宛三匝[6]。南阳守欲自杀，其舍人[7]陈恢止之曰："死未晚也[8]。"于是恢乃踰城见沛公曰："臣闻足下[9]约：先入咸阳者王之。今足下留兵尽日围宛。宛，大郡之都也，连城数十，人民众，蓄积多。其吏民自以为降而[10]死，故皆坚守乘城[11]。足下攻之[12]，死伤者必多。死者未收，伤者未瘳，足下旷日则事留，引兵而去，宛完缮弊甲，砥砺凋兵，而随足下之后。足下前则失咸阳之约，后有[13]彊宛之患：窃为足下危之。为足下计者，莫如约宛守降封之，因使止守，引其甲卒与之西击[14]。诸城未下者，闻声争开门而待[15]，足下通行无所累。"沛公曰："善。"乃以宛守为殷侯[16]，封陈恢千户[17]。引兵西，无不下者，遂先入咸阳[18]，陈恢之谋也。

〔注〕

〔1〕 沛公：见本书《善谋》第九《秦孝公欲用卫鞅之言》章注〔42〕。楚怀王：秦二世元年九月，楚项梁武装起义。二年，范增以为楚怀王入秦不返，到现在还被楚国的人民哀怜。陈胜起义的失败，是由于不立楚后。因此他劝项梁存立楚后。六月，项梁于是从民间找到楚

怀王一个孙子,名心,替人家放羊,把他立为楚怀王。定都盱台,后迁都彭城。秦亡后,被尊为义帝。见《史记》《项羽本纪》。

〔2〕 咸阳:秦都,故城在今陕西咸阳东二十里。先入咸阳者王之:《史记》《高祖本纪》、《汉书》《高帝纪》、《资治通鉴》卷八均作"先入定关中者王之"。这是秦二世二年后九月怀王与部下诸将所订之约。

〔3〕 武关:在陕西省商县东。沛公将从武关入:秦二世二年后九月,怀王虽与诸将约定,"先入定关中者王之",但在项梁新败之后,诸将都害怕秦军,只有项羽怨恨秦军打垮了他的叔父项梁,自告奋勇要首先和沛公入关。怀王底下一班老将觉得项羽为人凶悍。秦国的父兄苦于他们统治者的压制很久了。只有沛公素来都是"宽大长者",可以委派。怀王于是没有答应项羽的请求,只派沛公引兵西进。见《史记》《高祖本纪》,吕祖谦《大事记》卷八。

〔4〕 至:应作"与"。南阳:郡名。秦置南阳郡,有今河南省西南部及湖北省北部地。南阳守:南阳郡太守吕齮。见荀悦《前汉纪》卷一。齮,音鱼倚切。与南阳守战:《史记》《高祖本纪》、《资治通鉴》卷八作"与南阳守齮战犨东,破之,略南阳郡"。时在秦二世三年六月。

〔5〕 宛城:南阳郡治,在今河南省南阳市。参阅程恩泽《国策地名考》卷七。

〔6〕 沛公引兵围宛三匝:沛公因为宛城攻不下来,便引兵绕过宛城向西进发。张良进谏,说沛公虽然想赶快进关,但秦国的军队还有很多,据险抗击。如果不攻下宛城,宛城的军队,从后追击,强秦的军队在前面拦击,这是危险的做法。沛公于是率领军队连夜秘密地从另一条路回来。黎明的时候,已把宛城密密地包围了三重。见《史记》《高祖本纪》。

〔7〕 舍人:《周礼》《地官》中有"舍人",是管理王宫中粮食的出纳和使用的官。战国以至汉初,达官贵人也有舍人。但舍人也不是食客。他们的官位微贱,职务是替主人管理家务,有的替主人征收租税。正是因为达官贵人们的封地广,税收征收的任务重,所以所需要的舍人也多。参阅《史记》《孟尝君列传》、《平原君列传》、《春申君列传》、《廉颇蔺相如列传》、《吕不韦列传》、《李斯列传》、《淮阴侯列传》、

《樊哙列传》,《汉书》《韩信传》、《樊哙传》及《曹参传》颜师古注。

〔8〕　死未晚也:陈恢之意,大概是"恢往说沛公请降,不许,死未晚也。"因语急不及尽言,而记者也如实记录,陈恢的急迫之状,于是跃然纸上。参阅杨树达《古书疑义举例续补》卷一第六条。

〔9〕　足下:见本书《杂事》第三《乐毅使人献书燕王曰》章注〔3〕。

〔10〕　而:《史记》《高祖本纪》、《汉书》《高帝纪》、《资治通鉴》卷八均作"必"。

〔11〕　乘城:《汉书》《高帝纪》颜师古注:"乘,登也,谓上城而守也。"

〔12〕　足下攻之:《史记》《高祖本纪》、《汉书》、《高帝纪》、《资治通鉴》卷八均作"今足下尽日止攻",荀悦《前汉纪》卷一作"足下尽力攻之"。

〔13〕　有:《史记》《高祖本纪》作"又肯"。

〔14〕　甲卒:铁华馆校宋本作"甲兵"。击:应从《史记》《高祖本纪》、《汉书》《高帝纪》、荀悦《前汉纪》卷一、《资治通鉴》卷八删,因下文"引兵西"下也没有"击"字。

〔15〕　声:铁华馆校宋本作"风"。待:应从《汉书》《高帝纪》、荀悦《前汉纪》卷一、《资治通鉴》卷八下补"足下"二字。《汉书》《高帝纪》王先谦《补注》引朱子文曰:"陈恢说沛公之辞,不过百余字,凡称足下者八,其七皆不可去,惟今足下留守宛可以削之。"

〔16〕　乃以宛守为殷侯:《汉书》《高帝纪》作"七月,南阳守齮降,封为殷侯"。

〔17〕　封陈恢千户:《汉书》《高帝纪》王先谦《补注》引李慈铭曰"《汉纪》作'千户侯'。封恢千户,犹陈余在南皮而环三县,不必侯也,《汉纪》'侯'字盖衍。"按根据《史记》《张耳陈余列传》、《汉书》《张耳陈余传》,陈余也说自己为侯,知《前汉纪》不误,封陈恢千户也就是封陈恢为千户侯。

〔18〕　先入咸阳:在汉元年十月。见《史记》《高祖本纪》。

　　汉王既用滕公、萧何之言,擢拜韩信为上将军〔1〕,引信上坐。王问曰:"丞相数言将军,将军何以教寡人计策?"

信谢〔2〕,因问王曰:"今东向争权天下〔3〕,岂非项王邪?"
曰:"然。""大王自断勇仁悍彊〔4〕,孰与项王?"汉王默然
良久,曰:"不如也。"信再拜贺曰:"唯〔5〕信亦以为大王不
如也。然臣尝事楚〔6〕,请言项王为人。项王喑噁叱咤〔7〕,
千人皆废〔8〕,然不能任属贤将,此匹夫之勇耳。项王见
人恭谨〔9〕,言语呴呴〔10〕,人疾病,涕泣分食饮〔11〕,至使
人有功,当封爵,印刓绶弊,忍不能与〔12〕,此所谓妇人之
仁。项王虽霸〔13〕天下而臣诸侯,不居关中,都彭城〔14〕。
又背义帝约,而以亲爱王诸侯〔15〕,不平。诸侯之见项王
迁逐义帝江南〔16〕,亦皆归逐其主,自王善地〔17〕。项王所
过,无不残灭,多怨〔18〕,百姓不附,特劫于威彊服耳〔19〕。
名虽为霸王〔20〕,实失天下心。故曰:其彊易弱〔21〕。今大
王诚反其道,任天下武勇〔22〕,何不诛〔23〕?以天下城邑封
功臣,何不服?以义兵从思东归之士,何不散〔24〕?且三秦
王〔25〕为秦将,秦子弟〔26〕数岁所杀亡,不可胜计。又欺其
众降诸侯,至新安,项王诈坑秦降卒二十余万人,唯独邯、
欣、翳脱〔27〕。秦父兄怨此三人,痛入骨髓。今楚彊以威
王此三人,秦民莫爱。大王之入武关〔28〕,秋毫无所害,除
秦苛法,与秦约法三章。且秦民无不欲得大王王秦者〔29〕。
于诸侯约〔30〕,大王当王关中,民户知之〔31〕。大王失职之
蜀〔32〕,民〔33〕无不恨者。今大王举而东〔34〕,三秦可传檄
而定也。"于是汉王喜〔35〕,自以为得信晚,遂听信计,部署
诸将所击。八月,汉王东出,秦民归汉王,遂诛三秦王,定

其地〔36〕,收诸侯兵,讨项王,定帝业〔37〕,韩信之谋也。

〔注〕

〔1〕 滕公:夏侯婴,沛人,事汉高祖。高祖为沛公,用为太仆,从攻秦军,
　　　因功受爵封,为滕令。因号滕公。文帝时卒,谥为文侯。见《史记》《夏
　　　侯婴列传》及《集解》。汉王既用滕公、萧何之言,擢拜韩信为上将
　　　军:汉元年四月,汉王由关中入蜀,韩信弃楚归汉,曾犯了杀头之
　　　罪,临刑,韩信对滕公说:“主上不想得天下了罢,为什么要杀害壮
　　　士!”滕公感到他不平凡,赦了他。和他谈了一番,非常高兴,便对
　　　汉王说了;但汉王只是用韩信为治粟都尉。韩信又跟萧何谈了几
　　　次,萧何觉得他有奇才。汉王到了南郑,刘邦为汉王,定都南郑。
　　　韩信猜想萧何已替他向汉王说过几次,但汉王还是不重用他,七
　　　月,他便跟别的将官从南郑一道逃跑了。萧何把他追回,对汉王说:
　　　汉王想争天下,非韩信不可。萧何劝汉王斋戒设坛,拜韩信为大将。
　　　汉王答应了。见《史记》《淮阴侯列传》、《汉书》《高帝纪》。

〔2〕 谢:《资治通鉴》卷九作“辞谢”。

〔3〕 东向:汉王的根据地是巴、蜀和汉中,要争天下就必须向东发展,所
　　　以这样说。今东向争权天下:现在大王向东发展,和大王争权于天
　　　下的。

〔4〕 勇仁悍彊:应作“勇悍仁彊”。自断勇仁悍彊:《史记》《淮阴侯列传》、
　　　《汉书》《韩信传》、《资治通鉴》卷七均作“自料勇悍仁彊”。荀悦《前
　　　汉纪》卷二、王益之《西汉年纪》卷一也均作“自料勇悍仁强”。

〔5〕 唯:读作虽。王念孙《读书杂志》五《汉书》第八:“念孙案‘唯信亦以
　　　为大王弗如也’当作一句读,‘唯’读为‘虽’,言非独大王以为弗如,
　　　虽信亦以为弗如也。”

〔6〕 尝事楚:见本书《杂事》第二《昔者唐虞崇举九贤》章注〔21〕。

〔7〕 暗:音荫。噁:音乌故切。暗噁叱咤:怒喝的声音。《汉书》《韩信传》
　　　作“意乌猝嗟”。荀悦《前汉纪》卷二作“暗鸣叱咤”。按意、暗,同属
　　　影母,鸣、乌、噁同音。猝叱上古同音,同属清母脂部。嗟属歌部,
　　　咤属鱼部。汪荣宝《歌戈鱼虞模古读考》认为魏、晋以前,同一韵母。

《汉书》颜师古注引李奇曰："猝嗟犹咄嗟也。"咄嗟也是呵叱之声。

〔8〕 废：《汉书》《韩信传》颜师古注引李奇曰："言羽一咄嗟，千人皆失气也。"是"废"解为失气，失气即气为之夺。荀悦《前汉纪》卷二作"靡"。靡即披靡，是溃退之意。按前说就其精神状态来说，后者就其外部动作来说。

〔9〕 见：遇。见人：待人。荀悦《前汉纪》卷二作"与人"，义同。恭谨：《史记》《淮阴侯列传》、《资治通鑑》卷九作"恭敬慈爱"。

〔10〕 呴：音许于切。呴呴：温顺的样子。

〔11〕 食饮：铁华馆校宋本作"饮食"。

〔12〕 刓：音吴桓切，削，这里指用手抚弄到印角圆了。忍：贾谊《新书》《道术》："反慈为忍。"印刓绶弊，忍不能与：一直到印角模圆了，系印的带子残旧了，还是刻薄寡恩，捨不得给人。意即很久都捨不得给人封爵。忍不能与：荀悦《前汉纪》卷二作"恡而不能与"。

〔13〕 霸：荀悦《前汉纪》卷二作"王"。

〔14〕 彭城：今江苏省铜山县。不居关中，都彭城：汉元年十二月，项羽入关，烧秦咸阳宫室，火三月不灭。搜索了秦宫中的财宝、妇女，出关东归。有人劝项羽说：关中险阻，土地肥沃，可定都关中，以霸天下。但项王觉得秦国的宫室，都已烧燬，又一心想着东归，觉得富贵不归故乡，如衣锦夜行，没人知道。因此没有接受这个意见，而在四月东归，定都彭城。见《史记》《项羽本纪》、吕祖谦《大事记》卷八。

〔15〕 背义帝约，而以亲爱王诸侯：秦二世二年后九月，怀王与诸将约："先入定关中者王之。"汉元年十月，沛公先入定关中，理应让沛公在关中为王。但项羽入关以后，乾脆自立为西楚霸王，统辖梁、楚九郡，定都彭城。负约另立沛公为汉王，统辖巴、蜀、汉中，定都南郑。三分关中，封秦三将：立章邯为雍王，立司马欣为塞王，立董翳为翟王。徙魏王豹为西魏王，立瑕丘申阳为河南王，韩王成依旧，立赵将司马卬为殷王，徙赵王歇为代王，立张耳为常山王，立黥布为九江王，立吴芮为衡山王，立共敖为临江王，徙燕王韩广为辽东王，立燕将臧荼为燕王，徙齐王田市为膠东王，立齐将田都为齐王，立田安为济北王。这些除了沛公及被迁徙的诸侯王以外，都是归

降项羽，或跟随项羽作战，或对项羽有战功的人。见《史记》《项羽本纪》、《高祖本纪》。

〔16〕 迁逐义帝江南：江南，楚邑名，见本书《义勇》第八《芊尹文者》章。即今湖南省郴县。《史记》及《高祖本纪》作"徙义帝长沙郴县"。因为怀王是项羽的叔父项梁所立，但怀王与诸将约，"先入定关中者王之"，又不答应项羽和沛公一起入关的请求，结果沛公首先入关，怀王又坚决要履行旧约，因此项羽虽然表面上尊怀王为义帝，实际上对怀王非常不满。汉元年项羽出关以后，便以"古之帝者，地方千里，必居上游"为藉口，叫人迁徙义帝于长沙郡郴县。义帝的大臣们对项羽的命令略有反抗，汉二年冬十月，项羽便叫人把义帝暗杀了。见《史记》《项羽本纪》、《高祖本纪》。

〔17〕 皆归逐其主，自王善地：《汉书》《韩信传》王先谦《补注》引齐召南曰："案诸侯归逐其主，自王善地，即指田都王临淄，田市王济北，臧荼王燕，司马卬王殷，张耳王常山，皆徙其故王于他处也。不然，信拜大将在四月，诸侯已各就国罢兵矣，乌知后有田荣杀田都，田市及臧荼杀韩广事乎？"

〔18〕 多怨：《史记》《淮阴侯列传》作"天下多怨"。《汉书》《韩信传》作"多怨百姓"，即多怨于百姓。

〔19〕 特劫于威彊服耳：只是逼于威而勉强屈服罢了。见王念孙《读书杂志》三《史记》第五。

〔20〕 名虽为霸王：因项羽自号西楚霸王，所以这样说。《史记》《淮阴侯列传》、《汉书》《韩信传》、《资治通鉴》卷九"霸王"作"霸"，荀悦《前汉纪》卷二作"伯"，都没有"王"字。

〔21〕 易弱：《汉书》《韩信传》颜师古注："易使弱也。"

〔22〕 武：勇。武勇：合成词，指勇士。

〔23〕 何不诛：《史记》《淮阴侯列传》、荀悦《前汉纪》卷二、《资治通鉴》卷九"何不诛"和以下"何不服"、"何不散"的"何"下均有"所"字。

〔24〕 义兵：如下所说，汉王引兵西入武关，对老百姓"秋毫无所害，除秦苛法"。依怀王约，汉王也"当王关中"。正义在汉王这一方面，因此汉王的军队也是正义之师。思东归之士：汉王部队的成员，是楚

国人,局促汉中,都想着东归故乡,因此是"思东归之士"。以义兵从
东归之士,何不散:以正义之师,顺从着想着东归故乡的军队成员
的心愿,向东进击,什么敌人不被击溃?

〔25〕　三秦王:见上注〔15〕。

〔26〕　秦子弟:《史记》、《汉书》、《资治通鉴》、《西汉年纪》均作"将秦子
弟"。"秦"上应有"将"字。《四部丛刊》本、湖北崇文书局刊本、明程
荣校本"子弟"均作"弟子",今从铁华馆校宋本及上列诸书作"子
弟"。

〔27〕　新安:故城即今河南省铁门县之塔泥镇。又欺其众降诸侯……唯独
邯、欣、翳脱:秦二世三年十二月,项羽为诸侯上将军,诸侯从属项
羽。秦将章邯和项羽数战不利,为二世所不容。陈余也给章邯写
了一封劝降书。六月,章邯又继续受到项羽的军事压力,便在七月
率秦军投降了。项羽立章邯为雍王,置楚军中。叫长史司马欣为
上将军,率领秦军为前锋。汉元年十一月,到了新安,由于以前秦
国对待诸侯的吏卒不好,现在秦国的吏卒投降诸侯,诸侯一般的吏
卒便奴役他们,污辱他们。因此他们大多切切私语,说章邯骗他们
投降诸侯。这些不满意的话终于被项羽知道。项羽觉得秦国投降
的吏卒不可靠,于是晚上在新安城南,把秦降卒二十多万人统统活
埋了,只留下章邯、长史司马欣和都尉董翳三人。见《史记》《项羽
本纪》、《秦楚之际月表》。

〔28〕　大王之入武关:见上《沛公与项籍俱受令于楚怀王曰》章注〔3〕。

〔29〕　与秦:应从卢文弨《群书拾补》校作"与秦民"。《史记》《淮阴侯列
传》、《资治通鉴》卷九均作"与秦民"。《汉书》《韩信传》作"与民"。
且:应从《史记》、《汉书》作"耳",连上句读。秋毫无所害……秦民
无不欲得大王王秦者:汉元年十月,沛公进入咸阳,封存秦国的重
宝财物府库,还驻霸上。十一月,召集诸县的父老豪绅们说:"父老
们苦于秦的苛法很久了。……我和诸侯相约:先入关的在关中
为王。因此我应该在关中为王。我只和父老们定出三条法律:杀
人的得死罪,伤人的以及盗窃的都得到和他所犯的罪相当的惩罚。
其余秦国的法律都统统废除了。"沛公叫人和秦国吏人把约法三章

的话遍告诸县乡邑,秦国的老百姓非常高兴,抢着拿牛羊酒食来献
给沛公的军队,沛公都推辞不受,说"仓库的粮食很多,不想让老百
姓耗费。"老百姓更加欢喜,唯恐沛公不为秦王。见《史记》《高祖本
纪》。

〔30〕 于诸侯约:根据《史记》《高祖本纪》、《汉书》《高帝纪》,"先入定关中
者王之",原是楚怀王和部下诸将所订之约。但根据《史记》《项羽
本纪》、《秦楚之际月表》,《汉书》《项籍传》,自秦二世三年十二月钜
鹿之战以后,诸侯都从属于项羽,这就成为怀王和诸侯所订之
约了。

〔31〕 民户知之:《史记》《淮阴侯列传》、《资治通鉴》卷九作"关中民咸知
之"。《汉书》《韩信传》作"关中民户知之"。

〔32〕 失职之蜀:《史记》《淮阴侯列传》、《资治通鉴》卷九作"失职入
汉中"。

〔33〕 民:《史记》《淮阴侯列传》、《资治通鉴》卷九作"秦民",荀悦《前汉
纪》卷二作"秦人"。

〔34〕 举而东:荀悦《前汉纪》卷二作"举兵而东"。

〔35〕 喜:《史记》《淮阴侯列传》、《汉书》《韩信传》、荀悦《前汉纪》卷二、
《资治通鉴》卷九作"大喜"。

〔36〕 八月……定秦地:汉元年八月,汉王引兵从故道出袭雍。雍王章邯
迎击汉军于陈仓,败退至好畤,再战,又败,走废丘。汉王于是平定
雍地,东至咸阳,派樊哙围废丘,又派诸将略取陇西、北地和上郡,
塞王司马欣、翟王董翳投降。汉二年六月,汉军引水灌废丘,废丘
也投降了,章邯自杀。见《史记》《高祖本纪》、《资治通鉴》卷九。

〔37〕 收诸侯兵……定帝业:汉二年冬十月,项羽使人暗杀义帝于郴。三
月,汉王自临晋渡黄河而东,魏王豹降,房殷王卬。汉王采纳董公
的意见,为义帝发丧,派使者遍告诸侯,表示愿意跟诸侯王讨伐楚
之杀义帝者。项羽因为齐国背叛自己,正在进攻齐国,想打垮了齐
国以后再进攻汉王,因此汉王能有机会结集诸侯的军队进攻项羽。
楚汉战争,虽然彼此互有胜负,但汉王到底愈战愈强。汉五年冬十
二月,项羽终于兵败自杀。二月甲午,汉王即皇帝位于汜水之北。

见《史记》《高祖本纪》、《汉书》《高帝纪》。

　　赵地乱，武臣、张耳、陈余定赵地〔1〕，立武臣为赵王，张耳为相，陈余为将军〔2〕。赵王间出〔3〕，为燕军所得，燕〔4〕囚之，欲与三分其地〔5〕，乃归王。使者至，燕辄杀之，以固求地。张耳、陈余患之。有厮养卒谢其舍中人〔6〕曰：“吾为公说燕〔7〕，与赵王载归。”舍中人皆笑之曰：“使者往十辈死〔8〕，若何以能得王？”厮养卒曰：“非若所知。”乃洗沐往见。张耳、陈余遣行。见燕王〔9〕。燕王问之，对曰：“贱人希见长者，愿请一卮〔10〕酒！”已饮，又问之，复曰：“贱人希见长者，愿复请一卮酒！”与之酒，卒曰：“王知臣何欲？”燕王曰：“欲得而王耳。”卒曰：“君知张耳、陈余何人也？”燕王曰：“贤人也。”曰：“君知其意何欲？”曰：“欲得其王耳。”赵卒笑曰：“君未知两人所欲也。夫武臣、张耳、陈余，杖马策，下赵数十城，此亦各欲南面而王。岂为卿相哉〔11〕？夫臣与主，岂可同日道哉？顾其势始定，未敢三分而王，且以长少〔12〕，先立武臣为王，以持赵心。今赵地已服，此两人亦欲分赵而王，时未可耳。今君囚赵王，此两人名为求赵王，实欲燕杀之，此两人分赵自立。夫以一赵尚易燕〔13〕，况两贤王左提右挈〔14〕，执直义而以责不直之弱燕〔15〕，灭无日矣〔16〕。”燕王以为然，乃遣〔17〕赵王，养卒为御而归，遂得反国，复立为王，赵卒之谋也。

〔注〕

〔1〕　赵地乱，武臣、张耳、陈余定赵地：秦二世元年七月，陈涉起义于蕲，

至陈,自立为王,号张楚。用陈人武臣为将军,邵骚为护军,大梁人
张耳、陈余为左右校尉,带领三千军队,从白马津北渡黄河。张耳、
陈余鼓动赵地各县豪强跟着起义。于是他们的队伍扩大为几万人。
武臣自号为武信君,降服了赵地十几座城池。但其余的三十多座城
池坚守不降,武信君于是带领军队进攻范阳。范阳人蒯通劝范阳
令投降,又劝武信君以侯印封范阳令,让范阳令坐着漂亮的车子驰
骋于燕、赵之郊。武信君采纳了他的意见,于是赵地其余三十多座
城池也投降了。见《史记》《张耳陈余列传》、《资治通鉴》卷七。

〔2〕 立武臣为赵王,张耳为相,陈余为将军:秦二世元年八月,武臣、张
耳、陈余等至邯郸。张耳、陈余听说陈涉所派入关击秦的军队失
败,又听说诸将为陈涉略取土地的,大多因谗被杀,又怨恨陈涉不
用自己为将军。因此他们劝武臣自立为赵王。武臣从其计,用陈余
为大将军,邵骚为左丞相,张耳为右丞相。见《史记》《陈涉世家》、
《张耳陈余列传》,《资治通鉴》卷七。

〔3〕 间:去声。间出:《后汉书》《冯异传》李贤注:"间出,犹微行也。"赵
王间出:《史记》《张耳陈余列传》"赵"上有"赵王乃与张耳、陈余北
略地燕界"十三字。荀悦《前汉纪》卷一作"赵王略地燕界,间
行"。据此则是赵王因为要侵夺燕地,为了亲自侦察,才微行于燕国
国境。

〔4〕 燕:《史记》《张耳陈余列传》作"燕将"。

〔5〕 欲与三分其地:费解,"三"字应删。《史记》《张耳陈余列传》作"欲
与分赵地半",《汉书》《张耳陈余传》作"欲与分地",都没有"三"字。
荀悦《前汉纪》卷一、《资治通鉴》卷七均作"以求割地"。

〔6〕 厮养卒:劈柴烧饭的仆役。《史记》《张耳陈余列传》《集解》引韦昭
曰:"析薪为厮,炊烹为养。"谢:辞别。其舍中人:他主人家中的人。

〔7〕 公:指张耳、陈余。《汉书》《张耳陈余传》作"二公"。

〔8〕 往十辈死:应作"往十辈辄死",因为这句承上文"燕辄杀之"而说。
《史记》《张耳陈余列传》作"往十余辈辄死"。《汉书》《张耳陈余传》
作"往十辈皆死"。

〔9〕 见燕王:《史记》《张耳陈余列传》、《汉书》《张耳陈余传》作"乃走燕

壁,燕将见之"。自"乃洗沐往见"以下,本书和《史记》、《汉书》、《前
汉纪》卷一、《资治通鉴》卷七都详略不同,凡细节基本上相同之处,
"燕王"四书均作"燕将"。

〔10〕　卮:酒器,酒杯之类。按卮的容量,大小不一。《史记》《高祖本纪》
《集解》引应劭曰:"受四升。"但《史记》《项羽本纪》中又有"斗卮"。
赵翼《陔余丛考》卷三十说:"后世权量大约三四倍于古。"

〔11〕　岂为卿相哉:应作"岂欲为卿相哉?"《史记》《张耳陈余列传》作"岂
欲为卿相终已邪?"《资治通鉴》略同《史记》。荀悦《前汉纪》卷一作
"岂乐为人臣哉?"

〔12〕　且以长少:荀悦《前汉纪》卷一作"且以长幼相次",其意相同。

〔13〕　易燕:看燕国不在眼内。荀悦《前汉纪》卷一作"尚陵少燕"。

〔14〕　左提右挈:互相扶持。

〔15〕　直义:正义。执直义而以责不直之弱燕:《史记》《张耳陈余列传》、
《资治通鉴》卷七作"而责杀王之罪"。

〔16〕　灭无日矣:《史记》《张耳陈余列传》、《汉书》《张耳陈余传》、《资治通
鉴》卷七作"灭燕易矣。"荀悦《前汉纪》卷一作"破燕必矣"。

〔17〕　遣:《史记》《张耳陈余列传》、《汉书》、《张耳陈余传》、《资治通鉴》卷
七均作"归"。

郦食其号郦生〔1〕,说汉王〔2〕曰:"臣闻之:知天之天
者〔3〕,王事可成;不知天之天者,王事不可成。王者以民
为天,而民以食为天。夫敖仓〔4〕,天下转输久矣,臣闻其
下乃有藏粟甚多〔5〕。楚人拔荥阳〔6〕,不坚守敖仓,乃引
而东,令谪过卒分守成皋〔7〕,此乃天所以资汉。方今楚易
取而汉反却,自夺其便,臣窃以为过矣。且两雄不俱立,楚
汉久相持不决,百姓骚动,海内摇荡,农夫释耒,工女下
机,天下之心,未有所定也。愿陛下〔8〕急复进兵,收取荥
阳,据敖仓〔9〕之粟,塞成皋之险〔10〕,杜太行之路,距蜚狐

之口〔11〕，守白马之津〔12〕，以示天下诸侯形制〔13〕之势，则天下知所归矣。"汉王曰："善。"乃从其计画，复守敖仓〔14〕。卒粮食不尽，以擒项氏〔15〕。其后吴、楚反〔16〕，将军窦婴、周亚夫復据敖仓塞成皋如前，以破吴、楚〔17〕，皆郦生之谋也〔18〕。

〔注〕

〔1〕 郦食其号郦生；郦食其，音历异基。郦氏，陈留县高阳乡人，又称郦生，游说之士。秦二世三年二月，帮助沛公袭取陈留县，沛公封食其为广野君。见《史记》《郦生列传》及《索隐》、《汉书》《高帝纪》。

〔2〕 说汉王：汉三年九月，汉王因为几个月来在荥阳、成皋屡次为楚所困，打算放弃成皋以东的地方，屯兵于巩、洛来抵抗楚军，郦生因而用下面的话劝说汉王。见《史记》《郦生列传》、《资治通鉴》卷十。

〔3〕 天：《说文》："天，颠也。"颠是头顶。因此天可解为首。知天之天者：懂得首要的首要的。下文说"王者以民为天，而民以食为天"，则"知天之天者"，即知民之食者。

〔4〕 敖仓：因敖山而得名。《元和郡县志》卷八《河南道》四《郑州》引宋武帝《北征记》曰："敖山秦时筑仓于山上。汉高祖亦因敖仓傍山筑甬道下汴水，即此山也。"《水经》《济水注》也说敖山"秦置仓于其中，故亦曰敖仓城也。"按敖山在河南省汜水县故城西北。

〔5〕 其下乃有藏粟甚多：这是因为"天下转输久矣"的结果。沈钦韩《汉书疏证》卷二十七："《吕氏春秋》'穿窦窌'高诱注：'穿水通窦，不欲地泥湿也，穿窌所以盛穀也。'是古者穿地下藏粟也。"按《荀子》《富国》有"垣窌"，杨倞注："垣，筑墙四周以藏穀也。窌，窖也，掘地藏穀也。"敖仓是以地窖为仓，所以说"其下"。

〔6〕 荥：应作"荥"。见王念孙《读书杂志》三《汉书》第一《荥阳》条。荥阳：在今河南省荥阳县东北。楚人拔荥阳：项羽拔取荥阳，在汉三年六月。见《汉书》《高帝纪》。

〔7〕 谪过卒：有罪过而被处罚到远地戍守的士卒。成皋：故城在河南省

汜水故城的西北。参阅下注〔10〕。乃引而东，令谪过卒分守成皋：汉三年六月，项羽在拔取了荥阳以后，又攻下了成皋。九月，项羽引兵东击彭越，留大司马曹咎守卫成皋。见《汉书》《高帝纪》、《项籍传》。

〔8〕　陛下：用法同足下。后来才专为称呼天子之词。

〔9〕　敖仓：《汉书》《郦食其传》作"敖庾"。颜师古注"敖庾即敖仓"。

〔10〕　成皋之险：成皋故城雄踞黄河南岸之大伾山上，山势环抱，悬崖峭壁，高四十余丈。又名虎牢，秦以为关。见《水经》《河水注》。程恩泽《国策地名考》卷十四："三家分智氏地，段规曰：'必取成皋。'韩氏从之，后果得郑。及失成皋，十九年而韩遂亡。则其险虽不足恃，然亦所系匪浅矣。"

〔11〕　太行之路：本书下章《郦生说汉王曰》又作"太行之阪"。《史记》《集解》引韦昭曰："在河内野王县北。"《汉书》颜师古注："太行，山名，在河内野王之北，上党之南。"野王即今河南省沁阳县。据此则"太行之路"，指沁阳之北的太行山道而言。蜚狐之口：即飞狐关，在今河北省涞源县。杜太行之路，距蜚狐之口：《汉书》王先谦《补注》引何焯曰："此似后人依託之语。杜太行之道，乃秦人规取韩、赵旧意。当时汉已虏魏豹，禽赵歇，河东、河内、河北皆归汉，何庸复杜太行之道，以示形势乎？燕、赵已定，即代郡飞狐，亦非楚人所能北窥。何庸杜此兼距彼乎？与当时事实阔远。"

〔12〕　白马：故城在今河南省滑县东。白马之津：黄河在白马县之南，河水溢出，和济水、濮水、黄沟相通。又继续流经白马县西北，在离白马县北三十里的渡口，就是白马津，又叫鹿鸣津、黎阳津、天桥津。见《水经》《河水注》、《元和郡县志》卷八《河南道》四《滑州》。据此则守住了白马津，便可以控制了它上游的黄河、济水、濮水和黄沟了，因此这渡口是很重要的。后来黄河因为改道，现已不从那里经过了。

〔13〕　形制：《资治通鉴》卷十胡三省注："谓以地形而据之以制敌。"

〔14〕　乃从其计画，复守敖仓：汉王复取成皋、敖仓，在汉四年冬十月。见《汉书》《高帝纪》。

〔15〕　擒项氏：按项羽乌江自刎，并没有被擒，说擒是词义的活用。

〔16〕　吴、楚反：吴王濞太子汉文帝时入朝，和皇太子为博戏，因为和皇太子争吵，不恭敬，被皇太子用博局掷死。吴王濞怀恨在心。皇太子立，是为景帝。晁错劝景帝削减诸侯的封地，景帝采纳错的意见。景帝前三年正月，吴王濞便联合楚王戊、赵王遂、膠西王卬、济南王辟光、菑川王贤、膠东王雄渠起兵反了。见《史记》《吴王濞列传》。

〔17〕　窦婴：字王孙，观津人，孝文后从兄子。吴、楚反时为大将军。以平吴、楚之乱有功，封魏其侯。官至丞相。见《史记》《魏其武安侯列传》。周亚夫：沛人，周勃子，封为条侯。吴、楚反时为太尉。后迁为丞相。见《史记》《绛侯周勃世家》。将军窦婴……以破吴、楚：应高为吴王濞劝膠西王卬一起谋反，也曾说吴王濞要带楚王戊攻取函谷关，"守荥阳敖仓之粟"，以"距汉兵"。吴王濞初起兵时，吴少将桓将军也曾劝吴王赶快进佔洛阳武库，"食敖仓粟，阻山河之险，以令诸侯。"但吴王不听。周亚夫当然也看到这一点，所以吴、楚反时，他将军队集中于荥阳，由大将军窦婴坚守，周亚夫进驻昌邑，先让梁国和吴、楚作战。吴、楚攻梁不下，自己的运粮道又在淮、泗口为周亚夫的轻骑部队所切断，到昌邑进攻周亚夫的营垒又攻不进去。因为军粮缺乏，吴、楚终于退却了。景帝前三年二月，周亚夫用精兵追击，大破吴、楚。楚王戊自杀。吴王濞逃到丹徒。三月，为东越人所杀。膠西、济南、菑川、膠东诸王也为栾布所破，诸王伏法。九月，郦寄、栾布破赵，赵王遂也自杀了。吴、楚等七国之乱至此才告平定。见《资治通鉴》卷十六，吕祖谦《大事记》卷十一。

〔18〕　皆郦生之谋也：湖北崇文书局刊本、明程荣校本这和以下"郦生说汉王曰……"合为一章，今从铁华馆校宋本分为两章。《汉书》卷四十三《考证》引司马光曰："《史》、《汉》皆以食其劝取敖仓及请说齐为一事，独刘向《新序》分为二，《新序》是。"张国铨《新序校注》根据卢文弨《群书拾补》和司马光《通鉴考异》也分为两章。武井骥《刘向新序纂注》根据吴本、嘉靖本、朝鲜本也分为两章。

郦生说汉王〔1〕曰："方今燕、赵已復〔2〕，唯齐未下。

今田横〔3〕据千里之齐,田间据二十万之军于历城〔4〕,诸田宗彊〔5〕,负海〔6〕,阻河、济,南近楚,民〔7〕多变诈,陛下〔8〕虽遣数十万师,未可以岁月下也。臣请奉明诏,说齐王,令称东藩〔9〕。”于是使郦生食其说齐王曰:“王知天下之所归乎?”王曰:“不知也。”曰:“王知天下之所归,则齐国可得而有〔10〕也。若不知天下所归,则齐国未可保也。”齐王曰:“天下何归〔11〕?”曰:“归汉王。”曰:“先生何以言之?”曰:“汉王与项王戮力西面击秦〔12〕,约先入咸阳者王之〔13〕。汉王先入咸阳〔14〕,项王倍约不与而王汉中〔15〕。项王迁杀义帝〔16〕。汉王起蜀、汉之兵,击三秦〔17〕,出关而责义帝之处〔18〕;收天下之兵〔19〕,立诸侯之后〔20〕;降城即以侯其将〔21〕,得赂即以予其士〔22〕;与天下同其利;豪杰贤才,皆乐为其用;诸侯之兵,四面而至〔23〕;蜀、汉之粟,方船而下〔24〕。项王有倍约之名,杀义帝之实〔25〕;于人之功无所记,于人之过无所忘;战胜而不得其赏,拔城而不得其封;非项氏莫得用事;为人刻印,刓而不能授〔26〕;攻城得赂,积财而不能赏〔27〕;天下畔之,贤才怨之,而莫为之用。故天下之事〔28〕,归于汉王,可坐而策〔29〕也。夫汉王发蜀、汉〔30〕;定三秦,涉西河之外〔31〕,乘上党之兵〔32〕,下井陉,诛成安〔33〕,破北魏〔34〕,举三十二城〔35〕,此蚩尤〔36〕之兵,非人之力也〔37〕!今已据敖仓之粟〔38〕,塞成皋之险,守白马之津,杜太行之阪,距蜚狐之口〔39〕,天下后服者先亡矣。王疾下〔40〕汉王,齐国社稷可得而保也。不下汉王，危亡可立而待也。"田横以为然，即听郦生，罢历下〔41〕兵战守之备，与郦生日纵酒，此郦生之谋也。及齐人蒯通说韩信〔42〕曰："足下受诏击齐，何故止?将三军之众，不如一竖儒之功，可因齐无备击之〔43〕。"韩信从之，郦生为田横所害〔44〕。后信、通亦不得其所〔45〕，由不仁也。

〔注〕

〔1〕　郦生：见上《郦食其号郦生》章注〔1〕。郦生说汉王：也在汉三年九月。

〔2〕　复：安定。《左传》昭公二十七年杜预注："復犹安也。"《史记》《郦生列传》、《汉书》《郦食其传》、荀悦《前汉纪》卷二、《资治通鉴》卷十均作"定"。方今燕、赵已復：汉二年九月，韩信请求汉王让他带领军队北取燕、赵，东击齐，南绝楚粮道。汉王答应了他。派他和张耳带领军队北击赵、代。后九月，他把代打垮。汉三年十月，他和张耳带领军队数万，东出井陉口，进攻赵国，以奇兵取胜，大破赵军。杀了成安君陈余，俘获了赵王歇。又用广武君李左车的计策，安抚赵国的老百姓，在离燕国国境百里之内的地方，天天用牛、酒款待赵国的士大夫，然后叫辩士拿着简短的公函，往燕国宣谕。结果使者所到，燕国的城邑都望风而降。见《史记》《淮阴侯列传》，《汉书》《高帝纪》。

〔3〕　田潢：应从卢文弨《群书拾补》校作"田广"。《史记》《郦生列传》、《汉书》《郦食其传》、《资治通鉴》卷十均作"田广"，下同。王益之《西汉年纪》卷一也作"田广"。田横是齐王田荣之弟，都是齐狄县人，旧齐王田氏族。荣死，横立荣子广为齐王，横为相。见《史记》《田儋列传》。

【4】　田间据二十万之军于历城：应从《汉书》《郦食其传》作"田间将二十万之众，军于历城。"《史记》《郦生列传》同《汉书》，但"历城"作"历下"《西汉年纪》同《汉书》，但"田间"作"田解"。《汉书》王先谦《补

注》引刘攽曰:"此时何缘更有田间?按《田横传》乃是田解。《横传》云:'齐使华毋伤、田解军历下以距汉。'"按田间是田角之弟,为齐王田假将。田假为田荣驱逐,田间前因往赵国请救兵以距秦将章邯,这时便留在赵国,不敢回到齐国去了。历城:在今山东历城。

〔5〕　宗彊:宗族强悍。

〔6〕　负海:《汉书》、《郦食其传》作"负海、岱"。岱:泰山。

〔7〕　民:《汉书》《郦食其传》作"齐人"。

〔8〕　陛下:《史记》《郦生列传》、《汉书》《郦食其传》均作"足下"。

〔9〕　藩:见本书《杂事》第三《昔者秦魏为与国》章注〔97〕。称东藩:自称为汉东面的藩国。

〔10〕　有:保。和下文"可保""可得而保"的"保"互文。

〔11〕　何归:《史记》《郦生列传》、《资治通鉴》卷十均作"何所归?"

〔12〕　汉王与项羽戮力西面击秦:秦二世二年后九月,秦章邯围赵王歇于钜鹿,楚怀王令沛公西入关,使宋义为上将,项羽为次将,范增为末将,北上救赵。三年十月,上将军宋义到了安阳,待下来了。十一月为项羽所杀,怀王于是任命项羽为上将军。十二月,羽渡河大破秦军,解了钜鹿之围,自此为诸侯上将军,也带领了诸侯的军队往西进击。见《资治通鉴》卷八。

〔13〕　约先入咸阳者王之:见本书《善谋》第十《沛公与项籍俱受令于楚怀王曰》章注〔2〕。

〔14〕　汉王先入咸阳:在汉元年十月。见《史记》《高祖本纪》。

〔15〕　项王倍约不与而王汉中:见本书《善谋》第十《汉王既用滕公萧何之言》章注〔15〕。

〔16〕　项王迁杀义帝:见本书《善谋》第十《汉王既用滕公萧何之言》章注〔16〕。

〔17〕　汉王起蜀、汉之兵,击三秦:见本书《善谋》第十《汉王既用滕公萧何之言》章注〔36〕。

〔18〕　责义帝之处:责问义帝的所在。项王在汉二年冬十月叫人把义帝暗杀了。三月,汉王自临晋渡黄河而东,为义帝发丧于洛阳,派使者遍告诸侯,表示愿意跟诸侯王讨伐楚之杀义帝者。因此郦生这

样说。见《汉书》《高帝纪》。

〔19〕 收天下之兵：见本书《善谋》第十《汉王既用滕公萧何之言》
章注〔37〕。

〔20〕 立诸侯之后：《汉书》《郦食其传》王先谦《补注》："据《高纪》食其劝
立六国后，未行，此设辞耳。"

〔21〕 降城即以侯其将：《史记》《高祖本纪》记王陵对汉高祖说："……陛
下使人攻城略地，所降下者，因以予之，与天下同利也。"

〔22〕 赂：财物。予：《史记》《郦生列传》、《汉书》《郦食其传》、《资治通鉴》
卷十均作"分"。予其士：荀悦《前汉纪》卷二作"分其士卒"。

〔23〕 至：荀悦《前汉纪》卷二作"会"。

〔24〕 方船：併船。蜀、汉之粟方船而下：蜀、汉之粟，由渭水黄河併船而
下。《史记》《黥布列传》、《汉书》《英布传》记随何游说九江王英布，
也有类似的话，说汉王"还守成皋、荥阳，下蜀、汉之粟"。可证。

〔25〕 实：《史记》《郦生列传》、《汉书》《郦食其传》、《前汉纪》、《资治通鉴》
卷十均作"负"。负：过失。

〔26〕 为人刻印，刓而不能授：见本书《善谋》第十《汉王既用滕公萧何之
言》章注〔12〕。

〔27〕 积财而不能赏：与上"刓而不能授"对句，同时"财"也和"赂"意义重
复；因此"财"字应从《史记》《郦生列传》删。

〔28〕 事：通士。《史记》《郦生列传》、《汉书》《郦食其传》均作"士"。

〔29〕 策：测算。

〔30〕 发蜀、汉：见本书《善谋》第十《汉王既用滕公萧何之言》章注〔36〕。

〔31〕 西河：《资治通鉴》卷十胡三省注："河自砥柱以上，龙门以下，为西
河。"西河之外：从关中来说，即西河之东。涉西河之外：指汉二年
三月，汉王自临晋渡河而东。

〔32〕 乘：这里有就地利用之意。《史记》《郦生列传》、《汉书》《郦食其传》
均作"援"。援：借助。上党：秦置郡名，有今山西省东南部之地，秦
楚之际属魏。乘上党之兵：汉二年九月，魏为汉将韩信所灭，汉王
以其地置河东、太原、上党三郡。任命韩信带领军队三万人北取
燕、赵。见《汉书》《高帝纪》。汉王给韩信带领的三万人，据此也就

是魏国的上党之兵了。

〔33〕　井陉：即井陉口，赵之险塞，在今河北省井陉县东北五十里。见程
　　　　恩泽《国策地名考》卷八。成安：成安君陈余。

〔34〕　北魏：魏因在黄河之北，故称北魏；对梁而言则在西，故又称西魏。
　　　　见《汉书》《郦食其传》王先谦《补注》。

〔35〕　三十二城：北魏的三十二座城池。

〔36〕　蚩尤：黄帝时诸侯，始造兵器，曾霸天下。见《管子》《地数》、《尚书》
　　　　《吕刑》孔颖达疏引郑云、《史记》《五帝本纪》《索隐》及《正义》。《汉
　　　　书》《郦食其传》、荀悦《前汉纪》卷二均作“黄帝”。按黄帝、蚩尤，都
　　　　传说始造兵器，在古代都被尊为主管战争的神。见《周礼》《春官肆
　　　　师》郑玄注、贾公彦疏。因此秦二世元年九月，刘邦起兵于沛，立为
　　　　沛公，也祭祀黄帝、蚩尤于沛县之庭。见《汉书》《高帝纪》。

〔37〕　非人之力也：《史记》《郦生列传》、《资治通鉴》卷十“也”下有“天之
　　　　福也”四字。《汉书》《郦食其传》作“非人之力，天之福也。”荀悦《前
　　　　汉纪》卷二作“非人之力，天之所授也。”福：备。天之福也：是老天
　　　　替他置备的军队。

〔38〕　据敖仓之粟：见上《郦食其号郦生》章注〔4〕〔5〕。

〔39〕　塞成皋之险……距蜚狐之口：见上《郦食其号郦生》章注〔10〕〔11〕
　　　　〔12〕。阪：《汉书》《郦食其传》作“阬”。阬：通隘，要隘。

〔40〕　下：归降。

〔41〕　历下：见上注〔4〕。

〔42〕　蒯：音快。蒯通：原名彻，因避汉武帝讳改。范阳人，范阳属燕。因
　　　　游于齐，善辩，所以汉高祖又说他是“齐辩士”。见《汉书》《蒯通传》
　　　　及颜师古注。蒯通说韩信：汉二年九月，汉王派韩信北取燕、赵，东
　　　　击齐。三年九月，郦生说服了齐王，齐王降服了。韩信引兵东进，
　　　　还没有踰越平原，听到这个消息，想停止了，蒯通劝他继续进兵。

〔43〕　竖儒：《汉书》《郦食其传》王先谦《补注》引王文彬曰：“竖儒犹言小
　　　　儒。”足下受诏击齐……可因齐无备击之：《史记》《淮阴侯列传》。
　　　　《资治通鉴》卷十均作“将军受诏击齐，而汉独发间使下齐，宁有诏
　　　　止将军乎？何以得毋行也？且郦生一士，伏轼掉三寸之舌，下齐七十

余城；将军将数万众，岁余，乃下赵五十余城。为将数岁，反不如一竖儒之功乎？"

〔44〕韩信从之，郦生为田横所害：韩信听信了蒯通的话，引兵渡黄河。汉四年十月，袭击和打垮了齐国驻守历城的军队，进兵临淄。齐王田广、齐相田横以为郦生出卖了自己，把郦生烹了。见《史记》《田儋列传》、《资治通鉴》卷十。

〔45〕后信、通亦不得其所：汉五年正月，韩信由齐王迁为楚王。六年冬十月，被告谋反，十二月被汉高祖逮捕，到洛阳，被赦，封为淮阴侯。十一年正月，韩信终于在长安谋反，被杀，灭三族。汉四年二月立韩信为齐王时，征用韩信的军队伐楚，蒯通劝韩信叛汉，韩信不听。蒯通装疯为巫。韩信到了因谋反而被杀头时，说他懊悔没有听信蒯通的话。汉高祖讨伐陈豨回来知道了，便下令逮捕蒯通。蒯通险些儿也被烹了。见《资治通鉴》卷十、卷十一、卷十二。

汉三年，项羽急围汉王荥阳〔1〕。汉王恐忧，与郦生谋挠楚权〔2〕。郦生曰："昔汤伐桀，封其后于杞〔3〕。武王伐纣，封其后于宋〔4〕。今秦无德弃义，侵伐诸侯社稷，灭六国之后〔5〕，使无立锥之地。陛下〔6〕诚复立六国后，毕已授印，此君臣百姓，必皆戴陛下德，莫不向风慕义，愿为臣妾。德义已行，陛下南向称霸，楚必敛衽〔7〕而朝。"汉王曰："善。趣〔8〕刻印，先生因行佩之矣！"郦先生〔9〕未行，张良从外求谒〔10〕。汉王方食，曰："子房前！客有为我计挠楚权者。"具以食其言〔11〕告之，曰："其于子房意如何？"良曰："谁为陛下画此计者？陛下事去矣！"汉王曰："何哉？"良对曰："臣请借前箸而筹之。"曰："昔汤伐桀而封其后于杞者，斯能制桀之死命也〔12〕；陛下〔13〕能制项籍之死命乎？曰：未能也〔14〕。其不可一也〔15〕。武王伐纣，而封其后于宋者,斯能得纣之头也;今陛下能得项籍之头乎?曰:未能也。其不可二矣。武王入殷[16],表商容之闾[17],轼箕子之门[18],封比干之墓[19];今陛下能封圣人之墓,表贤人之闾,轼智者之门乎?曰:未能也。其不可三矣。发钜桥之粟,散鹿台之钱[20],以赐贫赢[21];今陛下能散府库以赐贫赢乎?曰:未能也。其不可四矣。殷事已毕,偃革[22]为轩,倒载干戈[23],以示天下不复用兵;今陛下能偃革倒载干戈乎[24]?曰:未能也。其不可五矣。休马于华山之阳[25],以示无所用[26];今陛下能休马无所用乎?曰:未能也。其不可六矣。休牛于桃林[27],以示不復输粮[28];今陛下能休牛不復输粮乎?曰:未能也。其不可七矣。且夫天下游士,捐其亲戚[29],弃坟墓[30],去故旧[31],从陛下游者,皆日夜望尺寸之地。今復立韩、魏、燕、赵、齐、楚之后,其王皆復立[32],游士各归事其主,从其亲戚,反其故旧坟墓,陛下谁与取天下乎?其不可八矣。且夫楚惟无彊[33],六国復挠而从之,陛下焉得而臣之乎[34]?诚用客之计,陛下之事去矣。"汉王辍食吐哺,骂曰:"竖儒[35]!几败乃公事!"令趣销印,止不使。遂并天下之兵,诛项籍[36],定海内,张子房之谋也。

〔注〕

〔1〕 项羽急围汉王荥阳:根据下注〔2〕,也应在汉三年十二月。

〔2〕 郦生:见本书《善谋》第十《郦食其号郦生》章注〔1〕。挠:音闹,通桡,弱。《史记》《留侯世家》、《汉书》《张良传》、《资治通鉴》卷十均作"桡",下同。桡楚权:削弱楚国的霸权。与郦生谋挠楚权:在汉

三年十二月。见《汉书》《高帝纪》。

〔3〕 杞音起,古国名,在今河南省杞县。汤伐桀,封其后于杞:按《吕氏
春秋》《慎大》、《韩诗外传》卷三、《礼记》《乐记》、《孔子家语》《辩乐
解》都说是周武王胜殷之后,封夏之后于杞。但汤封夏之后的事也
还是有的。《史记》《夏本纪》:"汤乃践天子位,代夏朝天下。汤封夏
之后,至周封于杞也。"《正义》:"《括地志》云:夏亭故城在汝州郏城
县东北五十四里,盖夏后所封也。"据此则汤也不是封夏之后于杞。

〔4〕 伐:《汉书》《张良传》作"诛"。宋:在今河南省商邱县北。武王伐
纣,封其后于宋:按武王胜殷,封纣子武庚即禄父于殷,以奉殷祀,
由武王弟管叔鲜、蔡叔度为相。成王初立,管叔、蔡叔和武庚作乱,
周公东征,把管叔、武庚杀了,把蔡叔流放出去。再封微子启于宋,
以奉殷祀。见《史记》《周本纪》。

〔5〕 灭六国之后:即不给六国后代封地,使之对其祖先的祭祀断绝。

〔6〕 陛下:荀悦《前汉纪》卷二作"大王",下同。

〔7〕 敛袵:检束衣襟,表示肃敬。

〔8〕 趣:《汉书》《张良传》颜师古注:"趣读曰促。"荀悦《前汉纪》卷二作
"趋",音义同。

〔9〕 郦先生:应从《汉书》《张良传》作"郦生",因上文均作"郦生"。

〔10〕 张良:韩人,字子房,助汉高祖平定天下,有功,封留侯。求:应从
《史记》《留侯世家》、《汉书》《张良传》、《资治通鉴》卷十作"来"。

〔11〕 言:《汉书》《张良传》作"计"。

〔12〕 斯:乃,才。《史记》《留侯世家》、《汉书》《张良传》、荀悦《前汉纪》卷
二、《资治通鉴》卷十均作"度"。斯能制桀之死命也:按这和下文
"斯能得纣之头也",根据张良之意,汤、武封夏、殷之后,都在灭夏、
殷之前。但根据上注〔3〕〔4〕所引资料,历史事实不是这样。

〔13〕 陛下:"陛"上应从《史记》《留侯世家》、《汉书》《张良传》、荀悦《前汉
纪》卷二、《资治通鉴》卷十补一"今"字。因下文同类的句子,"陛"
上都有"今"字。

〔14〕 未能也:俞樾《古书疑义举例》卷二第十九条《一人之辞而加曰字
例》说是张良自为问答之辞,下同。直至"汉王辍食吐哺,骂曰:'竖

儒!'"才是汉王的话。

〔15〕 也:应从《汉书》《张良传》、荀悦《前汉纪》卷二作"矣"。"矣""也"在
这里虽然通用,但下文同类的句子既然都作"矣",则这句便不应单
独作"也"了。

〔16〕 殷:指殷都朝歌。殷自帝乙到纣,在这里定都,世以为殷墟,故城在
今河南省淇县北。武王入殷:周武王九年,伐殷,到了盟津,有八百
诸侯叛殷,到这里和周武王会盟。但因灭殷的时机还没有成熟,因
此退兵。两年之后,纣更加淫乱,杀比干、囚箕子,太师疵、少师彊
拿着祭乐器奔周时,武王才再率领诸侯伐纣,大破纣于牧野。纣返
入朝歌,登鹿台,穿着宝衣,自焚而死。武王于是率领诸侯,进入朝
歌。见《史记》《殷本纪》、《周本纪》。

〔17〕 商容:殷之贤人,曾为纣所贬退。见《尚书》《武成》孔安国传。表商
容之闾:《史记》《留侯世家》《索隐》引崔浩云:"表者,标榜其里门。"
《周本纪》:武王"命毕公释百姓之囚,表商容之闾"。《艺文类聚》卷
十二引《帝王世纪》:武王"置旌于商容之庐"。《太平御览》卷八十
四引《帝王世纪》同,但"庐"作"闾",二字通。《尚书》《武成》作"式
商容闾"。《礼记》《乐记》作"使之行商容而复其位"。《孔子家语》
《辩乐解》作"使人行商容之旧,以复其位"。

〔18〕 箕子:见本书《杂事》第三《齐人邹阳客游于梁》章注〔11〕。轼箕子
之门:《尚书》《武成》作"释箕子囚"。《荀子》《大略》、《韩诗外传》
卷三、《史记》《殷本纪》、《礼记》《乐记》、《孔子家语》《辩乐解》、《资
治通鉴》卷十均作"释箕子之囚"。《淮南子》《主术》、《泰族》均作
"解箕子之囚"。《史记》《留侯世家》作"释箕子之拘"。《逸周书》
《克殷》、《史记》《周本纪》、《艺文类聚》卷十二引《帝王世纪》均作
"命召公释箕子之囚"。《吕氏春秋》《慎大》作"靖箕子之宫"。《淮
南子》《道应》作"柴箕子之门"。《汉书》《张良传》作"式箕子门",王
先谦《补注》:"《史记》作'释箕子之拘',徐广注'"释"一作"式",
"拘"一作"囚"。'囚不可式,当亦'门'之误字。盖人习知武王释箕
子囚,而不知有式箕子门之事,故改'门'为'囚',而不计式囚之不
可通也。《史记》下云:'今陛下能封圣人之墓,表贤者之闾,式智者

之门乎?'正承上三者言,尤为《史》、《汉》文同之显证。后见王念孙
《史记杂志》,与余说大同。"

〔19〕 比干:见本书《杂事》第三《齐人邹阳客游于梁》章注〔14〕。封比干
之墓:在比干的墓上加土。《史记》《周本纪》、《艺文类聚》卷十二和
《太平御览》卷八十四引《帝王世纪》都说武王"命闳夭封比干之
墓"。《荀子》《大略》作"哭比干之墓"。

〔20〕 钜桥:纣仓名,因在衡漳水大桥下而得名,当在今河北省曲周县东
北。参阅《水经》《浊漳水注》、《资治通鉴》卷十胡三省注。鹿台:见
本书《刺奢》第六《纣为鹿台》章注〔1〕。发钜桥之粟,散鹿台之钱:
原先殷纣增加人民的赋税,用来大量积聚鹿台之钱和钜桥之粟。武
王胜殷,叫南宫适发钜桥之粟,散鹿台之钱来救济贫民。见《史记》
《殷本纪》、《周本纪》。《尚书》《武成》、《尚书大传》卷三、《史记》
《周本纪》、《汉书》《张良传》、荀悦《前汉纪》卷二"钱"均作"财"。《逸
周书》《克殷》、《金楼子》《兴王》、《艺文类聚》卷十二引《帝王世纪》
"钱"也作"财","钜桥"均作"巨桥"。《吕氏春秋》、《水经注》、《资治
通鉴》,"钜桥"也作"巨桥"。

〔21〕 以赐贫羸:《史记》《周本纪》作"以振贫弱萌隶"。

〔22〕 偃:休,放下不用。革:《史记》《留侯世家》《集解》引如淳曰:"革者,
革车也。"《索隐》引苏林曰:"革者,兵车也。"义同。革车见本书《杂
事》第一《中行寅将亡》章注〔7〕。偃革:《韩诗外传》卷三说武王胜
殷之后,"车甲衅而藏之于府库,示不复用也。"《礼记》《乐记》、《孔
子家语》《辩乐解》略同。据此则"革"可解为战车甲胄,因为都是革
制。但这里"偃革为轩"连言,则"革"以解为战车为宜。偃革即《说
苑》《指武》所说武王胜殷之后,"黜其战车而不乘"之意。

〔23〕 倒载干戈:《礼记》《乐记》说武王胜殷之后,"倒载干戈,包之以虎
皮"。孔颖达疏:"倒载干戈者,倒载而还镐京也。所以倒者,熊氏
云:'凡载兵之法,皆刃向外。今倒载者,刃向国不与常同,故云倒载
也。'包之以虎皮者……或以虎皮有文,欲以见文止武也。"《史记》
《留侯世家》作"倒置干戈,覆以虎皮"。

〔24〕 能偃革倒载干戈乎:《史记》《留侯世家》作"能偃武行文,不复用

兵乎?"

〔25〕 休:放。华山:五岳中之西岳,亦称太华山,在陕西省华阴县南。休
马于华山之阳:《尚书》《武成》"休"作"归"。《吕氏春秋》《慎大》作
"税马于华山"。《韩诗外传》卷三作"马放华山之阳"。《礼记》《乐
记》、《孔子家语》《辩乐解》作"马散之华山之阳"。《说苑》《指武》作
"纵马华山"。

〔26〕 以示无所用:《礼记》《乐记》、《孔子家语》《辩乐解》作"而弗复乘"。

〔27〕 桃林:和上文"华山之阳"对句,应作"桃林之野"。休牛于桃林:《尚
书》《武成》作"放牛于桃林之野"。《韩诗外传》卷三作"牛放桃林之
野"。《史记》《留侯世家》、《资治通鉴》卷十作"放牛桃林之阴"。《礼
记》《乐记》、《孔子家语》《辩乐解》作"牛散之桃林之野"。《汉书》《张
良传》作"息牛桃林之壄"。荀悦《前汉纪》卷二作"息牛桃林之埜"。
《山海经》《中山经》:"夸父之山……其北有林焉,名曰桃林,是广员
三百里。"《史记》《赵世家》《正义》引《括地志》云:"桃林在陕州桃林
县西至潼关,皆为桃林塞地。"《汉书》《张良传》颜师古注引晋灼曰:
"在弘农阌乡南谷中。"据此则"桃林之阴"和"桃林之野",以后者意
义为长。

〔28〕 以示不复输粮:《礼记》《乐记》、《孔子家语》《辩乐解》作"而弗复
服"。《史记》《留侯世家》、《汉书》《张良传》、荀悦《前汉纪》卷三。
《资治通鉴》卷十"粮"均作"积"。下"输粮"之"粮"《史记》也作"积"。
积:音子赐切,刍米菜薪。见《左传》僖公三十三年杜预注。

〔29〕 亲戚:指父母。捐其亲戚:《史记》《留侯世家》、《资治通鉴》卷十"捐"
作"离"。殿版《汉书》《张良传》、荀悦《前汉纪》作"离亲戚"。

〔30〕 弃坟墓:抛弃其祖宗的坟墓。

〔31〕 故旧:故旧之交,即旧友。

〔32〕 其王皆复立:和上句意义重复,应从《史记》《留侯世家》、《汉书》《张
良传》,荀悦《前汉纪》卷二、《资治通鉴》卷十删。

〔33〕 楚惟无彊:《史记》《留侯世家》《索隐》引韦昭云:"今无彊楚者"。《汉
书》《张良传》颜师古注引晋灼曰:"当今唯楚大,无有彊之者。"按
"惟"犹于。见裴学海《古书虚字集释》。"楚惟无彊"即"楚于无彊",

即无强于楚。其句法正如《左传》昭公十九年的"私族于谋"、"室于怒"这类的倒装句一样。《史记》《集解》引《汉书音义》曰作"唯当使楚无彊"解,《索隐》引荀悦《汉纪》云:"独可使楚无强"。因为这样解释比较绕弯,而且和下句衔接得不紧,所以不用。

〔34〕陛下焉得而臣之乎:《汉书》《张良传》、《资治通鉴》卷十把这几句作为"其不可八",而把上文的"其不可二"几句合并到"其不可一"中。

〔35〕竖儒:见上《郦生说汉王曰》章注〔43〕。

〔36〕并天下之兵,诛项籍:见本书《善谋》第十《汉王既用滕公萧何之言》章注〔37〕。

汉五年,追击项王阳夏南〔1〕,止军,与淮阴侯韩信、建成侯彭越〔2〕期会而击楚军。至固陵〔3〕,不会。楚击汉军,大破之。汉王复入壁,深堑而守之,谓张子房曰:"诸侯不从约,奈何?"对曰:"楚兵且破,而未有分地〔4〕,其不至固宜。君王能与共天下〔5〕,今可立致也。则〔6〕不能,事未可知也。君王能自陈以东傅海,尽与韩信〔7〕,睢阳以北至穀城,尽与彭越〔8〕,使各自为战,则楚易败也。"汉王乃使使者告韩信、彭越曰:"并力击楚,楚已破,自陈以东傅海与齐王,睢阳以北至穀城与彭相国。使者至,韩信、彭越皆喜,报曰:"请今进兵。"韩信乃从齐行,彭越兵自梁至,诸侯来会,遂破楚军于垓下,追项王,诛之于淮津〔9〕,二君之功,张子房之谋也。

〔注〕

〔1〕五年:《汉书》《高帝纪》、荀悦《前汉纪》卷三、《资治通鉴》卷十一、吕祖谦《大事记》卷九均作"五年冬十月"。夏:音贾下切。阳夏:秦置县名,在今河南省太康县。《史记》《项羽本纪》、《留侯世家》,《汉书》

《高帝纪》、《张良传》,《前汉纪》"阳"上均有"至"字。汉五年,追击
项王阳夏南;汉四年八月,项羽和汉王订和约中分天下,鸿沟以西
为汉,以东为楚。九月,项羽引兵东归。张良和陈平劝汉王说:"现
汉有天下大半,而且诸侯都归附于汉,楚兵疲食尽,这是老天叫楚
国灭亡的时候,如果不趁着他的危殆就把他消灭,这就是所谓养虎
自遗患了。"汉王听从了他们的话,引兵追击项羽。在五年冬十月,
追至阳夏之南。见《史记》,《资治通鉴》卷十、卷十一。

〔2〕　淮阴侯韩信、建成侯彭越:《汉书》《高帝纪》作"齐王信、魏相国越"。
彭越,字仲,昌邑人,汉二年四月,被任为魏相国。五年春,汉立彭
越为梁王。十一年,被告谋反,三月,被戮,宗族夷灭。见《史记》
《彭越列传》、《资治通鉴》卷九、卷十一、卷十二。张国铨《新序校
注》:"铨按……彭越本传不言曾封建成侯,而《项羽本纪》、《高纪》
及《汉书》《项籍传》并言建成侯彭越。疑越此时以侯而兼魏相国,
史传略之耳。"

〔3〕　固陵:又名固始,县名,在今河南省淮阳县西北。

〔4〕　分:音扶问切。而未有分地:《史记》《项羽本纪》作"信、越未有分
地"。《集解》引韦昭曰:"信等虽名为王,未有所画经界。"《汉书》
《高帝纪》王先谦《补注》引王启原曰:"《地理志》《周地下》云:'至襄
王以河内赐晋文公,又为诸侯所侵,故其分地小。'则分地是主疆域
言。"按张良对汉王说:"齐王信之立,不是君王的本意,信自己也不
感到地位稳固。彭越本来平定梁地,功劳多。初时君王因为魏豹
的缘故,拜彭越为魏相国。现在魏豹死了没有后代,而且彭越也想
为王,但君王没有早日决定。"见《史记》《彭越列传》。信、越没有疆
域的具体内容指此。

〔5〕　共天下:《史记》《项羽本纪》作"共分天下"。

〔6〕　则:如果。《史记》《项羽本纪》作"即"。义同。

〔7〕　陈:今河南省淮阳县。韩信:《史记》《项羽本纪》作"齐王",《史记》
《彭越列传》、《汉书》《高帝纪》均作"齐王信"。自陈以东傅海尽与
韩信:《资治通鉴》卷十一胡三省注:"自陈以东至于海,并齐旧
地,尽以与齐王信。"这包括韩信家乡淮阴在内的楚国一部分的土

地。张良对汉王说："齐王信家在楚,他的意思想再得到他的故乡。"见《史记》《彭越列传》。这就是张良提出把这块地封给韩信的缘故。

〔8〕 睢阳:秦置县名,在今河南省商丘县南。穀城:故城在今山东省东阿县。尽与彭越:《史记》《彭越列传》、《汉书》《高帝纪》、《资治通鉴》卷十均作"皆以王彭越"。

〔9〕 垓下:《史记》《项羽本纪》《集解》引李奇曰:"沛洨县聚邑名也。"《索隐》引张揖《三苍》注云:"垓,堤名,在沛郡。"《正义》:"按垓下是高冈绝岩,今犹高三四丈。其聚邑及堤在垓之侧,因取名焉。"按在今安徽省灵璧县东南。诸侯来会……诛之于淮津:汉五年十二月,项羽至垓下,兵少食尽,汉军及诸侯的军队把他重重包围。他晚上听见四面的汉军都唱着楚国的歌谣,以为汉军中楚国人那么多,汉已把楚国全部占领了,因此连夜上马,带着八百骑突围南走。天刚亮的时候,汉军才发觉,叫灌婴带领五千骑兵追赶。羽渡过了淮河,到了东城,只剩下二十八骑,终于被汉骑兵赶到了。虽然还是突围到了乌江,但他感到没有面目再回江东,返身再杀死了汉军几百人以后终于自杀了。见《史记》《项羽本纪》、《高祖本纪》,《汉书》《高帝纪》、《项籍传》,《资治通鉴》卷十一。不过《史记》《高祖本纪》、《汉书》《高帝纪》都说项羽为灌婴追斩于东城,吕祖谦《大事记》卷九也说他死于东城,但不管项羽是自刎于乌江还是被追斩于东城,都不好说是"诛之于淮津"的。

汉六年正月封功臣,张子房未尝有战斗之功,高皇帝曰:"运筹策帷幄之中,决胜千里之外;子房功也。子房自择齐三万户。"良曰:"始臣起下邳,与上会留,此天以臣授陛下〔1〕。陛下用臣计,幸而时中,臣愿封留足矣,不敢当齐三万户。"乃封良为留侯,及萧何等〔2〕。其余功臣皆未封〔3〕。群臣自疑,恐不得封,咸不自安,有摇动之心。于是高皇帝在雒阳南宫上台,见群臣往往相与坐沙中语〔4〕。

上曰：“此何语？”留侯曰：“陛下不知乎？谋反耳。”上曰：“天下属安〔5〕，何故而反？”留侯曰：“陛下起布衣，与此属定天下。陛下已为天子〔6〕，而所封皆萧、曹故人〔7〕，所诛皆平生仇怨。今军吏〔8〕计功，以天下不足以遍封，此属畏陛下不能尽封，又见疑平生过失及诛〔9〕，故即聚〔10〕谋反耳。”上乃忧曰：“为将〔11〕奈何？”留侯曰：“上平生所憎，群臣所共知，谁最甚者？”上曰：“雍齿与我有故〔12〕，数窘辱我，欲杀之，为其功多，故不忍。”留侯曰：“今急先封雍齿以示群臣，群臣见雍齿得封，即人人自坚矣。”于是上置酒，封雍齿为什方侯〔13〕，而急诏趣丞相御史〔14〕，定功行封。群臣罢酒，皆喜曰〔15〕：“雍齿且侯，我属无患矣。”还倍畔之心，销邪道之谋，使国家安宁，累世无患者，张子房之谋也。

〔注〕

〔1〕 下邳：秦置县名，故城在今江苏省邳县东。留：故城在今江苏省沛县东南五十里。参阅程恩泽《国策地名考》卷七。始臣起下邳……此天以臣授陛下：陈涉等起义，张良也聚集少年百多人响应。景驹立为楚假王，在留。张良想去跟他，路上碰着沛公带领几千人攻取下邳以西的土地，便从属沛公。沛公用良为厩将。良屡次用《太公兵法》劝说沛公，沛公都很高兴，常用他的计策。但良跟别人谈，别人都不懂。因此他说：大概是老天把他交给沛公。见《史记》《留侯世家》。

〔2〕 及萧何等：《史记》《留侯世家》、《汉书》《张良传》、《资治通鉴》卷十一均作“与萧何等俱封”。乃封良为留侯，及萧何等：汉六年十二月甲申，封曹参、夏侯婴、陈平等十人为侯。正月丙戌，封吕泽、吕释之二人为侯。丙午，封张良、项伯、萧何、郦商、周勃、樊哙、灌婴、周昌、武儒、董渫、孔聚、陈贺、陈豨等十三人为侯。丁未、戊申、壬子、

戊午,继续封周灶、丁复、吕清、郭蒙为侯。张良封为留侯,是万户
侯。见《史记》《高祖功臣侯年表》。

〔３〕　其余功臣皆未封:《史记》《留侯世家》作"其余日夜争功不决,未得
行封。"行封:赐封。

〔４〕　雒阳:即洛阳,汉初定都于此。于是高皇帝在雒阳南宫上台,见群
臣往往相与坐沙中语:《史记》《留侯世家》、《资治通鉴》卷十一作
"上在雒阳南宫,从复道望见诸将,往往相与坐沙中语。"《汉书》《高
帝纪》作"上居南宫,从复道上见诸将往往耦语。"据《史记》《高祖本
纪》,汉这时已定都关中。汉六年冬十二月,有人告楚王韩信谋反,
高祖用陈平计,伪游云梦,乘机俘获韩信,还至洛阳。这是在洛阳
这几个月内所发生的事件。

〔５〕　属:音烛,适。见《左传》成公二年杜预注。属安:刚刚安定。

〔６〕　陛下已为天子:《史记》、《汉书》《张良传》、《资治通鉴》"陛"上均有
"今"字。《汉书》《高祖纪》作"今已为天子"。

〔７〕　萧、曹故人:萧何、曹参,都是沛人,和汉高祖都是同乡旧友。何原在
沛为主吏,参原在沛为狱掾,都随汉高祖起义,立了大功。高祖即
位,何封酂侯,拜为相国。参封平阳侯,萧何死后,继为相国。见
《史记》《萧相国世家》、《曹相国世家》。

〔８〕　军吏:军队中的官僚将校。《汉书》《高帝纪》:"军吏卒会赦"。知军
队中的吏和卒是军队中两个阶层的人。本章所说的"军吏",即上
注〔４〕所说的"群臣"或"诸将"。

〔９〕　疑:怪责。又见疑平生过失及诛:"又"下应补"恐"字。《史记》《留
侯世家》、《资治通鉴》作"恐又见疑平生过失及诛","恐又"应为"又
恐"之误。《汉书》《张良传》作"又恐见疑过失及诛"。荀悦《前汉纪》
卷三作"又恐过失及诛"。

〔１０〕　故即聚:《史记》《留侯世家》、《汉书》《高帝纪》、《张良传》、《资治通
鉴》卷十一均作"相聚"。

〔１１〕　将:之。《史记》《留侯世家》、《汉书》《高帝纪》、荀悦《前汉纪》卷三、
《资治通鉴》卷十一均作"之"。

〔１２〕　雍齿:雍氏,沛人。见《元和姓纂》卷一。故:指旧怨。雍齿与我有故:

《汉书》《张良传》作"雍齿与我有故怨"。颜师古注引服虔曰："未起之时，与我有故怨也。"王念孙《读书杂志》五《汉书》第八："念孙案'怨'字因注文而衍。……有故即有怨。"下引《吕氏春秋》《精谕》"吾与卫无故"为证。案雍齿最初从属沛公，秦二世元年十月，为沛公守丰。十二月，背叛沛公，以丰降魏。沛公攻丰不下，引兵还沛，怨恨雍齿背叛他。夏四月，沛公又引兵攻丰，才把城攻下，雍齿逃奔魏国。见《汉书》《高帝纪》。雍齿和汉高祖有旧怨指此。

〔13〕　什方：在四川省成都北。《史记》《高祖功臣侯年表》作"汁邡"。《汉书》《高惠高后文功臣表》作"汁防"。《后汉书》《郡国志》属广汉郡，作"什邡"。《元和姓纂》卷一亦作"什邡"。封雍齿为什方侯：在汉六年三月戊子，侯二千五百户。

〔14〕　趣：音促，催促。丞相、御史：这时的丞相是萧何。御史即御史大夫。见王鸣盛《十七史商榷》卷二十三。指御史大夫周昌。御史大夫的属官有符玺御史。这时的符玺御史是赵尧。见《汉书》《百官公卿表下》。周昌：沛人，封汾阴侯。见《史记》《周昌列传》。

〔15〕　群臣罢酒，皆喜曰：《汉书》《高帝纪》作"罢酒，群臣皆喜曰"。

　　高皇帝五年〔1〕，齐人娄敬戍陇西〔2〕，过雒阳〔3〕，脱辂輓〔4〕，见齐人虞将军曰："臣愿见上言便宜事。"虞将军欲与鲜衣，娄敬曰："臣衣帛，衣帛见；衣褐，衣褐见；不敢易〔5〕。"虞将军入言上，上召见，赐食。已而问敬，对曰："陛下都雒阳，岂欲与周室比隆哉？"上曰："然。"敬曰："陛下取〔6〕天下，与周室异。周之先自后稷〔7〕，尧封之邰〔8〕，积德累善十余世，公刘避桀居邠〔9〕，太王以狄伐去邠，杖马策居岐，国人争归之〔10〕。及文王为西伯〔11〕，断虞、芮讼〔12〕，始受命〔13〕，吕望、伯夷自海滨来归之〔14〕。武王伐纣，不期而会孟津上八百诸侯，灭殷〔15〕。成王即位，周公之属傅相[16]，乃营成周、雒邑[17]，以为天下中，诸侯四方纳贡职[18]，道里均矣。有德则易以王，无德则易以亡。凡居此者[19]，欲令周务德以致人，不欲恃险阻，令后世骄奢以虐民。及周之衰，分为两[20]，天下莫朝，周不能制，非德薄，形势弱也。今陛下起丰击沛[21]，收卒三千人[22]，以之径往卷蜀、汉，定三秦[23]，与项羽大战七十，小战四十，使天下民肝脑涂地，父子暴骨中野，不可胜数，哭泣之声未绝，伤夷[24]者未起，而欲比隆成、康、周公之时[25]，臣窃以为不侔矣。且夫秦地被山带河[26]，四塞[27]以为固，卒然有急，百万之众可具。因秦之故[28]，资甚美膏腴之地，此谓天府[29]，陛下入关而都，山东[30]虽乱，秦故地可全而有也。夫与人斗，而不搤其亢[31]，拊[32]其背，未全胜也[33]。"高皇帝疑，问左右大臣，皆山东人[34]，多劝上都雒阳：东有成皋[35]，西有肴渑[36]，倍河海，向伊、洛[37]，其固亦足恃。且周王数百年[38]，秦二世而亡[39]，不如都周[40]。留侯张子房曰："雒阳虽有此固，国[41]中小，不过数百里，田地狭[42]，四面受敌：此非用武之国。夫关中左肴函[43]，右陇、蜀[44]，沃野[45]千里；南有巴、蜀[46]之饶，北有故宛[47]之利，阻三面，守一隅；东向制诸侯，诸侯安定；河、渭漕挽天下，西给京师[48]；诸侯有变，顺流而下，足以委输；此所谓金城千里，天府之国也。娄敬说是也。"于是高皇帝即日驾西都关中[49]。由是国家安宁，虽彭越、陈豨、卢绾之谋[50]，九江、燕、代之兵[51]，及吴、楚之难〔52〕,关东之兵〔53〕,虽百万之师,犹不能以为害者, 由保仁德之惠,守关中之固也;国以永安,娄敬、张子房之谋也。上曰:"本言都秦地者, 娄敬也。娄者乃刘也〔54〕。"赐姓刘氏,拜为郎中〔55〕, 号曰奉春君〔56〕。后卒为建信侯〔57〕。

〔注〕

〔1〕 五年:汉五年五月。见《史记》《高祖本纪》。

〔2〕 娄敬:娄氏,在当时是戍卒。见《汉书》《高帝纪》、《元和姓纂》卷五。陇西:秦置郡名,有今甘肃省东南部之地。

〔3〕 雒阳:即洛阳。汉五年二月,高祖定都洛阳。

〔4〕 辂:音核,一音历各切,在鹿车前的横木,两人在前拉,一人或三人从后推。见《史记》《刘敬列传》《索隐》、《汉书》《娄敬传》颜师古注引苏林曰。挽:通挽。《汉书》王先谦《补注》:"先谦曰……案鞔者系于辂上之索,所以挽也。"脱辂鞔:因娄敬为戍卒,拉着车经过洛阳,所以这样说。《史记》、《汉书》、《资治通鉴》卷十一均作"脱鞔辂"。《汉书》《杨雄传》下作"委辂脱鞔"。《史记》在这句下尚有"衣其羊裘"四字。

〔5〕 臣衣帛……不敢易:《西京杂记》卷四作"敬本衣帛,则衣帛见;敬本衣旃,则衣旃见。今捨旃褐,假鲜华,是矫常也;不敢脱羊裘。"不敢易:《史记》《刘敬列传》、《资治通鉴》卷十一作"终不敢易衣。"

〔6〕 取:《汉书》《娄敬传》作"王"。

〔7〕 先:先祖。后稷:姬姓,名弃。尧派他当稷官,故号后稷。见《诗经》《鲁颂》《閟宫》郑玄笺、《史记》《周本纪》。

〔8〕 邰:音胎,古国名,在今陕西省武功县境。尧封之邰:后稷是姜嫄所生,邰是姜嫄之国,尧因后稷生于邰,为稷官有功,所以封他为邰国的国君。见《诗经》《大雅》《生民》及毛传、孔颖达疏。

〔9〕 公刘:公爵,名刘,鞠子,后稷曾孙。见《尚书》《武成》孔安国传、孔颖达疏,《史记》《周本纪》。邠:或作豳。故地在今陕西省栒邑县

西。公刘避桀居邠:《诗经》《大雅》《公刘》郑玄笺:"公刘……夏之
始衰,见迫逐,迁于豳。"

〔10〕 太王:见本书《杂事》第三《梁惠王谓孟子曰》章注〔3〕。狄:《吕氏
春秋》《审为》高诱注:"狄人貆狁,今之匈奴也。"杖马策:执鞭跑马。
岐:山名,在今陕西省岐山县东北。太王以狄伐去邠……国人争归
之:太王亶父在邠,狄人来侵,太王把皮帛珠玉送给狄人,狄人还是
照样来侵。太王知道狄人所想要的是他的土地,但他又不忍老百
姓在战争中牺牲,他觉得老百姓做他的老百姓和做狄人的老百姓
是一样的。于是他便离开了他的社稷、宗庙和老百姓,执着马鞭
和太姜跑马到岐山之下住下来了。邠地的老百姓看见他这样的爱
民,都扶老携幼,络绎不绝地追随着他,甚至别国的老百姓也跑到
他那里。于是在岐山之下重新建立了一个国家。见《尚书大传》
《略说》、《庄子》《让王》、《史记》《周本纪》。

〔11〕 文王为西伯:《孔丛子》《居卫》:"羊容问子思曰:'古之帝王,中分天
下,使二公治之,谓之二伯。周自后稷封为王者后,子孙据国,至大
王、王季、文王,此固世为诸侯矣,焉得为西伯乎?'子思曰:'吾闻诸
子夏。殷王帝乙之时,王季以功,九命作伯,受珪瓒秬鬯之赐,故文
王因之,得专征伐。此以诸侯为伯,犹周、召之君为伯也。'"

〔12〕 虞、芮:《史记》《周本纪》《正义》引《括地志》云:"故虞城在陕州
河北县东北五十里虞山之上,古虞国也。故芮城县西二十里,古芮
国也。"断虞、芮讼:虞君和芮君争田,因为文王是有仁德的人,便想
入周找文王给他们断案。进了周境,看见走路的人让路,种地的人
让界,庶民可以为士的互相推让而自己不做,士可以为大夫的,大
夫可以为卿的也同样互相推让。他们还没有见到文王,便深受感
动,回去便把所争的田,让出来作为闲田了。见《诗经》《大雅》《縣》
毛传。

〔13〕 受命:受天命为天下之王。时在文王即位之四十二年,至此改为元
年。见《诗经》《大雅》《文王》孔颖达疏引《帝王世纪》。其时殷纣虽
然未灭,但天下诸侯很多已归向文王,感到文王应该受命为天下之
王了。《诗经》《大雅》《縣》毛传,说天下诸侯听闻虞、芮之讼的解

决，归向于文王的有四十余国。《史记》《周本纪》说："诸侯闻之，
曰：'西伯盖受命之君。'"

〔14〕 吕望：见本书《杂事》第二《昔者唐虞崇举九贤》章注〔4〕。伯夷：墨
胎氏，一说墨氏，名允，一作元，字公信，谥夷，一说夷也是名，和叔
齐都是孤竹国国君初之子。初想传位于叔齐。初死后，叔齐让位给
伯夷。伯夷因为是父亲的遗命，不肯立为国君而逃出了孤竹国。叔
齐也不肯立而逃。见《史记》《伯夷列传》及《索隐》，《论语》《公冶
长》《释文》、邢昺疏、《困学纪闻》七引宋胡寅云。吕望、伯夷自海滨
来归之：《尚书大传》《西伯戡耆》："伯夷避纣，居北海之滨；太公避
纣，居东海之滨。皆率其党曰：'盍归乎？吾闻西伯昌善，养老。'此二
人者，盖天下之大老也。往而归之，是天下之父归之也。天下之父归
之，其子曷往？"《孟子》《离娄上》略同。《吕氏春秋》《首时》："太公
望，东夷之士也，欲定一世，而无其主，闻文王贤，故钓于渭水以观
之。"据此则"归之"只是归向西伯，到西伯的国土那里居住之意。

〔15〕 孟津：津名，在今河南省孟县南。《史记》《殷本纪》、《周本纪》作
"盟津"。

〔16〕 成王即位，周公之属傅相：见本书《杂事》第二《昔者唐虞崇举九贤》
章注〔5〕。

〔17〕 成周：故城在今河南洛阳东北。雒邑：即洛邑，也叫王城，周之东
都。故城在今河南洛阳西。营成周、洛邑：武王胜殷，迁殷之九鼎
于洛邑，想在这里定都，于是经营洛邑。成王即位，遵照武王的遗
志，派召公去洛邑卜地定都，再次经营洛邑。周公也接着到洛邑卜
地，督察营建。成周也由召公先去卜地，再由周公去领导营建。见
《尚书》《召诰》序、《洛诰》序、孔安国传、孔颖达疏。

〔18〕 贡：所献纳的赋税。职：贡。贡职：合成词。

〔19〕 居此者：指周天子以洛邑、成周为都的。按周自武王至幽王凡十二
王都定都镐京，在长安西南，也是定都关中。只有平王至赧王二十
二王才定都成周、洛邑。其中平王至景王十二王定都洛邑。敬王
至慎靓王十一王定都成周，至赧王又迁回洛邑。见《史记》《周本
纪》及《正义》。但根据下文"欲比隆成、康、周公之时"，则娄敬之

意，是把周成王至幽王十一王也包括在"居此者"之内了。但这种说法在当时是很盛行的。太史公曰："学者皆称周伐纣，居洛邑。综其实不然。武王营之，成王使召公卜居，居九鼎焉，而周复都丰镐。至犬戎败幽王，周乃东徙于洛邑。"见《史记》《周本纪赞》。

〔20〕分为两：《汉书》《娄敬传》、荀悦《前汉纪》卷三作"分而为二"。颜师古注："谓东周君、西周君。"东、西周君见本书《善谋》第九《秦惠王时》章注〔14〕。按应指赧王时的东、西周君来说。因为在赧王以前，虽然也有东周君、西周君，但周天子的权力仍在二周君之上，诸侯仍然和周天子打交道，秦孝公甚至还率领诸侯朝见周显王。到"王赧时东、西周分治，王赧徙都西周"，寄居西周，诸侯才再也认不得周天子，而只和东、西周君打交道了。参阅《史记》《周本纪》及《索隐》、《六国表》。

〔21〕丰：今江苏省丰县，秦时为沛县的丰邑，汉高祖生于此。沛：秦置县名，故地在今江苏省沛县东。

〔22〕收卒三千人：汉高祖未进沛县时，部下只有数十百人。沛人立他为沛公以后，萧何、曹参、樊哙等为他募集沛县的子弟得三千人，一说二三千人。见《史记》《高祖本纪》、《汉书》《高帝纪》。

〔23〕以之径往卷蜀、汉，定三秦：见本书《善谋》第十《汉王既用滕公萧何之言》章注〔15〕〔36〕。

〔24〕夷：通痍，创。《史记》《刘敬列传》作"痍"。

〔25〕康：康王，名钊，成王子。成、康、周公之时：这时期天下安宁，刑罚废置了四十多年而不用。见《史记》《周本纪》。按这时周也是定都镐京，不过是以洛邑为东都罢了。

〔26〕且：夫，语助词，表提示。且夫：合成词。荀悦《前汉纪》卷三作"夫"。被山带河：《史记》《苏秦列传》作"被山带渭"。

〔27〕四塞：《史记》《项羽本纪》"河山四塞"，《集解》引徐广曰："东函谷，南武关，西散关，北萧关。"《苏秦列传》"秦四塞之国"，《正义》："东有黄河，有函谷、蒲津、龙门、合河等关。南有南山及武关、峣关。西有大陇山及陇山关，大震、乌兰等关。北有黄河、南塞。是四塞之国也。"

〔28〕　秦之故：即下文"秦故地"。因秦之故：即《史记》《刘敬列传》下文所谓"案秦之故地"。

〔29〕　天府：天生万物藏聚的所在。见《资治通鉴》卷十一胡三省注。即物产丰饶的地域。此谓天府：《史记》《汉书》、《资治通鉴》均作"所谓"。

〔30〕　山东：崤山以东。战国时因为六国在崤山以东，所以称六国为山东。苏秦说：六国联合抗秦，"秦必不敢出兵于函谷关以害山东矣。"见《战国策》《赵策》二。

〔31〕　搤：通扼。亢：音冈、航或抗，喉咙。《史记》《刘敬列传》作"肮"。

〔32〕　拊：音抚，击。

〔33〕　未全胜也：《史记》《刘敬列传》、《资治通鉴》卷十一作"未能全其胜也。"在这句下，《史记》尚有"今陛下入关而都，案秦之故地，此亦搤天下之肮而拊其背也"二十四字。

〔34〕　高皇帝疑，问左右大臣，皆山东人：自"疑"字以下，《史记》《留侯世家》、《汉书》《张良传》作"疑之。左右大臣，皆山东人"。《史记》《刘敬列传》、《汉书》《娄敬传》、荀悦《前汉纪》卷三等作"问群臣，群臣皆山东人"。

〔35〕　东有成皋：《史记》《留侯世家》、《汉书》《张良传》作"雒阳东有成皋"

〔36〕　肴渑：崤坂和渑阸的合称。肴或作崤、殽，山名，在今河南省洛宁县北，东接渑池，西北接陕县，分东西二崤。《元和郡县志》卷五《河南道》一《河南府》："自东崤至西崤三十五里。东崤长坂数里，峻阜绝涧，车不得方轨。西崤全是石坂，十二里，险绝不异东崤。"渑：即渑阸，又作郿阸、冥阸、黾阸，又称黾塞，古九塞之一，即今河南省信阳县东南之平靖关。

〔37〕　倍：通背。伊：水名，源出河南省卢氏县熊耳山，东北流经嵩县、伊阳、洛阳、偃师，入于洛。洛：水名，源出陕西省雒南县冢岭山，东南流入河南境，经卢氏县、洛宁县、宜阳县、洛阳市、偃师县至巩县注于黄河。河海：偏义复词，指黄河。倍河海，向伊、洛：《史记》《留侯世家》作"倍河向伊、雒"。《汉书》《张良传》作"背河向雒"。

〔38〕　周王数百年：荀悦《前汉纪》作"周七八百年"。《史记》《周本纪》《集
　　　　解》引皇甫谧曰："周凡三十七王，八百六十七年。"

〔39〕　秦二世而亡：秦帝国虽然由秦始皇，经二世皇帝至子婴才灭亡，似
　　　　乎经历三世，但子婴只称秦王，和六国的诸侯王一样，不能算在里
　　　　面。参阅《史记》《秦始皇本纪》。

〔40〕　周：指洛阳。

〔41〕　国：《史记》《留侯世家》、《汉书》、《张良传》、荀悦《前汉纪》卷三、《资
　　　　治通鉴》卷十一均作"其"。

〔42〕　狭：《史记》、《留侯世家》、《汉书》、《张良传》、《资治通鉴》卷十一作
　　　　"薄"。薄：少。

〔43〕　肴函：或作崤函、殽函。崤山亦称崤谷，为函谷之东端，故函谷亦称
　　　　殽函。关城在谷中，在今河南省灵宝县西南。

〔44〕　陇：指陇山，在陕西省陇县西北，为关中西面之险塞。右陇、蜀：《史
　　　　记》《留侯世家》《正义》："陇山南连蜀之崛山，故云'右陇、蜀'也。"

〔45〕　沃野：《汉书》《张良传》颜师古注："沃者，溉灌也。言其土地皆有溉
　　　　灌之利，故云沃野。"

〔46〕　巴：巴郡，今四川省东部。蜀：蜀郡，今四川省中部。

〔47〕　故宛：应从《史记》《留侯世家》、《汉书》、《张良传》、《资治通鉴》卷十
　　　　一作"胡苑"。荀悦《前汉纪》卷三作"胡宛"。苑：养禽兽的场所。胡
　　　　苑：《史记》《正义》："《博物志》云：'北有胡苑之塞。'按上郡、北地之
　　　　北，与胡接，可以牧养禽兽，又多致胡马，故谓胡苑之利也。"《汉书》
　　　　颜师古注："谓安定、北地、上郡之北，与胡相接之地，可以畜牧
　　　　者也。"

〔48〕　渭：水名，源出甘肃省渭源县鸟鼠山，东南流至清水县入陕西省境：
　　　　经宝鸡、郿县、鳌屋、咸阳、长安诸县，至高陵县会泾水。再东，经临
　　　　潼、渭南、华阴诸县，至朝邑县会洛水，入黄河。漕：水运。挽：拉，
　　　　因为是逆流而上，所以运粮船要拉纤。河、渭漕挽天下，西给京师：
　　　　《资治通鉴》卷十一胡三省注："汉漕关东之时，自河入渭，自渭而上
　　　　输之长安。"荀悦《前汉纪》卷三"西"上有"足以"二字。

〔49〕　于是高皇帝即日驾西都关中：荀悦《前汉纪》卷三作"于是上即日车

驾西入关,治栎阳宫"。按高祖在七年二月长安未央宫修好以后,才自栎阳迁都长安。见《汉书》《高帝纪》。

〔50〕陈豨:又作陈狶,宛朐人,高祖亲信的将领,以战功封阳夏侯。汉十年八月,以赵相国的身份领兵守代,听信韩信的怂恿,于九月作反。高祖亲自领兵讨伐。十二年冬,豨被汉军追斩于灵丘。见《史记》《高祖本纪》、《高祖功臣侯年表》、《淮阴侯列传》、《卢绾列传》,《汉书》《高帝纪》。卢绾:丰人,和高祖同里同日生。后从高祖起兵。汉五年八月,高祖立绾为燕王。陈豨反时,和豨有勾结。十二年事泄,高祖使樊哙击燕,绾逃塞下。高祖死,绾降匈奴。见《史记》《卢绾列传》。谋:指不轨之图。

〔51〕九江、燕、代之兵:燕兵指卢绾兵。代:秦置郡名,有今山西省东北部及河北省蔚县附近地。代兵指陈豨兵。见上注。九江:秦置郡名,有今江苏、安徽长江北岸及江西全省之地。九江兵指黥布,即英布的军队。黥布,六人,英氏。秦二世时起兵从项梁。项羽入咸阳,封诸将,立布为九江王。汉三年冬,降汉。四年七月,汉立布为淮南王。五年十一月,楚大司马周殷以九江叛楚,布复得九江。十一年,韩信、彭越先后被诛,布恐。秋七月,起兵反。高祖亲自领兵击布。十二年冬,布败逃,为番阳人所杀。见《史记》《黥布列传》,《汉书》《高帝纪》、《英布传》。

〔52〕吴、楚之难:见本书《善谋》第十《郦食其号郦生》章注〔16〕。

〔53〕关东之兵:指以上这些造反的诸侯的军队,因为这些诸侯的封地都在函谷关以东。

〔54〕娄者乃刘也:周寿昌《汉书注校补》卷三十三:"《后汉》《礼仪志》'貙刘之礼',《汉仪》注作'貙娄'……足证古娄、刘二字一音。"

〔55〕郎中:官名,主管更值宿卫,是郎中令下的属官。

〔56〕号曰奉春君:《史记》《刘敬列传》《索隐》引张晏云:"春为岁之始。以其首谋都关中,故号奉春君。"

〔57〕后卒为建信侯:汉七年冬,韩王信和匈奴欲击汉,高祖大怒,听信了一批批去探听匈奴消息的使者的话,以为匈奴好对付,要进击匈奴。只有刘敬出使了匈奴回来以后说不要进击。高祖怒,把刘敬

关在广武。结果高祖被匈奴围困于平城之白登山，七天然后得脱。于是高祖赦敬无罪，封敬二千户，为关内侯，号建信侯。见《史记》《刘敬列传》、《汉书》《娄敬传》、荀悦《前汉纪》卷三。关内侯为第十九级爵，只有侯号，居住京畿，而没有封土。见《汉书》《百官公卿表上》及颜师古注。

留侯张子房于汉已定[1]，性多疾[2]，即导引不食谷[3]，杜门不出。岁余[4]，上欲废太子[5]，立戚氏夫人子赵王如意[6]。大臣多争，未能得坚决者也。吕后[7]恐，不知所为。人或谓吕后曰："留侯善画计策，上信用之。"吕后乃使建成侯吕泽劫[8]留侯曰："君常为上计[9]，今日欲易太子[10]，君安得高枕卧？"留侯曰："始上数在困急之中，幸用臣[11]。今天下安定，以爱幼欲易太子，骨肉间，虽臣等百余人何益？"吕泽彊要曰："为我画计！"留侯曰："此难以口舌争也。顾上有所不能致者，天下有四人：园公、绮里季、夏黄公、甪里先生[12]。此四人者，年老矣，皆以上慢侮士，故逃匿山中，义不为汉臣。然上高此四人。公诚能无爱金玉璧帛，令太子为书，卑辞以安车[13]迎之，因使辩士固请，宜来。来以为客，时时从入朝，令上见之。上见之，即必异问之[14]。问之，上知此四人[15]，亦一助也。"于是吕后令泽[16]使人奉太子书，卑辞厚礼，迎四人。四人至，舍吕泽所[17]。至十二年，上从破黥布军归[18]，疾益甚，愈欲易太子，留侯谏不听，因疾不视事。太傅叔孙通称说引古，以死争太子[19]。上佯许之，犹欲易之。及燕置酒，太子侍，四人者从太子，皆年[20]八十有余，鬓眉皓白〔21〕，衣冠甚伟。上怪而问曰："何为者〔22〕？"四人前对，各言其姓名。上乃惊〔23〕曰："吾求公〔24〕数岁，公避逃我，今公何自从吾儿游乎？"四人皆对曰："陛下轻士善骂，臣等义不辱〔25〕，故恐而亡匿。闻太子为人子孝，仁敬爱士〔26〕，天下莫不延颈愿为太子死者，故来耳〔27〕。"上曰："烦公幸卒调护〔28〕太子！"四人为寿〔29〕已毕，起去〔30〕。上目送之，召戚夫人，指示四人者曰："我欲易之，彼四人辅之，羽翼已成，难动矣！吕氏〔31〕真而主矣！"戚夫人泣下，上曰："为我楚舞，吾为若楚歌〔32〕！"歌曰："鸿鹄高蜚，一举千里。羽翮已就，横绝〔33〕四海。横绝四海，当〔34〕可奈何！虽有矰缴，尚安所施！"歌数阕，戚夫人嘘唏流涕。上起去，罢酒，竟不易太子者，留侯召四人之谋也。

〔注〕

〔1〕于汉已定：《史记》《留侯世家》、《汉书》《张良传》作"从入关"。

〔2〕性：生来。性多疾：荀悦《前汉纪》卷三作"素多疾"，《资治通鉴》卷十一作"素多病"。

〔3〕导引：道家养生法之一，即活动筋骨肢节使血气流行。导引不食穀：《史记》《集解》引《汉书音义》曰："服辟穀之药而静居行气。"

〔4〕岁余：即"从入关"后岁余。按高祖在汉五年五月入关，定都关中。见《史记》《高祖本纪》。

〔5〕太子：名盈，字满，吕后子，高祖因为他为人仁弱，不像自己，所以想把他废掉。即位后为孝惠皇帝。见《史记》《吕后本纪》及《集解》引《汉书音义》，《汉书》《惠帝纪》及颜师古注引荀悦曰。孝惠是其谥。《汉书》《惠帝纪》颜师古注："孝子善述父之志，故汉家之谥，自惠帝已下皆称孝也。"

〔6〕　戚氏夫人、赵王如意：戚夫人又称戚姬，定陶人，高祖宠姬。生子如意，高祖以为性格像他自己，想废掉太子盈而立如意为太子。汉九年四月封为赵王，又称赵隐王如意。高祖死后，赵王如意、戚夫人皆为吕后所害。见《汉书》《诸侯王表》、《外戚传上》。

〔7〕　吕后：高祖微贱时所娶妻，名雉，字野鸡，一说字娥姁。惠帝死后，先后立“太子”及常山王义为帝，吕后临朝称制。见《史记》《吕后本纪》、《汉书》《高后纪》及颜师古注引晋灼曰。

〔8〕　建成侯吕泽：吕泽，吕后长兄，汉六年正月丙戌封周吕侯，汉八年死。应从王益之《西汉年纪》卷二作“吕释之”，下同。吕释之：吕后次兄，汉六年正月丙戌封建成侯，为侯九年才死。见《史记》《吕后本纪》及《集解》、《高祖功臣侯年表》。按下章《汉十一年》，其时吕泽死已三年，但仍说四皓“说建成侯曰”，仍说“于是吕泽立夜见吕后”，可知“建成侯”不误，而“吕泽”是“吕释之”误了。劫：强求，即下文的“彊要”。

〔9〕　常为上计：《史记》《留侯世家》、《汉书》《张良传》作“常为上谋臣”。

〔10〕　今：《汉书》、《西汉年纪》作“今上”。日欲易太子：《汉书》颜师古注：“言日日欲易之。”

〔11〕　幸用臣：应从《史记》《留侯世家》、《汉书》《张良传》作“幸用臣策”。

〔12〕　园公、绮里季、夏黄公、甪里先生：《史记》《留侯世家》、皇甫谧《高士传》卷上、荀悦《前汉纪》卷四、《资治通鉴》卷十二“园公”均作“东园公”。甪，或作“角”，音禄。《史记》《索隐》引《陈留志》云：“园公姓唐，字宣明，居园中，因以为号。夏黄公姓崔名广，字少通，齐人，隐居夏里脩道，故号曰夏黄公。甪里先生，河内轵人，太伯之后，姓周名术，字元道，京师号曰霸上先生，一曰甪里先生。”《高士传》以为四皓皆河内轵人，秦始皇时初入蓝田山，继入商、雒，隐地肺山。汉高祖时匿居终南山。《汉书》《张良传》王先谦《补注》引钱大昭曰：“《三辅旧事》云：‘四皓隐于上雒熊耳山。’是商山即熊耳山。”

〔13〕　安车：《礼记》《曲礼上》说七十岁以上的老人“乘安车”。郑玄注：“安车，坐乘，若今小车也。”孔颖达疏：“古者乘四马之车立乘。此臣既老，故乘一马小车坐乘也。庾蔚云：汉世驾一马而坐乘也。”

〔14〕 异问之：应从《史记》《留侯世家》作"异而问之"。下文有"怪而问曰"，也有"而"字。

〔15〕 知此四人：《史记》《留侯世家》作"知此四人贤"。

〔16〕 泽：《史记》《留侯世家》、《汉书》《张良传》均作"吕泽"。按也应作"吕释之"。

〔17〕 舍吕泽所：应作"舍吕释之所"。《史记》《留侯世家》、《汉书》《张良传》均作"客建成侯所"。

〔18〕 破黥布军归：汉十二年十月，高祖打垮了黥布的军队。布逃，高祖令别的将领追击，自己回京。十一月，回至长安。见《史记》《高祖本纪》。

〔19〕 太傅：太子太傅，中二千石，职掌辅导太子，礼如师。见《后汉书》《百官志》四。《后汉书》《杨终传》："礼制：人君之子，年八岁为置少傅，教之书计，以开其明，十五置太傅，教之经典，以道其志。"叔孙通：见本书《杂事》第二《昔者唐虞崇举九贤》章注〔20〕。说：义。称说引古：陈述义理，引证古事。太傅叔孙通称说引古，以死争太子：汉九年，高祖任叔孙通为太子太傅。十二年十一月，高祖又想废太子，立赵王如意，叔孙通极力争谏，说晋献公因为骊姬的关系，废太子，立奚齐，令晋国乱了几十年。秦因不早立扶苏，令赵高得以诈立胡亥，致使自己亡国灭宗。现在太子仁孝，天下都知道。吕后也一直和高祖在一起吃苦，不能背负。如果一定要废嫡立少，他宁愿先死。见《史记》《叔孙通列传》、《资治通鉴》卷十二。

〔20〕 皆年：《史记》《留侯世家》、《汉书》《张良传》、荀悦《前汉纪》卷四均作"年皆"。

〔21〕 鬓眉皓白：《汉书》作"须眉皓白"，颜师古注："所以谓之四皓。"须：古"鬓"字。

〔22〕 何为者：《史记》《留侯世家》作"彼何为者?"

〔23〕 惊：《史记》《留侯世家》作"大惊"。

〔24〕 公：用作第二人称复数，下同。求公：荀悦《前汉纪》卷四作"召公等"，下"烦公"也作"烦公等"。

〔25〕 辱：受辱。《史记》《留侯世家》、荀悦《前汉纪》卷四作"受辱"。

〔26〕 闻太子为人子孝,仁敬爱士:《史记》《留侯世家》作"窃闻太子为人仁孝,恭敬爱士"。

〔27〕 故来耳:《史记》作"故臣等来耳"。

〔28〕 调护:《史记》《留侯世家》《集解》引如淳曰:"调护犹营护也。"即卫护之意。

〔29〕 为寿:敬酒致祝。

〔30〕 起去:应从《史记》《留侯世家》、《汉书》《张良传》作"趋去",意即疾行而离开。这是人臣之礼。

〔31〕 吕氏:指吕后。《史记》《留侯世家》作"吕后"。

〔32〕 为我楚舞,吾为若楚歌:《西京杂记》卷一:"高帝戚夫人善鼓瑟击筑,帝常拥夫人倚瑟而弦歌,毕,每泣下流涟。夫人善为《翘袖》、《折腰》之舞,歌《出塞》、《入塞》、《望归》之曲。"

〔33〕 绝:《汉书》《张良传》颜师古注:"绝谓飞而直度也。"横绝:横渡。

〔34〕 当:尚。《汉书》《张良传》作"又"。

汉十一年,九江黥布反〔1〕。高皇帝疾,欲使太子往击之〔2〕。是时园公、绮里季、夏黄公、甪里先生〔3〕已侍太子,闻太子将击黥布,四人相谓曰:"凡来者将以存〔4〕太子。太子将兵,事危矣!"乃说建成侯〔5〕曰:"太子将兵,有功则位不益,无功从此受祸矣。且太子所与俱诸将,皆尝与上定天下,枭将也。乃〔6〕使太子将之,此无异使羊将狼也,皆不肯为用尽力〔7〕,其无功必矣。臣闻'母爱者抱子〔8〕。'今戚夫人〔9〕日夜侍御,赵王常抱居前,上终不使不肖子居爱子上〔10〕。明乎其代太子位必矣。君何不急谓吕后〔11〕,承间〔12〕为上泣,言'黥布天下猛将,善用兵。诸将皆陛下故等伦〔13〕,乃令太子将此属,无异使羊将狼,莫为用〔14〕。且使布闻之,即鼓行而西〔15〕耳。上虽疾,卧护之〔16〕,诸将不敢不尽力。虽苦,彊为妻子计,载辎车卧而行!'"于是吕泽〔17〕立夜见吕后。吕后承间为上泣而言,如四人意。上曰:"吾惟竖子故〔18〕不足遣,乃公自行耳。"于是上自将东〔19〕,群臣居守,皆送至霸上〔20〕。留侯疾,彊起,至曲邮〔21〕见上,曰:"臣宜从,疾甚。楚人剽疾,愿上无与楚人争锋〔22〕!"因说上曰:"令太子为将军,监关中诸侯〔23〕。"上谓:"子房虽疾,彊起〔24〕卧而傅太子。"是时叔孙通已为太子太傅〔25〕,留侯行少傅事〔26〕。汉遂诛黥布,太子安宁,国家晏然,此四公、子房之谋也。

〔注〕

〔1〕 汉十一年,九江黥布反:见本书《善谋》第十《高皇帝五年》章注〔51〕。

〔2〕 欲使太子往击之:《史记》《留侯世家》作"欲使太子将,往击之"。

〔3〕 园公、绮里季、夏黄公、甪里先生:见上《留侯张子房于汉已定》章注〔12〕。

〔4〕 存:荀悦《前汉纪》卷四作"安"。

〔5〕 建成侯:见上《留侯张子房于汉已定》章注〔8〕。《资治通鉴》卷十二作"建成侯吕释之"。

〔6〕 乃:《史记》《留侯世家》作"今",《汉书》《张良传》作"今迺"。

〔7〕 为用尽力:《史记》《留侯世家》作"为尽力"。《汉书》《张良传》作"为用"。

〔8〕 臣:意即臣等。母爱者抱子:应从《史记》《留侯世家》、《汉书》《张良传》作"母爱者子抱"。这是当时的成语,意即母亲为父亲所喜爱的,儿子也被父亲所搂抱。《韩非子》《备内》:"语曰:'其母好者其子抱。'"

〔9〕 戚夫人:见上《留侯张子房于汉已定》章注〔6〕。

〔10〕 赵王:赵王如意。见上《留侯张子房于汉已定》章注〔6〕。不肖子:

指太子。爱子:指赵王如意。上终不使不肖子居爱子上:应作"上曰:'终不使不肖子居爱子上。'"

〔11〕　谓:应从《史记》《留侯世家》、《汉书、《张良传》、《资治通鉴》卷十二作"请"。

〔12〕　承:借作乘。承间:《汉书》《张良传》颜师古注:"因空隙之时。"

〔13〕　故等伦:旧日的同辈。荀悦《前汉纪》卷四作"故人"。

〔14〕　莫为用:应从《史记》《留侯世家》、《汉书、《张良传》、荀悦《前汉纪》卷四、《资治通鉴》卷十二作"莫肯为用"。

〔15〕　鼓行而西:《史记》《留侯世家》《集解》引晋灼曰:"鼓行而西,言无所畏也。"

〔16〕　卧护之:《史记》《留侯世家》、《汉书、《张良传》、《资治通鉴》卷十二均作"彊载辎车,卧而护之"。

〔17〕　吕泽:应从《资治通鉴》卷十二作"吕释之"。

〔18〕　惟:思。故:通固,《史记》《留侯世家》、《汉书》《张良传》、《资治通鉴》卷十二均作"固"。

〔19〕　自将东:《汉书》《张良传》作"自将而东"。《史记》《留侯世家》、《资治通鉴》卷十二作"自将兵而东"。

〔20〕　霸上:亦作灞上,即霸水西白鹿原,在今陕西省长安县东。

〔21〕　曲邮:《史记》《留侯世家》《集解》:"司马彪曰:长安县东有曲邮聚。"《索隐》:"按司马彪《汉书郡国志》,长安有曲邮聚,今在新丰西,俗谓之邮头。《汉官旧仪》云:五里一邮,邮人居间,相去二里半。"按新丰故城在今陕西省临潼县东。邮是当时传递文书的交通站。

〔22〕　无:《汉书》《张良传》、王益之《西汉年纪》卷二作"慎毋"。争锋:《孙子》《军争篇》:"锐卒勿攻。"张预注:"敌若乘锐而来,其锋不可当,宜少避之,以伺疲挫。"

〔23〕　监关中诸侯兵:应从《史记》《留侯世家》、《汉书》《张良传》、《资治通鉴》卷十二、王益之《西汉年纪》作"监关中兵"。汉十一年秋,高祖以三万军队为太子的卫队,驻扎霸上。见《汉书》《高帝纪》。关中兵指此。令太子为将军,监关中兵:王伯祥《史记选》《留侯世家》注:"这是张良乘机保全太子的谋略。时以三万人军霸上,一以固关中根

本之地；一以安太子，为不击黥布之事找一解释。"

〔24〕 起：《史记》《留侯世家》、《汉书》《张良传》、《资治通鉴》卷十二都没
有"起"字。

〔25〕 是时叔孙通已为太子太傅：见本书《杂事》第二《昔者唐虞崇举九
贤》章注〔20〕。

〔26〕 少傅：太子少傅，俸禄二千石粟，职务是辅导太子和主领太子的官
属。见《后汉书》《百官志》四。

齐悼惠王〔1〕者，孝惠皇帝兄〔2〕也。二年〔3〕，悼惠
王入朝，孝惠皇帝与悼惠王宴饮，乃行家人礼，同席〔4〕。
吕太后〔5〕怒，乃进鸩酒。孝惠皇帝知，欲代饮之，乃
止〔6〕。悼惠王惧不得出城，上车太息〔7〕。内史参乘〔8〕，
怪问其故。悼惠王具以状语内史，内史曰："王宁亡十城
耶？将亡齐国也？"悼惠王曰："得全身而已，何敢爱城哉？"
内史曰："鲁元公主〔9〕，太后之女，大王之弟〔10〕也。大王
封国七十余城，而鲁元公主汤沐邑少〔11〕。大王诚献十城，
为鲁元公主汤沐邑〔12〕，内有亲亲〔13〕之恩，外有顺太后之
意，太后必大喜；是亡十城而得六十城〔14〕也。"悼惠王曰：
"善。"至邸〔15〕上奏，献十城为鲁元公主汤沐邑〔16〕，太后
果大悦，受邑，厚赐悼惠王而归之〔17〕，国遂安，齐内史之
谋也。

〔注〕

〔1〕 齐悼惠王：刘肥，高祖长庶子。母曹氏，是高祖微贱时的情妇。汉
六年正月壬子，高祖立肥为齐王，封邑有膠东、膠西、临淄、济北、博
阳、城阳诸郡七十三县。见《史记》《齐悼惠王世家》。

〔2〕 孝惠皇帝：见本书《善谋》第十《留侯张子房于汉已定》章注〔5〕。

　　　　兄：荀悦《前汉纪》卷五："王，上之庶兄也。"

〔3〕　二年：孝惠皇帝二年冬十月。见《汉书》《惠帝纪》。

〔4〕　孝惠皇帝与悼惠王宴饮……同席：《史记》《吕后本纪》作"十月，孝
　　　　惠与齐王燕饮太后前，孝惠以为齐王兄，置上坐，如家人之礼。"

〔5〕　吕太后：吕后，见本书《善谋》第十《留侯张子房于汉已定章注〔7〕。
　　　　因子盈为帝，所以这里称太后。

〔6〕　鸩：音直禁切，又音覃，毒鸟。用鸩鸟的羽毛浸酒，人饮了即中毒而
　　　　死。乃进鸩酒……乃止：《史记》《吕后本纪》作"迺令两卮酖置前，
　　　　令齐王起为寿。齐王起，孝惠亦起取卮，欲俱为寿。太后乃恐，自
　　　　起泛孝惠卮。齐王怪之，因不敢饮，详醉去。"《汉书》《高五王传》略
　　　　同《史记》。

〔7〕　悼惠王惧不得出城，上车太息：《史记》《吕后本纪》作"问知其酖，齐
　　　　王恐，自以为不得脱长安，忧。"

〔8〕　内史：诸侯王国之官，主管治民。见《汉书》《百官公卿表上》。这位
　　　　内史名勋，一说名士。见《史记》《齐悼惠王世家》、《汉书》《高五王
　　　　传》颜师古注。参乘：古书上亦作骖乘，即坐车右。见本书《杂事》
　　　　第五《管仲傅齐公子纠》章注〔17〕。

〔9〕　鲁元公主：吕后所生，高祖长女，惠帝姊，赵王张敖王后。生子偃，
　　　　封为鲁元王。公主食邑于鲁，又是长女，因称鲁元公主。惠帝二
　　　　年，齐悼惠王尊鲁元公主为太后，因又称鲁元太后。见《史记》《项
　　　　羽本纪》《集解》引服虔曰、《吕后本纪》及《集解》引如淳曰、《张耳陈
　　　　余列传》，《汉书》《外戚传》。

〔10〕　弟：女子后生的古代也称弟。

〔11〕　汤：热水。汤沐：包括沐浴。汤沐邑：古时诸侯朝见天子，先要斋戒
　　　　沐浴，因而天子赐给他一块土地，为朝见前斋戒沐浴之用。这里但
　　　　指食邑而言。大王封国七十余城，而鲁元公主汤沐邑少：《史记》
　　　　《吕后本纪》、《汉书》《高五王传》作"今王有七十余城，而公主迺食
　　　　数城。"

〔12〕　大王诚献十城，为鲁元公主汤沐邑：《史记》《吕后本纪》、《汉书》《高
　　　　五王传》作"王诚以一郡上太后，为公主汤沐邑"。这郡即城阳郡。

〔13〕 亲亲：指亲爱自己的亲妹。

〔14〕 得：和"亡"对文，应作保存解。亡十城而得六十城：悼惠王共有七十三城。这里举大数而言。

〔15〕 邸：诸侯来朝在京师所住之馆。如燕王来朝所住的叫燕邸。齐王来朝所住的叫齐邸。这里指齐邸。

〔16〕 献十城为鲁元公主汤沐邑：《汉书》《惠帝纪》作"献城阳郡以益鲁元公主邑，尊公主为太后。"《高五王传》作"献城阳郡以尊公主为王太后"。

〔17〕 太后果大悦，受邑，厚赐悼惠王而归之：《史记》《吕后本纪》作"吕后喜，许之，迺置酒齐邸，乐饮，罢归齐王。"

孝武皇帝时〔1〕，大行王恢〔2〕数言击匈奴之便，可以除边境之害。欲绝和亲之约〔3〕。御史大夫韩安国以为兵不可动〔4〕。孝武皇帝召群臣而问〔5〕曰："朕饰子女〔6〕，以配单于〔7〕，币帛文锦〔8〕，赂之甚厚。今单于逆命加慢，侵盗无已，边郡数惊，朕甚闵之：今欲举兵以攻匈奴，如何？"大行臣〔9〕恢再拜稽首曰："善。陛下不言，臣固谒之〔10〕。臣闻全代之时〔11〕，北未尝不有疆胡之敌，内连中国之兵〔12〕也。然尚得养老长〔13〕幼，树种〔14〕以时，仓廪常实，守御之备具，匈奴不敢轻侵也。今以陛下之威，海内为一家〔15〕，天下同任〔16〕，遣子弟乘〔17〕边守塞，转粟挽输〔18〕，以为之备，而匈奴侵盗不休者，无他，不痛之患也〔19〕。臣以为〔20〕击之便。"御史大夫臣〔21〕安国稽首再拜曰："不然。臣闻高皇帝尝围于平城〔22〕，匈奴至而投鞍高于城者数所。平城之厄，七日不食，天下叹之〔23〕。及解围反位〔24〕，无忿怨之色〔25〕。虽得天下而不报平城之怨者，非以力不能也。夫圣人以天下为度[26]者也，不以己之私怨，伤天下之公义[27]。故遣刘敬结为和亲[28]，至今为五世[29]利。孝文皇帝尝一屯天下之精兵于尝谿、广武[30]，无尺寸之功，天下黔首约要[31]之民无不忧者。孝文皇帝悟兵之不可宿[32]也，乃为和亲之约[33]，至今为后世利。臣以为两主之迹，足以为效。臣故曰：勿击便[34]。"大行曰："不然。夫明于形者，分则不过于事[35]；察于动者，用则不失于利[36]；审于静者，恬则免于患[37]。高帝被坚执锐，以除天下之害；蒙矢石，沾风雨[38]，行几十年；伏尸满泽，积首若山；死者什七，存者什三，行者垂泣而倪[39]于兵。夫以天下末力厌事之民，而蒙匈奴饱佚[40]，其势不便。故结和亲之约者，所以休天下之民。高皇帝明于形而以分事，通于动静之时。盖五帝不相同乐，三王不相袭礼者[41]，非故相反也，各因世之宜也[42]。教与时变，备与敌化[43]。守一而不易，不足以子民[44]。今匈奴纵意日久矣，侵盗无已，系虏人民；戍卒死伤，中国道路，槥车相望[45]。此仁人之所哀也。臣故曰：击之便。"御史大夫曰："不然。臣闻之：利不什不易业，功不百不变常[46]。是故古之人君，谋事必就圣，发政必择语[47]，重作事也。自[48]三代之盛，远方夷狄，不与正朔、服色[49]，非威不能制，非强不能服也，以为远方绝域，不牧[50]之民，不足以烦中国也。且匈奴者，轻疾悍亟之兵也。畜牧为业，弧弓[51]射猎，逐兽随草，居处无常，难得而制也。至不及图，去不可追，来若飙风〔52〕，解〔53〕若收电。今使边鄙久废耕织之业，以支匈奴常事〔54〕，其势不权〔55〕。臣故曰：勿击为便〔56〕。"大行曰："不然。夫神蛟济于渊，而凤鸟乘于风，圣人因于时〔57〕。昔者秦缪公都雍郊〔58〕，地方三百里，知时之变，攻取西戎，辟地千里，并国十二〔59〕，陇〔60〕西北地是也。其后蒙恬为秦侵胡，以河为境，累石为城，积木为寨〔61〕，匈奴不敢饮马北河〔62〕；置烽燧〔63〕，然后敢牧马。夫匈奴可以力服也，不可以仁畜也。今以中国之大〔64〕，万倍之资〔65〕，遣百分之一以攻匈奴，譬如以千石之弩，射瘫溃痈〔66〕，必不留行〔67〕矣。则北发、月氏〔68〕可得而臣也。臣故曰：击之便。"御史大夫曰："不然。臣闻善战者以饱待饥；安行定舍，以待其劳；整治施德，以待其乱〔69〕；按兵奋众，深入伐国堕城；故常坐而役敌国〔70〕。此圣人之兵也。夫冲风之衰也，不能起毛羽；彊弩之末力，不能入鲁缟〔71〕。盛〔72〕之有衰也，犹朝之必暮也。今卷甲而轻举，深入而长驱，难以为功。夫横行则中绝，从行则迫胁〔73〕；徐则后利，疾则粮乏〔74〕；不至千里，人马绝饥，劳以遇敌，正遗人获也〔75〕。意者有他诡妙，可以擒之，则臣不知。不然，未见深入之利也。臣故曰：勿击便。"大行曰："不然。夫草木之中霜雾不可以风过〔76〕，清水明镜不可以形逃也〔77〕，通方之人不可以文乱〔78〕。今臣言击之者，固非发〔79〕而深入也。将顺因单于之欲，诱而致之边，吾伏轻卒锐士以待之，阴遮险阻以备之。吾势以成〔80〕，或当其左，或当其右，或当其前，或当其后〔81〕，单于可擒，百全必取。臣以为击之便。”于是遂从大行之言。孝武皇帝自将师，伏兵于马邑，诱致单于。单于既入塞，道觉之，奔走而去〔82〕。其后交兵接刃，结怨连祸，相攻击十年〔83〕，兵凋民劳，百姓空虚，道殣〔84〕相望，槛车相属，寇盗满山〔85〕，天下摇动。孝武皇帝后悔之。御史大夫桑弘羊请佃轮台〔86〕，诏〔87〕却曰：“当今之务，务在禁苛暴，止擅赋。今乃远西佃，非所以慰民也。朕不忍闻。”封丞相号曰富民侯〔88〕。遂不復言兵事，国家以宁，继嗣以定〔89〕，从韩安国之本谋也。

〔注〕

〔1〕　孝武皇帝：见本书《节士》第七《苏武者》章注〔3〕。孝武皇帝时：建元六年，匈奴来请和亲，王恢和韩安国曾在武帝面前辩论过。王恢力主进击，安国力主和亲。朝臣多赞同安国的意见，于是武帝答应了匈奴的请求。第二年即元光元年，雁门郡马邑县邑豪聂壹托王恢对武帝说：趁着匈奴与汉和亲之初，对边塞的人信任之时，可以利诱他来，伏兵袭击，那是一定可以把匈奴打垮的办法。因而在元光二年初，才有下面这一场辩论。见《资治通鉴》卷十七、卷十八及《考异》。据此则孝武皇帝时指建元六年至元光二年初这三年间。

〔2〕　大行：即大行令，官名，掌管归顺的蛮夷。见《汉书》《景帝纪》王先谦《补注》引刘敞曰、《百官公卿表上》。王恢，燕人，屡为边吏，熟悉胡人的情况，为大行。见《史记》《韩长孺列传》。

〔3〕　和亲之约：高祖、吕后、文帝、景帝之世，都曾和匈奴结和亲之约，汉以宗室的女子嫁给单于，每年用金币厚赠单于，和单于约为兄弟。见《史记》《匈奴列传》，《汉书》《娄敬传》王先谦《补注》。欲绝和亲之约：建元六年，匈奴请求和亲，王恢对武帝说：“汉与匈奴和亲，总是不过几年，匈奴便背约了。不如不答应他，起兵攻他。”见《史记》《韩长孺列传》。

〔4〕 御史大夫：上卿，是丞相之副，俸禄中二千石粟。其属官有中丞，主管图籍秘书，兼司纠察。见《汉书》《百官公卿表上》及颜师古注引臣瓒曰。韩安国：字长孺，梁成安人。原事梁孝王。共王时因犯法失官家居。建元中事汉。六年，为御史大夫。见《史记》《韩长孺列传》。御史大夫韩安国以为兵不可动：建元六年，匈奴来请和亲，安国对武帝说：匈奴兵员和马匹充足，迁徙无常，难得而制。得到他的土地和人众也没有用。而且转战千里，人马疲乏，敌人以逸待劳，汉军势必危殆。因此不如与匈奴和亲。见《史记》《韩长孺列传》、《汉书》《韩安国传》。

〔5〕 孝武皇帝召群臣而问：在元光二年初。见《汉书》《武帝纪》。

〔6〕 子女：犹言女子。指宗室之女。

〔7〕 单于：汉时匈奴自称其君长叫单于，相当于汉人所称的天子。《汉书》《匈奴传》：“单于姓挛鞮氏，其国称之曰撑犁孤涂单于。匈奴谓天为撑犁，谓子为孤涂。单于者，广大之貌，言其象天单于然也。”

〔8〕 币帛文锦：《汉书》《武帝纪》作“金币文绣”。

〔9〕 大行臣：应从《汉书》《韩安国传》、王益之《西汉年纪》卷十一作“大行”。

〔10〕 谒：请求。陛下不言，臣固谒之：《汉书》《韩安国传》作“陛下虽未言，臣固愿效之。”效之：献议。

〔11〕 代：古国名，有今山西省东北部及河北省蔚县附近地。全代之时：《资治通鉴》卷十八胡三省注：“战国之初，代自为一国，故曰全代。其后为赵襄子所灭，代始属赵。”按代在赵襄子元年，即周定王十二年，为赵襄子所灭。见《史记》《六国表》。则“全代之时”指代在周定王十二年以前。

〔12〕 内连中国之兵：在中国内部，则牵连着中国内部诸侯间的战争。因为代和燕、赵接壤。

〔13〕 长：上声，养。

〔14〕 树：种植。树种：合成词。《汉书》《韩安国传》、《资治通鉴》卷十八作“种树”，义同。

〔15〕 一家：《汉书》、《资治通鉴》、《西汉年纪》作“一”。

〔16〕 任：载。天下同任：天下的人，像一同载在一辆车子上面。

〔17〕 乘：守。

〔18〕 输：去声，指所运输之物。

〔19〕 痛：应作"恐"，威吓之意。武井骥《刘向新序纂注》说："吴本'痛'作
'恐'。"不痛之患也：《汉书》《韩安国传》、《资治通鉴》卷十八均作
"以不恐之故耳"。

〔20〕 以为：《汉书》《韩安国传》、《资治通鉴》卷十八作"窃以为"。

〔21〕 御史大夫臣：应从《汉书》《韩安国传》作"御史大夫"。

〔22〕 平城：县名，故城在今山西省大同市东。高皇帝尝围于平城：汉六
年秋，匈奴围韩王信于马邑，九月，信降匈奴。匈奴得信，因引兵南
踰句注，攻太原，至晋阳下。七年冬，汉军反击，匈奴往往败北。高
祖在晋阳，听说单于冒顿在代谷，想进击单于，派出了十几批的使
者去刺探军情，冒顿把壮丁和肥壮的牛马隐藏起来。使者所看见
的都是老弱残卒和瘦瘠的牲口，回来都说可以进击。高祖于是带
了三十二万大军，往北追击。高祖和先头部队到了平城，被冒顿精
兵四十万骑围困于白登。粮食断绝了七天。高祖用陈平密计，派
使者暗中厚赠阏氏。于是阏氏对冒顿说："两主不相困。现在得到
汉朝的土地，单于到底不能守。而且汉主也有神灵。"单于约韩王信
的部将来会，到期又没有来，疑心他们和汉朝有勾结，因而听从阏
氏的话，解围一角，高祖才能冲出重围，和大军会合，匈奴也全部解
围撤退了。见《史记》《高祖本纪》、《刘敬列传》、《匈奴列传》，《汉
书》《高帝纪》、《娄敬传》、《匈奴传》，荀悦《前汉纪》卷三，《资治通
鉴》卷十一。

〔23〕 叹：歌唱。《汉书》《韩安国传》作"歌"。天下歌之：《汉书》《匈奴
传》："天下歌之曰：'平城之下亦诚苦！七日不食，不能彀弩！'"

〔24〕 反位：指对匈奴的战争结束之后，高祖回京复位。

〔25〕 无忿怨之色：《汉书》《韩安国传》、《资治通鉴》卷十八作"而无忿怨
之心"。

〔26〕 以天下为度：《汉书》《韩安国传》颜师古注："言当随天下人心而宽
大其度量也。"

〔27〕 不以己之私怨伤天下之公义：王念孙《读书杂志》五《汉书》第十：
"报仇雪耻，一己之私怒也；按兵恤民，天下之公义也。"

〔28〕 遣刘敬结为和亲：平城之役以后，匈奴还是屡次侵犯北方的边境。
汉八年秋九月，高祖问刘敬。刘敬以为天下初定，士卒疲于战争，
不能再用武力使匈奴屈服了。冒顿杀父自立为君，娶群母为妻，以
力为威，也未能用仁义说服。只有把嫡长公主许配单于，并厚赠单
于。这样单于就一定以长公主为阏氏，生子必为太子。而冒顿活
着时就是高祖的女婿，死了，外孙就做单于。外孙是不敢和外祖父
分庭抗礼的。这样不必对匈奴作战，匈奴就会逐渐臣服了。高祖
听信刘敬的话，想打发长公主去。因吕后反对，没有实行。九年
冬，便从宗室中另找一个女子冒称为长公主，用来嫁给单于；叫刘
敬去结和亲之约。见《史记》《刘敬列传》、《匈奴列传》，《汉书》《娄
敬传》、《匈奴传》，《资治通鉴》卷十二。

〔29〕 五世：指高帝、惠帝、景帝、文帝、武帝五代。

〔30〕 孝文皇帝：名恒，字常，高祖中子，母薄姬。汉十一年，立为代王。吕
后死后，诸大臣迎立为帝。孝文是其谥。见《汉书》《文帝纪》及颜
师古注引荀悦曰、应劭曰。尝貉、广武：沈钦韩《汉书疏证》卷二十
八："《方舆纪要》：广武城在代州西十五里。今雁门山下，有水东南
流，经州城外东关庙，名东关水，又南入滹沱，或谓之常貉水。《一统
志》引《郡国志》云：雁门有常貉水，合注滹沱。即此。"孝文皇帝尝一
屯天下之精兵于尝貉、广武：文帝三年夏，曾至代，想亲自领兵进击
匈奴。见《汉书》《文帝纪》。"一屯天下之精兵于尝貉、广武"指此。

〔31〕 黔首：《说文》："秦谓民为黔首，谓黑发也；周谓之黎民。"黔、黎皆黑
之意。一说谓以黑巾蒙头，所以叫做黔首。约：束。要：古"腰"字。
约要：以带束腰。

〔32〕 宿：《汉书》《韩安国传》注："久留也。"

〔33〕 乃为和亲之约：文帝六年，和匈奴恢复和亲之约。不久冒顿死了，
子稽粥立，号曰老上单于，文帝又打发宗室之女为单于阏氏。文帝
后二年，再与匈奴和亲。见《汉书》《匈奴传》。《汉书》《韩安国传》
作"故复合和亲之约"。

〔34〕 臣故曰:勿击便:《汉书》《韩安国传》、《资治通鉴》卷十八作"臣窃以
为勿击便"。

〔35〕 明于形者,分则不过于事:张国铨《新序校注》:"分犹理也,过犹失
也。言明于形势者,分理众务,则能不失事之宜。"

〔36〕 用:和下句"恬"字对文,应作变动解。察于动者,用则不失于利:明
察于事物的变动的人,跟着变动,改变原来的做法,对于有利的时
机就不会错过。

〔37〕 审于静者,恬则免于患:详审于事物的静止的人,跟着恬然不动,不
改变原来的做法,对于祸患就可以避免。三句并列,结构相同,字
数似应一致,"免"上疑脱"可"字。

〔38〕 蒙矢石,沾风雨:《汉书》《韩安国传》作"蒙雾露,沐霜雪"。

〔39〕 行者:流浪者。倪:弱小之称,在这里作怯弱解。

〔40〕 蒙匈奴饱佚:和匈奴的饱食安居相碰头。

〔41〕 五帝三王:见本书《杂事》第二《昔者唐虞崇举九贤》章注〔9〕及《杂
事》第五《鲁哀公问子夏曰》章注〔2〕。乐、礼:乐包括歌、乐、舞。礼
为的是别尊卑,乐为的协好恶。盖五帝不相同乐,三王不相袭礼
者:《史记》《乐书》:"赵高曰:五帝三王,乐各殊名,示不相袭。"按一
说伏羲之乐曰《立基》,神农之乐曰《下谋》,颛顼之乐《五茎》,帝
喾之乐曰《六英》,少昊之乐曰《九渊》,黄帝之乐曰《咸池》,尧之乐
曰《大章》,舜之乐曰《韶》,禹之乐曰《夏》,汤之乐曰《濩》,武王之乐
曰《武》。见《周礼》《春官》《大司乐》孙诒让《正义》。《汉书》《韩安
国传》作"臣闻五帝不相袭礼,三王不相复乐"。

〔42〕 各因世之宜也:《礼记》《乐记》:"五帝殊时,不相沿乐;三王异世,不
相袭礼。"

〔43〕 备与敌化:守备的方法应该随着敌人情况的不同而改变。

〔44〕 子民:养民。《汉书》《严安传》颜师古注:"子,谓养之如子也。"

〔45〕 槽:音卫。槽车相望:《汉书》《韩安国传》颜师古注:"槽,小棺也。从
军死者,以槽送致其丧。载槽之车,相望于道,言其多也。"

〔46〕 利不什不易业,功不百不变常:《商子》《更法》、《史记》《商君列传》、
本书《善谋》第九《秦孝公欲用卫鞅之言》章作"利不百不变法,功不

十不易器"。

〔47〕 谋事必就圣,发政必择语:谋划大事,必就教于圣人;施行政治,必择问于古语。《汉书》《韩安国传》作"谋事必就祖,发政占古语"。

〔48〕 自:虽。见吴昌莹《经词衍释》。

〔49〕 与:跟着采用。正朔:正月一日,指历法。古时改朝换代,有改正朔之事。夏以孟春为正月,以平旦为朔。殷以季冬为正月,以鸡鸣为朔。周以仲冬为正月,以夜半为朔。见《尚书大传》《略说》。服色:《礼记》《大传》:"改正朔,易服色。"郑玄注:"服色,车马也。"孔颖达疏:"谓夏尚黑,殷尚白,周尚赤;车之与马,各用所尚之正色也。"

〔50〕 不牧:不能教养。

〔51〕 弧弓:木弓曰弧,角弓曰弓。见《汉书》注。

〔52〕 猋:应作"飙",音标,疾风。

〔53〕 解:去。和上"来"对文,和上"去"互文。《汉书》、《前汉纪》、《西汉年纪》均作"去"。

〔54〕 以支匈奴常事:来支持对匈奴的战争。《汉书》王先谦《补注》:"胡以战斗为常事。"

〔55〕 权:称。其势不权:其势不相称。

〔56〕 勿击为便:"为"字疑衍。《汉书》《韩安国传》、王益之《西汉年纪》卷十一均作"勿击便",下文也作"勿击便"。

〔57〕 济:止。神蛟济于渊,而凤鸟乘于风,圣人因于时:三分句并列,"而"字应删。

〔58〕 雍:古雍城在今陕西省凤翔县南七里。参阅江永《春秋地理考实》僖公十三年。秦自德公元年开始,定都于雍。见《史记》《秦本纪》。雍郊:《汉书》《韩安国传》、《西汉年纪》作"雍"。

〔59〕 西戎:西方种族名。所建立的国家很多,以义渠、大荔最强。见《后汉书》《西羌传》。十二:《史记》《李斯列传》作"二十",《汉书》《韩安国传》、《西汉年纪》作"十四"。攻取西戎……并国十二:秦穆公三十七年,任用由余,谋伐戎王。结果秦国增加了西戎十二个国家的领土,开辟了千里的土地,称霸西戎。见《史记》《秦本纪》。

〔60〕　陇：指陇山，在今陕西省陇县西北。

〔61〕　蒙恬：齐人。祖父骜，父武及恬，皆为秦将。见《史记》《蒙恬列传》。
其后蒙恬为秦侵胡……积木为寨：秦始皇三十二年，叫蒙恬带领军
队三十万北伐匈奴。三十三年，蒙恬大破匈奴，占领河南全部，因河
为塞，设置四十四县，筑亭障。三十三年至三十四年，修长城，从临
洮至辽东，共万余里。见《史记》《秦始皇本纪》、《蒙恬列传》，《资治
通鉴》卷七，吕祖谦《大事记》卷七。《汉书》《韩安国传》《西汉年纪》
作"及后蒙恬为秦侵胡，辟数千里，以河为竟，累石为城，树榆
为塞。"

〔62〕　饮马北河：《汉书》《韩安国传》《西汉年纪》作"饮马于河"。

〔63〕　烽燧：《后汉书》《光武帝纪》下李贤注引《汉书音义》曰："边方备警
急，作高土台，台上作桔皋，桔皋头有兜零，以薪草置其中，常低之，
有寇即燃火举之以相告曰烽。又多积薪，寇至即燔之，望其烟曰
燧。昼则燔燧，夜乃举烽。"

〔64〕　大：《汉书》、《韩安国传》作"盛"。

〔65〕　万倍之资：万倍于匈奴的物资。

〔66〕　譬如以千石之弩，射痈溃疽：《汉书》《韩安国传》《西汉年纪》作"譬
犹以彊弩射且溃之痈也"。"以千石之弩，射痈溃疽"是当时的成语。
《战国策》《秦策》二："夫齐，罢国也。以天下击之，譬犹以千钧之弩
溃痈也。"

〔67〕　留：障碍。必不留行：《汉书》注："言无所碍也。"

〔68〕　北发：见本书《杂事》第一《昔者舜自耕稼陶渔而躬孝友》章注〔8〕。
氏：音支。月氏：又作月支、月氐，古西域国名。本居敦煌、祁连
间，汉文帝时，为匈奴所破，大部分西逃至大宛西，是为大月氏。小部
分居留在南祁连山，是为小月支。参阅《史记》《匈奴列传》、《大宛
列传》。这里的月氏指大月氏。

〔39〕　定：安。定舍：安逸地驻宿。臣闻善战者以饱待饥……整治施德以
待其乱：《吴子》《治兵》："故用兵之法，……以近待远，以佚待劳，以
饱待饥。"《孙子》《军争篇》："以治待乱，以静待哗，此治心者也。以
近待远，以佚待劳，以饱待饥，此治力者也。"

〔70〕 奋：倾覆，战败。铁华馆校宋本作"夺"。众：指敌众。堕：通毁、破。
按兵奋众……故常坐而役敌国：应作"故接兵奋众……常坐而役敌
国"。意即所以和敌兵相接，就可以打败敌众；深入进击敌国，就可
以攻破其城；经常坐着，就可以役使敌国。《汉书》《韩安国传》作
"故接兵覆众，伐国堕城，常坐役敌国。"

〔71〕 冲风：疾风。缟：音古考切，一音古到切，古时候一种白色的生绢。
鲁缟：《汉书》《韩安国传》颜师古注："曲阜之地，俗善作之，尤为轻
细"。夫冲风之衰也……不能入鲁缟：《史记》《韩长孺列传》作"且
彊弩之极矢，不能穿鲁缟。冲风之末力，不能漂鸿毛。非初不劲，
末力衰也。"《汉书》作"且臣闻之：冲风之衰，不能起毛羽；彊弩之末
力，不能入鲁缟。"《淮南子》《说山》："矢之于十步贯兕甲，于三百步
不能入鲁缟。"

〔72〕 盛：《汉书》《韩安国传》、《西汉年纪》作"夫盛"。

〔73〕 夫横行则中绝，从行则迫胁：《汉书》《韩安国传》、《资治通鉴》卷十
八作"从行则迫胁，衡行则中绝"。《汉书》《补注》引王文彬曰："军鱼
贯则虑其迎击而前受迫胁，併进则防其钞截而中路断绝。"

〔74〕 后利：《汉书》《韩安国传》颜师古注："谓不及于利。"疾则粮乏：因为
前进太快，粮运供应不上。

〔75〕 不至千里……正遗人获也：《汉书》《韩安国传》、《资治通鉴》卷十八
作"不至千里，人马乏食，兵法曰：遗人获也。"

〔76〕 中：去声，碰着。霜雾：偏义复词，指霜；因雾对草木无伤。夫草之
中霜雾不可以风过：《汉书》《韩安国传》作"夫草木遭霜者不可以风
过"。颜师古注："言易零落。"

〔77〕 清水明镜不可以形逃也：这句和上下两句平列，谓语结构相同，
"也"字应删。《汉书》《韩安国传》"逃"作"逃"，无"也"字。

〔78〕 方：道。人：《汉书》《韩安国传》《西汉年纪》作"士"。通方之人不可
以文乱：明达大道理的人，不能用文饰的话来混淆他的视听。

〔79〕 发：荀悦《前汉纪》卷十一作"发兵"。

〔80〕 势：优势。成：定。以成：《汉书》《韩安国传》、荀悦《前汉纪》卷十
一、《资治通鉴》卷十八《西汉年纪》均作"已定"。

〔81〕 或：有。当：遮挡。或当其左……或当其后：意即四面包围。

〔82〕 马邑：在今山西省朔县东北。孝武皇帝自将师伏兵于马邑……奔走而去：元光二年夏六月，汉以韩安国为护军将军，李广为骁骑将军，公孙贺为轻车将军，王恢为将屯将军，李息为材官将军，带领车、骑、材官各种军队三十余万，埋伏马邑旁山谷中，约好在单于进马邑时出击。暗中派马邑邑豪聂壹做间谍，跑到匈奴那里，对单于说："我能斩掉马邑县令、县丞的头，把城献降，城中的财物可以全部得到。"单于相信了。聂壹于是斩了死囚的头，悬挂在马邑城下，骗匈奴使者，说"马邑的长吏已死，单于可以赶快来了！"于是单于带了十万骑进武州塞，离马邑还有百多里，看见原野外满佈牲口，但没有人放牧，觉得奇怪。于是进攻一所亭候，遇着了一位雁门郡的尉史在里面防守，想把尉史刺死。尉史害怕了，便把汉军埋伏的地点告诉了单于。单于大惊，连忙带兵逃回去了。见《史记》《韩长孺列传》、《匈奴列传》，《汉书》《武帝纪》、《韩安国传》、《匈奴传》，荀悦《前汉纪》卷十一、《资治通鉴》卷十八。

〔83〕 相攻击十年：举大数而言。自元光二年夏六月马邑事件以后，和亲之约废止了，匈奴入寇边境的次数，不可胜数。从元光六年开始，汉也出兵大举进攻匈奴。直至元狩四年，卫青、霍去病大破匈奴以后，汉朝也因马匹缺少，对匈奴才不再大举进攻。见《史记》《匈奴列传》，《资治通鉴》卷十八、卷十九。自元光二年至元狩四年，共十四年。

〔84〕 殣，音忌印切，路旁的坟堆。饿死在路上的人，掩埋在这里面。

〔85〕 寇盗满山：武帝晚年，各地农民为了反抗汉统治者残暴的统治，纷纷举行武装起义。南阳有梅免、白政，楚有殷中、杜少，齐有徐勃，燕、赵之间，有坚卢、范生等领导的农民起义。参阅《史记》《酷吏列传》、《汉书》《武帝纪》。作者因为是站在统治阶级的立场，所以称起义的农民为寇盗。

〔86〕 桑弘羊：洛阳贾人之子，武帝后元二年二月开始为御史大夫。见《汉书》《食货志下》、《百官公卿表下》。佃：或作田，耕作，这里指屯田，即叫守边的士卒种地。轮台：汉西域地名，即今新疆省轮台县。

御史大夫桑弘羊请佃轮台：征和四年，搜粟都尉桑弘羊和丞相、御史上奏，说轮台以东，水草丰饶，有可以灌溉的田五千顷以上，可以派遣戍卒屯田。见《资治通鉴》卷二十二。

〔87〕　诏：诏书全文见《汉书》《西域传下》，下文是原文的节录，但文字也有出入。

〔88〕　封丞相号曰富民侯：丞相是田千秋，本田氏，因好乘小车，时人称他为车丞相，因此又叫车千秋。征和四年六月始为丞相，封富民侯。见《汉书》《外戚恩泽侯表》、《百官公卿表下》、《车千秋传》、周寿昌《汉书注校补》卷四十三。号曰富民侯的意义，《汉书》《食货志下》颜师古注："欲百姓之殷实，故取其嘉名也。"《西域传下》、《资治通鉴》卷二十二、《西汉年纪》卷十七说："以明休息，思富养民也。"

〔89〕　继嗣以定：武帝后元二年二月乙丑，立少子弗陵为皇太子。太子字不，即位后，是为孝昭皇帝。见《汉书》《武帝纪》、《昭帝纪》及注。刘向之意，是以为太子之所以能够确立，和国家的和平生活有关，从而也就和韩安国的本谋有关。

孝武皇帝时〔1〕，中大夫主父偃为策〔2〕曰："古诸侯不过百里〔3〕，彊弱之形易制也。今诸侯或连城数十，地方千里。缓则骄，易为淫乱〔4〕；急则阻其彊而合从，谋以逆京师〔5〕。今〔6〕以法割之，即逆节萌起，前日晁错〔7〕是也。今诸侯子弟或十数，而适嗣代立。余虽骨肉，无尺地之封，则仁孝之道不宣。愿陛下令诸侯得推恩分子弟，以地侯之。彼人人喜得所愿。上以德施，实封〔8〕其国，而稍自消弱矣〔9〕。"于是上从其计。因关马及弩不得出〔10〕，绝游说之路〔11〕，重附益诸侯之法〔12〕，急诖误其君之罪〔13〕。诸侯王遂以弱，而合从之事绝矣，主父偃之谋也。

〔注〕

〔1〕　孝武皇帝时:在元朔二年冬。见《资治通鉴》卷十八。

〔2〕　中大夫:郎中令下的属官,掌议论、顾问、应对,俸禄比二千石粟。见
《汉书》《百官公卿表上》、《后汉书》《百官志》二。主父偃:齐临菑
人,主父是其氏。元朔元年,为中大夫。见《资治通鉴》及胡三省
注。为策:《史记》《主父偃列传》、《汉书》《主父偃传》、荀悦《前汉
纪》卷十二、《资治通鉴》均作"说上"。

〔3〕　古诸侯不过百里:《礼记》《王制》:"天子之田方千里,公、侯田方百
里,伯七十里,子、男五十里。"《孟子》《万章下》略同。《礼记》郑玄
注以为是周初之制。《汉书》《主父偃传》"诸侯"下有"地"字。

〔4〕　缓则骄,易为淫乱:对他软弱,他就骄傲,容易胡作非为。如淮南王
长,由于文帝的纵容,更加骄傲放恣,竟至生活比拟天子,自立法
制。见《汉书》《淮南王长传》。《史记》《主父偃列传》、《汉书》《主父
偃传》、《资治通鉴》卷十八"骄"下有"奢"字。

〔5〕　急:强硬。阻:恃。合从:汉定都关中,其余诸侯王国的土地,贯通
南北,因而诸侯王国联合起来对付汉朝,也叫合从。急则阻其彊而
合从,谋以逆京师:如吴王濞即为一例。见本书《善谋》第十《郦食
其号郦生》章注〔16〕。《史记》、《汉书》、《资治通鉴》无"谋"字。《前
汉纪》作"急则怨叛"。

〔6〕　今:若。见王引之《经传释词》。

〔7〕　晁错:又作鼂错,颍川人,文帝时为中大夫,景帝二年八月起为御史
大夫。错在文帝时,已献计减削诸侯封地,文帝没有采纳。景帝三
年十二月,错又献议。景帝采纳了。正月,吴、楚便起兵反了,以诛
错为名。景帝听信了袁盎的话,把错杀了。但吴、楚还是不罢兵。
见《汉书》《鼂错传》、荀悦《前汉纪》卷九、《资治通鉴》卷十五、卷
十六。

〔8〕　封:应从《史记》《主父偃列传》、《汉书》《主父偃传》、《资治通鉴》卷
十八作"分"。

〔9〕　而稍自消弱矣:《史记》、《主父偃列传》、《资治通鉴》卷十八作"不削
而稍弱矣。"《汉书》《主父偃传》作"必稍自销弱矣"。

〔10〕 关马及弩不得出:闭关,使弓马不得出境;这样来禁止诸侯的叛乱。

〔11〕 绝游说之路:《汉书》《诸侯王表》说武帝时"作左官之律",即禁止私人到诸侯王那里去做官的法律。

〔12〕 重:重视。附益诸侯之法:《汉书》《诸侯王表》说武帝时"设附益之法"。注引张晏曰:"郑氏说,封诸侯过限曰附益。"实行了这种法律,诸侯的封土也就有限了。

〔13〕 诖:音卦,误。诖误:合成词。急诖误其君之罪:急速惩罚诸侯王国中使其君犯错误的人臣的罪过。这样,诸侯王的臣子,也就不敢怂恿其君和汉室作对了。

新 序 补 遗

《新序》原书三十卷,今存十卷。卢文弨《群书拾补》辑《新序》佚文五十二条。严可均《全汉文》《新序》据以入录,删其相重复者《周昌者沛人》一条,增《北堂书钞》《攘服四夷》一条,亦一共五十二条。其中《臧孙行猛政》、《子产相郑七年》、《臧孙鲁大夫》、《子贡曰》四条实同一章,《公孙敖问伯象先生曰》与《孙叔敖曰》两条亦然。又《平公问叔向曰》、《桓公与管仲鲍叔甯戚饮》、《桓公与管仲饮酒》三条俱见今本《新序》《杂事》第四,均非佚文。而严辑《攘服四夷》一条,又与《上古之时》实同一章,据此则卢辑严辑亦仅四十四条耳。《太平御览》又有《申鸣》一条,严氏谓"今见《说苑》,疑误作《新序》,今不录。"但严辑中尚有数条,亦见于今本《说苑》,如《齐景公游海上》条,今见《说苑》《正谏》篇,《赵简子使使者聘孔子于鲁》条,见《权谋》篇,《秦王以五百里地易鄢陵》条,见《奉使》篇,《林既衣韦衣而朝齐景公》条,见《善说》篇。且今本《新序》之文,亦有与《说苑》相重复者。如《杂事》第五《晋平公问于叔向曰》章与《说苑》《善说》篇《晋平公问叔向曰》章略同。《刺奢》第六《魏文侯见箕季》章,与《说苑》《建本》篇《文公见咎季》章略同。《节士》第七《延陵季子者》章,与《至公》篇《吴王寿梦有四子》章略同。《申包胥者》章,与《至公》篇《子胥将之吴》章略同。至《杂事》第五《齐侯问于晏子曰》章,则与《臣术》篇《齐侯问于晏子曰》章文几全同。《节士》第七《公孙杵臼程婴者》章之与《复恩》篇《晋赵盾举韩厥》章亦然。盖何者原属《新序》，何者原属《说苑》，已不可考。然则纵使两书互见，亦何妨二者并存？张国铨《新序佚文校辑》，就严氏所采，"或本书（《新序》）所有而误以为佚者，或明非《新序》之文而误录者，或所据简略而失引详备者，或复緟者"，删挢为四十一条，又补充《臧孙行猛政》、《子路治蒲三年》、《子奇年十六》、《孟子见齐宣王于雪宫》、《赵简子欲专天下》、《秦孝公保崤函之固》、《申子之书》、《斯在逐中道上》、《孔子谓曾子曰》、《齐桓公好妇人之色》等十条，共五十一条。但《子奇年十六》、《赵简子欲专天下》亦在严辑四十一条之中，特详略不同耳，因此合计亦仅四十九条。现据张辑与个人肄业所及，重新校订补辑，辑为六十条，并略考证，以就正于读者。

　　——赵仲邑　一九六〇年二月于广州中山大学

　　禹南济于江，黄龙负舟，舟中之人皆失色，禹仰天而叹曰："吾受命于天，死生命也。"龙俯首而逝。（《太平御览》卷六十引）

　　汤居亳七十里，地与葛为邻。葛伯放淫不祀，汤使人问之曰："何为不祀？"曰："无以供牺牲也。"汤使人遗之牛羊。葛伯食之，又不以祀，汤又使人问曰："何为不祀？"曰："无以供粢盛也。"汤又使众往为耕，老弱馈食。葛伯率其民要其有酒黍肉稻者夺之，不受〈群书拾补〉"受"作"与"。者杀之。有一童子，以黍肉饷，杀而夺也。书曰："葛伯仇饷。"此之谓也。为其杀是童子而征之，四海之内，皆曰："非富天下也，为匹夫匹妇雠也。"（《太平御览》卷三百零五引）又见〈孟子〉〈滕文公下〉。

　　太王亶父，止于岐下，百姓扶老携幼，随而归之，一年成邑，二年成都，三年五倍其初。（《太平御览》卷四十九引）又见〈吴越春秋〉

《吴太伯传》。

文王之葬枯骨，无益。众庶悦之，恩义动人也。疑是《杂事》第五
《周文王作灵台》章佚文。（《太平御览》卷三百七十五引）

纣王天下，熊羹不熟，而杀庖人。（《太平御览》卷八百六十
一引）

齐桓公好妇人之色，妻姑姊妹，国人多淫于骨肉。（马骕《绎
史》四十四之二引）张国铨《新序佚文校辑》曰：“桓公妻姑姊妹之说，马氏（马骕）
以为襄公之误。然《管子》《小匡》篇云：‘桓公曰寡人有污行，不幸而好色，而姑姊妹有不
嫁者。’《荀子》亦曰：‘齐桓内行，则姑姊妹之不嫁者七人。’《新序》之云，盖有所本矣。”

百里奚，楚宛人，仕于虞，虞亡入秦，号五羖大夫也。（《史记》
《李斯列传》《正义》引）

及定王，王室遂卑矣。（《文选》陆机《辩亡论》李善注引）

梁伯湎于酒，淫于色，心惛而耳塞，好为高城而不居，民罢
甚。（《太平御览》卷一百九十二引）又略见于《左传》僖公十九年。

公孙敖《文选》任昉《出郡传舍哭范仆射》诗李善注引本书作“孙叔敖”。问伯
象先生曰：“今先生收天下之术，博观四方之日久矣，未能裨世主
原作‘上’，今从《群书拾补》改。之治，明君臣之义，是则未有异于府库
之藏金玉，筐箧之襄简书也。”（《太平御览》卷八百一十一引）

公孙敖曰：“夫玉石金铁，犹可琢磨以为器用，而况人乎？”
（《太平御览》卷八百一十三引）

孙叔敖相楚，国富兵强。按前五字见本书《杂事》第一《禹之兴也以涂山》
章，后四字当亦为该章佚文。（《文选》孙楚《为石仲容与孙皓书》李善

注引）

晋襄公之孙周为晋国休戚，不倍本也。（《文选》潘岳《杨仲武诔》李善注引）

单襄公曰：“经之以天，纬之以地。经纬不爽，天之象也。”（《文选》左太冲《魏都赋》李善注引）

楚鄂君乘青 汉《说苑》《善说》篇“鄂君”作“鄂君子晳”，“濮”下同。“汉”作“翰”。之舟，越人拥楫而清歌以挑君曰：“山有木兮木有枝，心悦君兮君不知。”鄂君乃捧绣被以覆之矣。（《北堂书钞》卷一百三十八引）《说苑》《善说》篇载此甚为详尽。

子产□民□之道三令，与道而行。（《北堂书钞》卷三十五引）

子产相郑，农无废业，野无空地。（《北堂书钞》卷三十九引）

子产决邓析教民之难约，大狱袍衣，小狱襦袴，民之献袍衣襦袴者不可胜数，以非为是，以是为非，郑国大乱，民口讙哗。子产患之，于是讨邓析而僇之，民乃服，是非乃定。（《荀子》《正名》篇杨倞注引）

崔杼弑庄公，申蒯渔于海而后至，将入死，其御止之曰：“君之无道，闻于天下，不可死也。”申蒯曰：“告我晚。子不早告我，吾食乱君之食，而死治君之事乎？子勉之，子无死。”其御曰：“子有乱主，犹死之。我有治长，奈何勿死？”至于门曰：“申蒯闻君死，请入弔。”“弔”，原作“守”，今从《群书治要》改。门者以告。崔子曰：“勿内。”申蒯曰：“汝疑我乎？吾与汝臂。乃断其臂以予其门者。门者以示崔子，崔子陈八列令入。申蒯拔敛呼天三踊乃斗，杀七列，未及崔子一列而死。其御亦死之门外。君子闻之曰："蒯可谓守节死义矣。"（《太平御览》卷四百三十八引）按又略见于《初学记》卷十七引、《太平御览》卷三百六十九引、卷四百一十七引，疑是《义勇》篇佚文。

齐景公游海上，乐之，六月不归，令左右：敢言归者死。颜歜谏曰："君乐治海上，不乐治国；傥有治国者，君且安得乐出海也？"公据戟将斫之，歜抚衣而待之曰："君奚不斫也？昔桀杀关龙逢，纣杀王子比干，君奚不斫？以臣参此二人，不亦可乎？"公遂归。（《太平御览》卷三百五十三引）

齐景公游于牛山之上，而北望齐曰："美哉，国乎！使古无死者，则寡人将去斯如之何？"“如之何”，《韩诗外传》卷十作“而何之”，《列子》《力命》篇作“而之何”。乃泣沾襟。国子、高子原无“国子”，今从《韩诗外传》补。“国子、高子”《晏子春秋》《内篇》《谏上》及《列子》《释文》作“艾孔、梁丘据。”曰："然。赖君之赐，蔬食恶肉，可得而食也，驽马栈车，可得而乘也，且不欲死，而况吾君乎？"俯而垂泣。晏子拊手而笑曰："乐哉，今日婴之游也！见怯君一而谀臣二。使古之“之”，《韩诗外传》作“而”。无死者，则太公、丁公至今犹存，吾君方将被蓑笠而立乎畎亩之中，唯事之恤，何暇念死乎？"景公惭焉。（《太平御览》卷四百二十八引）见《韩诗外传》，文字大同小异。《晏子春秋》和《列子》则出入较大。

林既衣韦衣而朝齐景公，景公曰："此君子之服耶？小人之服耶？"林既作色曰："夫服事何足以揣士行乎？昔荆为长剑危冠，令尹子西出焉。齐桓短衣而遂沟之冠，“遂沟之冠”，《说苑》《善说》篇作“遂僷之冠”，《群书拾补》作“沟冠”。管仲、隰朋出焉。越文身翦发，范蠡、大夫种亦出焉。西戎左衽而椎“椎”原作“组”，今从《说苑》《善说》篇改。结，由余出焉。如君言，衣犬裘者当犬号，衣羊裘者当羊鸣。今君

衣狐裘而朝，得无为变乎？"景公曰："子自以为勇悍乎？"曰："登
高临危而目不眴而足不凌者，此工匠之勇悍也。入深泉，取蛟
龙，拘鼋鼍而出者，此渔夫之勇悍也。入深山，刺虎豹，抱熊罴
_{原无"罴"字，今从《说苑》补。}而出者，此猎夫之勇悍也。夫不难断头裂
腹，暴骨流血中野者，此武士之勇悍也。今臣居广庭，作色端辩，
以犯主君之怒；前虽有乘轩之赏，未为之动也；后虽有斧锧之威，
未为之恐也；此既之所以为勇悍也。"_{《太平御览》卷四百三十七}
_{引）}又见《说苑》。《意林》所引《胡非子》略同。

赵简子欲专天下，谓其相曰："赵有犊犨，晋有铎鸣，_{《史记》《孔}
_{子世家》有"窦鸣犊、舜华"。《集解》引徐广曰："或作鸣铎、窦犨，又作窦鸣犊、舜华也。"}
_{《索隐》："《家语》云：闻赵简子杀窦犨鸣铎及舜华。《国语》云鸣铎窦犨，则窦犨字鸣犊，}
_{声转字异。或作鸣铎、庆华，当作舜华，诸说皆同。疑铎鸣即鸣铎，与犊犨实为一人，《新}
_{序》误分为二耳。应作"晋有鸣铎犊犨、舜华"。《说苑》《权谋》篇作"晋有泽鸣犊犨"，亦脱}
_{"舜华"二字。}鲁有孔丘，吾杀三人者，天下可王也。"于是乃召犊犨，
_{铎鸣亦应作"鸣铎犊犨、舜华"，下同。}而问政焉，已即杀之。使使者聘孔
子于鲁，以胖牛肉迎于河上。使者谓船人曰："孔子即船上，中河
必流而杀之。"孔子至，使者致命，进胖牛之肉。孔子仰天而叹曰：
"美哉，水乎！洋洋乎！使丘不济此水者，命也夫！"子路趋而进
曰："敢问何谓也？"孔子曰："夫犊犨、铎鸣，晋国之贤大夫也。赵
简子未得意_{《史记》《说苑》均作"志"，下同。}之时，须_{《史记》作"须此两人"。}
而后从政。及其得意也，杀之。黄龙不反于涸泽，凤皇不离其蔚
罗。故刳胎焚林，则麒麟不臻；覆巢破卵，则凤皇不翔；竭泽而渔，
则龟龙不见。鸟兽之于不仁，犹知避之，况丘乎？故虎啸而谷风
起；龙兴而景云见；击庭锺于外，而黄锺应于内。夫物类之相
感，精神之相应，若响之应声，影之象形。故君子违伤其类者。

今彼已杀吾类矣，何为之此乎？"于是遂回车，不渡而还。(《三国志》《魏志》刘廙传》裴松之注引)《太平御览》卷八百六十三引其中一段。《史记》、《说苑》、《孔子家语》《困誓》篇文字略同而较简。

孔子曰："圣人虽生异世，相袭相规矩。(《文选》孙楚《为石仲容与孙皓书》李善注引)

孔子见宋荣启期，年老白首，衣弊服，鼓琴自乐。孔子问曰："先生老而穷，何乐也?"启期曰："吾有三乐：天生万物，以人为贵，吾得为人，一乐也。人生以男为贵，吾得为男，二乐也。人生命有伤夭，吾年九十余，是三乐也。贫者士之常，死者人之终，居常以守终，何不乐乎？"(《太平御览》卷三百八十三引)又见《说苑》《杂言》篇。

孔子谓曾子曰："君子不以利害义，则耻辱安从生哉？《大戴礼》《曾子疾病》篇有此语。官怠于宦成，病加于小愈，祸生于怠惰，孝衰于妻子。察此四者，慎终如始。(薛据《孔子集语》引)按与《邓析子》《转辞》篇语小异。《说苑》《敬慎》篇作曾子语。又见《韩诗外传》卷八。

夫勇士孟贲，水行不避蛟龙，陆行不避虎狼，发怒吐气，声响动天，至其死矣，头身断绝。夫不用仁而用武，当时虽快，身必无后；是以孔子勤勤行仁。(《太平御览》卷四百三十七)此段开头，尚有"勇士一呼，三军皆辟易，士之诚也"十三字，除"易"字外，均见今本《新序》《杂事》第四《勇士一呼》章。又因与下文不属，意者原为两章，《太平御览》误合为一耳。故不录。

子路治蒲三年，孔子过之，入其境，曰："善哉，由乎！恭敬以信矣。"入其邑，曰："善哉，由乎！忠信以宽矣。"至于其廷，曰："善哉，由乎！明察以断矣。"子贡执辔而问曰："夫子未见由，而三称其善，可得闻乎？”孔子曰："我入其境，田畴尽易，草莱甚辟，沟洫甚深，此其恭敬以信，故其民尽力也。入其邑，墙屋甚崇，树木甚茂，此忠信以宽，故其民不偷也。入其廷，廷甚闲，此明察以断，故其民不扰也。"(《群书治要》卷四十二引)

宓子贱为单父宰，齐人攻鲁，单父父老曰："麦已熟矣，请令民皆出，人自刈获。"三请不许。季孙闻之，使人让宓子贱。宓子慨然曰："不耕者获得，是乐有寇，令民有自取之心！"季孙闻之，惭曰："使穴可入，吾岂忍见宓子哉？"(《北堂书钞》卷一百五十八引)

臧孙行猛政，子赣非之。臧孙召子赣而问曰："我不法耶？"曰："法矣。""我不廉耶？"曰："廉矣。""我不能事耶？"曰："能事矣。"臧孙曰："三者吾唯恐不能，今尽能之，子尚何非耶？"子贡曰："子法矣，好以害人。子廉矣，好以骄上。子能事矣，好以陵下。夫政者，犹张琴瑟也，大弦急则小弦绝矣。是以位尊者，德不可以薄。官大者，治不可以小。地广者，制不可以狭。民众者，政〔"政"原作"法"，今从《艺文类聚》卷五十二引、《海录碎事》卷二十一引改〕不可以苟。天性然也。故曰：罚得则奸〔"奸"，《后汉书》《陈宠传》李贤注引作"众"〕邪止矣，赏得则天下欢悦矣。由此观之，子则〔"则"，《后汉书》注引作"之"〕贼心已见矣。独不闻夫子产之相郑乎？其论材推贤举能也，抑恶而扬善。故有大略者，不问其所短；有厚德〔"厚德"原作"德厚"，今从《后汉书》注引改〕者，不问〔"问"，《后汉书》注引、《艺文类聚》均引作"非"〕其小疵；有大功者，宿恶灭息；成人之美，不成人之恶也。其牧民之道，养之以仁，教之以礼，使之以义。修法练教，必遵民所乐。故从其所便而处之，因其所欲而与之，顺其所好而劝之。赏之疑者从重，罚之疑者从轻。其罚审，其赏明，其刑省，其德纯，其治约，而教化行矣。治郑七年，而风俗和平，灾害不生，国无刑人，图圄空虚。及死，国人闻之，皆叩心流涕，曰："子产已死，吾将安归？夫使子产命可易，吾不爱家一人！"三月不闻竽琴之音。八字原缺，今从《后汉书》注引补。其生也则见爱，其死也而可悲。仕者哭于廷，商人哭于市，农人哭于野，处女哭于室，良人绝琴瑟，大夫解佩玦，妇人脱簪珥，皆巷哭，然则恩"恩"原作"思"，今从《群书治要》原校改。者，仁恕之道也。君子之治，治于不足见，而终于不可及，此之谓也。盖德厚者报美，怨大者祸深。故曰：德莫大于仁，"仁"原作"人"，今从张国铨《新序佚文校辑》改。而祸莫大于刻。夫善不可以伪"伪"原作"为"，今从《群书治要》原校改。求，而恶不可以辞"辞"原作"乱"，今从《群书治要》原校改。去。今子方病，民喜而相贺曰："臧孙子已病，幸其将死。子之病少愈，而民以相惧，曰："臧孙子病又愈矣，何吾命之不幸也！臧孙子又不死矣！子之病也，人以相喜；生也，人以相骇；子之贼心亦甚深矣。为政若此，如之何不非也？"于是臧孙子愀焉，退而避位，终身不出。四字原缺，今从《后汉书》注引补。（《群书治要》卷四十二引）《后汉书》注引略而不详。《艺文类聚》、《海录碎事》、《文选》刘琨《劝进表》李善注，《北堂书钞》卷二十七、卷三十五，则引其中一段或个别语句。

　　鲁哀公为室而大，公仪子《淮南子》《人间》篇作"公宜子"。谏曰："室大众与人处则哗，原作"华"，今从《群书拾补》改。少与人处则悲，愿公适之也。"曰："闻命矣。"筑室"室"下原有"者"字，今从《淮南子》删。不辍，明日又谏；张国铨《新序佚文校辑》曰："当有'曰'字。""国小室大，百姓必怨吾君。诸侯闻之，必轻吾国。"公曰："闻命矣。"筑室不辍。明日又谏曰："左昭右穆，为室而大，以临二先君，无乃害于孝乎？"于是哀公毁室而止。（《太平御览》卷一百七十四）《淮南子》略同。《太平御览〉卷四百五十七则所引最简。

　　楚有士申鸣者，在家而养其父，孝闻于楚国王，王欲授之相，申鸣辞不受，其父曰："王欲相汝，汝何不受乎？"申鸣对曰："捨父之孝子而为王之忠臣，何也？"其父曰："使有禄于国，立义于庭，汝乐，吾无忧矣。吾欲汝之相也。"申鸣曰："诺。"遂入朝，楚王因授之相。居三年，白公为乱，杀司马子期，〈韩诗外传〉卷十"司"上有"令尹子西"四字。申鸣将往死之，父止之曰："弃父而死，其可乎？"申鸣曰："闻夫仕者，身归于君而禄归于亲。今去子事君，得无死其难乎？"遂辞而往，因以兵围之。石乞谓白公原作"白公谓石乞"，误，今校正。曰："申鸣者，天下之孝子也。往劫其父以兵，"兵"上原有"事"字，今从〈韩诗外传〉、〈说苑〉〈立节〉篇及〈资治通鉴外纪〉卷十删。申鸣闻之必来，来与之语。"白公曰："善。"则往取其父，持之以兵，告申鸣曰："子与吾，吾与子，分楚国。子不与我，子父则死矣。"申鸣流涕而应之曰："始吾、父之孝子也，今吾、君之忠臣也。吾闻之也：食其食者死其事，受其禄者毕其能。今吾已不为孝子矣，乃君之忠臣也，吾何得以全身？"援桴鼓之，遂杀白公，白公为叶公子高所败，奔山自缢而死。见〈左传〉哀公十六年。其父亦死。王赏之百斤金。申鸣曰："食君之食，避君之难，非忠臣也。定君之国，杀臣之父，非孝子也。名不可两立，行不可两全也。如是而生，何面目立于天下？"遂自杀。（《太平御览》卷四百一十七引）见〈说苑〉〈立节〉篇、〈韩诗外传〉及〈资治通鉴外纪〉略同。

　　智伯请地于韩康子，康子欲勿与，规按即段规。谏曰："不可。夫智伯之为人，好利而鸷复，〈战国策〉〈赵策〉一刘本"复"作"愎"。来请地而勿与，则必加兵于我矣。若与之，彼又请地与"与"通"于"。〈赵策〉作

"于"。他国；他国不听，必向之以兵。然则与可以免于患而待之变。"康子曰："善。"因使使者封万家之县<small>《赵策》"封"作"致"，"县"作"邑"。</small>以与智伯，智伯大悦，复请地于赵，<small>《赵策》前此尚有请地于魏一段。</small>不与，果阴约韩、魏而伐之，围晋阳三年。后韩、魏应之，遂灭智伯。<small>《太平御览》卷四百五十六引）应为《善谋》篇佚文。又详见《赵策》。</small>

齐王问墨子<small>张国铨《新序佚文校辑》曰："铨案《墨子》《鲁问》篇见太王田和，此齐王当是田和也。"</small>曰："古之学者为己，今之学者为人，何如？"对曰："古之学者，得一善言以附身；<small>"善"字原缺，今从《太平御览》卷六百零七引补。"身"，南海孔氏重刻本作己，今从陈本及《太平御览》引作"身"。</small>今之学者得一善言以悦人。"（《北堂书钞》卷八十三引）<small>《太平御览》引文较略。</small>

梁车新为邺令，其姊往见之，值暮，郭门闭，遂踰郭而入。梁<small>车原作"梁车新"，"新"因上文而衍。《北堂书钞》卷七十八引，但以"车"为其名，因删。</small>因刖其足。赵成侯以为不慈，遂免车官，夺其玺。<small>六字原作"夺玺免官"，今从《北堂书钞》引改。</small>（《太平御览》卷五百一十七引）<small>又《北堂书钞》引文较略。</small>

齐遣淳于髡到楚，髡为人短小，楚王甚薄之，谓之曰："齐无人耶？而使子来。子何长也？"髡对曰："臣无所长，腰中七尺之剑，欲斩无状王。"王曰："止！吾但戏子耳。"与髡共饮酒。（《太平御览》卷四百三十七引）

子奇年十八，<small>"十八"原作"十六"，今从《后汉书》《顺帝纪》李贤注引及《太平御览》卷二百六十八引改。</small>齐君使之<small>"之"字原缺，今从《后汉书》注引及《太平御览》引补。</small>治阿。既行矣，<small>"行矣"二字原缺，今从《太平御览》引补。</small>而君悔之，遣使追，曰："未至阿及之还之，已至勿还也。"使者及之而不还，君问其故，对曰：二十六字原作"追者反曰"，今从《太平御览》订补。"子奇必能治阿。臣见使与共载者，皆白首也。十一字原作"共载皆白首也"，现据《太平御览》补。夫以老者之智，以少者之决，二字原倒，今从《太平御览》改。必能治阿矣。是以不还。"四字原缺，今从《太平御览》补。子奇至阿，铸库兵以作耕器，出仓廪以赈贫穷，阿县大治。魏闻童子治邑，库无兵，仓无粟，乃起兵击之。阿人父率子，兄率弟，以私兵战，遂败魏师。（《意林》卷三引）《后汉书》注引文最略，《太平御览》则详引其中一段。

齐有田巴先生者，行修于内，智明于外。齐王闻其贤，聘而将问政焉。田巴先生改制新衣，髻《太平御览》卷三百八十二引作"拂"。饰冠带，顾谓其妾曰："何若？"其妾曰："佼。"将出门，问其从者曰："何若？"从者曰："佼。"过于淄水自窥，"窥"《太平御览》卷三百八十二引作"照视"。丑恶甚矣。遂见齐王，齐王问政焉，对曰："政在正身。正身之本，在于群臣。今者大王召臣，臣改制髻饰，将造公门，问于臣妾曰："奚若？"七字原作"问于妾"，今从《太平御览》卷六十三补。妾爱臣，谀臣曰："佼。"将出门，问从者。从者畏臣，谀臣二字原缺，今从《太平御览》卷三百八十二补。曰："佼。"臣临淄水而观影，然后自知丑恶也。今齐之臣妾谀王者，非特二人也。王能临淄水，见己之恶，过而自改，斯齐国治矣。"（《群书治要》卷四十二引）《艺文类聚》卷二十三引、《太平御览》卷六十三引及卷三百八二引引文较略。马骕《绎史》曰："按《国策》之邹衍（按当作邹忌）、《吕览》之列精子及此之田巴，其辞一也。"周中孚《郑堂札记》四曰："田巴先生一则，本《齐策》《邹忌修八尺有余》篇。"

孟子见齐宣王于雪宫，王左右顾曰："贤者亦有此乐耶？"孟子对曰："有人不得，则非其上矣。不得而非其上者，非也。为人"人"及以下"人"字，《孟子·梁惠王下》均作"民"。之上"上"下原有"者"字，今从《孟子》删。而不与民同乐者，亦非也。乐民之乐者，人亦乐其乐。**忧人之忧者**，民亦忧其忧。乐以天下，忧以天下，然而不王者，未之有也。"（《群书治要》卷四十二引）

挟泰山以超北海。（《太平御览》卷三十九引）张国铨《新序佚文校辑》曰："按此语见《孟子》（《梁惠王上》）疑《新序》所载当是全章也。"

秦孝公保崤函之固。以广二字贾谊《新书》《过秦上》作"拥"。雍州之地，东并河西，北收上郡，国富兵彊，长雄诸侯，周室归藉，张国铨《新序佚文校辑》曰："《索隐》曰：藉音胙，误为藉耳；《本纪》阔归文武胙于孝公是也。孙诒让《战国策札逐》曰：《齐策》四：王斗曰：先君桓公，天子授藉，立为太伯。以藉为胙，与《新序》正同。籍、藉古音与胙同，详顾炎武《唐韵正》。"四方来贺，为战国霸君，秦遂以彊，六世而并诸侯，亦皆商君之谋也。夫商君极身无二虑，尽公不顾私，使民内急耕织之业以富国，外重战伐之赏以劝戎士，法令必行，内不私贵宠，外不偏疏远，是以令行而禁止，法出而奸息。故虽《书》云，"无偏无党"，诗云，"周道如砥，其直如矢"，《司马法》之励戎士，周后稷之劝农业，无以易此，此所以并诸侯也。故孙卿曰："四世有胜，非幸也，数也。"见《荀子》《彊国》篇。然无信，诸侯畏而不亲。夫霸君若齐桓、晋文者，桓不倍柯之盟，文不负原之期。见《新序》《杂事》第四。而诸侯畏其彊而亲信之，存亡继绝，四方归之，此管仲、舅犯之谋也。今商君倍公子卬之旧恩，弃交魏之明信，诈聚三军之众，故诸侯畏其彊而不亲信也。藉使孝公遇齐桓、晋文，得诸侯之统将，合诸侯之君，驱天下之兵以伐秦，秦则亡矣。天下无桓、文之君，故秦得以兼诸侯。卫鞅始自以为知霸王之德，原其事不谕也。昔周、召施善政，及其死也，后世思之，《蔽芾》、《甘棠》之诗是也。尝舍于树下，后世思其德，不忍伐其树,况害其身乎？管仲夺伯氏骈邑三百户无怨言。今卫鞅内刻刀锯之刑，外深铁钺之诛；步过六尺者有罚，弃灰于道者被刑；一日临渭，而论囚七百余人，渭水尽赤；号哭之声，动于天地，畜怨积雠，比于邱山；所逃莫之隐，所归莫之容；身死车裂，灭族无姓：其去霸王之佐亦远矣。然惠王杀之，亦非也，可辅而用也，使卫鞅施宽平之法，加之以恩，申之以信，庶几霸者之佐哉！（《史记》《商君列传》裴骃《集解》引）应为《善谋》篇佚文。

赵良谓商君曰："君亡可翘足而待也。"（《文选》陈琳《檄吴将校部曲文》李善注引）

申子之书，言人主当执术无刑，因循以督责臣下，其责深刻，故号曰术。商鞅所为书号曰法。皆曰刑名，故号曰刑名法术之书。（《史记》《韩非列传》裴骃《集解》引）

孔穿谓公孙龙曰：原作"公孙龙谓平原君曰。"《公孙龙子》《迹府》篇作"公孙龙，赵平原客也。孔穿，孔子之叶也。穿与龙会，穿谓龙曰。"今据改。臣居鲁则"则"，《公孙龙子》作"侧"。闻下风，高先生之知，悦先生之行。"（《文选》邹阳《上书吴王》李善注引）

秦王以五百里地易鄢陵，三字原作"封鄢陵君"，今从《说苑》《奉使》篇改。《战国策》《魏策》四"鄢陵"作"安陵"，下同。鄢陵君辞不受，使唐雎《魏策》《说苑》"雎"作"且"，下同。谢秦王。王忿然变色怒曰："亦尝见天子之怒乎？"雎曰："臣未尝见。"王曰："夫天子之怒，伏尸百万，流血千里。"雎曰："大王亦尝见布衣韦带士之怒乎？"王曰："布衣韦带士之怒，解冠徒跣，以头抢地耳，何难知者？"雎曰："此乃庸夫庶人之怒耳，非布衣韦带士之怒也。夫专诸刺王僚，彗星袭月，奔星昼出。

要离刺王子庆忌，仓鹰击于台上。聂政刺韩王之季父，五字原作"韩王"，今从《说苑》订补。《魏策》作"韩傀"。白虹贯日。此三者皆布衣之怒也，与臣将四士，无怒则已，一怒伏尸二人，流血五步。"即案其匕首，起视秦王曰："今将是矣。"王色变长跪曰："先生就坐，寡人喻矣。鄢陵独以五十里存者，徒用先生故乎！"（《太平御览》卷四百三十七引）《魏策》及《说苑》文字较详。

　　李斯问孙卿曰："当今之时，为秦奈何？"孙卿曰："力术止，义术行，秦之谓也。"（《荀子》《彊国》篇杨倞注引）

　　斯在逐中道上上谏书，书达始皇，始皇使人逐至骊邑，得还。（《史记》《李斯列传》裴骃《集解》引）张国铨《新序佚文校辑》曰："铨案：疑《新序》载李斯《谏逐客书》全文，而此数语乃其书之首尾也。"

　　上古之时，其民敦朴。故三皇教而不诛，无师而威。故善为国者不师，三皇之德张国铨《新序佚文校辑》曰："'德'疑当作'谓'。"也。至于五帝，有师旅之备而无用。故善师者不阵，"阵"原作"尽"，今从《群书拾补》改。五帝之谓也。汤伐桀，文王伐崇，武王伐纣，皆阵而不战。故善阵者不战，三王之谓也。及夏后之伐有扈，殷高宗之原无"之"字，今从《群书拾补》补。讨鬼方，周宣王之征熏鬻而不血刃，皆仁圣之惠，时化之风也。至齐桓侵蔡而蔡溃，伐楚而楚服，而彊楚以致苞茅之贡于周室，北伐山戎，使奉朝觐，三存亡，一继绝，九合诸侯，一匡天下，衣裳之会十有一，尝有大战，亦不血刃。至晋文公设虎皮之威，陈曳柴之伪，以破楚师而安中国。故善战者不死，晋文公之谓也。楚昭王遭阖闾之祸，国灭，昭王出亡，父老迎而哭"哭"原作"笑"，今从《群书拾补》改。之。昭王曰："寡人不仁，不能守社稷，父老反矣，何忧无君？八字原作"父老反笑，何无忧？"今从《群书拾补》改。寡人且从此入海矣。"父老曰:"有君若此其贤也!"及申包胥之请救,哭秦庭七日,秦君怜而救之。秦楚同心,遂走吴师,昭王反国。故善死者不亡, 昭王之谓也。是故自晋文公已下, 至战国, 暴兵始众。"众"原作"终",今从《群书拾补》改。于是以彊并弱,以大吞小。故彊国务攻,弱国备守,合从连横,群相攻伐。故战则称孙、吴,守则称墨翟。至秦而以兵并天下,穷兵极武而亡。及项羽尚暴而灭。汉以宽仁而兴,故能扫除秦之苛暴矣。孝武皇帝攘服四夷,其后天下安然。故世之为兵者,其行事略可睹 "睹",原作"观",今从《群书拾补》改。也。(《太平御览》卷二百七十一引)《北堂书钞》卷十三、卷一百一十三、卷一百一十四只引其中个别字句。

周昌者,沛人,以军功封汾阴侯、御史大夫。高帝欲废惠帝,立戚夫人子如意,群臣固争,莫能得,昌廷争之彊。上问其说,昌为人吃,曰:"臣口不能言,臣期期 二字原作"则",今从《史记》《周昌列传》及《汉书》《周昌传》改。知其 不可也。陛下欲废太子,臣期期不奉诏。"(《太平御览》卷七百四十引)

昌邑王《汉书》有传。征为天子,到荥阳,"荥阳"原作"营阳",《事类赋》卷十四《杖赋》引作"荥阳",今从《北堂书钞》卷一百三十三引改。买积竹刺杖二枚。龚遂《汉书》有传。谏曰:"积竹刺杖者,骄蹇少年杖也。大王奉大丧,当拄 "拄"原作"柱",今从《事类赋》改。竹杖。"(《太平御览》卷七百一十引)《事类赋》引同。《北堂书钞》引文较略。

昌邑王冶 侧注冠 "注"原作"铸",今从《艺文类聚》卷三十五引改。十枚,以冠赐之师及儒者。后以冠冠奴,龚遂免冠归之,曰:"王赐儒者冠,下至臣,今以余冠冠奴,是大王奴虏畜臣也。"(《太平御览》卷五百引)《艺文类聚》引文较略。

昌邑王取侯王二千石黑绶黄绶与左右佩之，龚遂谏曰："高皇帝造花绶五等，陛下取之而与贱人，臣以为不可，愿陛下收之。"（《太平御览》卷六百八十二引）

楚王^{楚孝王刘嚣}。使谒者徐光迎方与，盲人吹竽者也，龚遂乃去。（《太平御览》卷五百八十一引）

宰牢天下而制之。《荀子》《王霸》篇有"罩牢天下而制之"句，"罩牢"杨倞注引《新序》作"宰牢"，则《新序》佚文亦应有"天下而制之"五字。

贱之如脆豕。（《荀子》《王霸》篇杨倞注引）

营度也。（《文选》张衡《东京赋》李善注引）

不幸不闻其过。福在受谏，基在爱民，固在亲贤。（《太平御览》卷四百五十六引）

诸侯垣墙有黝恶之色，无丹青之彩。（《初学记》卷二十四引）《太平御览》卷一百八十七引略同。

温斯子曰："古者有愚以全身。"（《文选》袁宏《三国名臣序赞》李善注引）

先王之所以指麾而四海宾服者，诚德之至也。（《文选》陆倕《石阙铭》李善注引）